風間サチコ「人外交差点」2013 年
木版画 (パネル、 和紙、 油性インク)、180x360cm

The Kenneth and Yasuko Myer Collection of Contemporary Asian Art. Purchased 2014 with funds from Michael Sidney Myer through the Queensland Art Gallery | Gallery of Modern Art Foundation / Collection: Queensland Art Gallery | Gallery of Modern Art / © Sachiko Kazama / Photograph: QAGOMA

冤罪を追う

鎌田慧セレクション――現代の記録――

1

装画：風間サチコ
「人外交差点」より
装幀：藤巻亮一

目次

はじめに　冤罪者の思いに寄りそう司法に変えよう

冤罪者の思いに寄りそう司法に変えよう
――冤罪事件のルポをとおして考える

一九七六年、戦後の重大事件の再審開始第一号となった弘前事件。同じ年に最高裁が再審棄却決定を取消し、高松地裁に差し戻し死刑事件で戦後はじめて再審への道が開かれた財田川事件。財田川事件、弘前事件、狭山事件、袴田事件などの冤罪事件を取材してこられたルポライターの鎌田慧さんに、冤罪事件のルポを通して見えてきた日本社会と司法の問題を聞く。

財田川事件と矢野伊吉弁護士

――きょうは鎌田さんが取材された冤罪事件について聞かせていただき、冤罪と人権、司法と人権ということについて考えていきたいと思います。一九八六年に再審で無罪になった財田川事件にかかわられたのが最初でしょうか。

鎌田　元裁判官の矢野伊吉弁護士が立風書房から『財田川暗黒裁判』（一九七五年）という本を出版するのを手伝ったんです。立風書房の白取清三郎さんという編集者が僕の高校の同級生で、矢野弁護士が財田川事件は冤罪だと訴えているのを知って、矢野さんが作成した冊子を本にして出版したいので、協力してほしいと言われたんですね。それで、香川県丸亀市の自宅に行って、矢野弁護士に会って疑問点の説明を受けました。僕自身も冤罪を確信して、出版に協力したんですね。

それが冤罪、再審事件にかかわった最初ですね。

――矢野さんはもともと財田川事件の再審請求を担当した裁判長だったんですね。

鎌田　矢野さんは高松の旧制中学出身で、給仕のアルバイトなどをやりながら、苦学して裁判官になるんですね。裁判官になって、朝鮮半島や網走などで裁判官をやって、定年前の最後の赴任地として高松地裁丸亀支部に支部長として来ているんですね。そこで、谷口繁義さんの手紙を偶然発見するんです。

谷口さんは死刑確定後、大阪拘置所にいたのですが、獄中で、新しい血液型の検査方法があるという新聞記事を読んで、有罪の根拠になったズボンの血痕を「ぜひ調べなおしてもらいたい」という手紙を高松地裁丸亀支部宛てに送っていたんですね。

丸亀支部のそれまでの裁判官は、その手紙を無視していた。裁判長の机の引出に入れてあったその手紙を偶然、裁判長に就任した矢野さんが発見したんです。矢野さんは谷口さんに手紙を出して、再審請求する意思があるのか尋ね、再審申立ての書面を出すように言って、それから事件の記録を調べるわけです。

矢野さんは、谷口さんの無実を確信して、再審開始決定を出して裁判官を辞めて谷口さんの弁護人になるつもりだった。ところが、決定前の合議で二人の陪席裁判官に反対されて再審開始決定を出せなかった。

それで定年まで五年ぐらい残して裁判官を辞めて、谷口さんの弁護人になったんです。弁護士事務所もかまえてなくて、本当に谷口さんのためだけに弁護士になったんですね。もちろん報酬もありません。事件を担当した裁判官が事件のことを公表したり、弁護人になることは許されないとして、高松の弁護士会から戒告処分も受けたんですが、それでも、弁護人を続けた。

矢野さんは、自分が知った冤罪の真相をまとめた『財田川事件の真相』という冊子を退官の翌年に自費で作成して、法曹関係者やマスコミに配るんですね。わたしもその冊子の気迫に打たれて出版に協力しました。その冊子をもとに、谷口さんが矢野さんに送った手紙とかを入れてまとめたのが『財田川暗黒裁判』です。

谷口繁義さんのお兄さんは、元警察官で、弟の逮捕のあと辞職、四国学院大学の警備員をされていた関係で、四国学院大学の先生たちが熱心に支援されてましたね。お兄さんの人柄がいいこともあって、大学の先生たちを中心に支援する会もできて、矢野弁護士の要請を受けて、日本弁護士連合会もとりあげることを決めて弁護団ができるんですね。香川大学におられて支援をされていた庭山先生（故・庭山英雄弁護士）にも再審無罪のあと、お会いして対談しました。庭山先生とは、それから、狭山事件の再審請求運動を一緒にやるようになります。

――狭山弁護団に昨年入られた壬生弁護士は学生のときに、大学の刑事法研究会宛てに送られた矢野さんの支援を訴える手紙を見たそうです。たどたどしい字だったそうです。

鎌田　矢野さんは脳卒中で倒れてからは、右半身マヒで、左手でずっと書いていましたからね。いろいろなところに、谷口さんの無実と支援を訴える手紙を書いて送っていましたね。

――そうした矢野さんの活動が再審無罪に結びついたわけですね。

再審公判での谷口さんの陳述

鎌田　印象に残っているのは、一九八一年九月三十日に高松地裁で再審公判が始まるんですが、そのときに、谷口さんが陳述書を書いて法廷で読むんです。

「私は現実に罪を犯していないのに、十九歳のときから不当に長く獄舎につながれてきましたが、真実は必ず通る、正しいものは必ず勝つの確固たる信念とはっぷん（発奮）等をもって、この獄の三十一年間を力の限り頑張って来ました。その甲斐あって、今ようやく正義の真実が通る世の中になりつつあり、喜びに堪えません。」

さらに続くんですが、こんなふうに陳述しているんですね。十九歳で冤罪におとしいれられて死刑判決を受け、いつ死刑執行されるかわからないという恐怖のなかで、三十一年必死にたたかいつづけて、再審をかちとった喜びがよく表れていると思います。心を打つ文章ですね。

これから二年半かかって再審無罪になるんですが、それで初めて釈放されるんですね。再審開始決定で釈放されたのは、袴田巖さんが初めてでしょうね。

谷口さんが、再審無罪で出てきたときには、矢野さんは亡くなっていたんですが、再審公判が始まったときには、法廷に出て「岸盛一（最高裁判事）の決定は有効だと思っているのですか。ぼくは無効だと思う」「こんなバカな死刑判決を受けていることは絶対許されない」とか病後の不自由な口調で叫ぶんです。

高松地裁丸亀支部の法廷は、矢野さんからすればかつての職場です。そこで痛烈な裁判批判をする。矢野さんのこの事件に対する思いが大きかったんですね。

再審開始になってからあるとき、お宅で話していたら突然、「ダッカン」と不自由な右手でテーブルを叩いたんです。最初、なんのことかわからなかったんですが、矢野さんは「奪還」と言ってたんです。もう奪還するしかないと。

再審公判が始まってもまだ谷口さんは拘禁されたままだった。矢野さんからすれば、こんな酷い冤罪でこれ以上、死刑囚として閉じ込めておくことは許されないし、そういう裁判そのものが許されないということだったんでしょうね。

矢野さんの無実の確信

――矢野さんの強い思いは冤罪の確信があったからだと思いますが。

鎌田　財田川事件では、事件当夜に谷口さんが着用していたという「国防色ズボン」に被害者と同じO型の血液が付着していたというのが、死刑判決の決定的証拠とされていました。

矢野さんは、証拠品番号やズボンが鑑定に出された時期などを徹底的に調べて、別件の強盗傷人事件で押収された谷口さんのズボンと、弟がはいているのを警察が脱がせて持ち帰ったズボンがすり替えられたと確信した。

――最高裁は差し戻し決定で、自白が不自然ということを言っ

ています。

鎌田　谷口さんの自白では、被害者から強奪した金のうち使った残りの約八千円、百円札で約八十枚をオーバーのポケットに隠していた。それを別件で警察に連行される途中で、車の窓から車外に捨てたとなっているんですよ。

矢野さんは、警察に護送される途中で警察官七～八人の監視の目を盗んで、八十枚以上の札束を車外に捨てることなどありえないと疑問を持ったわけです。

――市民常識としてありえないですね。

鎌田　あとは、谷口さんが自白後に書いたとされる五通の手記の偽造ですね。この手記は、自白が真実であることを示す補強の証拠とされました。

矢野さんは、手記を何度も読み比べたところ、漢字の間違え方が不自然なことに気づくんですね。

たとえば、自分のことを表す一人称の表現が、第一回の手記では「僕く」という表現が二十二回、出てくるのですが、それが、第二回では、「和くし」が二十二回、第三回から第五回の手記では、「私し」が三十四回となっている。

「和くし」という常識はずれな表現が出てくる第二回の手記には、一方で、数人の友人の名前が漢字で正確に書かれ、「刺身包丁」という難しい言葉も漢字で書かれている。

矢野さんは、「僕」という漢字を知っていて使える人が、こんな表現をするはずがない、これは、手記を書いた者が谷口さんが学識がなく、こういう間違いをするのが習慣だ、と思わせようとしたものだと偽造を指摘したんですね。

――当時の谷口さんは、あまり読み書きができなかったんですか。

鎌田　そうですね。谷口さんは、当時は小学校卒業程度の学力しかなかった、警察に留置されているときに手記を書けと言われて、全部ひらがなで書いたと言っていますね。警察官が、その字をまねて、わざと間違えたように書いて、ねつ造した手記ということでしょう。

――市民常識で考えても、偽造の疑いを持つと思います。

鎌田　裁判官は手記をちゃんと検討していないから気づかないんでしょうね。

――狭山事件では、二十四歳だから脅迫状ぐらい書けるはずだといって、筆跡が有罪の証拠になっている。石川さんが「非識字者」だったということをわかろうとしない。

鎌田　石川さんもそうですが、字の書けなかった谷口さんが、再審公判の冒頭陳述書のような立派な文章が書けるまでに獄中で学んだんですね。

冤罪と向き合うかどうか

――結局、矢野さんが裁判長を辞めたあと、高松地裁は再審請

求を棄却しますね。

鎌田　矢野さんの後任の越智裁判長は、再審棄却決定で、矢野さんが指摘したさまざまな疑問点があることを認めながら棄却してしまう。「疑問は解明されていない」「疑問なしとはしない」「疑惑を生じるのもやむを得ない」とか書いて、結局判断しない。「財田川よ、心あらば真実を教えて欲しいと頼みたい衝動さえ覚える」などと書いて、これまでの裁判所の有罪判決を認めてしまっている。結局、裁判官が真実と向き合うというよりも組織の人間だったということですね。

――証拠のすりかえや手記の偽造を矢野さんが見抜けたのはなぜでしょう。

鎌田　矢野さんは、出世を考えて最高裁の顔色をうかがうような裁判官ではなくて、本当に裁判の正義を守るんだという信念にあふれた、純粋な人でした。裁判官は、本来そうあるべきだと思います。

――再審棄却を取り消して地裁に差し戻した最高裁の決定は、矢野さんが本を出版するなどして、裁判批判したことを非難しています。

鎌田　それで矢野さんは最高裁裁判官として有名な「岸盛一」を名指しで、法廷でも批判したんですね。そういう批判の声を聞こうとしない裁判所の姿勢が許せなかったのでしょうね。

――そもそも、これだけ疑問がたくさんあっても、警察が作った証拠や自白で、裁判所がかんたんに死刑判決を出してしまうというのは恐ろしい話です。免田事件（免田栄さん）**、松山事件**（斎藤幸夫さん）**、島田事件**（赤堀政夫さん）**と一九八〇年代には四人の死刑囚が再審で無罪になっています。死刑制度の廃止について考えないといけないと思います。**

鎌田　再審無罪後に、谷口さんのインタビューをしたときも死刑は廃止すべきと語っていましたね。

――鎌田さんも財田川事件について「死刑台からの生還」という本を出されていますね。

鎌田　再審開始のあと、月刊「プレイボーイ」に「死刑台からの生還」というタイトルで、財田川事件のことを書いたんです。それを獄中で、谷口さんが見て、「財田川暗黒裁判」の続編を出版してほしいと言われて、再審裁判の傍聴や関係者の取材をもとにまとめたものです。

――再審が棄却されたあとのお兄さんと谷口さんの手紙のやりとりや警察官の証人尋問など再審公判の攻防とか、冤罪の酷さ、再審のむずかしさが伝わりました。

多数決で死刑判決――袴田事件と熊本元裁判官

鎌田　冤罪にかかわった裁判官の人生ということで、矢野さんのことを思い出すと、袴田事件で元裁判官の熊本典道さんのことをよく考えます。

――袴田事件で一審で裁判官だった方ですね。

鎌田　自分が関わった袴田事件について、勇気をもって、袴田さんは無罪だと思っていたという告白をした。熊本さんは袴田さんの無罪を確信したけれども、裁判長やもう一人の陪席裁判官が有罪に変って、有罪判決を書かなければならなかった。

取材で、熊本さんに会ったときに、印象的だったのは、「裁判長はマスコミに勝てなかった」と言ったことです。事件当時、新聞が連日「極悪非道」と決めつけて報道する。その影響が裁判官には絶対あると言ってました。

――そういう新聞報道が、有罪だと言った二人の裁判官に影響したと。

鎌田　熊本さんは事件後に静岡地裁に転勤してきているので、当時の地元紙の報道は見ていない。

それと、「自白があるということに対する特異な雰囲気。妙な威圧感」を感じたと言うんです。

一審判決を見ると、最初のところで、取調べ時間があまりに長いということを書いている。熊本さんはデュープロセス、法手続違反で無罪判決にするつもりだった。

自分は無罪だと思っているのに、死刑判決を書かなければならなかったという苦悩から、裁判官を辞めて弁護士になっても、四十年近くずっと自責の念を抱き続けて、自殺まで考えたことがあると言ってました。

熊本さんは、袴田さんの冤罪を晴らすことだけを願って告白したと思いますね。裁判というのは、本来、人権と正義のためのものです。人間の問題、人の命のかかった問題ですから。

第一部　死刑台からの生還

被害者・香川重雄（61）は、13年ぶりで財田に帰り、古材を使って家を建てた

プロローグ

高松地裁の裏門に、クリーム色のマイクロバスが横づけされた。一九八一（昭五六）年九月三〇日、午前九時五〇分、開廷の一〇分前である。カメラの放列を敷いて待ち構えていた記者たちのあいだに緊張が走った。内側からドアがひらかれ、制帽にグリーンの制服姿の刑務官たちがとび降りた。五人、六人、七人。一〇人を数えても、まだつづいている。想像以上の人数である。記者たちのあいだに感嘆の声があがった。

両足をひらいて身構えた刑務官たちが横に並び、背中で壁をつくった。逃亡を防ぐためなのか、それとも襲撃に備えてのことなのか、異様だった。

護送車から顔をだした谷口繁義は、タラップで足を止め、こっちに顔をむけた。その表情の明るさが、わたしを驚嘆させた。それまでの三一年間、死刑囚として獄中につながれてきたにしては、信じがたいほどの若々しい笑顔をみせた。黒々とした頭髪は七三にわけられ、散髪したばかりだった。顔の白さが、長い獄中生活を映しだしているようである。薄いグレーのカッターシャツ、紺のズボンが、一七三センチの長身を包んでいた。ズック靴の足どりは軽かった。

最高裁が上告を棄却して、谷口繁義の死刑が確定したのは、一九五七（昭三二）年一月二二日だった。一九歳で逮捕されて以来、極刑を宣告されて幽閉されてきた彼は、五〇歳の小太りの初老の男として、はじめて「世間」に姿をあらわしたのだった。

午前一〇時。高松地裁、四階の一号法廷で、再審裁判の第一回公判がはじまった。裁判長はふたりの陪席裁判官とともに、すでに着席していた。右側のドアがひらかれ、両手錠に腰縄をうたれた谷口被告が、三人の衛士にともなわれて入廷した。裁判長のあとから被告人がはいるのは、異例のことである。谷口は弁護人席と裁判官席にむかって深く頭を下げた。

裁判官席の右真下の弁護人席にちいさく座っていた矢野伊吉弁護士は、谷口にむけて柔かな眼差しを投げかけていた。衛士に腰縄をはずしてもらっていた谷口は、それに気づくとさらに深々とお辞儀をした。

と、矢野はなにかいいかけたが、それは言葉にならなかった。彼は脳卒中の後遺症で歩行と言語が不自由だった。三年前に病没した夫人の代りに、妹の磯野キヌエが法廷につき添っていた。傍聴席は籤を引き当てた聴衆で満員だった。

「ただいまより審理をはじめます。被告人、まえへ立って下さい」

細面の古市清裁判長が開廷をつげ、眼鏡ごしに被告人席を見おろした。人定《じんてい》質問である。

「被告人、名前は」

「谷口繁義と申します」

谷口は、よくひびく声で丁寧に答えた。

「生年月日は」

「昭和五年一二月三日、です」

「無職ですね」

「はぁ、そうです」

三一年間、獄につながれ職につくことができなかったのである。

「本籍地は」

「香川県三豊《みとよ》郡財田《さいた》村大字財田上《かみ》八二〇番地です」

財田村は、すでに町に昇格していたが、彼の記憶の中ではいまだ村なのである。型どおりの人定質問が終って、裁判長は緊張をほぐすように声をかけた。

「うしろにかけてきいて下さい」

「はぁ、そうですか」

彼の悪びれない態度は、法廷をなごやかなものにした。被告人、というよりは、むしろ立会人の風情だった。

高松地方検察庁次席検事渡辺悟朗が「起訴状」を朗読した。一九五〇（昭二五）年八月二三日付けのものだった。こうして裁判は三一年前の出発時点にもどった。

朗読がすんだあと、裁判長は谷口に発言を促した。

「なにか述べることがありますか」

「わたしは、まったくおぼえがありません。やっていません」

「ほかにありませんか」

谷口は恐縮したようにお辞儀し、証言台においていた老眼鏡をかけた。それがこの三一年にわたる時間の仮借なさを物語っていた。彼は、準備してきた陳述書を読みはじめた。

陳述書

私は現実に罪を犯していないのに、十九歳の時から不当に長く獄舎につながれて来ましたが、真実は必ず通る、正しいものは必ず勝つの確固たる信念とはっぷん等をもって、この獄の三十一年間を力の限り頑張って来ました。その甲斐あって、今ようやく正義の真実が通る世の中になりつつあり、喜びに堪えません。

私が実社会に居る時よりも、死刑が確定して大阪拘置所に拘禁されている時のほうが、はるかに長く、その間に二十九人の極刑囚と親しく交わり、その一人〳〵を刑場に送ってきましたが、どうして私だけが諸友の後に続かなかったのでしょうか。死刑という最高の苦悩と恐怖等を背負わされて、どんなに寿命をちぢめたか知れません。

私が今日まで歩んで来た道は、日の当たる平坦な道ではなく、実に起伏の多いイバラの道々でありました。よくもこれまで病気一つせずに、健康を維持してこられたものだと、我ながら思うのです。こうして語っている内にも、刻々と生命がけずられて行き、人生の終着にいやおうでも突入して行かなければなりません。

私は、後何年、この盛んなる生命の火を燃やし続けて行けるかわかりませんが、この残り火を大切に、余生を精一杯生きぬきたいと存じて居ります。もはや、あの楽しかるべき自由と開放等をほしいままにする、特権に恵まれている人生の黄金時代とも言うべき、力と命に満ちあふれ、美しい花としてたたえられる青春時代に、二度ともどる道がない事がわかって居りましても、私の場合はもう一度と強く〳〵願わずにはいられないのです。

一口に三十一年間と申しましても、その間、私にとっては、どんなにか長く苦悩の連続でありました。私を無限大に愛し育て、苦労した両親や姉達は、私の無実を固く信じつつ青天白日の日を見とどけずに、とうとう不帰の客となりましたが、今日この高松地裁の公廷に立っている私の姿を見て、草葉の蔭できっと喜んでくれている事と存じます。愈々再審が開始されましたが、どうか一日も早く、一刻も早く、この無実の私に対して、白色の無罪判決をたまわらん事を、切に切にお願い致します。

陳述書は、便箋二枚に書かれたものだが、読みあげているあいだ、谷口は裁判長のほうに目をむけたままだった。それは、なんども独房で読み返して、そらんじてしまったことを示していた。わたしの左隣に座っていた兄の谷口勉は、眼をしばたたいていた。

証拠調べに移り、領置されていた衣類などが廷吏からさし示された。やがて、古ぼけたズボンが被告の目のまえに突きだされた。

「みて判りますか」

裁判長席から古市が声をかけた。

「このズボンは、ははぁ」

谷口は顔をほころばせて答えた。

「私のものではございません。警察官をやっていた兄のものです」

「当時、誰がはいていましたか」

「当時、誰がはいておったか、おそらく、弟の孝がはいておったように思います」

証二〇号＝国防色ズボン。このズボンに付着していたとされる微量血痕が、谷口と被害者を結びつける唯一の証拠品として、彼を死刑台にひきずりあげたのだった。

鑑定人古畑種基東大教授の、

「血痕の付着量は極めて微量であるため、充分な検査をすることができなかったが、血液型はO型と判定せられる」

とする鑑定書の一行が決め手となったのである。

つづいて、革バンド、白木綿長袖シャツ、靴下、砥石など、かつて証拠品として警官に押収され、領置されていたものが示され、谷口はそれぞれ自分のものであることを認めた。

「次に、その刺身包丁一丁も、鑑定人尋問の際に弁護人から提出されたものですからみてください」

眼の前にあらわれた包丁を覗きこみ、谷口は感心したように声をあげた。

「これですか、はぁ」

彼はそれを兇器と勘ちがいしたのだ。自分が裁かれていることを、忘れていたようである。裁判長は苦笑して言葉を添えた。

「事件とは関係ございませんよ」

「は、はぁ」

兇器は発見されていなかったのだ。谷口はそれを想いだしたのか、自分の勘ちがいを笑った。廷内に爆笑が起った。犯人のいない裁判の奇妙さがあらわれた一瞬だった。

廷吏による証拠品の呈示がおわると、裁判官席にむかって右側、弁護団席の前列中央に座っていた背の高い北山六郎団長がたちあがった。「弁護側意見」の朗読である。有力な証拠がなく、わずかの物的証拠も致命的欠陥があって信用するにたらず、しかも自白は、その任意性を到底認めることができないうえに、なんら信用性はない、というのが、その趣旨である。

「誤れる裁判があれば、これを率直に認め、一日もはやく誤りを正し、冤罪を救い、無罪を言い渡すことが、裁判による正義の顕現であり、司法の威信をたもつ所以であることを銘記すべきであります」

北山団長の朗読がおわるやいなや、その隣の、裁判官席にいちばんちかい弁護人席のテーブルに身を乗りだしていた矢野伊吉が、突然たちあがった。脳卒中の後遺症でもつれる舌をあやつりながら、彼はふりしぼるようにして発言した。

「岸盛一の、最高裁決定を、信用するのか。そんなことは、法律上できないのであります。谷口が、死刑の判決を受けたのであれば、当然、首を刎ねられているはずであります。そんなバカな死刑判決を受けていることは絶対できません。そう、わたしは、思考しております」

死刑囚を死刑にできなかったのは、最高裁、最高検、法務省が、谷口の無実を知っていながら、その違法性を黙認しているからだ。それでもなおかつ谷口を拘禁し、こんどは最高裁の命令でこの再審裁判をはじめるのは茶番だ。即刻、谷口を釈放せよ。矢野はこれまで、そんな趣旨のパンフレットを何種類も発行していた。

高松地裁丸亀支部長判事として裁判に情熱を傾けていた矢野は、かつての職場ともいえる法廷で、裁判批判を展開したのだ。

しかし、彼の発言はなにかの錯覚のように無視され、なにごともなかったかのように裁判はすすめられた。渡辺悟朗検事は、四〇分もかけ、なんの情熱もなく、きわめて事務的に「冒頭陳述書」を読みあげた。被告席で、ややうつむきかげんに肩を落として聴いていた谷口は、ときどき、クビをまわし、なにか珍しいものでもみるように左手にたっている渡辺の方を見あげていた。

矢野は椅子の背にもたれて眼をつむっていた。痩せこけてとがった頬が怒りを表していた。

検察側は一一人の証人を申請した。当時の捜査官ばかりで、新証人はふくまれていなかった。北山弁護人がたちあがった。

「検察官請求の各証人は、いずれも捜査官ばかりで、その中には確定事件、あるいは再審請求段階で、一回ないし数回証人として取調べずみのものがふくまれています。また、その立証趣旨も、たとえば、初動捜査についてとか、被害者の創傷を認識した経緯などと、抽象的である。立証趣旨を具体的に明示されなければ、意見を述べることはできません。

本件は、約三〇年前の事件で、再審請求段階において詳細に証拠調べがなされているのであるから、当審においては、できるだけ絞って、従来でていないもので、最善の証拠に限定されるべきであります。具体的に従来の証拠に出ていない、いかなる事実を立証するのか明らかにされたい。右の点で検察側の証人請求は、すべてその必要はありません」

彼は、すこし攻撃的で、突っぱねるいい方を得意とした。つづいて、東京からきている岡部保男弁護士がたちあがって、検察官の立証趣旨が不備、不充分であると主張した。神戸の古高健司、大阪の岡田忠典弁護士もつぎつぎにたちあがって、検察側を批判した。

渡辺検事は弁明した。

「本件は捜査の不備、欠陥、自白の任意性、信用性に強い批判が加えられているものです。ですから、それについて立証することが課題であります。従って、これに関係した証人は、是非とも直接、裁判所が尋問されたい」

そんなやりとりのあいだに、矢野弁護士が突然、割ってはいった。

「最高裁の岸盛一の決定は、有効だと思っているんですか、どうですか。ぼくは、全部、無効だと思う」

北山弁護士は、検事側の証人申請に議論をもどした。

「最後は裁判所がお決めになることですから」

彼のうしろに座っていた白髪の田万《たまん》広文弁護士がなにか発言しかけた。矢野はそれを憤然とさえぎった。

「なんだ、ぼくがいっているのに」

矢野弁護士には、一審以来の弁護人だった田万に頑張らなかったじゃないか、との反発があった。裁判長は矢野の方に顔をむけていった。

「矢野弁護人のご発言は書面に書かれてございますが、再審を担当する裁判所としては、拘束されるのは再審決定についてであって、判断は拘束されておりません」

「答えになっていない」

矢野が叫んだ。そしてつづけた。

「もうひとつ、谷口は死刑の決定を受けたのか、どうか」

古市裁判長は、ちょっといらだたしそうにさえぎった。

「充分、審理をつくし、早急に解決したいと思っているのでございます」

弁護団は裁判の進行について議論しているのだが、矢野は裁判そのものを批判しているのだ。彼には、谷口の拘置そのものが、まず認められないのである。

一審以来、弁護を担当してきた田万が発言した。

「検察官申請の証人については、すでに取調べずみの事項を重複した尋問を、繰り返さないようにされたい。重複した尋問がなされた場合には、裁判所において然るべく注意を喚起されたい」

裁判長は、彼の意見をひきとり、ゆっくりした口調でいい切った。

「方針としてその方向でございます。いままでは記録を拝見していただけで、直接の審理は最初ですから、多少の重複にわたる点はご承知されたい」

次回の公判は、一〇月二〇日、二一日、それぞれ一〇時から。証人は、当時の捜査主任三谷清美と三豊地区署次席則久《のりひさ》久一のふたりにきまった。

古市裁判長は、谷口に視線を移して声をかけた。

「それでは被告人、まえに立ってください。健康状態はいかがですか」

「現在のところ、異常はありません」

「次回は、三谷清美証人をとりあげます」

「異議ございません」

谷口は裁判長にむかって深々と頭をさげた。

「以上で、閉廷いたします」

二時間半にわたる公判がすみ、谷口はまた両手錠をはめられた。腰縄がうたれ、三人の衛士にかこまれて法廷を去ろうとしたとき、わたしの右隣に座っていた弟の孝が、思いあまったように、傍聴席をへだてる柵の方へ二、三歩かけよった。それを認めた谷口は、笑顔でなんどもうなずいてみせた。


高松に通って裁判を傍聴するようになって、わたしは谷口被告の〝余裕〟に関心をもつようになった。彼の犯罪を証明するために、検察側は当時の捜査官たちを証人に申請していた。毎回、元刑事たちが証言台に座る。彼を死刑台に送りこんだ張本人たちである。公判廷における谷口と捜査官の距離は二メートル弱。手をのばせば届く距離である。

そのあいだをすでに三一年の歳月が流れた。その時間のせいだろうか。谷口はいつも温和で静かだった。怒鳴ることもなく、怨みをいうこともなかった。何かを叫んだにしても、彼に関する限り、自然にみえるはずにもかかわらずである。

わたしが訪ねまわってみると、当時の捜査官たちは、それなりに栄達の道をたどり、いまはたいてい高松市の市内や郊外に家を構え、自動車教習所や警備会社に天下って余生を平和にすごしていた。他方は、青年期から壮年期を獄中に閉じこめられて、すでに初老を迎え、処遇はいまなお「死刑囚」である。谷口の後ろ姿や横顔を眺めながら、わたしは彼の内心の激昂を想像していた。しかし、それはけっして外面に現れることはなかった。

あるいは、三十数年の独房生活とは、けっして怒りとともに寝起きできるものではないのかもしれない。自力で冤罪を解決する手だてを奪われているから、あとは静かに外からの救いを待つしかない。谷口は、再審公判がはじまる直前、移監された高松拘置所から矢野伊吉につぎのような手紙を書き送っていた。

謹啓　男性的な夏が去り、早や、もくせいの薫る季節となりました。

先日はお一人でご多用中にもかかわらず、丸亀市から面会に来て下さいまして、誠にありがとうございました。年はとっても、お元気な矢野先生のお姿に接して、何よりと存じて居ります。

私も大分、高松拘置監の生活になれて来ました。翌日の毎日新聞の香川版に大きくのって居りました先生のあのお言葉は、終生忘れは致しません。

思えば、私が大阪拘置所に移送されたのは、三十二年二月十五日早朝でした。死刑と言う最高の苦悩と恐怖等に耐えて、強く生きぬいて来た喜びを、今しみじみとかみしめて居ります。長い間、この無実の私の身柄を絶対安全確保し、安心立命の境地と言うか、純真な境地へと導いて下さった熱意ある諸先生、並びに多くの職員さん等の温かい常日頃を、心から感謝しながら、私は大拘（大阪拘置所）を去りました。

再審公判まで、後《あと》五日となりましたので、一層頑張って居ります。私が大阪より高松に帰って来て作った一句を、お笑い草までに発表します。

帰郷して　山鳩の声　秋の空

では今日はこの辺で失礼致します。益々、お元気で日々お過ごし下さいます様、皆さん方に呉々もよろしく〳〵御伝声下さい。

昭和五十六年九月二十五日　　合掌

谷口繁義

矢野伊吉先生へ

第一章　事件

一九五〇年二月二八日未明、徳島県との県境にちかい香川県財田村で、ひとり暮しの香川重雄(63)が惨殺され、一九歳の少年が逮捕された。

香川重雄が、土讃線《どさん》讃岐財田駅《さいた》に降りたったのは、戦争が終って間もないころであった。一三年ぶりの帰郷とはいえ、それはけっして外地から引き揚げてきたというのではなく、まして、すでに五七歳にもなっていれば、兵隊に取られていたわけでもなかった。妻子を捨てて出奔したときとおなじように、古ぼけた小駅の改札口を、彼はひそかにくぐり抜けたのだった。

突然、夫が消息を絶ったあと、妻のツ子《ネ》は駅前にあるたった一軒の店で、煙草、酒、日用雑貨などを商って暮していた。

「一三年間、まったく音信不通でした」

と彼女はわたしに語ったが、それは米の相場に手をだし、多額の負債をつくった夫が逐電してしまった手前、借金取りたちを憚っていう口実の繰り返しなのか、それとも実際のところだったのかはあきらかではない。香川重雄はさいしょ大阪に出て、それから今治《いまばり》(愛媛県)に移って薬の商いをしていた、と伝えられている。

父親が故郷を去って八年後、一七歳になった娘の富子は、丸通(日通)に出ている由男を婿養子に取ったが、その結婚式にさえ、香川は姿をみせなかった。

いま、高松市内にある孫の居宅に身を寄せているツ子は、九〇歳をすぎてなお健在である。

「白内障を患って、眼がすこし不自由になりました」

と彼女は訴えているが、会話にはなんの差しさわりもない。記憶もしっかりしている。細い眉を逆立て、ときおり険しい表情をみせるのは、夫の勝手気儘さを背負いこんだ半生のせいか、それとも、その後の夫の非業の死に遭遇してからのものなのか、対座しながらわたしは考えたりしていた。

国鉄(現、JR四国)土讃線は、四国の玄関といわれる高松駅を出て、しばらく瀬戸内海沿いに走ったあと、多度津駅《たどつ》から左に大きく折れ、讃岐山脈にぶちあたる。山峡をくぐり抜けるようにして走る列車は、金刀比羅さんの門前町である琴平をすぎてまもなく、徳島との県境にさしかかるのだが、その手前に忘れ去られたように置かれているのが、讃岐財田駅である。

山が迫った県境にあって、なおかつ奇跡的にも盆地をなし、そこにひろがるわずかばかりの田んぼは「たからだ」といい伝えられてきた。それが財田の由来となっている。

阿波と讃岐を二分する、讃岐山脈の猪の鼻峠に源を発する財田川は、このあたりにさしかかると両側に豊穣の波を従えて流

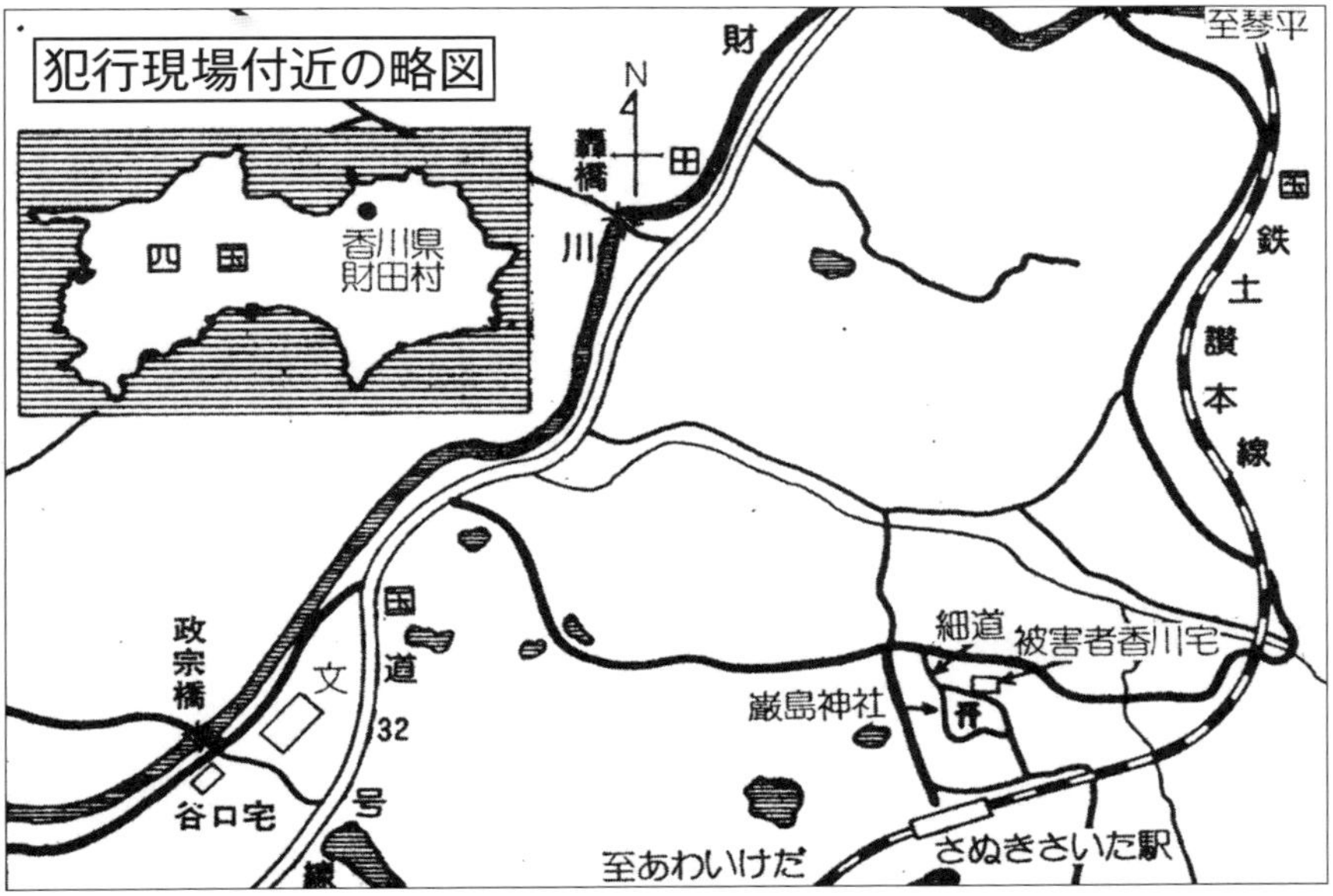

犯行現場付近の略図　三豊郡財田村は徳島との県境にある寒村だった。1950年2月28日未明…

れつづけてきた。だから、戦後の食糧難がはじまると、徳島、高知あたりから、リュックサックを背負ったコメの買出し人たちが、この小駅に降り立つようになっていた。

改札口を出た香川重雄は、すぐ眼の前の煙草屋にはいった。そこが自分の家である。一三年ぶりの自宅に帰ってきたものの、そのまま落ち着いたわけではなかった。まもなく、そこから三、四〇〇メートルさがったところにあった桑畑を切り拓いて整地し、大工を頼んで家を建てた。古材を利用したとはいえ、間口三間半、奥行き三間、階下は八畳と四畳、それに二階もそなえた瓦葺きのこぢんまりとした農家づくりだった。と、彼はさっさとそこに移り住んだ。

しかし、一緒に住むようになったのは、長い間、寡婦同然だった妻のツ子ではなく、自分の実家にいた母親のシゲノだった。

新築した家の土間に、香川は鍬などの農具をそろえ、五畝《せ》ほどの畑を耕しては、じゃがいもなどを植えた。といって百姓仕事に精をだす、というのでもなく、近所の農家をまわってはコメを買い集め、土讃線をつたって蝟集《いしゅう》してくる男女に売りわたす、闇ゴメブローカーとして名を知られるようになったのである。夫と別居した理由について、

「婿が堅い勤め人で、闇ゴメ商売に反対だったからや」

とツ子は語ったが、人眼につきやすい駅前の店とはちがって、畑の中の一軒家はヤミの商いには絶好の場所だった。西側は巌

島神社の境内につづき、そこに亭々とそびえる榑《だふ》の樹林は、この秘かな取引き場所をことさら神秘的なものにしていた。

香川はついでに軍鶏を飼って闘鶏賭博にも手をだした。

母親のシゲノが亡くなってからは、次第に得体の知れない人間の出入りがふえ、カネの貸借をめぐって、ときどきいさかいも生じるようになっていた。

「俺もこのごろ気味が悪いからやめよう思っとる」

香川がそんな弱音を吐くようになっていた、とつたわってきたのは、事件が発生してしばらくしてからだった。

戦後の食糧難は相変らずつづいていた。

香川県と徳島県の県境にある財田村は、いわば警察のエアポケットにあたり、闇ゴメ買出し人たちの出没にとってはこのうえない場所でもあった。

香川が帰郷して五年たっていた。娘の富子が三人目の子どもを産んで四カ月たった、一九五〇（昭二五）年二月二八日、午後四時半すぎだった。ツ子はいつものように駅前の煙草屋で店番をしていた。駅からつづくだらだら坂をあわただしく駆けのぼってきたのは、阿波池田《あわいけだ》から買出しにきていた増井鶴於《ますいつるお》だった。

「じいさんが血だらけで倒れとる」

ツ子は土間の下駄をつっかけて増井のあとに従った。駅から曲がりくねった細い道を、五八歳のふたりは厳島神社の木立めがけて転げるように駆け下りた。気丈なツ子が炊事場から先にはいった。重雄は、血の海の中に仰向けに倒れていた。虚空を摑むように突きだされた左手は、すでに硬直していた。そばには入れ歯がころがっていた。顔にかけられていた新聞紙を取り除いてみると、口の中にも兇器を突きこまれたのか、顔中血だらけだった。

引き返そうとしたとき、襖の上の着物掛けにぶらさがっている胴巻きが眼にはいった。晒しを四枚重ねにしたもので、重雄は風呂にはいるとき以外、肌から離すことはなかった。

「カネをとられたんじゃろ」

ツ子はそう直感した。

ツ子と増井はもときた道をもどった。現場にいたのは一分たらずのものである。駅前の店にたどりついたツ子は、子どもを抱いてうろうろしていた富子にむかって愚痴るようにつぶやき、急に泣きだした。

「もうすなすないうとったのに、あんなことしていて、大変なことになってしもうた」

このとき、財田村の巡査駐在所は欠員だった。隣村の辻村駐在所で知らせを受けた合田《ごうだ》良市巡査は、すぐそばの運送屋にトラックをださせて、現場に急行した。

上高野《かみたかの》派出所にいた白川重男巡査は、一五キロほどの道のりを自転車で駆けつけた。砂利道の、舗装されていない悪路を必死になってペダルを漕ぎつづけた記憶が、昨日のように残って

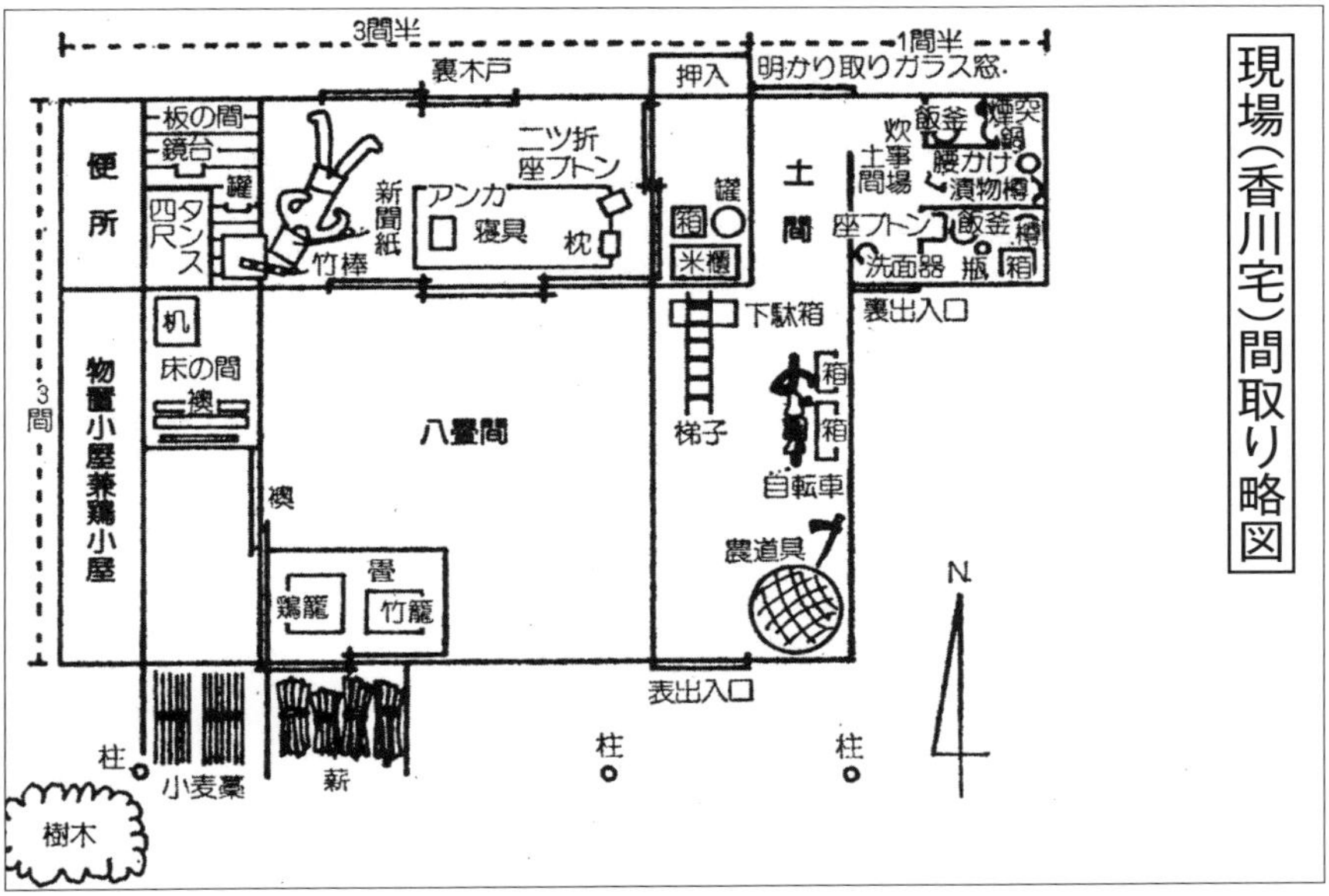

殺害は北側四畳間で行われ、全身に三十数カ所の刺傷をうけてこと切れていた

いる。彼らが到着したときには、すでに本署（国家地方警察三豊《みとよ》地区署）のウエポン・キャリア（兵員輸送用ジープ）が到着していた。非常召集で集められた捜査官たちが、現場検証をはじめていたのだった。

『四国新聞』（一九五〇年三月一日）は、つぎのように報じている。

財田村で孤独の老人殺さる　顔等メッタ切り　被害者は妻と別居暮し

阿讃の国境近い香川県三豊郡財田村で一人住いの老人が惨殺された――二月廿八日午後五時頃香川県三豊郡財田村大字財田字荒戸農業香川重雄氏（六三）方を訪ねた知人と称する老婦人が、同氏の姿が見えぬので不審に思い同氏妻ツネさん（五九）とともに入ってみると、同氏が奥の四畳の間で惨殺されているのを発見、国警三豊地区署辻村派出所に届出た。

急報により三豊地区署から藤野署長以下が出動、現場近くの善教寺に捜査本部を置き、科学捜査に万全をきすため岡山医大に連絡、同法医学教室上野博助教授を招いて一日午後三時すぎから解剖を行った。

被害者香川重雄氏は事情があり妻ツネさん、長女トミ子さん（二八）とは別居一人暮しで、農業のかたわらブローカーをして小金をためていたといわれ、また同家にしばしばブローカー連の来訪があったといわれている。

恨を買うような人でない　妻ツネさん談

事情があって別居はしているが、村の人に聞いてくれれば分るように人からほめられようが悪しざまにいわれるような人でなく、ましてウラミを買うようなことは絶対にありません。

捜査本部は、現場から西にむかって三〇〇メートルほど離れた善教寺に設置された。香川家の親戚の寺である。

捜査方針は、まず、第一発見者である闇女の行方を捜査すること、そして闇ゴメ取引き関係者、闘鶏の博徒、色情怨恨関係、通行人、性行不良前科者、などを洗いだすことであった。四三名の捜査員たちは、毎朝、善教寺の本部をでて、村内、あるいは財田駅から汽車に乗って、徳島、高知へと散っていった。

香川宅に出入りしていた闇ゴメ関係者として取調べを受けたものだけでも、大阪、徳島、高知県などふくめて六八名にのぼっている。

「捜査状況報告書」（第一報）には、こう書かれている。

現場の状況は金品物色したる形跡尠《すく》なく四尺箪笥の施錠も其の儘となり枕元の時計其の他の物品に異常を認めざるも、被害者が常に肌身離さず所携の布製胴巻在中の現金弐万円位が強奪されたようにあらずやと認められる。

現金二万円が強奪された、といっても、はたしてそれが事実かどうかは定かではない。被害者の妻ツ子が、「持っていたらしい」というものでしかなかった。致命傷は、「創傷による多量出血」とあり、全身三十数カ所も突き刺され、そのあと顔に新聞紙をかけられていたのをみても、けっしてたんなるモノ取りによる仕業でないことを窺うことができる。

「捜査状況報告書」には、こうも書かれている。

本人は更に賭事を好むため、闘鶏賭博の行為を屢々敢行する定評あるもの。

捜査線上に浮かんだ者は、前記の「闇ゴメブローカー」の他に、「色情怨恨関係」一五名、「前科者性行不良関係」三七名、「遺留品関係」八名と多岐にわたった。現場にリュックサックを遺留していたものや挙動不審の何人かは、別件の「食糧管理法違反」によって逮捕され、それぞれ徹底的な取調べを受けた。たとえば、こうである。

住所　徳島県三好郡三名村川成　汽車機関士助手　西谷寿秋（当二十三年）

住所　高知県高岡郡日下村大字下分　汽車機関士助手　村

山輝（当二十三年）
両名は高知機関区に勤務する者であるが、主食の闇買を常習として被害者方に出入していたもので、現場遺留のリュックサック二個は右村山の所有であり、一応容疑者として食糧管理法違反にて三月三日逮捕状を執行し、引続き検事勾留を得てアリバイ関係につき捜査取調べを遂げたが、本件容疑なき事判明し、三月十五日釈放した。

当時の食糧難は、配給米以外のコメを入手せずして生きることを不可能にしていた。全国ほとんどのひとびとが、闇ゴメ（自由販売）によって糊口をしのいでいた。「闇ゴメは食わない」と宣言して餓死した東京の判事のことが、大ニュースとして伝えられたほどであった。

住所　高知市旭町××―××番地　正村定一（当三十五年）
は、主食闇買の常習者で、被害者付近方に出入して居たものであるが、二月二十八日（発覚当日）午後四時四十六分着列車で財田駅に下車して被害者方に立寄り酒酔の勢で被害現場に侵入、被害者屍体に触れたる事実ありて、その言動につき不自然の点あるに付、三月七日食糧管理法違反にて逮捕し検事勾留を得て家宅捜索、アリバイ捜査等取調べしたが、本犯行容疑は認められなかったので三月二十五日釈放した。

酒に酔っての大言壮語だけで、一八日間も勾留されたのである。彼が事件発生後に汽車で到着したことは、刑事たちも重々承知のうえだった。

正村定一は、その前の年の九月ごろから、香川宅ちかくの、ある寡婦のうちに、コメの買出しにくるようになっていた。その日、財田駅についたときには、汽車の中で三、四人さしむかいで飲んだ焼酎がかなりまわっていたようだった。

改札口を出て事件の噂をききつけ、彼は喧嘩と勘ちがいして香川家へはいった。香川ツ《ネ》子が夫の死体を発見してまもなくのことで、まだ警察官は到着していなかった。

家の中から血相を変えて飛びだしてきた正村は、買出し仲間で、親しくなっていた森山広子にいった。

「座敷一面、血の海じゃ、あの殺し様は、素人がやったもんやろ。八十八ヶ所の傷じゃ。可哀想な殺され方をしたもんや」

そのあと、ふたりは連れだって、皆川ユキノのうちにはいっていった。

「今日はあるかいのお」

正村は挨拶がわりに、コメの有無をきいた。

「すこしならあります」

という寡婦の返事をまたずに上がりこんだ。

「弁当つかわしてくれ」

お茶を淹れる間もなく、彼は弁当をひらいて頬ばりはじめた。

「香川のじいさんがやられてしもうた」

と正村が、飯を口の中に入れたままいうのをききつけて、女主人のユキノは動転した。闇ゴメであげられた、とききちがえたのである。

「突かれて殺されたんじゃ」

正村はいい直した。

「家の中にはいっても誰もおらん。じいさん、じいさんと声をかけたら、香川のじいさんが大の字で寝とって、眼は飛びつくようじゃった」

そういいながらも、彼はしきりに箸を動かしていた。集まってきた女の買出し人たちに、ひとくさりその目撃談を披瀝したあと、彼は、ふざけたり、歌をうたったりして、連れの女性と泊まって帰った。

正村は一泊したので、取締りに遭わずにすんだ。夜の列車で帰ったものは、非常線の前で、それぞれせっかくのコメを放りだして逃げる始末だった。それは「グリコ」と呼ばれていた。荷物を放りだし、両手を挙げて走る姿が、キャラメルの外箱の絵に似ているからである。

住所　高知市通町×××番地　岡田靖夫（当二十四年）

は、主食闇買の常習者で、窃盗前科一犯なり。前記正村等と共に被害者方付近に出入していたものであるが、二月二十七日午後四時四十六分着列車で財田駅に下車し、被害者方近隣で米二斗を闇買して、同日午後六時半頃、財田駅発下り列車で帰高（高知市）せんとしたが、警察の経済取締りに遭って逃走し、被害者方付近の藤井正夫方で宿泊し、翌二十八日午前六時四十五分発列車で帰ったものであるが、その間犯為の時間的余裕あるものと睨み、食糧管理法違反で三月七日逮捕し検事勾留を得て家宅捜査、アリバイ捜査等取調べしたが、一応容疑なき者と認められ、三月二十五日釈放した。

住所　高知県長岡郡長岡村野中　杉山　潔（当十九年）
住所　右　同　山本多助（当二十年）
住所　右　同　山本繁義（当三十年）

の三名は、財田駅付近に出入する主食ブローカーであるが、二月二十七日午後四時四十六分、財田駅着列車で同駅下車、被害者方近隣の農家でそれぞれ米を闇買し、同日午後六時四十一分財田発下り列車で帰県（高知県）せんとしたが、警察の経済取締りに遭いて逃走し、杉山は闇買した米二斗を押収され逃走した。三名は被害者同部落の佐野進方で休憩して二十八日午前一時半、財田駅発列車で帰ったものであることが判明。一応容疑者として三月二十六日、食糧管理法違反で逮捕、

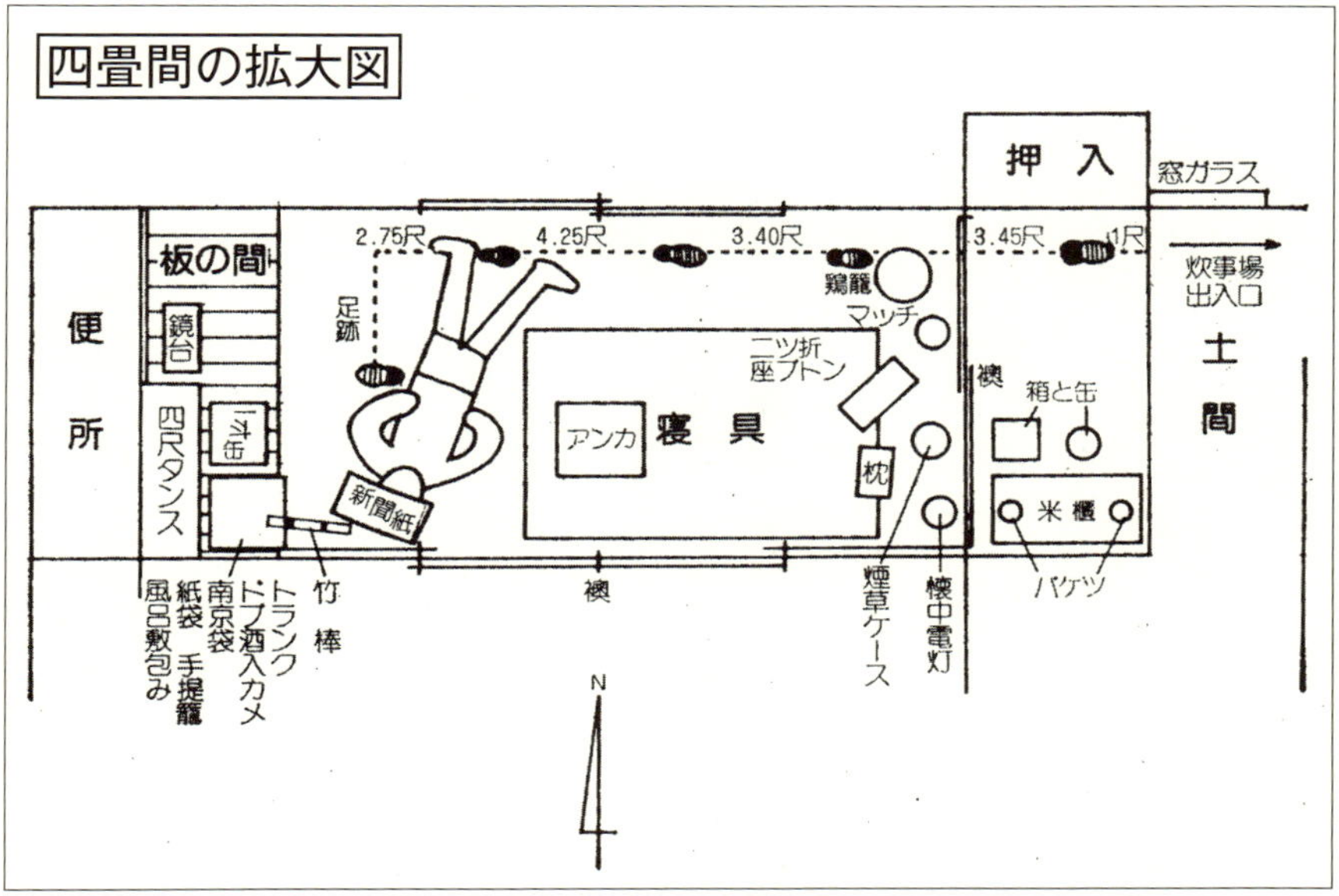

四畳間の拡大図　顔には新聞紙,襖や障子戸には血痕が付着,さらに先端くつ跡がのこされていた

検事勾留を得てアリバイ等捜取調により判明し、容疑なきものと認められ、四月五日釈放した。

住所　高知市下島町　北島繁雄（当二十二年）は、主食闇買常習者で財田駅付近に出入するものであるが、被害者とも相当取引き関係ありたるところにより、三月二十五日食糧管理法違反として逮捕し、検事勾留を得て取調べた結果、アリバイが認められ、容疑は認められないので、四月五日釈放した。

住所　高知県安芸郡安芸町　中山　潔（当二十三年）は、魚と主食の物交を常習とし、財田駅付近に出入する者であるが、高知県方面より出入する闇屋仲間では本件容疑を噂されており、三月二十六日窃盗容疑で逮捕し、検事勾留を得て取調べたが、一応容疑なきものと認められ、四月五日釈放した。

これらの記録を読むと、事件が発生するやいなや、たとえわずかでも挙動不審なものは、「一応容疑者」として別件を理由に逮捕され、長期間、不当に勾留されていたのを知ることができる。

犯行現場は、まもなく取り壊され、長い間更地になっていたが、さいきん家が建てられ若夫婦が住んでいる。そのむかいには、昔通り、久田大助が住んでいる。数年ぶりに訪ねてみると、久田は交通事故に遭ったとかで、床に臥っていた。

彼によれば、村のひとで、善教寺の本堂脇の部屋に机を置いた捜査本部にひっぱられなかったものはいなかったという。彼は被害者宅の前に住んでいたので、とくに執拗に責めたてられた。香川重雄に風呂を貸していたこともあって、縁側に脱ぎ捨てた胴巻に分厚い札束が差しこまれているのを彼はなんども眼にしていた。香川が弁当箱のように、それを腰にくくりつけて歩いていたことは、村でもよく知られていた。

事件の夜、久田はぐっすり寝こんでいてなんの異変にも気づかなかった。朝早く父とふたりで炭焼きに出かけ、帰ってきたとき、家のまえのひとだかりによってはじめて事件を知ったほどだった。それでも、家宅捜査を受けた。床下からはいあがってきた刑事の頭がクモの巣だらけだったのが、いまなお記憶に鮮明である。

当時この村のひとたちは、米と麦の二毛作のかたわら、県境を越えた徳島の山中で炭を焼き、四時間ほどの山道を四俵もの炭俵を背負ってきては、生計《たつき》のたしにしていた。孤絶するかのように暮していた村びとたちが、事件にまきこまれ、二度、三度の取調べを受けることになった。

このころ、香川の娘の富子は、捜査官にたいして、彼女のみた夢について語っている。

「事件のあと、なんども夢をみました。ゆうべみたのは、じいちゃんが出てきて、「犯人はもうわかっておろうが、二人じゃ」といったのです。そのことと関係があるのか、久田大助、となんども申しておりました。ぞおっとして母を起こしますと、母もじいちゃんの夢をみていたのです。

けさになって、駅の山下さん、近藤さんから、昨夜二時半か三時半ごろ、家の裏の方に火の玉が飛んでくるのをみた、というのをきき、悲しくなって朝早くから仏壇にお参りしました。火の玉が飛んだ時間と、わたしたちが夢をみていた時刻とが、おなじころだったのです」

このような他愛のない証言まで、資料として後生大事に残されていたほどに、捜査本部はキメ手を欠いていた。警察の無差別攻撃によって、現場周辺の村びとたちはたがいに疑心暗鬼となり、つぎのような投書が捜査本部に舞い込むほど密告が盛んになっていた。

このたび財田上荒戸に発生した事件に関連するかもしれない事件を通知いたします。

二月十日から二月十五日頃の間の事です。

豚密殺事件です。

横川定夫豚二匹、以前に殺し、また年末には島尾より豚籠を持ち出し二十貫余の豚を密殺して久保一美裏の畑にて密殺し、籠を永らく置いてあった。これを分配している吉岡も仲間です。

斯の如きものを知らぬ顔している荒戸の部落は悲しいかな悪い事をするもの勝ち。

青少年教育にも大きな支障があります。この事件については、警察として取計いを、吾々は関心を持っております。

谷口繁義は、「前科者性行不良者」三七名のひとりとして、最初からブラック・リストに載っていた。しかし、白川重男作成の「捜査状況報告書」(第一報)の谷口の欄には「容疑事実なし」と記載されている。

事件発生から二、三日たってからの「報告書」では、琴平町の遊廓で遊んでいるとの風評がある六名のうちのひとりとして名前をあげられているが、「谷口某　当二十二歳位」の記載が認められる程度のものでしかなかった。

その後、刑事たちが谷口家を訪れることがあったにしても、それは情報収集を目的としたものだった。担当の浦野正明巡査の「報告書」には、こうある。

旧正十五日とそれより一月以前の二回に亘り、財田上部落へ、
高知市イノネの者だといって、
一人は三十年位、背の高い男
一人は二十三年位、背の低い男
の両名がクジラ肉を売りに来た。

谷口宅に来て、米を売ってくれといったり、被害者香川重雄宅にも行き、米を売って貰ったりすると話していた。この者がその後こないと谷口が語っている。これを谷口が聞いていて、彼が被害者宅へ行ったという反面解釈もできるので、この点も調べております。

つまり、警察のききこみに協力したものにたいしてさえ、刑事は必ず疑惑の眼をむけ、それを報告書に記入していた。

「捜査状況報告書」において、谷口繁義についての記述がほかの容疑者なみの行数を数えるようになったのは、事件発生後四一日目の四月一一日付け、国警本部捜査課長あての「第二報」からである。そこでは、つぎのように書かれている。

本籍　香川県三豊郡財田村大字財田上山××番地
住所　右　同　　石沢方明(当二十年)
本籍　香川県三豊郡財田村大字財田上山三三二二番地
住所　右　同　財田上正宗八二〇番地
谷口繁義(当十九年)

の両名は被害者と同村であり、強盗未遂前科ありて捜査線上に浮んでいたもので内偵中であったところ、四月一日午前〇時半頃、刺身包丁、出刃包丁を携帯し、三豊郡神田《こうだ》村仝村農業協同組合事務所に侵入(事件被害地隣村)して物色中、宿

直員に発見されるや、谷口は同宿直員に包丁で腹部を刺し、治療二週間を要する傷害を与え逃走したものであるが、四月二日平素の素行不良なる処より右強盗傷人容疑者と睨み任意同行調べた結果、自供し、目下逮捕勾留中で本件容疑の点につきアリバイ等につき捜査取調べ中である。

谷口繁義が逮捕されたのは、一九五〇（昭二五）年四月三日である。一九歳と四カ月だった。ひとつ年上の石沢方明と隣村の神田《こうだ》農協に忍びこみ、宿直員を傷つけて逃走した疑いによってである。

石沢と谷口は、その二年ほどまえ、電報配達夫をよそおっておなじ村の農家に押し入ろうとして失敗、逮捕されたことがある。このとき、二年六カ月の刑をいいわたされたが、ふたりとも未成年者だったこともあって、五年間の執行猶予となった。その後、石沢は大工見習い、谷口は土工や炭焼きによって家計を助けていた。

遊びたい盛りで小遣銭に窮していたふたりは、金儲けについて話しあっているうちに、「農協をやろう」ということになった。石沢が、勝手もよく知っている四キロほど離れた神田農協を提案した。それで話はきまった。

三月三一日、雨まじりの強い風が吹き荒れていた。夕方から停電になった。絶好のチャンスである。手袋、覆面、懐中電灯の準備もととのえた。石沢が農協の炊事場からみつけてきた刺身包丁の、長い方を谷口が、短いのを石沢が握りしめた。風の音に乗じて事務所に侵入し、土間の米俵を越えてすすんだ。机の上の手提げ金庫には小銭しかはいっていなかった。

と、なにか倒れる音がした。石沢が自転車にぶつかったのだ。宿直室で声がした。三、四人はいるようだった。まもなく、コツコツと床を伝う男の足音がきこえ、懐中電灯の光がちかづいてきた。机の上の手提げ金庫が照射され、やがて、光の輪は谷口のしゃがんでいるカウンターの陰にむかってきた。

谷口は見つかったと思った。宿直者は帰りかけていたが、彼は前におどり出て刺身包丁を突きだした。空振りだった。

「泥棒！」

と声をあげた瞬間、彼はもう一度突いた。石沢が鎌を振りあげた。谷口はそれを制して払いのけまっ先に逃走した。

宿直者の近藤肇は、小雨の道をふたりの男が、東にむかって飛ぶように逃げるのを目撃した。近藤は、メリヤスのシャツの上から軍隊用の厚い外套をきていた。だから、刺されたのに気がついたのは、宿直室に帰ってからだった。

石沢と谷口は、自宅と反対の方向へ逃げ、兇器を田んぼに捨てた。遠まわりして谷口の家についたのは、三時前だった。石沢は谷口の家の納屋に寝た。

二日ほどして、まず石沢が逮捕された。前科者リストで割りだされての任意同行である。彼は逃げるときに農協からせしめてきたシャツを着こんでいた。その日の夕方、石沢の自供によって谷口も逮捕された。財田川にかかる政宗橋のたもとにある家のまえに、幌つきのジープがとまったかと思うやいなや、五人の刑事がとびだしてきた。呼びだされて谷口が外にでると、襲いかかるようにして両手錠をかけられ、連行された。

その日から、三一年の歳月が流れた。谷口繁義はいまなお、獄中にある。

神田農協で宿直員に全治二週間の傷を負わせた「強盗傷人事件」は、懲役三年六カ月だった。先の「強盗未遂事件」で執行猶予中の二年六カ月を加算しても六年である。しかし、六年たってなお彼は釈放されなかった。「死刑」を宣告されたまま、気の遠くなるような戦後を生きつづけてきたのである。

三谷清美は警部補に昇格したばかりだった。辻村巡査派出所からの第一報がはいって、三豊地区警察署の捜査主任（刑事課長）だった三谷は、ジープに乗って現場に急行した。すでに陽が落ちて暗くなっていた。隣村の派出所から白川重男、合田良市両巡査が到着していた、というのが彼の記憶である。しかし、ふたりの巡査の「彼らが到着したとき、本署の捜査官たちが現場検証をしていた」とは喰いちがっている。

敷きぶとんの上に仰むけに倒れた香川重雄の左肩あたりに、のり状の血液が流れだし、出口にむかう靴跡が残されていた。三谷が実況見分しているあいだにも、非常呼集を受けた巡査が駆けつけてきて、藤野寅市署長以下、三、四〇名が集まった。二名編成でそれぞれ張込みが命じられた。その日は徹夜となった。

次の日の三月一日、現場から三〇〇メートルほど坂をくだった右側にある善教寺に、捜査本部が設置された。警部補になったばかりの三谷は張り切っていた。

前科者性行不良者関係三七名、闇ブローカー出入関係五三名、色情怨恨関係一五名、遺留品関係八名、合計一一三名にものぼる容疑者を洗いだし、別件逮捕などで攻めたてた。が、キメ手はなかった。やがて捜査員は四三名から二三名に縮小された。

六月二七日。善教寺から正善寺に移されていた財田村強盗殺人事件捜査本部は解散となった。一二〇日間におよぶききこみ捜査によっても、めぼしい手がかりは得られず、捜査陣には疲労の影が濃かった。それでもいちおう「継続捜査」とされたが、迷宮《おみや》入りの気配がただよっていた。

捜査の主流は、管轄外の高瀬警部補派出所から応援にきていた宮脇豊警部補に移った。彼は四月、五月と、広島管区警察学校へ研修にでかけて不在だったのだが、帰ってきてから地元犯人説を強くうちだした。

三谷警部補や、県警本部捜査課からきていた市田山《いちたやま》一松警部補などは部外者説であったが、宮脇は藤野寅市署長に谷口説を強く進言して、捜査指揮をひきうけた。捜査主任は三谷から宮脇に替った。

三谷は本部解散後まもなくして広島管区警察学校に入校した。

高松市の街はずれにある自動車教習所で、わたしは三谷清美に会った。彼は多度津や善通寺などの小都市の警察署長を歴任したあと、香川県の警察学校の校長を務め、六七歳になったいま、県の交通安全協会の嘱託となっている。この教習所で、免許更新にやってくるドライバー相手の講師をしているのである。

二階の、細長い講師室は窓にむかって一列に机が並んでいる。窓からは護岸工事の様子を見下ろすことができた。いちばん奥に座っているガッチリした体軀の男が三谷だった。警察官をやめると、たいがい柔和な表情を取りもどすものだが、髪に白いもののまじっている彼もやはりそうだった。それでも、突然、昔の事件をたずねにきたわたしを、彼は固い表情で迎えた。

「あの事件のことは、あまり想いださんなあ、想いださんようにしとるんじゃ」

彼はそういった。捜査主任を外されたのはやはり屈辱だったようである。彼が落とせなかった谷口を、後任の宮脇警部補が自供させ、表彰されたのである。打ち上げのとき、彼は会場の隅でちいさくなっていた。

「しかし、いまから考えると、それでよかったのかもしれん」

「残念だったでしょうに」

「いや、正直いってホッとしました」

神田農協での「強盗傷人事件」で刑が確定した谷口の身柄を、三谷は丸亀拘置支所から三豊地区本署の留置場に移して攻めたてた。しかし、ついに自供にもちこめなかった。「それでよかったのかもしれん」といういい方に、谷口を「死刑囚」にすることに手を汚さなかった安堵感がこもっているようだった。

わたしはそのあと、自宅に押しかけてもう一度会ったが、彼はやはりあまり語りたがらなかった。

「あの頃は、いまからみると警察の捜査もまだ弱かった」

それが真犯人を逮捕できなかった彼の弁明のようである。

宮脇豊警部補にとって、谷口が最後の希望だった。捜査本部解散の一週間まえ、宮脇は神田農協強盗傷人事件の判決が下って、収監されていた谷口を丸亀拘置支所からひきだし、自分が取りしきる高瀬警部補派出所の留置場へ移監した。それまでの取調べのなかで谷口は、おさななじみの安井良一と香川重雄宅に忍びこみ、一万円を盗んで山分けしたことを自供していた。

だから宮脇は、谷口クロの心証をますます強固なものにしていた。しかし、この殺人事件は、「就寝中のところを、矢庭に鋭利な短刀様《よう》のものにて傷つけられたものと認められる」と「検証調書」に記述されているように、小遣かせぎの目的で一晩中床下の芋穴に潜み、主人が外に出たちょっとした瞬間に泥棒するという彼らの手口とは、まったく異なるものであった。

神田農協傷人事件にしても、発見された谷口が退路をひらくために包丁を振りまわして起った事件だった。彼は石沢方明が振りかざした山鎌を払いのけたほどであった。虚心にみるならば、「就寝中のところを矢庭に鋭利な短刀様《よう》のもの」を突きたてた犯人像と、むしろ小心ともいえる谷口とを結びつけるのは牽強付会にすぎた、といえる。

高瀬警部補派出所での尋問がはじまった。警部補派出所は、交番ていどの巡査部長派出所にくらべるとはるかに規模が大きく、その二階建ての小警察署の責任者が宮脇警部補だった。大捜査陣を編成した事件の容疑者の取調べは、本来、本署においておこなわれるべきものなのだが、宮脇はあえて留置人のいない留置場（代用監獄）に谷口をひきこんだ。

六月三〇日、控訴期間がすぎ、その二週間まえに判決がだされていた神田農協事件の刑が確定した。刑が確定すれば身柄は刑務所に収容されることになる。しかし、殺人事件についての谷口の自供はまだ得られてなかった。

そのため宮脇は、「窃盗事件」や「暴行恐喝事件」などの別件逮捕をデッチあげて勾留し、身柄を確保した。谷口はクモの巣にひっかかった哀れな昆虫だった。

たしかに、事件発生直後から「地元不良前科者」のひとりとして谷口も捜査線上には浮かんではいた。しかし、三谷捜査主任が執拗に追及してもなんの確証をうることなく終っていた。周辺捜査にあたっていた刑事たちの報告も、「あれはたいしたことはない」というようなものだった。消えかかった線がもう一度あらわれることになったのは、一カ月後の神田農協事件によってである。石沢と谷口の逮捕は香川殺しの容疑をさらに深めるきっかけになったのだが、宮脇は三谷よりもさらに執拗かつ強引だった。

石沢は事件当時、ガールフレンドを連れて、兵庫県西宮市でおこなわれていたアメリカ博覧会の見物にでかけていた、ということでアリバイが成立した。が、谷口は自宅で寝ていたという家族の証言しかなかった。それが身の不運のはじまりだった。といって、強盗殺人を犯し、まだ強奪金をもっているはずの男が、その一カ月後、それも刑事たちが村を徘徊し、きびしい監視の眼をむけていたときに、こんどは隣りの農協に窃盗にはいること自体が奇妙な行動といえた。しかし、警察にはそんな常識は通用しなかった。

刑事たちの取調べについて、のちに谷口は手紙でこう書いている。

谷口繁義から矢野伊吉への手紙（一九七三年一月七日）

25・4・20から25・6・6まで三豊地区署で取調べを受けた事になっていますが、当時、同房にいた者は、松田登（上高瀬の男）と、もう一人の名前は忘れましたが、その男は、その後間もなく保釈で出ました。その後に入って来たのは、藤井と言う男で観音寺町の泉組の若い衆でした。

　私は本署の留置場で二回転房させられて居りますが、他の房に移った時は、財田村から善通寺へ養子に行っている戸頭《とがしら》と言う足の不自由な男とそれから、高知県中村の男と、もう一人は仲多度郡琴平町の高木少年でした。

　房の広さは二畳位ありました。当時、本署に留置されていた者は、ほとんど香川重雄殺害の容疑で取調べを受けていたと思います。

　私は別件の強盗傷人で逮捕され取調べを受け、次いで香川重雄が殺された事件について三谷警部補と橋本刑事等に取調べを受けましたが、その間に宮脇警部補にも二回ほど本件について調べられました。

　取調べの時は、必ずうどんを買って来て食べさせてくれてから調べに入るのですが、最初、三谷警部補から「香川が殺されたのだが、お前知らんか」と聞くので、私は「知らん」と答えたら、「あの近辺に不良はいるか」と言うので、荒戸、山脇の不良を二、三人上げると直ぐ刑事が行って帰って来て、あいつ等を調べたが「やってない」と言っとるぞ、このぶんではお前と石沢がやったに違いないと随分調べられましたが、身に覚えがないので、良心的にやってないと主張し続けました。

　私が今も覚えているのはこれ位ですが、その時に何かメモして居りましたが、調書を作成したかどうかは判りません。

　本署では当時、食糧難でしたので、家からの差入れ面会等も許されて居り、留置人が金を出し合って蒸し芋を買って貰って何回か食べました。又、取調べの方も特に厳しい調べはありませんでした。

　そして私は容疑が晴れて、丸亀拘置支所に移監され、強盗傷人事件の判決があった直後に、三谷、宮脇、菅《すが》巡査部長等がやって来て、本署までと言うので、私は観音寺署に行く事に思っていたのですが、上高瀬駅で下車して、高瀬警部補派出所の官舎に連行され、いきなり「お前、香川が殺された日は何時《いつ》か言って見よう」と言うので、「日にちは忘れました」と答えると、「お前、二十七日の夜はどこにいたか」と言うので、「あの晩は確か、星かおるの芝居があったが、私はその晩は実家で弟と一つ布団で寝ました」、と答えると、三谷警部補は直ぐ帰宅し、その後で、宮脇警部補が酒をコップに一杯ついでくれたので、それを飲み、夕方留置場に入れられましたが、入口の方から二番目の房で、部屋をかわらせられた事はありません。

部屋の構造はドイツ式監房で、鉄格子に二センチ角の金網が張られ、部屋の広さは四畳位で、高い天井の真ん中に薄暗い電気が昼も夜もついて居りました。昼間は布団を隣房に入れ、夜になったら警官が入れて居りましたが、それも二、三日で、後はずっと部屋に置くようになりました。毎日取調べのない日はなく、房にいる時は少なく、昼間も二、三時間、房に居て、警官にタバコを貰って吸いながら話したり横になったりがほとんどでした。房内には机はありません。手紙も満足に書けなかったので家にも出して居りません。看守の巡査は、私の居るところから約三メートル位離れた通路の窓よりに机を置いて、何時《いつ》も何か書いて居りました。

私は、六月二十一日からずっと官舎や派出所の二階で、宮脇主任に調べられましたが、部屋のつくりは、確か七畳の床の間に机を一つ置いて、向い合わせで調べられました。立会人は当直の巡査で、官舎まで私を連行して、宮脇主任が「もう帰ってとってもえゝわ」と言ったら退席して居りました。私が今、覚えている巡査は、山本、石川、菅の三名です。取調べは何時《いっ》も十一時、十二時、時には一時を回っていた事もありました。

そして朝は四時頃に起こされ、七時頃まで官舎で調べられて居りましたが、ある日突然、高松の捜査本部から田中警部、広田巡査部長が来て、それに宮脇主任が加わり、派出所の二階の東側の角の部屋で調べられました。その部屋は密室になって居り、扉を開けて中に入ると土間があり、そこで靴をぬいで上がると畳が敷いてあり、その真ん中にがんじょうな細長い机が置いてあり、そこで昼も夜も調べられました。取調べが終ると、上りの終列車で二人は帰宅していたようです。この時の立会人も官舎と同様、山本、石川、菅がおもでしたが、派出所の二階では何時も室外で待って居りました。

拷問は派出所の二階の東側の密室で、両足をそろえてズボンの上から護送用の捕縄《ほじょう》で、すねから足首にかけて五、六回まき付けられ、正座をさせられ、手首には手錠を二個もはめられ、手錠に付いている捕縄を宮脇主任が机の足につなぎ、田中警部が机を叩きながら取調べられ、失心した事も何回あったか知れません。私は「楽にさせて下さい」と何回となくこんがんしたが、聞き入れてくれませんでした。その時に悲鳴は出しませんでしたが、油汗が落ちました。私が警察に居る時は縄の跡が残って居りましたが、けがは別にして居りませんでした。

次に飯の事ですが、最初はどんぶりに七分目位はあったのですが、取調べが段々と厳しくなるにつれて、どんぶりに三分の一位に減食されたので、小使にもっと多く入れてくれとたのんだら、これが規定だと言うので、宮脇主任や巡査等に増食してくれるようたのんだ事も再三ありました。このような事が何日も続き、取調べ毎に「早く言ってうまいものを食べたらいいだろう」と田中警部に言われました。そして八月頃から宮

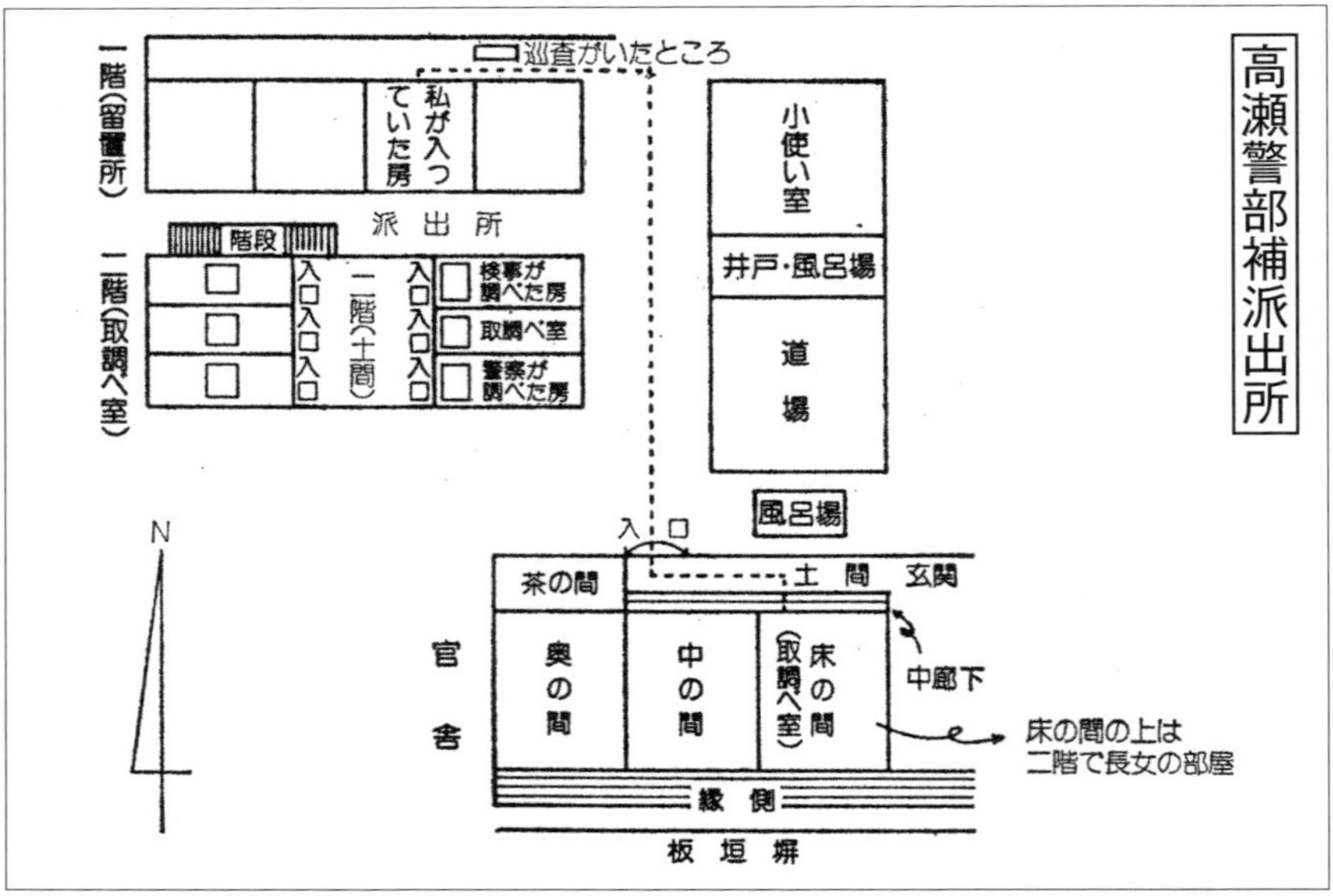

減食・睡眠制限などの拷問をくわえられて取調べをうけた代用監獄　一階（留置場）　二階（取調べ室）

脇主任が家に行って、米や金を貰って来てくれて、それを小使に飯盒で炊かせて、そのまま持って来てくれました。

宮脇主任の官舎へ何回も行きましたが、回数は覚えて居りません。主任の官舎の間取りは、留置場を出て南突き当りに官舎の入口があり、そこから入って右側に茶の間があり、その南隣りが奥の間、その東隣りが中の間、そして唐紙を開けて東隣りの部屋が床の間になって居り、その床の間の上が二階になって居りました。私が調べられた部屋が床の間でした。

家族は、奥さんと長女（高校生）と次女（小学校四、五年）と長男（五、六歳）が居りましたが、話したのは奥さんと次女と長男でした。ごちそうは前にも書きましたように、官舎の風呂に入れて貰って、白米飯をどんぶりに山盛りついで貰って、三回ほど食べた事を覚えて居ります。又、タマゴ酒も何回かありました。それから宮脇主任が、次女にビスケットやミルクキャラメルなどを夜、買ってこさせて、食べながら中の間で歌を唄ったり、ハーモニカを奥さんや子供さんの前で吹いた事も一回ありました。

昼間は子供さんの姿は余り見かけなかったが、奥さんは茶の間で編み物や縫い物をして居りましたが、そのかたわらで子供さんが勉強をしていた事もありました。官舎での取調べは、床の間に机を置き、相対して調べられましたが、官舎では厳しい調べはありませんでした。

宮脇豊は、一九三三（昭八）年、高松市内の交番巡査が振りだしだった。戦前は特別高等警察課（特高）に属する視察係だった。特高は、反戦・平和を唱える思想犯を専門に取り締り、軍部の戦争遂行を背後で支えたものだが、彼はアメリカに本部のあった「灯台社」や天理教関係者の検挙、取調べにたずさわっていた。

事件発生当時、宮脇は高瀬派出所の所長だった。香川重雄が死体となって発見された翌日、現場に急行したのか、それとも報を受けてすぐ急行したのか、その記憶は定かではない、と主張している。もともと応援のひとりであったのが、捜査主任の地位を獲得したのは、捜査本部解散直前、藤野寅市署長に「谷口犯人説」を進言し、認められたからである。彼は、のちにこう語っている。

この犯人の検挙は、私が消防団の人からの聞込により、谷口、石沢、安井の三人の中にやつた者があるのではないかと言ふ事になつたので、それ等三人の素行を洗ふべく、ある刑事に命じておいたのが、そのままになつてしまつた。その後、私は入校（広島の警察学校）し、やがて署に帰つてみると部落の或人が「あれは、谷口がやつてゐるのに間違ひない、あんたならやれるから調べてみなさい」と言ふ事を聞かしてくれたのであり、谷口の調に当つても、谷口は強情で何も語らなかつたので友人、女関係等より聞出したものであります。

そして一番犯人であると思つたのは、神田村の強傷事件にも侵入口の戸を兇器で突き刺してあり、この点、財田事件と全く一致した手口であつた。そのうちに被害者方での現金一万円の窃盗事実を自供した。又、弟の証言中、犯行当夜被疑者の帰宅した時間が午前三時頃だと申し立て、友人等を調べると「ヤバイんだ」と言ふ事を洩らしてゐた事も判明した。以上の通り手口、関係人の取調等により合理的に捜査を進展していつたのであり、又、風評等も捜査の端緒として何等非合理なものではなく、どん〳〵活用すべきだと思ひます。

谷口が容疑者とされたのは、なんの根拠もない「風評」だけでしかなかった。それでも、宮脇は強引に攻めたのである。藤野署長もまたこれを全面的に支持していた。藤野はこういう。

其の後、捜査は発展せずにゐたところ、神田村に強傷事件があり、谷口、石沢と言ふ二人の犯人が程なく検挙せられたのであります。その二人の中、谷口が強殺事件と関連がある様に思はれ出したのであります。

それは手口が一致するのと、地元ではあるし、また一方、何んとなく「カン」があつたからであります。それより谷口を強殺事件の容疑者として調べ出したのですが、キメ手がなくて行き詰つてゐたのであります。そこへ宮脇警部補が学校から帰り、調べを行ひ被害者方に於ける一万円の窃盗事件を自白させたのであります。ところが神田の強傷事件も同じ農協元前に窃盗に入つてゐた点で一致するので、強力に捜査を進めたのであります。

強力といつても拷問等ではなく、谷口こそ真犯人であるとの信念をもつて調べたのであります。私は当時、素人なりに谷口に「カン」があり宮脇君を激励する一方、県に報告し、田中係長、広田巡査部長が応援に来てくれ、三者一体となり取調べに従事中、遂に犯行を自白したのであります。

事件発生現場の財田村は、国家地方警察香川県本部三豊地区署の管轄内だった。当時は「国警」のほかに、小都市ごとに「自治体警察」がおかれていた。国警香川県本部は、香川県庁舎内に設置され、そこの強行班係長の田中晟《あきら》警部以下五人ほどが、応援にかけつけている。

田中が部下の広田弘巡査部長をつれて谷口の取調べに出むくようになったのは、捜査主任が宮脇に替った七月以降である。田中はこう語っている。

私と広田部長が応援に行つた時は、谷口が黒だと言ふ資料が既に集つてゐたのであります。即ち二万円の窃盗事件の自白、犯行当夜のアリバイの不明な点、留置場内での「殺人に保釈があるか」等の言動であります。……事件の調べは確信をもつて行ふ事が大切であります。犯行当夜のアリバイについて追及すると、谷口は連れと別れて一人になつてから空白の部分が出来、その点を尚も追及すると、調べ始めてから、四日目に自白したのであります。

しかし信用出来ない自白であらうと思つてゐますと、果して真実のものではありませんでした。すべて犯罪者が心から悔悟して自白する時は、真実の自白をしますが、谷口の場合はさうでなく、理に窮して自白したのですから虚偽の自白でしたが、然し虚偽の自白中にも犯人でなければ分からない様なうがつた点もあるので、よく注意し、自白した時は真偽の如何を問はず総べて裏付け捜査をなし、真実か否かを判定し、逐次、真真の自白を求めて行くべきであります。

そこで我々が感じるのは、これは白でなからうかと言ふ気で調べれば自然に調べが緩やかになり被疑者も逃《のが》れられると思へば自白はしないものですから、疑心を抱かず、信念を持つて調べに当る事が大切であります。しかしその強い気持といふのは何等かの裏付けのあるものでなければなりません。

また、調べに当つては黒だと言ふ見込みがあれば例え嘘の自白でも得て置けば、白黒の判定に役立つものです。

（香川県警本部発行『警声』一九五二年一〇月号）

これら三人の警察官の発言に共通しているのは、「証拠がなくとも、〝カン〟と〝信念〟があれば、自白に追いこめる」というものである。谷口繁義がはじめて自供したのは、一九五〇（昭二五）年七月二六日だった。神田農協強盗傷人事件で逮捕されてから、百十数日目である。つまり、百十数日間も、彼が否認しつづけ、その後ようやく自供したということは、すでに自己を支える肉体的、精神的限界にきていたことを示している。

　それまで、谷口は別件でタライ回しにされ、管轄外の、高瀬派出所の留置場にひとりだけ隔離《かくり》されていた。彼の身柄の移動（上表）と（供述）調書作成の経過（下表）は、つぎのようなものだった。

　六月二一日、三谷、宮脇などによって、高瀬派出所の留置場に連れこまれて以来、所長である宮脇から毎日、逮捕状にない「香川殺人事件」の追

拘禁月日	拘禁場所	拘禁の内容
4月3日	三豊地区本署	神田農協強傷事件で逮捕
4月10日	丸亀拘置支所	移監
4月11日	三豊地区本署	〃
4月14日	丸亀拘置支所	〃
4月19日	〃	神田農協強傷事件起訴
4月20日	三豊地区本署	移監
6月7日	丸亀拘置支所	〃
6月15日	〃	神田農協強傷事件判決言渡
6月21日	高瀬派出所	移監
6月29日	〃	窃盗事件にて逮捕
6月30日	〃	神田農協強傷事件判決確定
7月2日	〃	窃盗容疑で勾留
7月11日	〃	右勾留につき釈放
〃	〃	暴行恐喝容疑で逮捕
7月13日	〃	右事件で勾留
8月1日	〃	右勾留につき釈放
〃	〃	強盗殺人事件で逮捕
8月4日	〃	右事件で勾留
8月23日	〃	強盗殺人事件で起訴
8月29日	丸亀拘置支所	移監

調書名	作成月日	作成場所	取調官	要旨
第1回供述	6月24日	高瀬	宮脇豊	環境交遊
第2回供述	6月26日	〃	〃	容疑の原因
第3回供述	7月20日	〃	〃	弟に犯行打明ける
第1回供述	7月26日	〃	〃	犯行自白
第2回供述	7月27日	〃	〃	〃
第3回供述	〃	〃	〃	〃
第4回供述	7月28日	〃	田中晟	犯行否認
第5回供述	7月29日	〃	宮脇豊	自白の一部訂正
弁解録取書	8月1日	〃	〃	自白
第6回供述	8月2日	〃	〃	自白の一部訂正
第1回手記	〃	〃	〃	〃
第7回供述	8月5日	高瀬	宮脇豊	自白
第2回供述	8月11日	〃	中村正成	〃
第3回供述	8月14日	〃	〃	〃
第2回手記	8月17日	高瀬		
第3回手記	〃	〃		
第4回手記	8月19日	〃		
第4回供述	8月21日	〃	中村正成	自白
第5回手記	8月24日	〃		
第5回供述	8月25日	〃	中村正成	自白

及をうけていた。取調べは、ただ自供を得るためにだけつづけられた。この間に残されている「供述調書」は、宮脇が調べた六月二四日、二六日、七月二〇日の分だけで、それぞれ犯行を否認している。

そして、突然、「自白」の供述調書が出現するのは、七月二六日、宮脇の取調べにたいしてである。奇妙なことに、前に三回の「供述調書」がありながらも、その日の調書もまた「第一回供述調書」となっているのである。それは、つぎのように書きだされている。

「私は六月二十二日頃に高瀬に来て、前にも申上げた様に、私は嘘を申し上げて自分が香川重雄を殺して金を盗み取り、その取調べに対して供述しなかった理由は、

1、刑を受けたら死刑になるだろうと思ったし、

2、証拠が無いから自白しなかったら分るまい、

と思ったからであります。

その私が自白する気になったのは、確かに証拠を握られたと思ったし、又、この際、清く清算して清い身になって、胸（心）の悩みを去りたい為でありました……」

この「供述調書」は、B４判の罫紙で三二枚にもおよぶ詳細をきわめたものである。

「私は香川を起して脅して金を奪ってやろうと思ったのでありますそして香川の寝ている右側より中腰で右手に刺身包丁を持って首（のど）の処に一尺位離れてつきつけて、左手で「オイオイ」と起して目を開けたので、

「金を出せ殺すぞ」

というと香川は、右手で刺身包丁を払いのけて（握ったかも分らん）、

「何するか」

と言ったので、私は刺身包丁を手元に引きますと同時に、香川が起きて来て、私に突っかかって来る様な態度があったので、私は無意識に腹と思われる処を包丁で突きました。その時〝オジ〟が大分大きな声で、

「ウハー」

と、二、三声叫んだと思います。一突きしますと、香川はタンスの方へ逃げたので、無茶苦茶に後から突いたが、何回か上から斬りつけたが、何回やら夢中で数など分りません位に、斬りつけたり突いたりしました。

香川のオジは、逃げもどって声を出して救いを求めたようでありますが、記憶がありません。香川がタンスの方に頭を向けて、足を障子の方にして仰向けに倒れました。一〇分間位の出来事でした。その時、香川は声もよう出さず、死んだと思いました。そこで私は、死んだか死なんだかオジの左側横から見ました」

ところが、翌二七日の調書では、

「私が昨日申し上げた中で、申し残した点や忘れていた点、ま

ちがえていた点を、昨夜、留置場で考えだしたので、只今より申し上げたいと思います」

と訂正されている。

「私が最初寝ている香川に刺身包丁を突きつけて、香川を起した際に突きつけた刺身包丁を右に払い除けると同時に、その手で私の足の下の方をすくったので私は尻餅をつきました。

その時、香川は起き上って来たので私もすぐ起き上りました。その立った瞬間と言うものは、香川の方が私より一寸早かったように記憶して居ります。その時私はまごまごしていたらやられると思ったので、夢中でオジの胸か腹かどっちかわからぬが一突き刺しました」

第三回供述調書も、おなじ七月二七日付けである。

「前二回の供述で申し落した点がありますので、只今より正直に申し上げます。

香川重雄を一突き刺した処は、正面に香川と私は向い合って二、三尺離れて居りまして、香川はたしか、着物（寝巻様のもの）を着て前が乱れて居た様に思います。一突きすると叫んで私の方を見ながら二、三歩こきざみに後退しながら逃げました」

しかし、事件直後に作成された「検証調書」の「就寝中に矢庭に短刀様のものを突き刺した」との記述と、刺身包丁を構えながら、「オイオイ」と揺り起こした、とする自供とは大きくへだたっていた。

草相撲の強かった香川を揺り起こすなど地元の人間の常識外のことである。まして、兇器が短刀と刺身包丁とでは傷口にちがいがあらわれるはずだった。のちに宮脇は、公判での証言で、「谷口は、兇器は自宅の井戸に捨てたと最初に自供した」と語っているが、「自白の第一回供述書」には「財田川にかかる轟橋のたもとから川に放りこんだ」とその後の自供内容がすでに記載されている。この第一回供述書が作成された日付け自体さえ疑わしいものになる。

すべての供述調書の最後には、「右録取して読み聞かせた処誤りない旨申立て署名指印した」とある。しかし、これは形式である。

翌七月二八日、どうしたことか、取調官は県本部の田中警部に替った。その日になって谷口は、突然、それまでの自供を全面的にひるがえしたのだった。

「第四回供述調書」には、こう記載されている。

「私は一昨日以来、香川の爺さんを殺して金を盗った真犯人だと申して、尋ねられるままに犯行の模様等を申しましたが、実は嘘を申して居ったのでありまして、私は決して犯人ではありません」

しかし、その次の日の宮脇の取調べでは、前日否認したことにはまったく触れられず、なにごともなかったように、これまでの自供のつづきが、整然と罫紙に三六枚も書き留められているのである。

　そこでは、彼はこれまでの自供を大きく変更し、軒先に植えてあったミカンの木を伝って二階から侵入したのではなく、一階の釜場の雨戸の「ゴットリ」を刺身包丁で押しあげてはいったこと、生き返っては困るので、胸のシャツをあげて心臓部を二度突きしたことを供述している。この二度突きは、心臓内部で創傷が二つに分れていて、「犯人でなければわからないもの」とされて、のちの裁判で争点になったものである。

　しかし、それは、事件発生の翌日、現場でおこなわれた司法解剖に捜査官たちはまったく無関心であり、なんの情報もえていないという子どもじみた強弁を前提にしている。

　そして、八月四日、中村正成地検検事の尋問による膨大な調書が出現する。これはそれまでの調書の集大成というべきほどに完璧なものであり、そのため死刑判決の証拠として採用された。

中村正成地検検事の尋問による供述調書

　香川は電気を灯けたまま一人で、私が入ろうとする入口（東方）の方へ頭を向け、仰向けになって熟睡しておりました。そこで私は若し顔を見られては具合が悪いと考え、当時四、五寸位の長さで、顔にたらすと下唇の下辺《あた》りまで伸びていた自分の頭髪を前に垂らして、顔が見えないようにした上、身体を斜めにして部屋に入り、香川の枕許《まくらもと》辺りに胴巻はないかと探しましたが、見当らないので、とっさに香川をやって終って（殺す意）金を探そうと考え、中腰の姿勢で包丁の刃を下に向けて、右手に本手に握り、香川の右横から咽喉を目がけて突き刺したところ、頭髪で顔をかくしていたため、十分見えず手許がくるって、香川の左あごの辺りに差しこんだのであります。

　この点については、警察の御取調べでは、香川の口中目がけて刺したと申しましたが咽喉を目がけて突いたのが本当であります。またこれまでに、香川に包丁を突きつけて金を出せと問答したごとく述べたこともありましたが、それは事実ではありませんでした。

　右のごとく、包丁で香川の顔面を一突きした瞬間、そのまゝ刺していると香川は、「うわあ」と二、三回大きな声を上げ、左手で顔に突き刺さった包丁の刃を握ったので、私は直ちに包丁を手許に引くと、香川が直ぐにかけ布とんを両手ではねのけて上半身を起し、敷布とんの上に座り、何か大きな声を上げましたが、何と叫んだのかよく覚えておりません。私はその声が裏の久田大助にでも聞えると困ると思い、中腰で矢つぎ早に香川の右顔面部辺りを二、三回突くと、香川は私が入ったふすまの方へ逃げようとしましたので、私は同人の背後からその頭部を目がけて一、二回包丁で切り下げ、香川の前面をふさいで香川の方を向いて入口に立ちました。すると彼は今度は、北側の障子の方へ向って這ふて行き、障子のさんに手をかけたので、私は背後から同人の腰の辺りから一突きしたと思います。

そして香川は指を障子にかけたまま、目では私の持っている包丁の方を見乍《なが》らいざり始め、何か救いを求めると思われるような声を二声三声上げましたが、その声はもう、先程の声よりもよほど低くなっていました。そこで私は、自分の方を向いている香川の顔面目がけて四、五回直突きをやると、彼は中腰になって私の方を向いたので、私は同人の首の辺りを三、四回位突きました。

すると彼は簞笥の方へ頭を向け、足を北側の障子の方へ向け、斜めに仰向けになって倒れ、手足や全身をぶるぶるとふるわせましたが、この時はもう声を立てませんでした……。

そして私は香川が後で生き返ると困るので、心臓を突いておこうかと考え、香川の臍の上辺りを股ぎ、チョッキや襦袢《じゅばん》を上にまくり上げて胸部を出し、包丁を刃を下向けに右手に持ち、あばらの骨に当ると通らんので、刃の部分を自分から向って斜め左下方を向けて左胸部の、心臓と思われるところを大体五寸位突きさしましたが、血が出ないので包丁を二、三寸抜き（全部抜かぬ）、更に同じ深さ程度突き込み、一寸の間、香川の様子を見ましたが、香川は全然動かんので、もう大丈夫香川は死んだ、と思って包丁を引き抜いたのであります。

右のように、香川の襦袢やチョッキ等を上にまくり上げて胸を刺しましたが、これはそのようにしない事には、心臓部がよくわからんので、間違ったところを刺す恐れがあったからであり、又、襦袢の上から刺すと、後刻、人に発見された場合、心臓を刺しておる事が早く発見される恐れがあり、いやな感じがしたからであります。

倒れている香川が左側簞笥寄りの方に相当ひどく出血しており、顔や口から流れる血が畳の上に相当落ちておりました。

財布を入れた胴巻きを、金を盗った後、着物かけにかけた点、および新聞を香川の顔にかけた点は、私が犯人でないことを装うため、今迄の取調べに対しては殊更《ことさら》知らぬ様に申して来たのでありますが、事実は右の通りであります。

発見をおくらすため、襦袢やチョッキをまくって心臓をさしたり、新聞紙で偽装するなど、奇妙な行動が説明されているが、この供述は、殺人者のものとしては、あまりに客観的にすぎて、あたかも目撃者の視点からのようである。

このことについて谷口は前述の矢野への手紙にこう書いている。

谷口繁義から矢野伊吉への手紙

検事調べの時は、派出所の二階の東、北側の部屋で、何時《いつ》も午後一時頃から調べられましたが、月日ははっきり覚えて居りません。

私が検事に取調べを受けたのは、二回や三回ではなく、何回も調べられて居ります。検事調べの時は、部屋に入って南側に検事が着席して、私が北に背を向けて検事と相対し、その左側に検察事務官が椅子に腰かけて居り、又、入口のところでは宮脇主任が控えて居り、何時《いつ》も検事の方から何か書いたものをめくりながら、こうだろうああだろう、と詰め寄り強制誘導され、私が、何等自白、自供してないのに、私の方から読めないような小さな字でメモして居りましたが、言わなければ家族の者を留置して調べると何回となく脅迫されましたが、拷問は受けて居りません。

　私は検事にこのような大調書が出来るような取調べを受けた覚えはありません。

　別件で逮捕されていた谷口が、本件の強盗殺人事件で逮捕されたのは、事件発生後、六カ月たった八月一日である。第一回自供の五日後だった。逮捕状を請求したのは、宮脇豊であり、その許可を与えたのは、のちに死刑を決定した津田真裁判官だった。

逮　捕　状

被疑事実の要旨

被疑者は昭和二十五年二月二十八日午前二時三十分頃、三豊郡財田村大字財田上字荒戸番地不詳香川重雄当時六十二年方奥四畳間に於て就寝中の同人に対し刺身包丁（刃渡り九寸位）を突きつけて犯し立ち上るや頭部顔面等を突き刺し逃げる同人の背後より切りつける等十数撃で倒し更に蘇生したる場合の犯罪発覚を怖れて「とどめ」を口より咽《のど》へ一突きし約一分間位抑えていて身体の動かなくなった後更に心臓と思われる処を刺して出血しなかったので抜かず更に刺し全身三十余カ所の傷を負わして殺し胴巻より現金一万八千円位を強奪し逃走したものである。

起訴は、勾留切れ寸前の、八月二十三日だった。「強取」した金額は、起訴状では「一万三千三百円」に変えられた。

第二章　獄窓

証拠がないまま、谷口繁義は「死刑」を宣告された。
高裁、最高裁もその判決を踏襲した。無実の訴えは、黙殺された。

谷口繁義の弟孝《たかし》は、一七歳になったばかりであった。彼はそのころ、地元の建設会社で日雇いの土方をしていた。ある日、高瀬派出所に呼びつけられ、兄に面会させられた。

事件のあった夜について、孝はそれまで「奥の座敷で繁義とおなじ蒲団に寝ていた。隣の部屋には旧正月のため岡山から出てきた祖母がいた」と、宮脇警部補の取調べにたいして答えていた。

宮脇は、孝の眼の前で、手にした兄の自白調書を読みあげた。
「殺してから自宅へ帰ったが、家へ入ろうか入るまいか一寸思案したが、一層のこと戸をあけて入り、弟が寝ていて、寝ようとすると何処へ行っていたのかと問うから、酒をのんでいたということをいって、それから一緒に寝た、ということになっとるぞ」

宮脇は大声をだした。両手錠をかけられ、哀れな姿でそばに座っていた兄が懇願した。

「かまわんから、主任さんのいう通りにいってくれ、たのむ、たのむ」

充血した眼で兄はこっちをみている。
「そんな嘘はよういえん」
「かまわんからいってくれ」

宮脇が口を添えた。
「あんまり隠しだてすると、兄貴と一緒に心中せないかんぞ」

こうして、谷口のアリバイは崩された。

しかし、肝心の証拠はなにひとつあげられていなかった。自供によって、谷口宅の井戸を掻きだし、消防団を動員して財田川の川底をさらっても、兇器の「刺身包丁」は発見されなかった。現場に残された靴跡と谷口の靴は合致しなかった。上衣、ジャンパー、オーバー、マフラー、バンド、靴下、登山帽、軍手、ズボンなど、家中のめぼしい衣類はすべて押収され鑑識にまわされたが、被害者に馬乗りになって止どめを刺したことを証明する血痕は、現れなかった。

奪われたカネは一万三千円ていどと推定されていた。谷口を追及すると、神田農協傷人事件で逮捕されるまでの一カ月間で五千円費消し、残りの八千円は逮捕時に、両手錠をかけられ、警官に両脇を取りかこまれて護送されるクルマの窓から外に捨てた、と自供した。

それはどんな魔術師にも不可能な芸当だった。刑事たちの必死の聞込みにもかかわらず、飛んできた百円札を拾ったという噂のカゲもなかった。

一九四九（昭二四）年一月一日に施行された新刑事訴訟法によって、取調べは自白偏重から証拠を重要視するようになっていた。宮脇警部補とおなじように、戦時中は特高として辣腕を振るっていた田中警部もそのことを知らないではなかった。そのこともあってか、谷口家にやってきた警官は、孝がはいていたズボンをその場で脱がせ、領置書も書かずに押収したりした。

谷口繁義は、ほぼ四カ月にわたる勾留のあとで、ようやく「自白」した。犯行を再現する膨大な調書が残されたが、自供だけでは、宮脇も田中も不安だった。こうして出現することになったのが、谷口の「手記」である。

一九五〇（昭二五）年八月二日付けの第一回手記で、彼はこう書いている。

今まで本当に僕くは警察の方や村の人や皆々様をだましたが、これから僕くの本当の心の底から真面目にお話をいたしますからお許し下さいませ。本当わ僕くの気のまよいであったので、本当に心から悪かったと思って居ります。

僕くは、兄貴がくつを神田《こうだ》の強とうしょう人をやった朝の七時ごろにもって帰りましたといったのですが、本当わ黒の「タングツ」でわなかったのです。それは今にも家にありますが、軍隊の「クツ」なのです。それわその時に自分がはさみできってさんだるにしようと思ってきり今まに家にをいてあります。

それから、包丁のことですが、あれわ本当に（さしみ包丁です）真ちがいわありません。それから香川のオジサンの所ですが、一たん中に入りまして東側の「ショジ」を左にあけてあたりを見て金がなかったので僕くわ香川さんに包丁をつきつけて、オイ金をだすかそれとも身体といのちとわどちらがいいかといって香川さんの首のところに包丁をつきつけて見ると香川さんは僕くのもっていた包丁をにぎりなにをするんだといったので僕くはにぎっていた包丁をひき、オジサンハすぐに立上り、そこで僕くのうでをにぎろうとしたので、僕くはすぐに香川さんの身をついたのであります。

そうして香川さんわすぐにたいをかわし東のすみの僕くが初に入った所から逃ようとしたので又香川さんの（コシ、アタマ）をつきさらに香川さんわ北よりの方へ行きながら、高ごえを上げて便所の方へ行った時又僕くわ香川さんの背中をきり、それからはどんなにしたかわかりませんが、香川さんは西のたんすの所にたをれたので僕くわ香川さんの同巻を左手でとり、それから香川さんの着物で包丁をふき其の時に自分の手がよごれていたので着物でふきました……。

これは第一回手記のほぼ半分である。当然のことながら、手記は供述調書とほぼおなじ内容だが、文体もまたそれによく似ている。供述調書は速記録ではなく、被告人がいうのを、取調官が要訳し整理して作成するので、文体は取調官のそれに似てくる。この手記はそれと似ている。

谷口の手記は、全部で五通にものぼり、誤字が目立つわりには書きつぶしがほとんどなく、むしろ理路整然としている。しかし、これだけの文章を書ける人間にしては、誤字の多用が目立つ。たしかに達筆とはいえないにしても、充分に判読できるものなのだが、奇妙なことに、この手記には、捜査官による達筆の「手記浄書」とする反訳までつけられている。

第一回（八月二日）　一二六〇字
第二回（八月一七日）　二八八〇字
第三回（八月一七日）　一五六〇字
第四回（八月一九日）　八〇〇字
第五回（八月二四日）　九〇〇字

三週間のあいだに谷口は五回の手記を書いている。それも八月一七日は二回、合計約四四〇〇字、四〇〇字詰原稿用紙にして一一枚。よほどの作文好きでないとこなせない分量である。そのすべてに「反訳」がつけられているのをみても、証拠に窮していた捜査当局が、この手記にいかにエネルギーを割いたかを推測することができる。

谷口繁義は、小学校高等科二年中退であり、その成績簿をみても、とりわけ国語が好きだった形跡はない。小学生時代の国語はたいがい「可」であり、他科目に「良」があった時期でも、この学科だけは「可」だった。高等科中退後は肉体労働に従事し、ペンを執《と》るような境遇にはまるでなかった。手紙を書くようになったのは、獄中の生活が長くなってからのことである。

その半年後の一九五一（昭二六）年二月ごろ、彼が獄中で書いた「意見書」は、きわめて簡潔なもので、「手記」にあるような誤字はどこにもみられなかった。

「自分は其の当時香川さんの所へこの着物を着用して行かないし、又、香川さんを殺したことはないのであります。だからそんな血なんかつくことはないのです。ですからもう一度よくしらべてもらいたいのです」

これは、孝がはいていたズボンから血痕が発見された、ということへの不審の念を述べたものである。彼の「手記」に残された誤字の多用には、無学な谷口ならそんな誤字を多用するであろうという捜査官たちの想いこみが反映しているようである。あるいは手記は、反訳としての「浄書」に沿って書かれていないとも限らない。のちに谷口は、矢野あての手紙にこう書いている。

手記について書くようになったいきさつは判りませんが、派出所の二階で、田中、広田の両氏がいるところで、宮脇主任が、お前、夜、うなされたり夢を見るだろう。それを書いて出せと言うので、留置場に帰って塵紙に二、三枚、山がくずれ落るところとか、蚊屋をつり私が寝ている周囲を、近所のおじさんがキセルをくわえてぐる〳〵廻る夢を表現して出しましたが、誰に渡したか覚えて居りません。それも一回しか書いて居らず、手本を示された事はありません。これは八月過ぎに出したと思います。

又、名前も拇印もした事はありません。したがって塵紙以外の用紙に手記を書いた事はないので、手記についてくわしくお答えする事は出来ません。

留置場には机はない。真夏の風通しの悪い狭い房で、合計五通、七五〇〇字弱にのぼる手記を書くのは、超人的作業ともいえる。それにもかかわらず、塵紙にではなく、罫紙に書かれ、署名と拇印まで押された「手記」が存在している。それにもうひとつ不思議なのは、それぞれ筆蹟のちがう「浄書」が、二通ずつ残されていることである。

一九五〇（昭二五）年八月二三日。谷口繁義は「強盗殺人事件」によって起訴された。

財田村の強盗殺人事件解決へ

半年間の取調べ奏功　服役中の強盗囚を起訴

地元紙、「四国新聞」は、二面トップで大見出しをたてた。「仏の念願達成」と藤野寅市三豊地区署長は語った。

あらゆる悪条件のもと半年近くも捜査を続行。本県としては捜査本部を開設しての継続捜査では長期のレコードを作ったと思う。事件解決は途中から相当長期にわたるものとの覚悟でいたが被害者の初盆である八月一ぱいには解決したいと念願していたところ、その念願が達成されたので盆にはその墓参りをしたい。事件解決の殊勲者は高瀬警部補派出山所宮脇警部補で鋭敏な感覚とたゆまざる努力の結晶である。

この談話は、藤野署長の顔写真ではなく、「殊勲」の宮脇警部補の制服姿の写真で飾られている。

おそらく宮脇は得意の絶頂であったであろう。しかし、六段にもおよぶ記事を読んでも、谷口がなぜ起訴されたのかがさっぱりわからない。「捜査は行詰り状態に陥ったが、同署宮脇警部補の傍証の収集に寝食を忘れての努力は功を奏し、余罪取調べ中確たるヒントを得」とか「最終的綿密周到な取調べを進めついに有力な確認を得て事件発生以来百七十七日目の二十三日についに起訴」とあるだけで、決定的な証拠であるはずのズボンや手記については、なんら触れられていないのである。

宮脇が書いたと推定される報告書「強盗殺人事件検挙について」には、「検挙の端緒」として、つぎのように書かれている。

いわゆる刑事眼的な「勘と手口」等より推察して逮捕引致して各種余罪より糊り強く追究する一方、アリバイ、金銭遊興関係等細密捜査の手をのばし、其の容疑を深める一方、自供と容疑との矛盾を追及して犯人をして弁明且《かつ》虚偽の陳述の余地なからしめ一歩後退二歩前進の経路を辿りつつ任意性の自供に近づけ、他面数回に亘る家宅捜査の実施及関係者の取調等に依り遂に動じ難き物的証拠を入手して被疑者をして真実自供の余儀無きに至らしめたものである。

被疑者が罪を犯した事を疑うに足る相当な理由

㈠　性質素行

被疑者谷口繁義は性質短気にして兇暴性を有し常に不良徒輩と交り恐喝暴行等をなし飲酒遊興を事とし生業に精励せず金銭を浪費し借金する等所謂《いわゆる》田舎不良として頭角を現して人々に怖れられている者である。

㈡　前　科

(イ)　強盗傷人前科一犯（二五・六・二五）懲役三ケ年半

(ロ)　強盗未遂前科一犯（二四・八）懲役二ケ年半五ケ年間執猶

目下送致中の事件としては暴行恐喝一件、窃盗一件とがある。

㈢　手　口

兇器所持の強盗をする現金を狙う手口である。

㈣　風　評

財田村民の一部では「谷口は人を殴るし脅し傷つける事もあるし金も盗むから地元に犯人居るとしたら谷口以外に犯人はない」と噂している。

㈤　矛盾容疑の点

1、現場遺留足跡と符合すると思われる被疑者所有の黒皮短靴の処分方法の矛盾点

（家族菊太郎、孝は昨年暮に盗まれたと自供するし、被疑者は本年四月二日頃「神田強傷事件の翌日」兄勉が持って帰ったと供述するし、更に兄勉は持ち帰った事実なしと弁明するので、その真相極めて曖昧である）

父菊太郎、弟孝、兄勉の供述調書、始末書を添付する。

2、犯行計画意思

昨年八月頃より友人佐藤信一に三回か、四回位、本年二月中旬に弟孝に香川か又は「バクラ」の金を強奪しないと金に困ると漏し（二回）犯行に友人安井を誘って居る点。

3、二月二十八日午前二時三十分頃の犯行後三月中旬頃に恋人、大久保広子に対し「俺らこの頃警察がヤバイ」と漏し、更にその頃、浅田君子に対して「事件が出来て怖しいから俺は山へ仕事に行きよる」と漏した事実。

4、匕首《あいくち》を所持していた事実、刃物で心臓を刺す（犬）事実。

5、留置中二回「殺していたらどうなるとか、自分は絞首台に上っても時間一杯でも体が大きいから助かるだろうなあー」とか言っていた事。（看守巡査報告書）

6、犯行当夜の「アリバイ」については弟孝が午前三時半頃帰って来たと涙を流して（不安と残念なのか）供述し犯行と一致する。

右諸点について取調べ中、昭和二十五年七月二十六日、初めて犯行を悔悟の涙を流して犯行の一切を任意自供したものである。

㈥　香川の強殺の自供に基く裏付捜査

1、犯行一切を自供した。

供述と実況見分書、現場の写真及兇行の模様と傷害後、死に至る状況等が全く符合する。

（供述調書、並、実況見分書、写真及現場図を添付する）

2、強奪した現金一万八千円位の消費先の裏付が、約二千五百円位出来ている。即ち（今井国三郎で千円位、常包ツネで千円位、その他で五百円位）を払っている。

（供述書と上申書を添付する）

3、兇器の刺身包丁は轟川の橋の下を捜査中であり、血痕付着と思われる服は鑑定に送致中である。

4、兇器の出所については自供の点と一致する盗難事実が判明しつつある。

ここに書かれているのは、怪しい男を自供させたということだけで、証拠は示されていない。

財田村強盗殺人事件の第一回公判は、谷口起訴の三カ月後の一一月三日、正門から丸亀城の望まれる高松地裁丸亀支部でひらかれた。

黒の法衣をまとい、左右に陪席判事を従えた津田真裁判長が入廷した。彼は一年前、神田農協事件で、谷口にたいして三年六カ月の刑を言い渡していた。津田は、法廷正面の裁判官席から、証人台の谷口を見おろして、氏名、生年月日、職業、住所、本籍地の順にたずねた。型どおりの人定質問である。

中村正成検事が起訴状を朗読したあと、津田裁判長は、

「被告人は質問にたいして沈黙し、陳述を拒むこともできる。法廷で陳述したことは被告人の利益、不利益たるとを問わず全部証拠になる」

と説明して、起訴事実についてなにか述べることはないか、とたずねた。谷口は決然としていった。

「本件事実には全然覚えはありません」

全面的に否認したのである。

裁判長はつづいて弁護人席の田万広文に発言をもとめた。長身の田万弁護士は、当時、香川県選出の社会党の国会議員であった。彼もごく簡単に発言した。

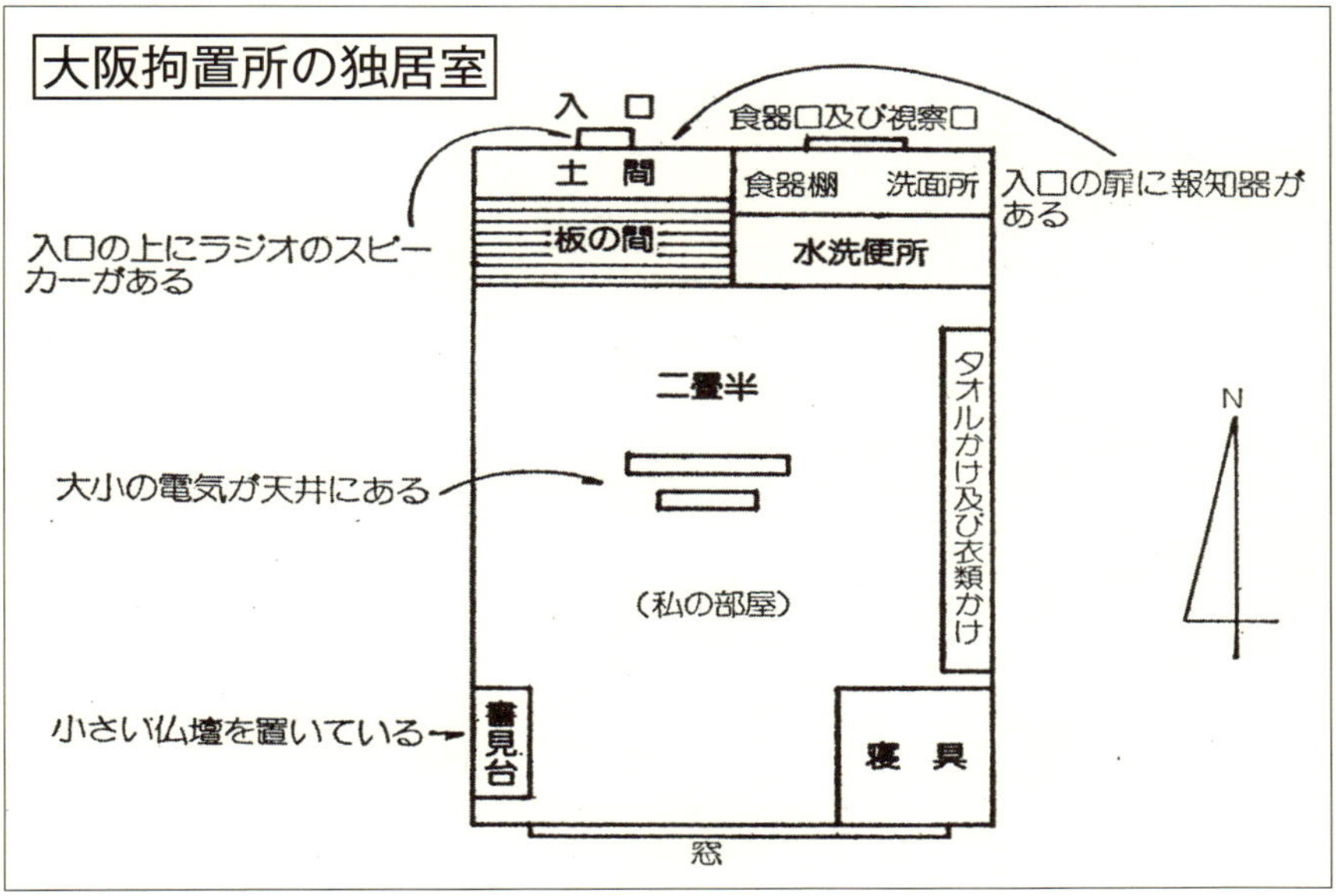

谷口被告が無実をさけびつづけ、模範囚として在監した独居房

「被告人と同様で、他に述べることはありません」

裁判はこのようにしてはじまった。

まもなく年も変り、春になった。谷口は裁判所にたいしてせっせと「保釈願」を提出していた。

私は此の事件には身おぼえないのであります。それにもかかわらず、未決にされて長期間になりますので、身体は弱るしまた公判はのびるし、私も本当に身体がもてないのです。ですから保釈をお願いしたいのであります。

昭和二十六年四月十九日

昭和二十五年八月四日　強盗殺人被告事件に付き勾留され御審理中でありますが、あまりにも長い間になりますので、一度保釈をお願いして家にてようじょうしてよくなれば公判があるまで家で一生懸命に働き親兄弟を安心させたらと思って居るのです。

それからまた刑務所に帰り一生懸命身の為めに務めます。

どうぞ保釈の許可をお願い致します。

昭和二十六年四月二十四日

私はあまり長くなりましたので、身体も本当に弱って居りますので、一度保釈の許可をしてもらい、そうして一度家に帰り養じょうさせていただきたいのです。そうしてよくなれば家にいて一生懸命に働き父母兄弟を安心させ、又刑務所において身の為一生懸命に働きます。どうか保釈の許可をお願い申上げます。

昭和二十六年四月二十五日

農家の三男として生まれた谷口繁義は、小学校高等科を二年で中退したあと、敗戦の前年、青年勤労報国隊員として福岡県の麻生炭鉱ではたらき、二カ月ほどで帰郷した。その後は農作業の手伝いをしていた。

一九四七（昭二二）年に善通寺にあった進駐軍の警備員として勤務したのもつかの間、軍隊が引き揚げて失業。その後は農作業のかたわら、炭焼き、大工などで小遣銭を稼いでいたのだが、半失業状態の鬱屈からか、さまざまの非行をつづけていた。

獄中で二〇歳《はたち》の誕生日を迎えた彼は、故郷に帰って大地を踏みしめ、いくらかでも家計を助けることを夢みていた。「保釈願」は、殺人者の罪悪感などとは別世界のもので、あっけらかんとしている。まもなく自分のうえに死刑の宣告がくだされるなどとは思ってもみなかった。

父の菊太郎と母のユカは裁判に賭けていた。夫婦そろって丸亀市にでかけ、駅のちかくの宏壮な自宅に事務所を構えている田万広文に弁護を依頼したのは、彼が当時、現職の代議士で、近在でも有名な人物だったからである。

田万は、純朴そうな農家の老夫婦が訪問した日のことを、いまでもよく記憶している。田んぼ三反七畝《せ》、畑三反の零細農家にとって、弁護費用の捻出は並たいていのものではなかった。

長男の武夫は独立してちかくに住んでいたが、土工暮しの生活で精一杯だった。

次男の勉は、戦後創設された経済安定本部の経済監視官補（闇ゴメ取締り）から国警巡査となって琴平町の駐在所に勤務していたが、弟が起訴される直前、「依願退職」となっていた。長女の誕生をまぢかに控え、やはり土工として辛うじて生活する身分だった。弟の孝もまた土工である。

狭い農村にいて、「殺人者」の家族はまわりの視線に耐えた。裁判費用の捻出のため、ついに田んぼを切り売りした。助けるものは、誰もいなかった。弁護士の田万は、国会活動で忙しかったとはいえ、谷口の無実を確信して、法廷での論陣を張っていた。

裁判官の現場検証のときのことである。

宮脇警部補は大張りきりだった。まず自分の髪をザンバラ髪にして忍びこむポーズをとった。前髪を垂らしたのは、覆面代りのつもりである。包丁を突き刺す谷口、逃げまどう香川。倒れた香川、馬乗りになってトドメを刺す谷口。裁判官のまえでの一人二役の迫真の演技だった。自作自演である。田万は異議をさしはさんだ。

「あなたはみていたんですか」

高松地裁丸亀支部での判決は、一九五二（昭二七）年一月二五日である。

判　決

本籍並びに住居　香川県三豊郡財田村大字財田上八二〇番地

農　業　谷　口　繁　義

昭和五年十二月三日生

右の者に対する強盗殺人被告事件につき、当裁判所は検察官検事中村正成関与審理の上、次のように判決する。

主　文

被告人を死刑に処する

訴訟費用は全部被告人の負担とする。

理　由

被告人は金額一万円の負債の支払と小遣銭に窮し、かつて安井なる者と共に、金一万円を盗んできたことのある、香川県三豊郡財田村大字財田上七千八十九番地の三、闇米ブローカー香川重雄（当時六十三歳）が相当の金を持っていると考え、同人が一人暮しで、附近には人家も数軒しかなく、盗みに行くにはかっこうの場所であるとして、同人方で、もし同人が胴巻を身につけている場合、又は胴巻が容易に見付からない場合は包丁を突き付けて同人を脅迫するか、又はこれをいきなり突き殺して金を取ろうと決意し、昭和二五年二月二七日夜、国防色中古ズボン（証第二十号）等を身に着け、刺身包丁を砥石でとぎすまして腰にはさみ、翌二八日午前二時過頃、右香川重雄方に到り同人就寝中の枕許辺りを探がしたところ目的の胴巻がなかったので、突嗟に同人を殺して金を取ろうと思い定め、右手にしていた刺身包丁で、熟睡中の香川重雄の咽喉めがけて突き刺したが、被告人はその頭髪を前に垂らして自分の顔を隠していたため手許が狂い、包丁は右香川重雄の口あたりに刺し込まれ、香川重雄が「うわっ」と声をあげてその包丁を握ったので、これを手許に引き、香川重雄が直ちに上半身を起こし敷布団にすわって声をあげた時には、矢継ぎ早に同人の顔面部等を右包丁で突き、更に同人が逃げようとするところを頭部をめがけて切り下げ、ついで同人の腰や顔面を突くなどし、同人が間もなく仰向けに倒れるや、右香川重雄着用の胴巻の中から同人所有の現金一万三千円位を奪取した後、香川重雄が生き返らぬようにと、その心臓部と思われるところに、右包丁を突き刺し、血が出なかったので、包丁を全部抜かずに刃先の方向を変えて更に突き刺して、とどめを刺し、よって右香川重雄をして、その頃同所において被告人のなした前記多数の創傷に基づく急性失血により、死亡するに至らしめたものである。

以上の残虐なる犯行事実は

被害者の死因の点については

一、上野博作成の鑑定書

により認め

その余の部分は

一、右鑑定書

一、司法警察員作成の検証調書

一、証人香川ツネ、同宮脇豊（二回）、同田中晟、同浦野正明の当公判廷における各証言

一、遠藤中節作成の鑑定書（血痕の有無についての）第五項

一、古畑種基作成の鑑定書二通（昭和二十六年六月六日付及び同月十一日付）

一、裁判官川島喜平の証人谷口孝に対する尋問調書中、昭和二十五年二月二十六日か、七日かその前後被告人がその翌日午前三時半か四時頃帰って座敷で寝たことは間違いない旨の証言記載

一、被告人の検察官検事中村正成に対する第四回被疑者供述調書

一、領置にかかる証第一ないし第二十六号の存在

を綜合して認める。

法律に照すに、被告人の判示所為は、刑法第二百四十条後段に該当するところ、被告人は昭和二十五年六月三十日、当裁判所において、強盗傷人罪により懲役三年六月の確定判決を受けたものであり、右強盗傷人罪と本件犯罪とは、刑法第四十五条後段の併合罪であるから、刑法第五十条により未だ裁判を経ない本件強盗殺人罪につき更に処断すべきものとし、所定刑中死刑を選択して被告人を死刑に処し、訴訟費用は刑事訴訟法第百八十一条第一項により全部被告人をして負担せしむべきものとする。

よって主文の通り判決する。

昭和二十七年一月二十五日

高松地方裁判所　丸亀支部

裁判長　裁判官　津　田　　真

裁判官　勝　本　朝　男

裁判官　白　井　美　則

中村正成検事の求刑通りの判決だった。彼と宮脇とで作成した「供述調書」が全面的に採用された。手記については、一言も言及されず、罫紙三枚の判決文のなかで唯一の物的証拠とされたのは、国防色ズボンに付着していた「微量血痕」である。これについて、岡山医大教授の遠藤中節は、

「右足下半の略《ほぼ》中央及び後面下端に人血痕なるも微量で血液型を判定するに充分ではないので判定しなかった」

という鑑定をくだしていた。しかし、そのあとを受けた東大教授古畑種基は、

「血痕の付着量は極めて微量であるため充分な検査をすることができなかったが血液型はO型と判定せられる」

と鑑定したのだった。たしかに、O型は被害者香川重雄とおなじ血液型であったとはいえ、古畑自身「充分な検査をすることができなかった」と認めていたものである。ひとりの生命を抹殺するためには、恐るべきほどに脆弱な根拠だった。それを津田裁判長は全面的に採用した。

しかし、このズボンは、それまで押収したさまざまな衣類からさっぱり血痕を発見することができなかった宮脇たちが、両親の眼の前で孝がはいていたものを無理やり脱がして持ち去ったものである。たとえそれに微量の血痕が付着していたにしても、それはすりかえられたズボンであって、被害者と結びつけるなんの根拠もないものだった。

当時、繁義が着ていた上衣に血痕が付着していなかったのは、事件直後、彼が川で洗い、さらに自宅でも洗濯したからである、というのが警察と検事の論理だった。津田真裁判長はそれをそのまま支持した。彼はその後、転勤先の徳島市で「徳島ラジオ商殺し」（一九八〇年一二月、（徳島地裁で再審開始決定、八三年三月、検察側即時抗告棄却）の一審を担当し、やはり有罪判決をくだしている。

死刑の判決を受けたあと、谷口家では高裁に上訴した。武夫、勉、孝の三兄弟と両親は、深夜になるとひそかに家を抜けだし、村の氏神様である大善坊神社にお百度を踏みにでかけるようになった。あらかじめ数えておいた百粒のマメを、一粒ずつ神殿に供えて帰るのである。

このころ、母のユカは高松拘置所に勾留されている息子に、つぎのような手紙を送っている。毛筆の大きな書体である。

母から繁義への手紙（一九五二年五月一日）

一寸申し上ます。長らく御無沙汰いたして居りました。
大へんあたたかくなりましたね。ついてわ繁義お元気ですか。
内にも皆元気にてはたらいて居ります故、御安心下さいませ。

さて、今年わ麦もよく出きましたよろこんで下さい。たけのこもだいぶんはへるようになりました。

次に繁義よ、母わ、四月十五日ごろ、めんくわいに行くつもりでしたけれども、母が風をひいて十日ばかりやすみました。まってところが田んぼがせわしくて、御無沙汰いたしました。まっていたでしょね。気をおとさず、元気でいて下さいませ。

母も大へん元気になりました。安心下さい。五月にわ、一度行きますよ。

繁義よ、うじ神様や内のせんぞに、朝夕手をあわして、をがみなさいよ。財田の方へムイテ、わすれずに朝夕をがみなさいよ。をかげをいただいて、げんきにはたらかしてもらわなりません。母も繁義が元気なよーにと、をいのりして居ります。をまいが内を出てから、長い月日を、毎日〳〵、朝夕神様やほとけ様に、をいのりをわすれたことわありません。母わ、をまいを思て、毎日〳〵なみだでしごとをして居ります。

繁義よ、まじめにして心やさしく元気で、一しーよけんめいにはたらきなさいよ。そして一日も早く、明るい社会へ出で下さいよ。母わ、をまいがまじめになってかへる日を、まって居ります。もーこれにてしつれいいたします。

繁義が元気なよーにと、毎日をいのりいたして居ります。

さよなら。まじめにしなさいよ。けいさつの云ふ事をよくまもりなさいよ。

なつかしき繁義へ

母より

息の詰まるような村での生活から逃げるようにして、勉は倉敷のロープ屋に勤めたことがある。その直後、孝も家をでた。神戸の洗濯屋の店員になったのである。財田村をはなれて生活していても、たまたま同僚との世間話がはずんで故郷のことに及ぶと、ふたりとも心の凍る想いがした。財田村の谷口＝死刑囚の家族、と結びつくのではないかとの不安に襲われるのだった。

高松高裁の判決は、一九五六（昭三一）年六月八日だった。三野盛一裁判長と谷賢治、合田得太郎の両裁判官は、「本件控訴は棄却する」との判決を下した。一九歳の未成年者だった谷口への死刑判決支持について、決定書は末尾でつぎのように弁明している。

なお職権によって記録を精査し、量刑について特に再三再四考慮を重ねたけれども犯行当時被告人が若年（十九年二月）であった、という以外に本件犯行の動機、殺害の手段犯行後の被告人の行動、特に強盗未遂の前科がある上本件犯行の後一ヶ月を出でずして強盗傷人を犯したこと等何等酌量の余地が認められないからその年齢その他諸般の情状を考慮しても原審が極刑を科したのは相当であり、重きに過ぎるとは認められない。

この判決をきいたあとで、谷口は父の菊太郎にあてて、こう書いている。

拝啓　其の後皆々様にはお変りありませんかお伺ひ致します。私も相変らず元気にて毎日努めて居ります故、安心下さいませ。

さて先日あのような冷酷なる判決を言渡されましたが、私はどのような事があろうとも、決して自分の正しい事はどこまでも正しい事で通すのが人間としての本当の道です、此の身の潔白を明さずにはいられないのです。其の後、田万さんとも会って、色々と話もしました。上告趣意書も自分で詳しく書いて居ります。家の方も農繁期で大変忙しい事でせう。人間はどこまでも生る為に努力をしなければなりません。途中でなにも悪くないのに降参するのもかえって卑怯です。私は何時も其の事を念頭に置いて希望と信念を持って居る次第であります。なにとぞ御放念下さい。便りを早く出さうと思って居りましたが、本当に後になって、誠に申し訳ありません。なにとぞお許し下さいませ。それから父母上の方も宜しくお願ひ致します。皆もどうぞこれからも暑くなります故、充分お身体に気を付けて下さい。隣の人や皆々様に呉々も四六四九申し伝え下さい。今日は是で失礼致します。

皆様方の御健康と御多幸を祈る。

田万弁護士が最高裁に提出した上告趣意書は、八千字におよぶものだが、その中で彼はとくにアリバイについて力をそそいでいる。

アリバイの点について

本件について根本的な問題はアリバイの点である。証人中林ハマの証言にある如く、中林ハマが被告方で宿泊した当夜（事件発生日）には、被告は、中林ハマの寝てゐた隣りの室で、孝と寝てゐた事実がある。又、弟孝もこの点はつきり証言してゐる。同証人は法廷で検事の問に対し次のやうに答へておる。

問　二月から三月にかけて、兄繁義と一緒なフトンで寝てゐたか。

答　ねてゐました。その部屋は座敷八畳の間です。

問　警察で調べられた時、二月二十八日午前三時頃、兄が表から帰つて来て、一緒にねたと言ふことを云ふたのではないか。

答　言ひました。

問　この事を、警察から帰つて両親に話をしたら、その晩は初めから寝てゐたのに、とんでもないことを言ふた。と叱られたことがあるか。
答　あります。
弁護人との問答
問　とんでもないことを云ふのは、ありもしない事を云ふたと叱られたのか。
答　左様です。
問　どう云ふ事情で左様なことを警察で云ふたのか。
答　私が呼ばれた上、高瀬の警察で、その時兄貴から香川のことで本当の犯人を探偵すると云ふことを云つておつた。（中略）主任さんから「殺してから自宅に帰つたが、家内に入らうか入るまいかと一寸思案したが、一層のこと戸をあけて入り、弟がねてゐて、寝ようとすると弟が、何処へ行つてゐたのかと問ふから、酒をのんでゐた。と云ふことを云つて、それから一緒に寝たと本人は云ふ事になつてゐるぞ」と云はれ、兄貴からも、今主任さんが云ふたやうに合はすやうに云ふてくれ、と云はれて、それで左様なことを申しました。
問　すると実際は、その晩、帰つてきたのではないか。
答　さうです。
問　主任とは宮脇のことか。
答　さうです。
裁判官との問答
問　認めたり否認したり、本当のことはどうか。
答　主任さんがあまり隠したりすると兄貴と一緒に心中せないかんぞ、と云はれ、その恐ろしさつらさに云ふたのです。
問　すると、その様に記憶にないことを強制された、と云ふのか。
答　左様です、帰つて来たと云はないと、心中とか一緒に放り込むぞと云ひましたので、恐ろしさに云ふたのです。
問　証人がしらべられた時、年は幾つか。
答　満十七歳です。
問　その晩、本当に初めからゐたのか。
答　おりました。

この少年の問答は真実を物語つてゐるし、証人中林アヤノの証言も中林ハマの証言を裏づけるもので、被告人が自宅で犯行の行はれた日時、在宅してゐたことを明らかにしてゐる。

中林ハマの証言を否定しなければ、被告人のアリバイが成立するので、そのために滝下、大西等の（検事側）証人が法廷に立つておるのであるが、それは中林ハマの出発（財田の被告の家から）の日を、本件発生の前日であると云ふ点に集約されておる。即、本件発生の日時には、中林ハマは被告の家にはゐない。

従つてアリバイの証言は偽りであると云ふのである。然し、滝下、大西等の証言こそ偽りであつて、中林ハマの証言が真実であることは、中林ハマの証言のなかで、降雪と云ふ自然現象に関する点がそれを明らかにしておる。即ち「自分が谷口方から帰る前の晩、雪が降つた」と云ふ証言は、見逃すことの出来ない重大な問題解決の意味を含むものである。

即ち検事から提出された多度津測候所の報告には、二月二十八日十四時八分から降雪のあつた事が報ぜられてゐる。検事は殊さらに、この書面（報告）記載事実は多度津町を中心とした天候関係である、と註を加へておる。この註釈が本件事件解決――被告人無罪中林ハマの証言の真実で――の重大な鍵となることを忘れてはならない。以下、その点につき詳述する。

検事が、多度津中心と云ふ註釈をつけた理由は、二月二十八日には、多度津附近には降雪があつたが、財田（本件発生地）には雪が降つてゐない、と云ふ意味をあらはしたものである。

但し検事の註釈は、測候所の報告でなく、検事の考へに過ぎないのである。又、殊更らに「二十五年二月二十七日十六時頃、小雪が十分程降つた」これは財田村の状況であると、又、註釈を加へておる。

「二月二十七日及び三月一日、何れも晴天、二月二十八日十四時八分より約十分間位、小雪が降る」これは多度津中心の状況である、と検事は云ふ。「二月二十七日十六時頃、小雪が十分間位降つた」これは財田方面の状況だと検事は云ふ。

この検事の言ひ分と測候所の報告とを、よく吟してみると、次のやうな結論が出て来る。

同じ二十七日に、多度津は晴天であるのに財田方面は雪が降つておる――これは多度津附近は平野でもあり、海に接し気温が温かであり、財田方面は山岳地帯で高く、気温が多度津よりも遥に低いことを物語つてゐる（財田と多度津は距離的にも六里を離れたところである）。反対に「二月二十八日十四時八分より約十分間小雪が降る」これは多度津中心と云ふ検事は、多度津よりも遥に気温の低い財田方面に、当然、降雪のあつた事実を否定することは出来ないのである。

二月二十八日、この日に財田は降雪をみておるのである。これは自然現象であつて、検事も弁護人もどうすることも出来ない事実である。

中林ハマが財田を出発したのは、雪の降つた二月二十八日の翌日三月一日であると云ふのが真実である。これを自然現象が証明して居るのである。三月一日の早朝には、この事件は既に村民の知るところで、自動車乗場でも事件の話に花が咲いてゐたことは、中林ハマがこれを聞いてゐる事実からも了解される。

ある日、孝が勤め先の洗濯屋からアパートに帰ってくると、結婚をいいかわしていた恋人が放心したようにして座りこんでいた。掃除にきた彼女は押入れの蒲団のあいだに差しこまれていた孝の母からの手紙をなにげなく読んでしまったのだった。

最高裁への上告が棄却され、兄の死刑確定をしらせてきた手紙だった。孝は二三歳になろうとしていた。彼女は去った。店で仕事をしていても、たまらなくなると、彼は洗濯籠に頭を突っこんで慟哭した。

一九五七（昭三二）年一月二二日の、最高裁上告棄却のしらせを受けた繁義は、父の菊太郎にあてた手紙で、こう書いている。

拝啓　其の後お変りなく御健勝の事とお察し致します。

先日、父母上にお会いして、元気なる顔を見て色々と話も出来まして何より喜こんで居る次第です。帰りには善通寺に寄り、お詣りして帰った事と想ひます。私も其の後、相変らず元気にて、毎日作業に専念致して居ります。安心下さい。

次に一寸知らせて置きます。以前、上告致して居りました其の裁判宣告期日が、昭和三十二年一月二十二日午前一〇時三〇分に、指定されて居りました。其の後四日目に裁判宣告通知書が来ましたが、何時《いつ》もと変らず誠に残念でなりません。而《しか》し、正しい事は正しい事で、何処《どこ》迄もやりぬく意《つも》りです。たとえ肉体が亡びても、永遠に生きる希望と信念を持ち正々堂々と戦うのです。何時《いつ》も固く心に誓って居ります。正しき者を罪に定め、それでは決して免《ゆる》されないのです。

私の様な境遇に居る人も、世の中には多くある事と想ひます。これからも随分と長くなりますが、益々元気にて、再審をして貰おうと思って居る次第です。

だが私は人を怨まずして、まず自分自身を憎んで居ります。

当時は年も若い関係か、世の中の事は知りませず、後先の考へは無く、此の様な結果に居たった事は、総て私の誤りであった事を深く恥じて居ります。私も本当に、今考へて見ますれば、残念でなりません。私も男ですから誤った事を何時迄も強情張っては行きたくありませんが、自分の身に覚えの無い為に、他人様にも憎まれながらも、又迷惑を掛て来ましたが、而しこれも致し方がありません。

決して良心に恥る事無く、一寸も虚偽の無い正しい途を歩んで居るのです。他人がどの様に言って笑おうが自分自身がそうでなければ好いのです。私はそう想って懸命に努力致して居ります。

尚、私も残刑が後少しになって参りまして、四月に又被告人になるので、それ迄に一度来て貰って、被服を洗たくに持って帰って貰って、今迄六年も着用して居ら無いので、カビがわいて居りますから、お願ひします。

では是で失礼します。皆々様方に宜しく。

厳寒の折柄、身体に充分気付て下さい。

皆様方の御健康を祈る。

死刑が確定して、谷口の身柄は大阪拘置所に移監された。死刑執行を待つことになったのである。高松地裁丸亀支部へ提訴していた再審請求も、翌一九五八（昭三三）年三月二〇日、棄却となった。兄勉にあてて彼は書いている。

　私は今迄随分と長い間、一人居の苦しい獄生活をして参りましたが、決して徒らに毎日を過してきたのではありません。少しは身の為にもなり、今はもう大仏様のように押しも押されもしません。立派に生きぬいて行けます。今のラジオを聞いて居りますれば、社会はすっかり変って居る事がはっきり判りますが、いくら科学が進歩した原子力時代だとは言え、罪の無い人間を罪に定めると言う事は誠に大きな誤りであり、これは大きな恥だと申さなければなりません。

また、母にはこうも書いている。

　すでに裁判も終決致し刑も確定致しておりまするが、これは決して自分一人の問題ではなくこのままですておけない事実なのです。僕は生命がおしくて言っているのではない。人の犯した罪に対し責任をもつ必要がないのです。又こうあってはいけないのです。僕が死刑になった後に真犯人があらわれれば、後に残る肉親それに裁判官、検察官、警察官、其の家族にいたるまで不幸になることは明らかです。このままの状態が続けば、本当にとり返しのつかぬ事になります。僕は死を目前にしてこの様な事を真剣に考えたなら世論に訴えずには居られないのです。

彼がそれまで犯した罪にくらべれば、彼は過大にすぎる罰を受けていた。死と直面しながら、彼は静かな気持で成長しているようだった。おびただしい母からの手紙は、いつもおなじことを書いていた。信心深い母親の祈るような気持が、彼を落ち着かせていたのかもしれない。

　しげよし、をたより有りがとーございました。元気なとの事、母わ何よりうれしいです。内にも皆元気にてはたらいて居ります故、安心して下さい。

　次に、はだか麦も小麦豆も、今年は大へんよくできました。よろこんで下さいませ。

　たけのこも、だいぶんはへかけました。今年わ、かきもたくさんなつて居、たかしが、いつも、いつて居ります。しげよしと、ぼくと二人で、あのかきの木を、ほつて、こエもしたり、いも畑をこしらエたり、麦のたばを、はこんだりして、父の手だすけをした事が、思い出して、大へんなつかしいと思ふと云ふて、なみだながらに、はなしをします。

　どーでも、兄きが、まじめになつて、一日も早くかへればよいのに、と云ふて居ります故、しげよしよ、けいさつの云ふ事を、よくまもつて、一つしーよけんめいにはたらいて、一日も早く、このあかるい所へ出て、親きーよだい、しんせきの人を、よろこばして下さいよ。

かへつたなれば、いよ〳〵よい行いをして、今までの、あくを、けしてしまわなりません。母わ、何も、ほかの事わ、かんがへません。どーか、をまいが、まじめになつて、早くかへればよいのにと、たゞ一心に思て居ります。母の病気わ、何も、くすりわ、入りません。

しげよしが、まじめになつて、かへつて下さつたら、それが、母のくすりです。

どーぞ、しげよしよ、せい心を入れかへて、まじめな心になつてかへつて下さいよ。母わ、まつて居ります。

しげよしよ、ま人げになつてかへるのでしたら、何も心配せずに、かへつて下さい。わらつてくらせるよーに、してをきます。もー、これにてしつれいいたします。さよーなら。母わ、此ごろ元気になりました。今日わ旧の四月十二日です。二十日に、ぜんつーじへまいるから、そちらへも行キマス。

しげよしへ　母より
再審に必要とされる「新証拠」をみつけるのは至難の技だった。本来ならば、死刑確定後、控訴しなければ六カ月以内に処刑される。谷口や家族たちは、法務大臣が替るたびに、執行命令がだされるのではないかとおびえていた。

しかし、矢野判事が手紙を発見するまで二二年もの永い空白期間があってなお、彼は処刑されなかった。このことは、法務省刑事局が執行に踏み切れない理由の存在するのを知っていた事実を物語っている。捜査資料の一部が「紛失」したことと証拠としてのズボンの「血痕」に重大な疑義があることによって、執行命令に至る事務手続きが凍結されていたのだった。

それを知る術のなかった谷口は、ある朝、突然、独房の扉を死の迎えが叩く瞬間を恐怖しながら、身近にいた二七名もの死刑囚たちが、絞首台に先だっていくのを見送っていた。

彼は、こう書いている。


私は三十二年から今日まで二十七人の友をおくって参りましたので、一寸書いて見ます。私が始めて死刑囚の仲間入りをしたのが三十二年の七月六日でした。その日、二人に恩赦棄却の知らせがあり、昼から「谷口、お茶会があるから用意しておけよ」と、保安課長が言うので、房に帰って用意して待っていると、出て行くぞと扉を開けてくれたので、通路に出て、一列に並んで講堂に行って、早速、逝く者が仏壇のローソクに火をつけ、逝く者が導師となり、所長さんを始め、お茶の先生、教誨師や家族の方と御一緒に正信讃を上げ、それからお茶会の席に移り、先輩や先生が立てたお茶を逝く者からいただき、その場で一人〳〵がおとくいの歌を唄い、握手を交わします。各々が、お茶の先生にいたゞいたカーネーションやフリージヤ、それに菊を持って入房します。

その翌朝は、逝く人と一緒に仏前でお経を上げて、帰房して、午後一時三十分より出房して、今度は訣別句会があり、逝く者の処女作から選者（先生）が一句一句披講している中に、かたわらで聞きながら先生達とお茶を立て、逝く者から順次にいたゞき、そこで又おとくいの歌を一人〳〵が唄い、諸先生達と握手をして別れ、その後で残る者と堅い握手を交わして、私達は彼等より先に俳句の先生にいたゞいた美しい花を持って入房した後、家族と対話して彼等も帰房して、遺書を書いたり、作句したり、お世話になった人達に最後の手紙をしたゝめます。

中には碁、将棋を夜の明けるまでやって、早朝散髪に行き、それから風呂に入って、九時頃又私達も出房して教誨堂に行き、逝く者が導師となり、所長さん、教育課長さん、それに教誨師さん等と御一緒にお経を上げ、所長さんから花束を貰って、後に残った同囚と握手を交わして、刑場に向う後ろ姿を見送って、静かに私達は房に帰って、友の冥福を祈るのであります。

そしてその後、亡くなった友の法名が過去帳にのり、それを朝の勤行《ごんぎょう》の時に聞いて、残った者が、教育課長さんや教誨師さん等と、御一緒にお経を上げて居ります。

一九六〇（昭三五）年ごろだったろうか、衆議院の法務委員だった田万広文が大阪拘置所に視察にいき、何年ぶりかで谷口と面会したあと、所長から茶菓子の接待を受けた。そのとき所長はふと、谷口は真犯人でない、といったようなことを洩らしたのだった。

また、こんなこともあった。一九六三（昭三八）年四月中旬のある早朝、谷口は、大阪拘置所の管理部長から、恩赦却下の言渡しがあったと伝えられた。恩赦が却下された場合、ふつうなら四八時間以内に刑の執行がなされるのである。

「こんどは、恩赦却下と執行は別だよ」

と部長はつけ加えて、谷口を安心させた。

「そのかわり、六〇日以内に異議申立てができるから出しなさい」

谷口は無実の主張をこめた異議申立て書を提出することにした。ところが、四日ほどして、

「あれはまちがいだった」

と管理部長がいってきた。

「ひとをだまさないで下さい」

すこし気色ばんで、谷口は管理部長にいった。

「いやあ、君の場合だけは異議申立てができる、と思っていた

んだよ」

管理部長は弁解した。おなじ死刑囚の中でも、なにか谷口だけは特別扱いだったのだ。拘置所内部では「死刑囚谷口」の罪は虚構である、と信じられていたにもかかわらず、独房の扉は彼の鼻先で固く閉められたままだった。

第三章　邂逅

高松地裁丸亀支部に赴任してきた矢野伊吉裁判長は、書類棚に置き忘れられていた谷口繁義の再審請求の手紙を発見した。一通の手紙が二人の運命を変えた。

高松地裁丸亀支部裁判長裁判官矢野伊吉が書類棚の中にはいっている谷口繁義の手紙を発見したのは、一九六九（昭四四）年三月のことである。

裁判長殿　私は昭和二十五年、香川県三豊郡財田村荒戸、香川重雄氏が殺害された事件について、高松地方裁判所丸亀支部に最高刑を言渡されました。この際、検察側に押収された下ズボンについてですが、昭和三十五年十一月二十四日の朝日新聞によりますと、「犯罪現場の古い血液で、男女を見分ける　鹿児島大法医学教室で成功」とありました。

そこで、私の兄が当時着用しておりました警察官制服とズボンに付着していたという血液が、東京大学医学部そこ法医学教室古畑種基殿の鑑定の結果により、O型のみ判明して、これによって被害者の血液型と一致していると原判決で証拠とされて居りますが、この際、男女の区別をはっきりとしていただくよう、再鑑定をお願い致します。

昭和三十九年三月二十七日　谷口繁義

高松地方裁判所丸亀支部

矢野の前任者である橘盛行裁判長は、折り返して谷口に文書を送っていた。

「この手紙はあなたが出したものですか」

「再審を請求する意思のもとに提出したのですか」

「再審を求めるのならば、法律に定める方式に依ってしなければなりません」

もちろん、谷口はすぐ返事を送ってきた。

「手紙は確かに私が出しました」

「再審を請求する意思のもとに提出しました」

しかし、それから何も起こらなかった。谷口の命のかかった手紙はそのまま五年間、裁判所の書類棚に打ち捨てられていた。五年後に、それを拾いあげたのが、丸亀支部長判事として就任した矢野伊吉だった。

このとき、谷口の運命を矢野がにぎったのである。

矢野は書記官にタイプを打たせ、大阪拘置所の谷口に送った。

昭和四十四年三月二十七日

高松地方裁判所丸亀支部

裁判長裁判官　矢野伊吉

谷口繁義殿

別紙の手紙（貴殿から当裁判所宛昭和三九年四月四日付のもの）について、左記の点について至急御回答下さい。

記

この手紙によると、「再審の件につきましては、いずれ正式の書面を提出したいと思って居ります……」と記載されておりますが、その後、当裁判所宛に、これに該当する何等の書面の提出もありません。

この件について、貴殿において、再審請求書を提出する意思があるのかどうか、あるのであれば、至急に、正式の書面を当裁判所宛に提出して下さい。

若し無いのであれば、再審請求の意思が無い旨の書面を提出して下さい。

早速、谷口はすぐ返事を送ってきた。一字の書きつぶしもない、きれいに清書した手紙である。

本　籍　香川県三豊郡財田村大字財田上八二〇

現住所　大阪市都島区善源寺町一七〇

谷口繁義

昭和五年十二月三日生

裁判長殿の問いに対して、早速回答致します。昭和三十九年四月四日付の書面（谷口が血痕の再鑑定を依頼した手紙）は、高松地方裁判所丸亀支部宛に、再審を請求する意思のもとに提出したものでありますが、その後、前任者から何等の解答がありませんでした。その必要がないかも知れません。

一、原判決で証拠となっている国防色下ズボンは、私の兄、元警察官の制服ズボンであり、昭和二十四年五月七日、岩川光輝が鉄道自殺した際に血液が附着した事実は、原判決の確定前に其の事実は全く知らず、審理中は認識して居らなかった。右の事実は最高裁判所の判決後、私の兄、谷口勉よりその知らせがあり、始めて知ったものであります。従ってこれは新たに発見したものであり、刑訴法第四三五条に定められている第二号に当るものであると思慮するのであります。

二、昭和三十五年十一月二十四日の朝日新聞によりますと、「犯罪現場の古い血液で、男女を見分ける　鹿児島大法医学教室で成功」と言う記事が載って居りましたので、原判決で証拠となっている国防色下ズボンに附着している血液について、再鑑定していただく様お願いしていましたが、その血液が極く少量で、しかも血液の附着している部分を切り取って居りますので、再鑑定を依頼しても血痕がない為に、男女の何《いず》れかを見極める事は不可能であり、以前に鑑定した時の血液がそのまま残っていれば、それによって男女の何れかが判明することです。私はこの再鑑定の結果を待って、再審請求書を、丸亀支部に提出せなければならないと切望している次第でありま す。

従って再審請求する意思がないと言うのではなく、今もどんなにか受理されることを強く願っているのであります。

三、この事件はすでに時効が完成して居り、真犯人と断定できる旧友の石沢方明君、香川県三豊郡財田村大字財田上、現在は刑務所に努めて居ります。石沢は昭和三十三年、大阪の箕面《みのお》市で強盗殺人を犯し、旧高松拘置所に拘禁されていた当時、私がいる房の真下の房に入って居りました。本人は私にすまないことをした、と青ざめた顔で言葉をふるわせながら詫びたのです。

その後、保安課長さんにその事実を話し、本人に是非会わして貰いたいとお願いしましたが、会わすことは出来ない、と申されました。

その後間もなく、彼は幸いに死刑が無期となり大阪刑務所の方に移送されましたが、また、他の刑務所に移されたと聞いて居ります。

右のような状況でありますので、私は裁判長の御判断を仰ぐ次第であります。

昭和四十四年四月三日付

谷口繁義

高松地方裁判所丸亀支部
裁判長裁判官　矢野伊吉殿

凍結されていた運命は急激に動きはじめた。矢野は早速、法務省刑事局に訴訟記録の貸与を申請し、取りよせた原記録をくる日もくる日もたんねんに精読した。谷口がこだわっていたのは、証二〇号と呼ばれていた国防色ズボンである。

ところが奇妙なことに、犯行当時はいていたというズボンは谷口の供述によっても、「紺色毛織」「木綿黒ズボン」「黒木綿下服」「国防色中古ズボン」と変転きわまりなく、検事の冒頭陳述でも、証拠品から除外されていたものだった。

さらに、膨大な自白調書には矛盾撞着が多く、谷口が書いたとする手記における誤字の多用には、ある種の操作さえ感じられるものであった。矢野は、自分が踏みこんでしまった深淵にたじろぎながらも、ついに大阪拘置所に出むいて谷口を尋問することにした。

ふたりの陪席裁判官および書記官とともに、谷口と面会したのは、一九六九（昭四四）年七月二九日。矢野は五八歳、谷口はすでに三八歳になっていた。死刑囚とも思えぬほどにもの静かな表情で、谷口は悪びれることなく矢野の質問に答えていった。

矢野　この前に再審請求の申し立ての時、君が使って居た分か弟孝が使っていた分か判らないという様な事を言っていたのではないか。

谷口　高松地裁丸亀支部の方から来て尋問を受けた時、ズボンを示された時に、その様にいったかどうか、記憶にありませんが、このズボンを使用して居ないと言う事は、はっきりしております。

矢野　それなのに、君が当時使用していたという事になったのか。

谷口　私が使用していたという事はいいません。警察の方で、私が国防色（のズボン）といったものですから、このズボンを家の方から持って帰り調べた結果、ズボンに……。

宮脇警部補という人がいうのには、君の使用していたズボンに血液がついているが、君が自白してもしなくても良い。証拠もはっきりしているといいましたので、私はそのようなことはあり得ないといった事があります。

私がこのズボンはあまり見た事もないし、はいた事もないのは事実なので、それを使用したという事は警察の方がいった事で、私が使用したという事はいっておりません。

矢野　今までにこのズボンを、君自身がはいたという事を述べた事はないというのだね。

谷口　そのとおりです。

矢野　強盗殺人事件前後をふくめて、はいた事はないという主張なんだね。

谷口　そうです。

君は拷問を受けた、と主張しているようだが、どんなことをされたのか、と矢野はきいた。谷口はこう答えた。

「手に手錠をふたつかけて綱をかけて持って居り、足にはロープをぐるぐる巻きにして正座させ、何時間もたつと血が通わない、めしも減食され、睡眠は不足で、警察官の言うとおりになりました」

矢野はそのあと、強盗殺人事件を起して、おなじ拘置所に収監されている石沢方明を尋問した。谷口が彼を疑っていたからだが、石沢は事件当日、ガールフレンドとともに西宮市（兵庫県）のアメリカ博覧会を見物に出かけていて、アリバイがあった。

唯一の物的証拠である証二〇号のズボンについて、矢野は高松地裁丸亀支部に武夫、勉、孝などの兄弟を呼んで尋問した。弟の孝は、これまでとおなじように、このズボンは自分がはいていたものを警察官が脱がせてもっていったものだ、と主張した。令状なしの押収だった。大阪に出張してから、三カ月ほどして、矢野は宮脇豊を地裁丸亀支部に呼んで尋問した。

矢野　このズボンを知ってますか。

宮脇　谷口が犯行当夜はいていたものと自供しました。

矢野　どのようにしてズボンを入手したのですか。

宮脇　はっきりしませんが、家宅捜索の結果、家から出たと思います。そうでないとするなら、私の推測ですが、強盗傷人事件の捜索で入手していた衣類ではないかと感じられます。

矢野　家宅捜索に行ったのは誰ですか。

宮脇　藤堂輝雄、浦野巡査部長の二人と思います。

矢野　もし、強盗傷人の押収物なら、強盗殺人のときも着ていたとして、流用するには手続はどうするのですか。

宮脇　詳しいことは忘れました。

矢野　谷口の父菊太郎、弟の孝について、繁義がはいていたズボンかどうか調べたことがありますか。

宮脇　記憶ありません。

矢野　谷口と父親が「弟がはいていたのを警察官が来て脱がして持って帰った」と言っているが、聞いたことがありますか。

宮脇　本人の調書をとるのが忙しく、その点の記憶はありません。

矢野　谷口繁義が当夜、家でずっと孝と一緒に寝ていなかったというので捜査をしているが、ズボンを孝がはいていたかどうかについては捜査していないのはどうしてですか。

宮脇　調書にないとすれば手落ちだったと思います。

矢野　昭和二五年八月一八日に谷口を連れて検察官も一緒に検証をしたことがありますか。
宮脇　はい。
矢野　どうして検証調書を作らなかったのですか。
宮脇　当時、どうしていたか……。
矢野　価値がないと思ったのですか。
宮脇　そうではありません。
矢野　強盗殺人事件について捜査会議を開きましたか。
宮脇　事件発生当時、善教寺に本部を置き毎日開いていました。
矢野　被害者を解剖した時、警察官も立ち会いましたか。
宮脇　立ち会いました。
矢野　どういう目的で解剖して鑑定させるのですか。
宮脇　死因、兇器、傷の部位、程度、死亡時間など捜査の資料を得るためです。
矢野　被害者の胸の傷はどうなっていましたか。
宮脇　三十数カ所傷があり、乳の下に火箸で突いたような傷があったと記憶しています。

宮脇、田中など当時の捜査官たちは、解剖にも立ち会わず、捜査会議もたいしてひらかなかった。だから、心臓の創傷が二重になっているのを知らなかった、と弁明しているが、このときの宮脇の証言は、彼が解剖結果を充分に知ることができたことを物語っていた。

中村正成高松地検検事が、一九五〇（昭二五）年八月二一日、高瀬派出所で谷口繁義を尋問して作成した「第四回被疑者供述調書」は、罫紙で三七枚、四四項目にものぼる膨大なもので、前科から犯行動機、侵入、兇行、その後の心理的動揺から被害者へのお詫び、そして更生の決意までをも含んだ一大ドキュメントとなっている。

しかし、はたして真夏の盛りに、一日の取調べによって、これだけ完璧な自供をひきだし、これほどうまく筆記できるものかどうか。それが矢野の疑問だった。彼は高瀬派出所で取調べに立ち会い、筆記した当時の事務官高口義輝を呼んで、きびしく追及している。この尋問によって、「調書」のつくり方が解明されたのだった。

矢野　七、八回位、谷口を調べたと思うと言いましたが、調書はとりましたか。
高口　はい、とりました。
矢野　何回位とったのですか。
高口　一、二回でないかと思います。あとは、調べの時にずっと立ち会っていましたが、調書をとらないのが殆んどでした。
矢野　取調べに行き、調書をとらずに何していたのですか。
高口　……。検察官は調べの都度、メモをとっていたと記憶しています。

矢野　証人はメモをとらないのですか。

高口　はい、私はメモをとりません。

矢野　……………………………

高口　調書にあることは、検事が聞いたことしかのっていませんね。

矢野　調べの時の逐一のことでなしに、いつもぼっとしておりますから……。

高口　検事がそっと調べた後で君に書かしたのではないのでしょう。

矢野　はい。

高口　検事が聞き、谷口が言っていることを君が耳で聞いて書いたのでないですか。

矢野　私が、本人を目の前にして中村検事が言われたことを書いたのです。

高口　谷口が言わないことを検事が言ったようなことはありませんか。

矢野　「こういう意味か」と問い、本人がうなずいたことを書きました。

高口　検事は何にもとづいて質問したのですか。

矢野　検事が聞きたいことを本人に聞いて、本人がしゃべるなり、うなずいたりしたことを書きました。

高口　検事は白紙の状態で尋ねたのですか。

矢野　……。

高口　谷口はすらすら自白したのですか、問答につきいろいろくり返しましたか。

矢野　初めのうちは聞いたときに少しずつしか言いませんでした。最後の方は「こうでないか、こうか」ということで考えながらぼつぼつ言いました。

「こういう意味か」「こうでないか、こうか」と訊くのは、誘導尋問である。供述がなくとも、供述調書はできていった。矢野はつづけて尋問した。

矢野　何回も調べた結果がこの調書になったのですか。

高口　はい。

矢野　この調書は、八月二一日の調べがこのとおりだというのでないのですか。

高口　その点どうだったか忘れました。

矢野　証人がこの調書を現実に書いたのは、どこですか。

高口　高瀬署の二階です。

矢野　一度に書いたのですか。

高口　はい。

矢野　時間はどれ位かかりましたか。

高口　午後一、二時ころから五、六時ころまでかかったのでないかと思います。
矢野　間違いありませんか。
高口　はい。
矢野　調書は用紙の裏表に書いてますが、一枚書くのに時間はどれ位かかりますか。
高口　当時は今より書くのがうんと早かったと思います。今は一枚書くのに一〇分位はかからないと思います。
矢野　この調書は中村検事が口授したことを書いたのですか。
高口　はい。
矢野　中村検事は文章を作っていたのですか。
高口　メモの原稿をもっていたと思います。中村検事が口授してくれたのですが、途中で疲れたり、便所へ行くため一、二回休んだことがあります。
矢野　そのようにして一〇分かからずに書けるのですか。
高口　はい。
矢野　谷口の弁解はどのように聞いたのですか。
高口　……。
矢野　弁解を聞く間はありましたか。
高口　……。
矢野　最後に谷口に署名させたのですか。
高口　はい。
矢野　場所はどこでさせたのですか。
高口　調べをした二階の調べ室です。
矢野　何で書かせたのですか。
高口　忘れました。
矢野　昔は、調書をとったとき、供述に立ち会った検察事務官や裁判所書記官が、供述の要領を筆記し、別紙に供述者の署名をもらい、帰って清書していたことを知っていますか。
高口　……。
矢野　そのようなことをしたことはありませんか。
高口　そんな記憶はありません。
吉田裁判官　証人はあまり記憶がない、とよく言いますが、少しは記憶があるんですか。
高口　あるかもしれませんが、確信をもって答えられないという意味です。
矢野　腹巻や革財布を見たことがありますか。
高口　はっきりわかりません。色々と沢山おいていたから、その内どれを見たか……。忘れました。
矢野　その物を谷口に示しましたか。
高口　……。はっきり記憶ありません。
矢野　調書にはそういう物の他に国防色のズボンを見せたと書いてあるが、見せたのですか。
高口　調書にあるのなら見せたのだと思いますが……。

矢野　その時にはこれらの物は岡山大学へ鑑定のため送付し、高瀬の方になく、八月二九日に検察庁へ届いているがどうですか。
高口　……。
矢野　それでも君の調書は正しいといえますか。
高口　……。

矢野は、一九五〇（昭二五）年八月二一日付けの「第四回被疑者供述調書」を高口に示してきいた。

矢野　その調書に字を訂正していますが、誰が訂正したのですか。
高口　私の字のようです。
矢野　訂正は別の機会にしたのですか。
高口　その時でなかったかと思います。
矢野　調書の後ろの谷口の署名を見て下さい。インクの色が違うと思いませんか。
高口　……。
矢野　当時、調書の作成は、調書の署名の辺りへ、署名と押印をしてもらい、後で調書を作ることが行われていたと思うが、この調書はその場で作成したのですか。
高口　はい、作っていると思います。
矢野　検事が何回も調べ、そのメモでこの調書を書いたのならともかく、問答によりそれを口授して書いたのならできないと思うがどうですか。
高口　……。
矢野　証人が警察の調書を見て書いたのではありませんか。
高口　検事の言われるままに書いたものです。
矢野　証拠物を示したと書いてありますが、検事がそういったのですか。
高口　はい。
矢野　調書の一一項を読んで下さい。どういう意味のことを書いてあるのですか。
高口　……。
矢野　刺身包丁を取り出したが、ざらざらしており、研いでもざらざらしていたと書いているが、どういうことですか。
高口　そう言われたので書いたので……。
矢野　宮脇豊作成昭和二五年八月五日付の、谷口の警察官に対する第七回供述調書にも、そう書いていますが、検察官にも谷口がそのように供述したのですか。
高口　……。
矢野　警察の調書をまる写しにしたのではありませんか。
高口　……。
矢野　その点、間違っているのでありませんか。

高口　言われてそのまま書いたもので……。

矢野　証人は、検事が取り調べ、口授してもらい書いたと言うのですが、検事は嘘の記載をさせたのではありませんか。

高口　……。

矢野　証人は検事が言ったら嘘のことでも書くのですか。

高口　……。

矢野　証人は、法律の定めた手続に従って調べたと言いましたが、今示したようなことがあるとそう言えないのではありませんか。

高口　……。

矢野の的確な尋問の前で、高口書記官はしばしば絶句した。矢野は捜査官たちを尋問し、彼らの曖昧な態度を眼のあたりにするにしたがって、大阪拘置所に死刑囚として収容されている谷口の無実の心証をいちだんと固めるようになった。

さらに彼には、もうひとつの重大な疑惑があった。裁判所に提出されていない捜査資料が、どうしたことか検察庁丸亀支部で紛失してしまっていたのだった。

第一回目の再審請求が棄却となり、谷口繁義の死刑が動かしがたいものになったのは、一九五八(昭三三)年三月二〇日だった。

法務省は、死刑執行準備のため、高松高検に命じて「公判不提出書類」を取り寄せることにした。高松高検は地検に申しつたえ、地検は丸亀支部に提出を要求した。

それにたいする返事が、地検丸亀支部の佐藤鶴松名義で地検に到着したのは、一九五九(昭三四)年六月二日である。それには、部下の「紛失報告」が添付されていた。

「確定記録の引継後、証拠品の処分に際し公判不提出記録を、当庁、記録倉庫及び検察官室を再三に亘り探索したが発見するに至らず、起訴当時の立会事務官等に付きその所在を調査したが、発見できなかった」

いま残されている捜査資料の中には、殺害現場の第一発見者とされている増井鶴於や、当初重要容疑者とされ、一八日間も別件で勾留されていた正村定一の「供述調書」などはふくまれていない。谷口の自供に合わない証言は抹殺されていたのだった。

谷口は殺害後、被害者香川の顔に新聞紙をかけた、と自供している。が、正村は、「喰いつくばかりに眼を見開いていた」と証言している。また、兇器は刺身包丁とされているが、矢野の尋問にたいして宮脇が答えているように、「火箸で突いたような傷」でもあった。のちに、矢野は広子夫人が入院していた病院で、偶然、第一発見者の増井と会う奇遇にめぐまれ、彼女の証言をきくことになる。それによると、倒れていた香川の首に「米刺しのようなもの」が突き刺さっていた、という。

尋問をつづけ、記録を精査しながら、矢野は谷口の無実を確信した。といって、最高裁ではすでに上告は棄却されていた。上級裁判官が再審請求を棄却した審理を、地裁の、そのまた支部の裁判官が否定しなければならなくなった運命のまえで、彼は当惑しない訳ではなかった。

彼は、のちに上梓した『財田川暗黒裁判』（立風書房、一九七五年）の「むすび」に、当時の心境をこう書きつけている。

審査を続けて行くうちに、私は自分の眼をも疑うような事実に気づくことになってしまったのである。私が知ったことはあまりに重大なことであり、あまりに異常なことだった。これが運命だとしても、それはあまりにも苛酷すぎる。あれほどまでに裁判官の仕事を愛していた私が、警察に、検察庁に、そして裁判所に、さらには法務省にまで、疑惑を持ち、批判するようになってしまったのである。

その頃、私は家に持ち帰った書類を前にして頭を抱えていた。「どうすればいいのか」私はその処理について悩んだ。

しかし、裁判官として採るべき道はすでに決められている。ただ法にしたがうのみなのだ。あることをあると認定する。事実を事実として判定する。それだけのことだ。もし、私がこのことによって、もはや三界に身を置くことができなくなったとしても、それは、まったく無実にして死刑の執行におびえている谷口の運命にくらべたなら、取るに足らぬことだと思えた。

谷口の無罪を証明することは、とりもなおさず、警察官を、検事を、先輩の裁判官の落ち度を摘発し、それを暴いてしまうことになるのだ。私といえども、世の人びと同様、名利を欲し、立身出世を望むことには変りはない。ただ、不正義に気付いてしまったなら、気付いた人間がやはり何かをしなければならないのだと思った。

しかし、それでも私は悩んだ。還暦を数年後にひかえ、いわば、人生航路の終着の安らかな港を前にして、私は立ちつくしてしまったのだ。家族、親戚、友人たちは私の平穏を望んでいる。そしてそれが最大の幸福だ、と皆なにいわれた。私もまたそう思った。だが、自分の生活の平和を護るために、無実の者を見捨てることは、私にはどうしてもできなかった。

私は裁判長として再審を決定し、再審後の公判で谷口を無罪として釈放しようと願っても、それは無理なことであることも知っていた。検察庁、法務省が反対し、圧力をかけてくるのは見えすいていた。この事件は、あまりにもあやまりが多く、かつまた、あまりにもそのあやまりを押し通そうとする意志が露骨に見えていたのだ。だからこそこの事件は、警察、検察庁、裁判所、法務省の存在自体をも大きく揺り動かさざるを得ない本質的な問題を含んでいたのである。

それでも彼はふたりの陪席裁判官の合議を取りつけ、「再審開始決定」の草案を作成し、タイプ印刷にまわした。そして、決定のあと退官することを発表した。彼はそのあと、谷口の弁護をひきうけることを決意したのである。

ある日、ふたりの陪席裁判官が彼の部屋へやってきた。開始決定には反対しない。しかし、「手記の偽造」を確認するため筆蹟鑑定にまわすべきだ、と申し入れたのだった。二対一である。なにかが動きだしていた。合議は破綻し、「決定」は延期となった。こうして矢野は退官の日を迎えた。一九七〇（昭四五）年八月、定年まであと五年残されていた。

裁判所を去った矢野伊吉は、三カ月ほどたった一九七〇（昭四五）年一一月末、大阪拘置所に姿をあらわした。「弁護士面会」の看守の声にうながされて、谷口は不審な面持で面会室にはいった。矢野裁判長だった。再審請求審理の途中で、突然、裁判長が代っていたので、彼は矢野が転勤したものとばかり思いこんでいたのだった。

「僕は、君の力になってやろうと思って弁護士になったんだよ」

めったに笑うことのない矢野の眼は、柔らかい光を放っていた。

「やっぱり私の無実を信じて下さった神様のようなひとがいたと無上に嬉しく感謝してもしきれない気持で一ぱいでした」

谷口は勉にあてた手紙でそう書いている。矢野は弁護人選任届を差しだし、谷口の署名と指印を受けて帰った。裁判官が在任中に担当した事件を扱うことやその内容を公表したりすることはタブーとされている。矢野は谷口救済のためにあえてそれを破った。

彼はまず、死刑判決は「故意または過失による違法行為である」として、国を相手どって五千万円の支払いをもとめる損害賠償請求の民事訴訟をおこした。

香川県の寒村で発生したごくありふれた強盗殺人事件は、谷口繁義を二〇年間も幽閉したまま忘れ去られていた。その記憶を生きつづけてきたのは、被害者の遺族と谷口とその家族たちである。

しかし、父の菊太郎は一九六二（昭三七）年夏、母のユカは一九六三（昭三八）年初めに、出所した息子の姿をみることなく世を去った。勉と孝は人目を忍ぶようにして暮し、ときどき会って酒を酌み交すと、たがいに大声をあげて泣いた。親戚とのつきあいも断ち切られたあと、兄と弟が顔をあわすと無念さがとめどもなく噴きだしてしまうのである。

谷口繁義が、母ユカの死を知ったのは、八年後の一九七一（昭四六）年一月のことである。

勉は、その冷厳な事実を、獄中の弟にどうしても教えることができなかった。彼はこう書いている。

謹啓 久し振りの便り貴君御元気ですか。長い間便りもせず、貴君さぞかし残念だったろう。実は、昭和三十七年、父菊太郎が死亡し、共の後、母が六月おいて死亡したのです。それで、貴君に知らすといっても、貴君はいつ刑場の露にきえ去るかわからない身、こんな悲報を知らせたくない一念で、現在まで何も母の事は手紙に書かず、貴君も私の子供陽子、待子の大きくなったが故に、手紙を出さずといったような現状だったと信じて居りますが、悪しからず御察しの程いくへにもおわび致します。

ところで便りに書いた以上、母の状況、死亡するまでの事を、御知らせします。

父はノウイッケツで死亡。朝、元気でたのしく家を出て、善通寺御大師さんにゆく途中、病気になり、何一つ話す事なく死んだ事は、貴君に便りをして知って居る事と存じます。

母は父の元気な折から中風で寝たり起きたりして、父もよく母の面どうを見て居りましたが、父が死んだ六ヶ月後、旧正月前、昭和三十八年旧十二月三十一日昼頃、死亡しました。日頃よい母でしたから、ねむる様に、いつ息をたったか判らないぐらいに、あの世にゆき、大分長い間寝たり起きたりして居りました故、しぜんにあの世にゆかれました。

悲しい知らせ、貴君は風の便りで知って居るかも知れませんが、私としては、始めて貴君に知らせたわけで御座居ます。決して気を落さず、元気で居って下さい。共の後から貴君に母の事を聞かれた場合、どの様な返答と思い、手紙を出さず、貴君は私の子供が大きくなり、「えんりょう」していたのだと察して居ります。

其の後、時は立ち、世は移り変り、陽子も今年二十歳になりますが、郡家の方へ嫁にやり、家では待子、栞と三人暮しです。陽子は八反位い耕作している農家へ嫁にやり（陽子と同じ会社に勤めていた人）、現在仲良く、一週間に一度位いあそびに来て居ります。私は土木工事現場に行って居ります。武夫兄は観音寺土木出張所の監督になり、毎日オートバイで、道路の状況を見て居ります。孝君は砕石工場に勤務して居ります。

次に、貴君に悲報ばかり書きましたが、一寸喜こんで下さい。

実は、貴殿が昨年始めに再審請求を出したでしょう。あの審理は現在審理中で、決して終ったのではありません。貴君のところへも四月頃、調べにいった事でしょう。

ところで今度、貴君に一生涯をかけてでも力になり度いという人が今般あらわれ、其の方は「金銭はいらない。良心的に貴君のために」という、いわば神様のような御方です。人格円満で、良い悪いをよく見分ける先生です。全国的に知られている方です。現在のところ、名前はさしひかえて置きますけれども、いずれ判る事でしょう（私は新聞に大きく記事が出ると思いますが）。十二月中旬頃までに、その先生が公表する事にして居ります。

悲報の便りでしたが、末尾には喜報の便りとでもいいましょうか。私は必らずや有名人の立派な方が最後には出て来ると信じて居りました。私は、とつぜんこの先生が私宅の家に来られ、繁義君の力になり度いといわれて、ほんとうに神様のような気が致します。

くわしく書き度いけれども、法の許すはんいで、この辺でさしひかへて置きますけれども、念のため田万先生とは違い全く別の御方です。いずれ、今後の先生の良心的、好意的な御方の力をかり度いと思って居ります。

もうすでに、其の先生は一冊の本を仕上げ、発表も間近十二月中旬となって居ります。私のかんがへでは、十二月中旬頃には、大きく新聞に出るのではないだろうかと判断して居ります。

では今日はこの辺で、元気で益々健全である事を祈り上げます。

昭和四十五年十一月二十三日夜記す

繁義君

勉兄より

便りを下さい。待って居ります。

母の死を獄中で知った谷口は、勉に書き送った。

お手紙によりますと、八年前に母上様が逝去された由、私は母上様がもうこの世の人ではないと予感がしました。だから別に驚きもしませんでした。しかし、私にとって両親を失ったと言うことは、ショックであり、これほど悲しいことはありません。だがしかし、人間はどんなに避けようとしても必ず襲って来るのが死であります。だから何時どこで死に直面しても、この世に思い残すことのないよう生きている中に、出来るだけ多くの仕事をしとげ、人間お互いに愛し合い、毎日の生活を正しくほがらかに愉快に楽しく暮したいものだと思いますが、なかなかそうはいかないのが人生だと思って居ります。今夕は早速父母の古い写真を仏壇にかざって、教育課長さんから戴いた、蜜柑やリンゴをお供えして、仏説阿弥陀経を上げて父母様の冥福を祈りました。

私は父母上様、そして姉上様の死を決して無駄にしたくはないのです。そう言った意味においても、これからは勇気と希望を以って、この不幸を乗り越えて、父母上様や姉上様の分まで強く〳〵生きぬく事がせめてものなぐさめとするところでございます。そしてまた、親に代る誰かがあることを信じて、今年はいっそう頑張りたいと思って居ります。陽子ちゃんも早二十歳になり、もう嫁がれた由、さぞかし淋しいことでしょう。でも何時かは親と子が離れればなれに住まなければならなかったのですからね。まあ二人が愛し合った仲なら心配はいらないでしょう。私は二人が幸福な意義ある人生を開拓することを祈ります。

一九七二（昭四七）年一月五日、矢野は自分の決意を書いて谷口に送っている。罫紙で四枚にものぼる長文の手紙である。

谷口繁義君に与える書

いよいよ昭和四七年も幕明となりました。昭和二五年四月、君が逮捕勾留せられてより獄舎で迎える新年は、もう二三回目ですね。先日はお手紙ありがとう、心強く読みました。それにしても字も文章も上達しましたね。君の手紙の一枚、一枚を読み、一字、一字をたどってゆくと、二十余年の労苦が紙面にもあり〳〵とにじみ、その上達をほめる前に、よくも、「強盗殺人罪により死刑に処する」というこの世における最大の重荷を背負わされ、犠牲に供せられた君が、よくも堪え忍んできたと、その不死身というか辛抱強さに敬意を表さずにはおられません。その力の根源、心の支えの基は、もちろん冤罪であるから、必ず晴らしてみせるという信念、決意があったからだと思い、私は無罪であることを信じて疑いません。

君は今後どのようにするか、どのように計画をたてているか、もちろん現在の君にとって第一になすべきことは、再審により無罪をかちとることでしょう。しかし、いくら「無実だ、冤罪だ」と絶叫し、訴えても、誰も取り上げてくれず、相手にしてくれず、無罪を勝ちとることは殆んど絶望的であることを、身をもって体験したことでしょう。ほんとうに非常にむつかしいことです。

私は裁判長として審理しているうち、無実だということを知り、犠牲に供せられた君の不幸、不運を気の毒に思い、検事、警察官の不法、不当を糾弾しなければならないとも思いましたが、君をこのように無実の罪を着せ、絞首台に送ろうとしたのは、警察、検事、それに裁判所の違法、誤判によるもので、裁判長としての私も、先輩のした誤判を正すのが私の任務というか、使命と思い、かつ、誤判であるということを指摘し、立証することは、私でなければできず、そのためには裁判長、裁判官の地位、職を犠牲にしなければならないと覚悟を決め、実行してきましたが、現実はなお厳しく、未だ十分に効果をあげておりません。

君も知っている通り、この事件は、第一審、控訴審、上告審の三審の審理を経て、また何回か再審の申立てがあり、一〇名以上の裁判官の審理を受けている筈です。そのうち誰一人として君の主張に耳を傾けてくれた人はありませんでしたね。記録を「うわべ」だけ眼を通せば、不都合は見付かりません。裁判官はみな、検事のいうことを信用し、被告人は嘘をいうものだと思っているのが普通ではないでしょうか、従って検事の主張と、被告人の主張が違って対立している場合に、どちらの言い分も一応筋が通り、そのようなことがあり得るという場合には、検事の言い分に従うのが普通です。

今まで、君の主張が通らなかったのは、君は無罪と主張し、証拠も、無罪とする証拠もあるが、一方、検事の主張のように有罪とする証拠もある。即ち有罪にでも無罪にでもどちらにもできる。このように水掛論となる場合には、裁判官は検事に味方するものです。本件がその適例です。従って君がいくら「無罪だ、無実だ、濡れ衣だ」と絶叫しても、何の役にもたちません。殊に、本件のように最高裁判所の判決で確定してる場合にはなお更です。

しかし、今度私は、決定的な証拠を摑んでおります。その第一は手記の偽造であり、その二は検事調書の偽造であり、その三は、国防色ズボンのすりかえ偽造です。この第一、二は弁解の余地のない、デッチあげの証拠です。これらは、記録をくわしく調べていろ〳〵調査した私でなければ指摘することはできません。

きっと救出してあげます。その自信も十分あります。しかし何様非常にむつかしい事件で、また、現在の裁判所も処理するのを嫌がっている様子、これは裁判官は誰でも同じだと思います。私はいろ〳〵とその方策を考えて、実行に移します。しばらく待って下さい。

私はこの事件と取組むについて友人知己より、裁判長、裁判官の職をやめてまでやることは、私の一身にとって損だと、手を引くようたびたび忠告を受けました。

谷口は犯罪少年だ、それも強盗二犯の、もし、刑務所から出たら、再び犯罪をやるかも知らない。そうすれば迷惑は当然かかる。そんな冒険をするより、裁判官として定年まで勤めた方が、得ではないかと。

或いはその通りかも知れない。君が再び罪を犯すなどして、私に迷惑をかけないという保障はない。検事、警察官にいじめられ、二十余年も死刑囚として繋がれていた君が、憤怒の念に燃え、報復しようと思うことは当然のことで、とめようにも止まるものでもあるまい。

君は先般、獄中で模写したという「マリア」像の鉛筆画を送ってくれましたね。あれを額椽に入れて座敷に飾ってあります。この像を見るたび、君の根気よさ、静かで、真に神々しい何かを教示しているように思う。君はどのような意図で、どのような心境の下でコツ〳〵と鉛筆を走らせたのだろうか。そこに浮ぶ君は、二十余年前、強盗という兇悪犯を犯した不良少年ではなく、悪を重ね、世間をさわがし、迷惑をかけたが故に、

「強盗殺人犯人」という最悪の烙印を押されて、死刑囚となるという思いがけない苦難を強いられながら、運命のいたずらと前非を悔い、修練の道に新生命を開拓しようとしているけなげな更生の君の姿だ。

谷口君よ、その気持を忘れないで呉れ。私も君の身を憐み、身を犠牲にして救出に当る。私の心も、平静ではあるが、悲想。私の期待に報いて呉れ。君も悩み多く、独りで解決できないことも多々あろう。私が相談相手になってやる。指導してやる。私のいうことは絶対にきいて、実行して貰いたい。

私も退官してもう一年半近くなる。私は自分の意見の発表などをしよう。そして君を早く救出しようと何度考えたか知らない。しかし、私の後任者などの事件処理の邪魔になってはと思い、遠慮した。しかし何時までも待っておられない。二月中旬に民事訴訟を起し、法務大臣にも実情を訴え、善処を求める。その準備は殆んど整った。

それでは元気で、日常のことなど、できるだけ多く、私に手紙を下さい。

昭和四七年一月五日

矢野伊吉

谷口繁義君

その年の九月三〇日。合議に敗退して裁判所を去った矢野の後任、越智伝《ひろし》裁判長は再審請求を棄却した。陪席のふたりの裁判官は矢野裁判長のとき、「開始決定」に賛成していた菅浩行、吉田昭の両名である。越智決定は混乱にみちみちたものだった。

ひとりの命がかかっていた「決定書」は、肝心なところですべてに、「疑問は解明されていない」、「納得できない」、「公平らしささえ認め難い」、「不可解」、「疑問なしとはしない」、「通常でない」、「首肯できない」、「疑わしく」、「甚だ不公正」、「甚だ残念に思う」、「誠に遺憾に思う」、「疑惑を生じるのも止むを得ない」と書きつけて判断を停止している。

たとえば、唯一の証拠としてのズボンについての判断は、「証二〇号国防色ズボンにごく微量にしか付着していないO型血液が、犯行と被告人を結びつける決定的証拠であるとするにつき疑問はないのであろうか」というものである。

死刑宣告の根拠である血痕と犯行が結びつかないとしたなら、それから導きだされる結論は、「無実」の二字でしかない。越智裁判長はそこに到達し、あたかもその結論の重大さにおびえたかのように、あとずさりし、これまでの決定の陰に身を隠す道を選んだ。

「……当裁判所は、三年余を費やし、できるだけ広く事実の取調べを実施し、推理、洞察に最善の努力を傾倒した積りではあるが、捜査官の証言も全面的には信用できず、二〇年以上も経過した今日においては、既に珠玉の証拠も失われ、死亡者もあり、生存者といえども記憶はうすらぎ、事実の再現は甚だ困難にして、むなしく歴史を探求するに似た無力感から、財田川よ、心あれば真実を教えて欲しいと頼みたいような衝動をさえ覚えたのである」

越智裁判長は判断を停止して、彼が属している秩序の世界に逃げこんだ。不足していたのは、真実を認める勇気だった。しかし、それは当時の裁判所の限界をも示していた。

たとえば、真犯人が現れた「弘前大学教授夫人殺人事件」においてさえ、仙台高裁は、その二年後の一九七四（昭四九）年一二月、「再審請求棄却」の決定をくだした。再審開始の門戸がようやく拡げられることになったのは、一九七五（昭五〇）年五月の「白鳥事件」にたいして、最高裁小法廷が、ようやく「疑わしきは被告人の利益に」との鉄則を適用してからである。

それを受けて、弘大事件は、その一年後に再審開始決定の第一号となった。下級裁判所は、国家権力のひとつの象徴としての最高裁に強く従属している。権力は真実よりも強い。越智裁判長はそれをいやというほど知らされていた、ということかもしれない。

とにかく、谷口の前に、二二年ぶりにしてほのみえた光明は、黒い法衣によって覆われ、彼はまたもや暗闇の底に蹴落とされたのだった。

再審請求棄却決定の一年前、矢野伊吉は『財田川事件の真相』と題するパンフレットを発行していた。タイプ印刷、B5判、八九ページのものである。サブタイトルに、「当局の責任を追求し　死刑囚谷口を救出しよう」とある。その「まえがき」には、こう書かれている。

「このままくたばってはいけない。誰が彼を救出するか。私は天の声のようなものを感じ自己を叱咤した。幸いにして在任中とった記録とメモがあり、決定の草稿が残っている。これを整理し、世論に訴え、谷口を救出すればよい。このような見地のもとにまとめたのが本稿である。

一方、私の跡を引継ぎ本件を担当している現在の裁判所の処理を妨げてはならない。これも私の守ってきたことの一つである。従って退官後は原記録を閲覧したこともない。本稿を書きながら、もう一度記録を確めたいと思うことも多くあったが、遠慮した」

勉が弟に朗報として伝えた人物は、矢野弁護士だった。彼は財田と大阪にほぼ同時に出現した。裁判官時代に担当した事件を、公表したり、タッチしてはならない、とする裁判所法や弁護士法の禁を破って、矢野は谷口の救済に乗りだしたのだった。のちに却下されたとはいえ、損害賠償請求の民事訴訟も、そのひとつの手段だった。矢野は自費で作成したパンフレットを法曹界内部や新聞社に配布し、ついに高松弁護士会から戒告処分を受けている。

矢野伊吉が国を相手に損害賠償請求の裁判を起こしたことは、一九七二(昭四七)年一月一九日の「サンケイ新聞」に掲載された。

あの死刑囚は無実だ！　事件の裁判官、一転弁護士に

〝自供〟は拷問の疑い　再審へ余生かけ

翌日の「朝日新聞」も同様の記事を掲載した。

財田川事件は、真昼の暗黒

死刑囚救済へ訴訟　再審請求担当した元判事

この記事を読んだ立風書房の編集者が、矢野の生き方に共感した。彼は矢野に電話をかけて執筆を依頼したが、その頃まだ健康だった矢野はにべもなく断わった。彼は、諦めきれずにその年の二月、前ぶれもなく丸亀市の矢野の自宅を訪問したが、出版する意思はないと告げられ、無断で押しかけたことを叱られた、という。

それでも、彼の説得によって矢野はついに出版を了承した。その編集者は、高校の同期生だった。彼から協力を依頼されてわたしは迷っていた。そのころはまったく知られていない事件だったし、冤罪かどうかよく判らない事件にはかかわりたくなかった。

しかし、パンフレット『財田川事件の真相』は、一種異様な気迫に満ちていて、わたしを撃った。そこで述べられている事実は、充分に信じるにたりうるものだった。わたしは本の作成に協力することを決意して、準備をはじめた。

再審が棄却された翌年の一九七三(昭四八)年四月初旬、はじめて丸亀市の質素な矢野弁護士宅をたずねた。彼はその一年まえ、脳卒中に倒れていて半身不随だったが、小柄な体軀は執念のかたまりそのものだった。もつれる舌で彼は、

「権力による犯罪である」

と叫ぶようにいった。はなしが核心にはいると、身をのりだし、マヒのない左手で激しく座卓を叩いた。

翌日、わたしは財田町をたずねた。財田川に沿った道ばた、畑の中にある一軒の農家が谷口家だった。兄の勉は自宅の横の畑で鍬をふるっていた。不意の訪問者を迎えて彼は仕事の手を休め、土間の上り框《かまち》に座った。地下足袋には土がこびりついていた。そのときの彼の当惑した表情は、冤罪者の家族のうちひしがれた二十数年をそのまま物語っていた。

「そっとしておいてほしいんや」

と彼は懇願した。彼は年頃の娘を抱えて生活と苦闘していたのだった。わたしはなにもいえずに帰った。そのころ、熊本で

は、免田栄の父も息子に再審を諦めさせていた。

谷口勉は、それまでは、弟の繁義以上に再審開始に期待をかけ、獄中の弟に手紙を書いて励まし、苦しい生活の中から送金をつづけていた。

貴君も知って居るかどうか知らないが、丸亀の裁判所で開かれて居りました池内音市事件も、これと同じであると私は信じて居ります。

殺された人の血痕と、音市さんが殺したと自白したかま（鎌）に付いて居った血痕と一致したが、之は幸に、他に犯人が出たからどうにもならなかった。他に犯人が出なければ、音市さんも死刑であったと思います。私は今少しく、この様な事件も有ったのだから、完全なる血液の結果を調べた上で、判断をねがいたいわけです。しかし現在では、どうする事も出来ない現状ですが、貴君から係の手をへて、血液再鑑定の願をしたらどうですか。

夏、カがたくさん出るがたくさん出ているカの中にでもいろ〳〵な血液をふくんだのも居りますからね。其の様な現状です故、少量の血液で、しかも人間の血液か、何か判明せず、唯、O型のみで、前に記述したMN式、Q式の血液型が判明して居らない現状で、人間の生命を取るとはザンギャクではないでしょうかという事で、申請をして見てはどうでしょうか。

これはあくまでも本人が申請せなければならないのです。私達は資格がないのです。《不当に長く抑留、若しくは拘禁された後の自白は、之を証拠とする事は出来ない。何人も、自己に不利益な唯一の証拠が本人の自白である場合には、有罪とされ又は刑罪を科せられない》

憲法三十八条とにらみあわせて、今少しく細部にわたり、御調査願い度《た》いという（文句）で、先に書いた被害者は、O型であり、ズボンもO型であるが、被害者はONQであり完全とはいえない。すなわちMN式、Q式の血液型が出て居らないのだから、人間の生命を推定で、しかも当時成年になったばかりの本人に対し、極刑を科する事は、きわめて重大であり、長く、しかも不当に長く抑留して、私に対し不利益な唯一の証拠自白強要は、不当であるという書類を提出し御調査願ったらどうですか。

矢野の訪問を躍りあがって喜んだのもつかの間、期待していた再審も、またもや棄却となった。勉は疲れはて、絶望していた。事件後、彼は腰の拳銃を取りあげられた。これは警察官にとっての最大の侮辱である。辞めるのを待っている上司や同僚の視線に耐えられなかった。結局、六カ月たってから、警察官を「依願退職」した。有形無形の圧力があった。結婚したばかりだった。それから長い土工暮しのあと、勉は警察と関係の深い警備会社に採用され、生活はようやく落ち着くようになっていた。

わたしの出現は、律義な勉にかなりの動揺を与えたようだった。だまっていられなくなった彼は、早速、弟に手紙を書いた。

兄・勉から繁義への手紙

貴君、其の後元気かね、私達一同元気です。

先般、矢野先生、田万先生立会で審理せられましたが、あの様な結果になって残念です。でもね、いつかはね。其れと今般、東京の出版会社、本をつくるところの鎌田慧という方が私のところに来て、現在までの事件のあらましを本にして出すとの事でしたが、私は貴君の胸の中はよく知って居りますので、反対するのはどうかと思いますが、本を出版したからといって、再審も出来ない。したがって日本全国の人に、知らない人にまで知らせて、其の上、私達、子を持つ親として、子供兄弟がかわいそうだから止めてほしいのです。

本に出されると親類まで相手にしてくれなくなり、又、私も現在の某社（原文実名）も止めなければならない事にもなるし、子供親類等にも関係して、結婚、就職等までに関係します。

現在の段階では証拠力がうすく、いずれ時機が来て、貴殿と会う時も来る事と信じます。

貴殿で見れば、全国の人に現在までのいきさつを知ってもらい度いとの事はあるでしょうが、よくよく考えて下さい。今すぐにそんな本を出版せなくても、いずれ私の方から本を出版して下さいという時が来ますので、今しばらくかんがえて下さいね。

くわしく書き度いが、文面では思った通り書く事が出来ません。いずれ面談にて話します。でもね、高松に勤務して居りますので、仲々其の時期もないのです。下記に例えて記入すれば、

1、再審の壁が厚くて、今、本を出してもほんの貴君の気ぐさめであること。（矢野先生は過日軽い中風で一寸もののいい方がわかりにくくなっている。参考までに）

2、本に出せば、親類に迷惑し、相手にしてくれなくなる。

3、子供も将来に関する。

4、私も又、新しい職を見つけなければならない。現在、某社（原文実名）四国支社係長。

5、見方によれば、出版会社は営利を目的とするむきもかんがえる（本が多く出ればもうかる）。其の手段にのってはいけない（考え方によれば）。

6、出版するのは時期が早い。

7、世間の人が忘れている時に、又同じ事をくりかえす事になる。新しいしんぴょう力のある証拠が発見されれば別である。

以上の如きでありますので貴殿の意志に、そわないかも知

れぬが、今般は今しばらくかんがえた末にしましょう。
繁義君　暮々も元気でね。一日も早く貴殿の幸が来る事を祈上げます。勉兄より

出版の話は、独房で歯がみしている谷口にとって、わたしたちが考えていたより以上に重大事だった。勉は懸命に出版を思いとどまらせようとしていた。それまで、兄を批判したことのない谷口は、その無念さをこう書いている。

繁義から兄・勉への手紙

東京の出版社から、鎌田慧という方が来られたそうですね。これについて、兄上が強く反対意見を述べるのも無理からぬ事ですが、この人は私の無実を信じて救いの手を差し伸べて下さったのだと信じます。このような正義感にあふれたよき協力者をつきはなす事は、私には出来ません。本を世に出す事によって、私の無実が一層証明される事になり、今まで知らなかった人にも、知っている人にも、読んで貰えば、尚更、疑心もなくなり協力者が現われると存じます。

兄上も知っている事でしょう。あの八海事件も正木ひろし弁護士が『検察官・裁判官』という本を出版して居ります。又、映画にも出ましたが、このようにして日本全国の人々に見て貰い、無実を訴えたからこそ、無罪を勝ち取る事が出来たのです。真実は必ず通るという信念をもって、獄の毎日を頑張って居りますが、私がいくら獄中で無実を叫んでも、なんのやくにも立たない事を痛感して居ります。

私は、矢野裁判長や、越智裁判長等が審理した、膨大な記録写をメモして居ります。矢野先生が書いた『財田川事件の真相』も読みましたが、検事や警察官等の犯罪行為を許しておくわけには参りません。従って、右事件の真相を速やかに捜査して貰わなければ腹の虫がおさまらないのです。そういった意味においても、出版を是非お願いしてほしいのです。それがとりもなおさず再審（無罪）につながる道であります。

彼は、ほぼおなじ文面の手紙を、矢野にも書き送っている。

扨《さ》て、去る四月十九日、兄から来た手紙をよみますと、東京の出版社から鎌田慧という方が実家に来て、現在までの事件のあらましを本にして出すと申され、色々と対談したそうですが、これについて兄は、子供、兄弟がかわいそうだから止めてほしいと、反対意見を述べるのも無理からぬ事ですが、本を世に出す事によって私の無実が一層証明される事になり、今まで知らなかった人にも、知っている人にも読んで貰えば、尚更疑心もなくなり、きっと支援して下さる事と存じます。

今は正しいものが必ず勝つ時代です。私は矢野裁判長や越

智裁判長等が審理した膨大な記録写をよみメモして居ります。又、矢野先生が書かれた『財田川事件の真相』をよみ、検事、警察官等の犯罪行為を許しておく訳には参りません。

このような不正をあばき、私等の正しい主張を、社会の人々に早く知って貰う意味においても、是非出版をお願いしたいのです。それがとりもなおさず再審（無罪）につながる道であります。鎌田慧という方は私の無実を信じて、はるばる東京から来て下さったのだと信じます。このようなよき協力者をつきはなす事は、私には出来ません。この方と先生と面識があるのでしょうか。それとも無関係でしょうか。何れにしても、矢野先生の御協力なしには本を出版する事は出来ませんので、先生の御判断を心待ちにしている次第です。

それではこの辺で失礼致します。今日は取り急ぎ要件のみ申上げました。

皆様によろしく、お元気で。　合掌

昭和四十八年四月二十五日　谷口繁義

矢野先生へ

矢野弁護士との打合わせを終えて東京へ帰る途中、わたしは大阪で下車して淀川沿いの大阪拘置所にたち寄った。矢野にたのまれた、「弁護人選任届」をもっていったのである。

しかし、二階の事務室で会った担当官は、「死刑囚との面会はできない。谷口はいつ執行されるかわからず、気持を動揺させることはできない」と面会を不許可にした。担当官はわたしの訪問を谷口に伝えていなかったのである。

このころの、死刑囚・谷口の獄中での生活は、つぎのようなものだった。

○朝七時半に起床のチャイムが鳴ると同時に起きて布団をたたみ顔を洗って点検をとる。

食事をして九時から警備隊の運動係の職員一名が運動場に連行。運動場に入ってボールをかりて走ったり、歩いたり、鉄棒したり、それからボール投げ。壁に当ってはねかえって来るのを何回となく受ける。運動時間は四〇分、それから入房して、新聞をよむ。

○月曜日。午後一時三〇分より出房して五階のクラブ室に行き、教育課の職員二名と特警の職員一名と一緒に卓球。三時半に帰房して湯を貰って身体をふく。

夕食のあと、五時一五分に点検をとり、七時に就寝のチャイムが鳴る。と同時に大きい方の電気が消え、寝る事になる。特別に延灯許可を貰っているので絵を描いたり、写経をしたりする。

○火曜日。運動に出るだけで、ほとんど房にいる。
○水曜日。朝九時から運動に出る。何時ものように白いゴムボールを看守に貰って、塀に何回となく投げつけてはねかえって来るのを受けたり、走ったり、歩いたり。そのあと、入房して新聞をよみ、午後一時三〇分より出房して日本間（仏間）へ行く。カラーテレビを見ながらお菓子とお茶。ギターを引いたりする時もある。ひとによっては、尺八を吹いたり将棋をさしたりする。
この時間は自由集会、テレビを見たりもできる。時間は二時間。その間に図書交換もある。三時半に入房する時に、本を借りて帰れる。
○木曜日。運動だけ。あとは舎房で本を読んだり、写経したり、絵を描いたりして過ごす。金曜日。運動以外に何もなし。舎房で座禅をくんだり俳句を作ったりする。入浴がある日は運動はなし。
○土曜日。日によっては朝一番に散髪に行ってくる。運動のあと入房して、湯を貰って身体をふいて新聞をよむ。午後から「宗教講話」。その後で映画や色々な行事がある。
○日曜日。運動はなく、一日中舎房。一二時から房内でラジオを聞く。
映画が月二回ほど。年に一回のど自慢大会。卓球大会も二回ほどある。
（現在は、このような処遇の「自由」はなく、さらに閉鎖的にされている）

谷口はたいがい、絵を描いて日を送っていた。絵のモデルは聖母マリアであったり、仏像であったり、吉永小百合や園まりや舟木一夫だったりした。写真をみて、それを模写するのである。彼は、仲間たちがつぎつぎに死刑台に送られるのを見送りながらも、精神的にも肉体的にも頑健に過ごしてきた。その適応力は驚異的ともいえる。

矢野の出版する本が、そのときの谷口の大きな支えになっていた。彼はこう書いている。

私は、犯人が今だに時効の事を知らずに、びくびくしながら暮らしていると思います。
犯人にも良心があるはずです。獄中で苦しんでいる私を、思わない日はないでしょう、そして、なんとかして「助けたい」と言う気持はあっても、名乗り出る勇気もなく、細々と生きている事と思います。
犯人は決して楽な生活はしていないでしょう。むしろ私以上に苦しい毎日を送っているに違いありません。犯人も人間である以上、私の無実の叫びが聞こえないはずはありません。今年先生が出して下さる本は、きっと真犯人を勇気付け犯人の良心に強く訴える事が出来、出現してくれるものと確信して居ります。

一九七五（昭五〇）年一〇月、谷口と矢野の執念は、ついに一冊の本にこめられて発刊された。矢野伊吉著『財田川暗黒裁判』である。谷口が兄への手紙の中で切望していたように、この一冊は彼の無実を社会につたえ、協力者をうみだし、再審の厚い壁を突き破ることになった。

病を押して左手で書き上げられたこの本が出版されると、各新聞社は大きく扱った。裁判官が担当した事件の「暗黒」をぶちまけたのは、前代未聞のことだった。

「元裁判長が告発書出版」（「読売新聞」香川版）「死刑囚救済に執念」（「山陽新聞」香川版）「〝死刑囚谷口は無実だ〟半身不随、左手でつづる」（「四国新聞」）「自ら担当の死刑囚に無実主張　元判事が立証に出版」（「朝日新聞」）

書評欄でも数多く取りあげられ、週刊誌、月刊誌でも「財田川事件」が報道されるようになった。矢野弁護士に執筆をうながした編集者とふたりで手分けして、新聞社、雑誌社、テレビ局をまわって歩いた結果である。谷口、矢野、編集者の三人がそれぞれ孤立無援の闘いをつづけ、それがよじりあって太い流れになった。わたしたちのささやかな仕事が酬いられたのである。

そのころには、「新居浜人権を守る会」の加藤弘の活躍がはじまっていた。正木ひろしに心酔している彼は、この本を大量に購入し配って歩いた。真相究明のちいさな集会がひらかれるようになった。片田舎の黙殺されつづけた小事件が一冊の本によって全国的な大事件となった。この本を読んで、四国学院大学の教員たちも動き出し、東京に本部をおく国民救援会も支援に乗りだした。再審をもとめる市民運動がはじまった。

谷口が兇器を捨てたかどうか、その真実は財田川がいちばんよく知っている。そんな矢野の主張を受けて、この事件は、いつしか「財田川事件」とよばれるようになった。

谷口家のそばを流れるこの清流は、これまでの裁判の暗黒を映しだし、いまも流れつづけている。

第四章　再審

証拠の靴はどこへ、自白の「手記」はどのように？
闇の中に葬られていた真実が、元捜査宮たちへの尋問によって次第に浮かびあがる。

岡田忠典、古高《こだか》健司の両弁護士が谷口繁義に面会したのは、一九七六（昭五一）年一〇月六日のことである。

矢野弁護士の要請を受けて、日本弁護士連合会は、この事件に積極的に取り組むことを決めた。神戸の北山六郎が団長となり、大阪の岡田、神戸の古高、土井憲三、東京の岡部保男、上野登子、高松在住の若い弁護士で、矢野にたいする戒告処分に加わっていなかった猪崎武典、丸亀の嶋田幸吉、そして最初から手がけた田万広文と矢野伊吉によって弁護団が結成された。

ふたりの弁護士は、大阪拘置所地下の面会室で谷口と会ったが、彼は頑なな表情で迎えた。岡田によれば、谷口は、青い光を放ったような警戒した眼で見据えた、という。

『財田川暗黒裁判』が出版されてから、何人かの弁護士が姿をあらわして支援を申し入れていた。しかし、谷口はそのすべてを拒絶し、あとで矢野に報告している。谷口にとって矢野がすべてであった。それまで、谷口救済のためにすべてを賭けたのは、矢野だけであることを、谷口がいちばんよく知っていた。

岡田と古高は日本弁護士連合会について説明した。矢野の要請によって弁護団が結成されたことを語って、ようやく弁護人選任届に署名と捺印を得たのだった。こうして、逮捕以来二六年目にして、ようやく組織的な弁護活動がはじまることになった。

その一週間後の一九七六（昭五一）年一〇月一二日、最高裁第一小法廷（岸盛一裁判長）は、この事件を高松地裁に差し戻すことを決定した。

主　文

原決定及び原原決定を取り消す。
本件を高松地方裁判所に差し戻す。

地裁につづく高松高裁の再審請求棄却の決定にたいして、谷口の申立てを弁護してきた矢野弁護士ほか四人の弁護士による「特別抗告」が認められたのだった。「原決定」とは、高裁の小川豪裁判長の棄却決定であり、「原原決定」とは、越智伝《ひろし》裁判長による地裁丸亀支部の決定である。

最高裁の決定には、こう書かれている。
「確定判決が挙示する証拠だけでは申立人を強盗殺人罪の犯人

と断定することは早計に失するといわざるをえないのである」

　そして結論の部分には、

「原決定及び原原決定を取り消さなければ著しく正義に反するものと認める」

　とある。つまり、これまでの裁判のすべての決定は、正義に反するといいきっているのである。最高裁第一小法廷における岸盛一裁判長をふくめた四人の裁判官の「全員一致」によるものだった。

「原決定は、申立人の請求が、刑訴法四三五条六号所定の事由をも主張するものであることに想いをいたさず、かつ、原原審が申立人の請求を棄却しながらも、本件確定判決の事実認定における証拠判断につき、前記のような数々の疑問を提起し上級審の批判的解明を求めるという異例の措置に出ているにもかかわらず、たやすく原原決定を是認したことは審理不尽の違法があるというほかなく、それが原決定に影響を及ぼすことは明らかであり、かつ、原決定及び原原決定を取り消さなければ著しく正義に反するものと認める」

　と、同時に、最高裁は、そこで矢野批判も展開していたのだった。

「なお、矢野弁護士は、正規の抗告趣意書を提出したほか、累次にわたり印刷物、著書等により、世間に対して申立人の無実を訴え、当裁判所にもそれらのものが送付されたが、弁護人がその担当する裁判所に係属中の事件について、自己の期待する内容の裁判を得ようとして、世論をあおるような行為に出ることは、職業倫理として慎しむべきであり、現に弁護士会がその趣旨の倫理規程を定めている国もあるくらいである。本件における矢野弁護人の前記文書の論述の中には、確実な根拠なくしていたずらに裁判に対する誤解と不信の念を世人に抱かせる虞《おそれ》のあるものがある。もっとも論述中に裁判所の判断と部分的には合致する点もある〔なお、その論述中若干のものは、既に原原決定が指摘しているところである〕が、論述全体を通じてみるならば、当裁判所の判断過程及び結論とはおよそかけはなれたものであることは、以下の説示と対比すれば明らかであろう」

　法廷を脱柵した矢野の在野での裁判批判が、裁判所の権威を失墜させる虞れがあるという批判である。しかし、彼の捨身の行動がなかったにしても、はたして最高裁は「正義」をふりかざしたであろうか。騒ぎたてなければ、正義は最高裁から降りてこない。そのことによって、いまなお、多くの冤罪者がもがき苦しんでいるのである。

　司法の最高決定機関としての最高裁が、全員一致で「犯人と断定することは早計」とし、これまでの裁判が「正義に反する」と判断したことは、谷口が無実であることの間接的表現である。しかし、それから七年たってなお、谷口はいまだ囚人として幽閉されている。それがどんな正義を意味しているのだろうか。

　それでも、とにかく谷口は、故郷の拘置所に移監される日を素直に待ち望んでいた。彼は矢野へあてた一九七七（昭五二）年九月二日の手紙でこう書いている。

谷口繁義から矢野伊吉弁護士への手紙

私が高松刑務所で死刑が確定して、旧大阪拘置所に移送されて来たのは、昭和三十二年二月十六日でした。あれからもう二十年が経過しました。あの時に私を送ってくれた刑務官は、すでに退官して居る事でしょう。大阪に来る時、船中、車中で、私の身柄を絶対安全確保し、終止温かい親切な取り扱いをして下さった四人の職員さんに今も感謝して居ます。

高松の港を離れて段々小さくなる高松の灯に向かって、きっと帰って来るからと約してから、二十年六ヶ月ぶりになつかしい高松に移監される日が刻々と迫って来ましたが、この事を一番よろこんで下さって居るのが、今は亡き両親と姉と、被害者・香川重雄さんだと思います。勿論、私の分まで強く生きぬいて下さいと、笑い乍ら断頭台に立っていった諸友も、私の門出をきっと祝福して下さって居る事と存じます。

今度、高松地裁で始まる審理は、今までの様な濁りに染まった暗い裁判ではなく、明るく、正しい裁判であると信じて居ます。裁判所は、今ようやく、二十七年間無実を叫び続けて来た私の声に、率直に耳を傾け様として居る事は事実です。何時ぞや矢野先生が名付けて下さった「財田川事件」も、今までは埋もれた事件であったが、今は明るみに出て居る事件であり、国民の耳目が常に集中して居る時であり、これまでの様な通りいっぺんの審理ではすまされません。

私は今、やっと長い〳〵トンネルの出口に差し掛かったところですが、最早、あの自由と開放とをほしいまゝにする特権に恵まれて居る人生の黄金時代とも言うべき青春時代に、帰える事は出来ないのです。そう思えば思うほど、検事、警察官等がにくいのです。この精神的、肉体的な苦痛は誠に言葉に尽くし得ません。

私が四十四年に、高松地方裁判所丸亀支部に、再審請求書を提出し、矢野先生が事実審理をして下さらなかったら、中村正成が公判未提出記録を破棄した事も、宮脇等が手記など偽造した事も、今だに判らなかった事でしょう。今度こそ裁判所が正しいものの味方となって、きっと再審開始、無罪判決が下ると確信して居ります。

過去の裁判官や検察官は、無実の私を最高の刑にして、のうのうと暮らして居るとは思われないのです。いくら巨大な国家権力と言えども、無実のものを死刑にする事は断じて許されません。

私は昨年九月二十九日から極刑囚処遇から遠ざかり、別の舎房に移り今日に至って居りますが、今は完全に極刑囚処遇（仲間）からはずれて居りますので、以前の様に他の死刑囚と接触する事はありません。現在、私をのぞいて死刑確定囚は一人も居なくなりました。今の裁判はよほどの凶悪犯でない限り、死刑になる虞れは先ずないと言って居ます。これも時代の流れと言うものでしょうか。

一九七九（昭五四）年六月七日。最高裁から差戻し裁判を命じられていた高松地裁は、「再審開始」を決定した。その中で、古畑鑑定は、大学院生が古畑名義で代理鑑定したもので、信頼性に乏しい、と批判されている。

一年九カ月後の一九八一年三月一四日。高松高裁（刑事一部伊東正七郎裁判長）は、高松地検からだされていた「即時抗告」を棄却した。高松高検が「特別抗告」を断念して、谷口繁義は死刑囚として最初の再審決定となった。

そして、その年の秋から、高松地裁において再審公判がはじまることになった。しかし、それでもなお、彼は執行を停止された「死刑囚」として拘禁されているのである。

無実の谷口繁義が、何故いまなお拘禁されつづけなければならないのか。その根拠はなにか。矢野弁護士の自宅でこのことに話がおよんだとき、彼は激昂したようにテーブルを叩いた。

「ダッカンだよ」

「えっ？」

わたしは聞きかえした。奪還といったのである。拘置所の扉をひらいていますぐ谷口を釈放させなければならない、と矢野はいったのだった。謹厳ともいえる彼の表情と相手をじいっとみすえる視線は、まごうかたなく、三十数年にわたって裁判官席に座ってきたもののそれである。地元では「秋霜烈日」の裁判官だったとの風評がたかい。

その法曹界で人生の大半を送ってきた人物が、裁判を痛罵し、いま奪還を唱えているのである。矢野の口調はわたしが最初に会ったころよりも、さらに過激なものになっていた。

孤立無援の矢野を支えてきた広子夫人は、一九七八（昭五三）年一二月、過労がたたって世を去った。毎日あたかも自分に苦役を課すかのように、左手で原稿を書きつづけてきた夫の世話に倒れたのだった。谷口との邂逅によって、矢野は法曹界での安寧の地位を捨てて野にくだった。それは、彼が信じていた法の正義を取りもどすための孤独の闘いでもあった。そして、矢野は病にたおれ、そのうえ、右腕ともいうべき夫人までも喪ったのだ。

そのことを知った谷口は、悲しみにくれていた矢野に手紙を書いた。

谷口繁義から矢野伊吉弁護士への手紙
（一九七九年一月一〇日）

お葉書ありがとうございました。又、その後、更に速達でお手紙を下され心から感謝いたします。あんなにお元気だった広子先生が、昨年の十二月十二日に亡くなられた事を知り、全く驚き入りました。私は深い悲しみの涙を人知れず流しました。せめて奥様に再審開始の決定を見届けてほしかったのです。広子先生もどんなにか、その日を待たれた事でしょう。

　最愛の奥様を失った矢野先生のお気持は、本当によく判ります。若々しい奥様と三回ほど面談しましたが、会っておいてよかったと思って居ます。今あの時の晴やかな奥様の笑顔が、私の脳裏にまざまざと浮かんで来ます。

　私は旧年の涙をぬぐって一層頑張り、一日も早く青天白日の身となる事が、奥様への御恩返しと思って居ります。

合掌

谷口繁義が、矢野や兄弟にあてた手紙の多くには、望郷の念が色濃くにじんでいる。高等科時代、「優」を記録していたのは「唱歌」だけだった彼は、処刑を前にして、旧式のテープに「誰か故郷を想はざる」を吹きこんで勉に送っていた。再審開始決定後に面会した猪崎武典弁護士のはなしによれば、谷口は帰郷したときの近所のひとたちへの挨拶の練習に余念がないとのことである。彼はそのようにしてはやる心を抑えていた。

　しかし、わたしが、現場ちかくのひとたちのあいだをまわってみると、彼らはまだ疑っていたのだった。「アレが帰ってきたら怖い」というひともいた。谷口は三十数年、死刑囚の仮面をかぶせられてきた男である。ひとはその仮面に恐怖するばかりで素顔をまともにみようとはしない。

　被害者の妻である香川ツ《ネ》子は、

「くしゃくしゃする」

といった。口惜しい、ということであろう。

「殺されたものはつまらない。生きているものに花が咲く」

と彼女は歌うようにいった。そういう彼女にとって、谷口の生還は不本意なものかもしれない。しかし、谷口の生はむしろ奇跡ともいえる。生き延びてきたからこそ、真実が帰ってきたのである。それはわたしたちにとっての、救いである。

　たとえば、弘前大学教授夫人殺人事件が発生したのは、財田川事件の前年の一九四九（昭二四）年八月のことである。被告那須隆は、一度も自供しなかったにもかかわらず、検事側控訴審（一審は無罪）で懲役一五年をいい渡された。再審の望みもなく、那須隆は一一年間、無実の罪で仙台の宮城刑務所に服役した。真犯人が出現して無罪が確定するまで、出所してからでも一四年の歳月が費されている。

　無罪判決がだされ、マスコミで大きく報道されても、ひとたび市民の記憶に定着した殺人犯のイメージは、容易なことでは拭いさられるものではない。弘前大学事件を取材していた五年ほど前でさえ、被害現場にちかい、わたしの生家の近所のひとたちは、元被告にたいする疑惑を相変らず表明していた。

免田事件に遅れてはじまった財田川事件の再審は、すでに四回の公判を終えていた。検察側が申請した当時の捜査官を出廷させ、月二回のペースの証人調べをしながらすすんでいたのだ。証人席で彼らはそれぞれ捜査にそれほど熱心でなかった、との素振りをみせた。

彼らにしてみれば、いまさら古い仕事を突つかれたくない、との想いが強かったろうし、いまとなっては、谷口犯人説を強く主張するのも気がひけるようだった。だから、これまで通り、検事が期待するようには、谷口の犯行を証言できなかった。

一九八一（昭五六）年一一月一一日、第五回公判がはじまった。証人席に座ったのは宮脇と共謀して谷口を自供に追いこんだ田中晟《あきら》警部だった。彼は市内各署の警察署長を務めたあと、警備会社の会長に納まり、いま、コンクリートづくりの邸宅に住んでいる。前日の検察側の尋問につづく弁護人側の反対尋問のあと、裁判長は、

「なにかいいたいことはありませんか」

と谷口の発言をうながした。谷口は即座に立ちあがり、七〇歳をすぎてなお、がっしりした背中をみせている田中のななめ後ろから、ゆっくりした口調で問いかけた。

「田中さんにお聞きしたいんですが、先ほど、嶋田弁護人に、私を取り調べたときには、西の取調室で調べたとおっしゃいましたね」

「はい」

「そうではなくて、東側の南寄りの取調室があったのは記憶にありますか」

「それは記憶にありません」

「いや、あったんですけどね。……そのときあなたは、どのような服装で私を取り調べましたか」

「暑いときですから夏服、さあ、そのときの服の色、すべてにおいては知りませんけれども、とにかく夏服をしとったと思います」

谷口はやわらかく、子どもをさとすような口調でつづけた。

「あなたが取調べをしたときには、私もはっきりと覚えておるんですが、ステテコと上は半シャツで調べておるんですよ。肌着のままで調べておるんですよ」

「とんでもないことです。そういうステテコやなんか、一度もはいたことありません」

傍聴席に笑い声がまきおこった。ステテコなど一度もはいたことがない、その否定の仕方が奇抜だったからだ。

「その部屋に座布団があったといいましたね」

「はい」

「実は、なかったんですがね」

谷口はいたずらっぽくいい、田中はムキになって答えた。

「いいえ、あったと思います」

「いやいや、あなたが座るところはありましたよ。被疑者が座るところはなかったんじゃないですか」

「そうは思いませんね。私はあったと記憶しておるんですが」

それにはとりあわず、谷口がつづけた。

「そして、取調べが約一時間ないし二時間、その間は終始、私を正座させて取り調べたの、覚えておりますか」

「いえ、むりやり正座させた覚えはございません。朝、まあ、われわれがあの部屋に行って、あなたも来てあいさつして、健康状態はどうかと、体に異常ないかと、腹は減るかというふうな話をするときには、もちろん私は正座したと思いますけど、まあ、正座をしばらくして、それからお互いにひざをくずすという姿勢に変わっていったと、私はこういうふうに記憶しておるんですけど」

谷口は先を急いだ。

「その場所で、ですね、あなたの右側に広田（巡査部長）さんがおられたでしょう」

「はい」

「それであなたの左側に宮脇警部補がおったの覚えておりますか」

「宮脇警部補は、ぜんぜん、調べ室へは、ときどきなにか報告書を持って私のところへ来るときはありましたけど、谷口君を調べるために、あの部屋に座ったということは、一度もございません」

「調べていたんですがね」

谷口は苦笑してつづけた。

「まあ、それはいいですけどね。あなたが取調べのときに、私にたいして、早くいってうまいものも食べたらどうか、ということを私にいったんですけど、どうですか」

「うまいもの食べるというて、どういうことですか。うまいものってなんですか」

田中は、すっとぼけるふうだった。

「うまいものというたら、ご馳走ですよ」

「いや、そんなことは」

「そういうことをおっしゃいましたよ」

「いや、私はいうた覚えはないですね。そういううまいもの、そういうことは、私はいった覚えはございません」

その取調べの日から三〇年余。あるいは、いった者は忘れてしまったのかもしれない。しかし、いわれた者はそのときの空腹感とともに悔しさを体に刻みつけてきたのである。谷口は老眼鏡ごしにちいさなメモをみながらつづけた。

「それから、七月二〇日以降に、私が自白、自認したとおっしゃいましたね」

　田中は身構えるようにして答えた。

「はい」

「私はそのようなことをした覚えがないんですけどね。そして、あなたは、私の面前で、紙と鉛筆を渡して自白の内容を書かせた。私がすすんで書いたようなことをあなたはおっしゃっていますけれど、私はそのようなことをした覚えはないですよ」

「おかしいですね、それは」

「どうしてですか」

「書きましたじゃないですか」

「私が書いたのなら、どうして公判廷に提出しなかったんですか。してないじゃないですか」

「出とらんから、そうおっしゃるんでしょう」

「そうじゃない、やってないから、出てないと」

「いやいや、書いたことは事実まちがいないですから。いまいったいきさつ、昨日から申し上げてる事実にはまちがいないんです。あなたがいま、口先で書いとらんというなら、これはもう致し方はない」

「いや、私のいっているのは良心的にいってるんですよ」

　田中はちょっと胸をはっていった。

「私も良心的にいってるんですよ。私の良心は、あなたの良心に負けないだけの良心は持ってます」

「しかし、昨日、今日の証言は、なんというか、良心的じゃないと思うんですがね」

と、谷口はいささかサジを投げたように、笑いをふくんだ声になった。

「終わらせてもらいますけど」

と、谷口は裁判長のほうに目をあげた。それでも、田中はまだいいつづけていた。

「いいえ、私はすべて良心的にいってます」

　裁判長は谷口に声をかけた。

「どうもご苦労さまでした。聞きたいことがありましたなら、充分に聞いてください。これが、最後になるかもしれませんよ」

　田中とはもう会うことはあるまい、だから遠慮するな、という意味らしかった。谷口は、

「ははぁ」

　とかしこまって最敬礼した。


　そのあと、二週間ほどして、谷口は兄の勉にあてて手紙を書いている。彼は自分の出所を現実のものとして感じるようになっていた。

兄・勉への手紙（一九八一年三月二四日）

ところで、長年埋もれていた財田川事件も、皆さんのお蔭

で今は世に知れわたり『財田川暗黒裁判』の本も五、六版を重ねるまでになりました。五十六年三月十四日、検察の即時抗告棄却決定から、かなり売れているようです。加藤（弘）先生のお手紙によりますれば、この本の「続」が、近く出る予定との事、きっと多くの人々がうなずきながら読み、感銘を深くして下さる事と存じます。

プレイボーイの六月号にも「死刑台からの生還」と題して、鎌田先生が書いて下さった財田川事件の事が、新聞の広告に出ていました。私は又、外国の映画の題名かと思って居りましたが、よく見るとそうではなく、私の事でした。

十九歳の時から、現実に罪を犯してないのに、権力に押し流され、刑場の露として消される一歩寸前まで来た私が、自由な大地へ確かな足で出て行くのですから、どんなにかおどろく事でしょう。その日も刻一刻と迫って来ました。皆さんも、私の出所を楽しみに待っていて下さい。

では、益々お元気で、日々お勤め下さいますよう、栞姉さんを始め、関係各位に、呉々もよろしく〳〵御伝声下さい。

合掌

「健康状態に変わりはありませんか」

と裁判長が問いかけた。小柄ながら、がっしりした体軀の宮脇豊元警部補は、裁判長席にむかって大きくうなずいたが、声は傍聴席まで届かなかった。

一九八二（昭五七）年一月一九日。第八回公判。この日の証人は、事件当時、「事件解決の殊勲者は高瀬派出所宮脇警部補で、鋭敏な感覚とたゆまざる努力の結晶である」と藤野寅市三豊地区署長に称賛された宮脇豊である。谷口を攻めたてたのは、宮脇と中村正成検事であり、宮脇は中村が死亡したあと、取調べ状況を知るための最重要人物である。

宮脇は、香川県南部の警察署をまわり、一九六三（昭三八）年四月、琴平署次長のときに定年を迎えた。最後の位階は警視である。それから一六年間、自動車学校の教員をつとめ、いまは、高松市の郊外で、妻と田んぼを耕したり、孫を相手にしたりの悠々自適、七一歳になっていた。

「高瀬派出所には、どういうふうなものを拘禁することができたのですか」

まず、矢野弁護士が追及した。宮脇は椅子をすこし前にひいて身構え、答えた。

「刑法犯罪の逮捕者であり、しかも、私が主任となって取調べを要する被疑者を拘禁することになっているのであります」

「で、調べようと思えば、拘禁できるのですか」

「質問の趣旨がよく分かりません」

と、宮脇証人は切り返して、すこし余裕をとりもどしたようだった。弁護人席で隣りあっていた北山六郎主任弁護士が立ちあがって、早口で代弁した。

「あのね、高瀬派出所にはね、管内外を問わず誰でも拘禁できるのか、と聞かれているんですよ」

「それは、署長の命令があれば、高瀬派出所外のものでも拘禁できるように思っております」

その返答にかぶせるように矢野弁護人がつづけた。

「その根拠はなにがあるんですか。ないんですか。あるならいってください」

証人は沈黙していた。

「谷口は、高瀬派出所にはなんの縁もユカリもないものです。ずっと拘禁していた根拠はなんですか」

矢野は重ねて糺《ただ》した。

宮脇証人は長い沈黙を守っていた。

矢野は、もどかし気に繰り返した。

「根拠はなんですか」

「それは私の勉強不足で、そういったことは、署長の命があればできるように理解しておりますので、藤野署長に聞いていただきます。私は、ここではっきりしたことは申し上げられません。拘禁できるというふうに思っております。警察隊長から指揮命令が出て、高瀬で拘禁して調べることができると思います」

「そんな法律があるんですか」

証人をにらみつけながら矢野は食いさがった。

宮脇は言葉の不自由な矢野弁護士の尋問を、払いのけるようにして答えた。

「その点、法規の根拠については、定かでありませんので、本部長にきいてから明日でもお答えすることに致します。ただちに即答はできません」

「拘置所の中に、入れたり出したりして、いつでも取調べができるんですか」

矢野弁護士は、強盗傷人事件で逮捕され、すでに判決を言いわたされて服役していた谷口繁義を、管轄外の代用監獄としての派出所の留置場に移監し、長期に勾留して取調べをつづけた不法性を追及しているのである。宮脇証人は尋問の内容よりも、もつれる舌で、ときには奇声ともうけとられかねない、矢野弁護士の尋問の仕方に辟易している様子をみせたがっていた。

「それは管轄権外のことであればできないけれども、私は管轄権があればできると思います」

「その根拠は」

「署長は、三豊地区警察署の管内の身柄については、その身柄をどこへ留置しようが、どこで調べようが、これは三豊地区警察署長藤野寅市警視の権限にあると思います。私自体がそれをうんぬんするのでありません。私が勝手に引っ張って来て、勝手に高瀬に留置したものではありません。はっきり申し上げます。あまりしつっこくきかんでください」

「谷口を拷問したことはありますか」

「そんなことはぜんぜんありません。はっきり申し上げます」

宮脇は声をあらげ、ムキになって答えた。

「谷口は拷問されたといっているんですが、谷口の供述がうそですか」

「拷問をするような取調べをしたかしないか、他のものから客観性があるようなところで、私がせんいうても、それはご信用なさらんと思いますので、他のほうから私がどういう事件をどういうふうに調べておるか、あるいは、その当時どういうふうに調べたかということについて、一つお聞きを願います。私は拷問した覚えは、全然ありません」

「拷問して、谷口を前後不覚にして、心神喪失の状態にしたいうことはありますか、ないですか」

「ありません」

「谷口は、そういうことがあるといっているんですが、うそですか」

「うそです」

矢野弁護士は、証人席からうしろ、二メートルも離れていない被告席の谷口に目をむけ、

「谷口、いまいいよる通りだが、どうですか」

と発言をうながした。谷口は、たちあがって直立不動の姿勢をとった。

「ええ、そういう事実がございました」

彼は静かに答えた。

矢野の尋問は、五通にものぼる「手記」の疑惑に及んだ。

「あなたは、谷口の自白調書を偽造したものに間違いないと思いますが、どうですか」

「そういった偽造したやいうようなお尋ねになること自体がまちごうとるのとちがいますか。それは、偽造したやいうことができようはずがないでしょうが」

「あんた、普通の事件を調べるのに、これほど、この手記のことを何遍も何遍もうそのことを書いて、これは偽造以外にないんでないんですか」

「それにはお答えする必要はありません。そういうことは、絶対にないんですから、そういうことをおっしゃられるお方とは、私は問答致しません。はっきり申し上げます。偽造したやいうて偽造できようはずがない。いわゆる読んで聞かして署名捺印さすのだから、それを偽造した書面に署名捺印するような谷口の性格であるかどうかをご判断願います。あなたは弁護人がゆえに、全面的に谷口のいうことを信じておられますが、そういったことを信じること自体がまちがいです」

宮脇は、証言台の水差しからコップに水をつぎ、足を踏んばってぐっと飲みこんだ。

「どこを根拠に偽造したやいうんですか」

廷吏が証人席の前にすすんで、一九五〇（昭二五）年七月二六日付けの「第一回供述調書」を差しだした。

「これは、私が書いたことにはまちがいありません。しかし、谷口さんがいうたことを、ここに記録したのであって、私が勝手に、これを書いたのでありません」

「どこで書いたんですか」

「高瀬警部補派出所の官舎であります」

小柄で痩身の矢野弁護士は、一呼吸おき、宮脇証人を不思議そうにみながらいった。

「官舎で、そういった取調べができるんですか」

「刑事室とか取調室は、当時は夏、暑いし、人が来てもいけませんので、私は静かな環境のええ、官舎を選んで、私が静かに聞いてやったわけであります」

「静かとかなんとかいうことは別問題として、執務すべき場所は、ここだと法律で決まっているでしょうが」

「他の役所とちがいまして、警察というのは、いつどんな突発事件が起きるかもわかりませんので、所長官舎というものは、警察のすぐ裏側に、おなじ構内にあるわけです。

だから、そういった至急な用件ができた場合には、パッと出動ができるというような体制が置かれておりましたので、私はそういうことはできると、してもよろしいと、こういうふうに思っておったわけでありまして、本来なればこれは調べ室とか刑事室とかいうようなところで聞いてやるのが本当でありますけれども、私は、この相手の立場も重んじるし、私としては、環境のいいところで聞いてやったほうが、どっちかいうと、すなおに答えてくれるのでなかろうかというふうな、思いやりがあったわけでありまして、別にこれを偽造するために官舎で調べたいうふうな、偏見を持ってお尋ねになるということは、私は心外です」

「谷口は手記をたくさん書いてだしていますね」

「しております」

「谷口が、何通も手記がありますが、その谷口が書いたのだとあんたが主張する手記を谷口に見せたことがあるんですか」

宮脇の返事はよく聞きとれなかった。

「具体的に読み聞かすことはなかったんですか」

宮脇は証言台をたたいた。それまでも、彼はなんども証言台の上で手刀を切っていた。取調べのときにテーブルをたたく癖が、形を変えて残っているのであろう。

わたしの隣に座っていた弟の孝さんは、

「昔とおんなじやね」

とつぶやいた。参考人として出頭させられた三二年前、宮脇にテーブルをたたきながら怒鳴りつけられた日を、彼は思い出していたのだった。

「それは、書いた直後には、この通りまちがいないないうて見せて、月日を入れて署名捺印をさせたわけでありますが、実際は、具体的に読み聞かすということは、しなかったように思うような気がするな。ただし、これは本人がじきじきたどたどしい筆跡で、自分で書いていきよるのだから、これを読んで聞かさんでも自分で書いたことだから、覚えておるということで、最後に、これは私が書きましたいうので、署名すれば、それでいいでないですか。読んで聞かさないかんという法律がありますか」

「もちろん、あります」

「読んで聞かしたこともありますが、全部が全部、私が読み聞かしたということは定かでありません」

「谷口に読んで聞かしたことがあるというんですか、それはいつですか」

「それは五通ありますので、その五通のうちのどれをどこで読み聞かしたというようなことは、無理なんでないんですか。私ははっきり記憶がありません。三二年前のことでありますので、そんなのを聞かれること自体が無理とちがいますか。なにを聞いているのかいな」

浅黒い四角な顔の宮脇は、矢野にむけて歯をみせて嘲笑した。と、思いあたることがあるというように、彼はわざとらしく声をたかくしていった。

「ハハン。弁護人は、手記を谷口が書いていないという前提で聞いているんですか。狂気の沙汰です、それは。聞いている人が笑いますよ、弁護人は弁護人らしく……」

矢野弁護士の後ろに座っていた、まだ若い岡部弁護士が立ちあがって、宮脇に注意した。たまりかねてのことだった。

「証人はだまって答えてください。余計な説教をする必要はありません」

最後に、矢野弁護士が宮脇の心境をたずねた。

「財田川事件いうのは、発生してから、今まで三〇年余りたっているのに、まだ片付かんでこういうふうにふらふらしているんですが、この状態をどういうふうに思っていますか」

この質問にたいして、宮脇は長広舌をふるった。

「三二年たっても、まだふらふらしているということは、そういうことはあり得るわけなんです。あれは、谷口さんがやった二五現にふらふらしているんです。帝銀事件の平沢貞通がまだ年より先にやったので、八十何歳になっても、まだふらふらしております。まだ、絞首刑になっておりません。

これは、どちらかいうと、法務大臣が死刑執行の判を押さんということにもあるんですけれども、押さんということは、決定的ないわゆる証拠に欠けるのではないかというふうなお考えのもとにと、私は法務大臣の心境は知らんけれどもそういう気持があるので、死刑執行の決裁をしないと、こういうことになっておるのでなかろうかと私は思っておるわけです。

ですから、三二年間ふらふらしておるということも、結局は決定的な物的証拠が出てこないということ、たとえば刺身包丁などが出てこないということは、非常に関係方面のその決定を下すお方に、大きく影響を及ぼしておると、こういうふうに思っておるわけです。

しかし、私の現在の心境と致しまして、谷口は犯人だと、犯人にまちがいないと一〇〇パーセント犯人だというふうに思っております。というのは、私が調べかかってから、ずっと自白し送致をするまで、全部客観的ないわゆる状況証拠いうか、そういった黒の面はずらっと並んでおりますけれども、やってならないということの証拠は、どこにも出てこないということなんです。

それともう一つは、非常に残虐性をおびておって、これは、ほかのものではやれるような犯罪ではないわけです。これは、一般のひとも、さように思っておるのとちがいますか。財田上とかその付近のひとに、ひとつアンケートを取っていただきたいと私は提言します。

谷口が犯人であるかどうかあるいはいま帰ってきて社会へだしてもいいかということのアンケートをひとつ、あなた支援団体をたくさんお持ちのようですから、そういった方面で取っていただいたほうが、私にいま現在どう思っているかいうふうなことを問われたところで、私としては検挙者ですから、これは犯人だと、でも死刑執行できないということは、法務大臣の納得いくような決定的証拠が出てこない、ということに起因するのでなかろうか、と推察するのであります」

もどかしげに聴いていた矢野弁護士は、自由なほうの左手を激しく振った。

それは抗議の表明のようでもあり、あるいは、「もうたくさんだ」という制止のしぐさのようにもみえた。宮脇は、おしゃべりをやめた。

財田川事件の翌年、一九五一（昭二六）年八月一八日、香川県綾歌《あやうた》郡府中村で「若妻殺人事件」が発生した。夫の池内音市が食管法違反で別件逮捕され、やがて自供した。が、彼が犯行を認める手記まで書いていたにもかかわらず、三カ月ほどして、真犯人があらわれたのだった。

前回の公判で、田中晟証人にたいして猪崎弁護士が、この捜査に加わったかどうか尋問したのだが、それまで財田川事件で「情宜《じょうぎ》をつくし誠心誠意取調べにあたってきた」と証言してきた手前もあってか、田中はそれを否定した。

しかし、田中によって、自供と手記の作成に追いこまれた記憶が生々しい池内音市は、田中と「法廷で対決して真実を明らかにしたい」との陳情書を提出した。

これを受けて、善通寺市にある四国学院大学の教員たちや学生、市民で結成されている財田川裁判の支援団体は、一九八二（昭五七）年一月一八日、田中証人を「偽証罪」で高松地検に告発した。検察側証人が検察庁に告発されることになったのである。

このように、当時の捜査官たちは、法廷でひらき直り、とぼけ、公然とウソをついていた。

それでも、谷口繁義は、終始おだやかな表情で裁判の進行を見守っている。彼の静けさは、裁かれるものとしてではなく、いまや彼が裁く側にたっていることを物語っていた。地元弁護士としてよく面会している猪崎弁護士にたいしても、「いつになったら出所できるか」などとたずねたことは一度もない、という。

獄中にある谷口は、国家犯罪の生き証人であり、いま、裁判官とむかい合って座っている被告席が、裁判を裁くものの席に転化したようにみえる。

宮脇豊の証言は、検事側尋問にたいして一九八一（昭五六）年一二月の二日間、弁護人側の反対尋問が一九八二年一、二月の四日間、計六日間にもおよんだ。ひとりの証人に六日間も費やしたのは、この証人が谷口自供をひきだした重要人物だったことにもよる。

検事側は、「強度の心筋障害があるので、一時間ごとに休憩させてほしい」との要望をだして防衛していた。だから、弁護人側の追及が激しくなると、検事側が休憩を申し出る、といった形で、公判はたびたび中断されながらすすめられた。

一九八二年一月二〇日の第九回公判で、北山六郎弁護団長は、こう追及した。

「あなたは前回には、手記を書かせた趣旨は、自白の任意性を担保して、というような気持ちで、真実のところを書かすのには手記を書かせたほうがいいだろう、という気持ちで書かせたというお話がありましたね」

「そうです」

「そうすれば、その当時、当人を調べておる検事さんに連絡したり、むしろそれを見せたり、渡したりするのが当然だと思うんですが、それを見せたことも説明したこともないかもしらんというのは、なぜなんですか。私らの常識では、ちょっと考えられんのですがね」

「まあそうですな。それは定かではありません。なにさま前のことで、もう私としては、送検して検事さんが調べられかけてからは、もうどちらかというと、検事さんが調べよるのに、私が横からちょっかいかますということは、非常に失礼に当たるので、そういったことについては、あまり関与しとらんし……」

中村検事はすでに死亡している。彼がもはや証言台にあらわれることがないためか、宮脇はひらきなおっていた。

「どちらであったか覚えないということでしょう」

「そうです」

「だから私は聞いてるわけです。それをいまいったように、供述の任意性を担保するために、本人の自由に、思いのままに書かせたということになれば、取り調べるひとにとって、非常に大事な資料でしょう」

「はい」

「だから、考えるまでもなく、当然見せておると思うから、それを見せてないかもしらんという認識があることは不思議だと思うんですよ」

宮脇は黙ってしまった。古市清裁判長が、裁判長席から声をかけた。

「途中でございますが、送検後作成された書類は、追送するのが普通ではありませんか」「そうです。追送するのが本当です」

「だから、この送検後に作成した供述調書、それから手記、これは追送したんじゃありませんか」

「そうです。追送したんです」

北山弁護士が尋問をつづけた。

「私がいま聞いてるのは、手記ができた翌日とかその直後に、検面調書が作られておりますね。しかも、その場所はおなじ高瀬派出所で、検察官は取調べして検面調書を作ってるわけでしょう」

「はい」

「そうすれば、当然、手記を作った直後に検事さんに見せたり、説明はしてるやないか、ということなんです」

「さあ、かもわからんな、それは」

「したかもわからん、という程度ですか」

「そうです。はっきり判らんです」

「谷口さんを凝うた理由の中の一つに、手口のことをいうておられましたが、当時あんたが認識された滝下ナツ方の米六斗のやつとか、香川さんの一万円をとった件、それから中家キクエ（宅の強盗未遂事件）ですか、次は農協事件、その四つはいずれも二人の事件でしたね。共犯」

「そうです」

「そうすると、あなたの現在のお考えによると、本件だけは谷口が一人で犯したものだと、そういう考えですね」

「そうです」

犯行の詳細を記述し、署名し、指印した手記を、容疑者が任意に作成し、提出したなら、捜査官はとびあがって喜び、尋問にきていた検事にみせるはずである。ところが、宮脇には、その記憶がさっぱりないのである。そのことは、手記を書いた事実がないのか、それともなにか思いだしたくない事実が介在しているため、意識的に忘れようとしてきたことを疑わせて充分である。

矢野弁護士は、担当判事のころから、手記を捜査官による偽造、と主張していた。それに、宮脇たちが自慢する「カンと手口」によってみても、谷口のそれまでの手口とこの事件の手口は、あきらかに異なっていた。

問題の手記については、その日、岡部保男弁護士も追及した。高瀬派出所の所長だった宮脇は、留置場内の谷口の動静を看守に逐一報告させていた。ところが、歌をうたったり、ブツブツいったりしているなどよりも、さらに重要な行動であるはずの、手記を執筆していることについての報告はなんらなされていなかった。

岡部弁護士はこう質問した。

「まあ、通常の生活からみて、ちょっと特異な言動があれば報告せよ、とそういうふうになるんですね」

「そうです」

「そこでこれをみると、留置場の中で手記を書いたということについて、どの報告書にも、一言も触れてないんですけどね、これはなぜでしょうか」

宮脇は黙っていた。

「手記を書くということは、通常の言動とはいちじるしくちがうし、犯行との関係でも非常に重要なことですね。なぜ記録されなかったんでしょうか」

「手記のことは、書きよるんは報告せよ、というふうなことは指示してなかったわけです」

「手記のことは書かなくてもいい、というふうに指示してましたか」

宮脇はなおも黙っていた。岡部弁護士は、声をあげて追及した。

「そういう指示はしたのか、しないのか、どっちか」

宮脇は、うめくように答えた。

「せえとも、すなともいっておりません」

「なぜ記載されないのか、その手記について、なぜ記載せよというふうな指示をしなかったのか、非常に疑問なんですね」

宮脇は長いこと沈黙していた。彼はこれまでも、重要な局面になると、依怙地《いこじ》に口を閉ざすのが常であった。冤罪事件の裁判では、捜査官が被告となり、弁護人が検察官に逆転することがしばしば起こる。谷口は、そのやりとりを終始、静かにみつめている。と、裁判官がふたりいるように思えてくる。

宮脇証人にたいする四日間にわたる弁護人側の反対尋問によって、当時の捜査のいい加減さが次第にあきらかにされていった。谷口犯人説を主張する検事たちは、自分たちが申請した証人が心臓病を抱えながら追及されるのを、ただ腕をこまねいて見守るだけで、「異議アリ！」と叫んで防戦するのは一日に一、二度ていどのものでしかなかった。

事件発生当日の一九五〇（昭二五）年二月二七日の深夜から翌朝の二八日まで、谷口繁義は自宅で寝ていたと主張しつづけ、弟の孝も「おなじ蒲団で寝ていた」と証言している。

ちょうど、旧正月をすごすために、岡山から祖母の中林ハマがやってきていたこともあって、事件当日のことは、ふたりには鮮明な記憶を残している。

古高健司弁護士は、その点を突いた。

「あなた自身が捜査の段階で、父親の菊太郎さんをアリバイの件で調べたことがありますか」

「調べたことはありません」

「お母さんのユカさんはどうですか」

「ユカさんも調べたことはありません」

「そうしますと、アリバイについて父親と母親がどういっているかということは、あなたは知らなかったんですか。息子が当夜寝とったといっているのか、夜中どっかに行っとったというているのか、そこらは、あなたは全然知らなかったんですか」

「それははっきり記憶にありません」

「あなた以外の人が取った警察官の調書、両親の供述調書はみましたか」

「それもはっきりしません」

「そうしますと、家人のことだから信用できないという結論は、どこから出てくるんですか」

「結論部を申されましたが、親兄弟というものは、自分の身内のものがどっちかというたら、犯罪で疑われるということになれば、その疑われるようなことについては、これは隠すのが人情です。いってくれないのが人情であります。そういったことを全面的に信用して、ああそうか、ああそうかいうてうなずいておったのでは、当然、犯罪というものは、あがりっこないわけです」

「そうなれば、両親がどういっているか、他の警察官に、あるいはあなた自身がじかに当たってみて、どう弁解するのか、それが本当かうそかを調べる必要があるのではないですか、そういう結論をだすまえに。あなた一人の独断では困るんです。捜査官ですから」

「そうです」

「そういう努力はやりましたか」

「まず、市田山警部補に、どうか、その犯行の晩はどうであったんですか、というようなことを聞いております」

「市田山さんに聞かれたとおっしゃいましたね」

「それが三谷さんであったかもわかりません。どっちだったかわかりませんけれども」

「どっちでも結構ですが、アリバイはあるんだ、という立場ではなかったんですか」

「はい、あるということでした」

「そういう結論だったんですか」

「そうです」

「なれば、あなたはどうしてそれを尊重しなかったんですか」

「アリバイがあるということは、第三者の証言ではなくして、

「家族の証言であるということに、私は疑念をもったわけであります」

宮脇証人は忘れていたようである。彼は谷口の両親である菊太郎、ユカを自分が取りしきる高瀬派出所に出頭させ、深夜まで息子のアリバイを追及したことがあった。弟の孝は、夜が更けても帰らない両親を不安な気持で待っていた。ふたりが星明りの下を歩いて山越えし、疲れ切って家にたどりついたのは、夜中の一二時すぎになっていた。ユカはその後も、「宮脇の顔は忘れることはでけん」といい続けて世を去った、という。

家族がアリバイを証言しても、宮脇は歯牙にもかけなかった。なぜかといえば、それは犯罪者の家族だからである。完全に行き詰まった捜査を打開したのは、宮脇だった。ただしゃにむに谷口をせめたて、彼が犯行を認めた「手記」を獲得した。

一九八二（昭五七）年二月九日の、第一〇回公判で、犯行の「動機」とされていた借金が、けっして返済不能な金額ではなく、強奪して使用されたとされる費消先の飲み屋や遊廓の証言も、そこの主人たちにはまったく記憶にないものを、一方的な誘導によって調書に記録されたものでしかなかった事実が、上野登子弁護士の追及で明らかにされた。

彼女は弁護団ただひとりの女性で、当時の捜査資料にもとづいて細かな事実の齟齬を拾いだし、それを固めるのを得意としている。

「谷口のところから押収した靴を現場に残された足跡と合わせてみたことがありますか」

上野弁護士が質問した。宮脇は、合わせていない、その靴を、

「みたこともない」

と答えた。捜査の常識では考えられないことである。警察にとって都合の悪い証拠は、そのまま打ち捨てられてしまったのである。古高弁護士は、

「現場の状況からみて、犯人は物盗りではなく、女性の怨恨によるものとは考えなかったか」

と、追及した。

「深く検討しておりません」

宮脇は答えた。足跡の歩幅が狭いためもあって、弁護団は女性犯人説を捨て切れないようだった。

谷口の自供によると、被害者香川重雄（六一歳）を包丁でメッタ突きにして刺殺したあと、

「生き返ると困るので、心臓を突いておこうと考え、香川の臍

の上辺《あた》りを股ぎ、チョッキや襦袢をまくり上げて胸部を出し」

とある。そのあとを受けて、岡田忠典弁護士が、検証写真を指し示して宮脇を尋問した。

「被害者は一番上になにを着ていますか」

「綿入れの半纏みたいなものを着ているな」

「被害者の衣類の前の部分を見てください。ボタンしているでしょう」

「はい」

「これには、あなたは気がつかれませんでしたか。ちらっと見られたとき、あるいはこの写真を見られたときに」

「気がつかなかったです」

「おかしいと思いませんか。谷口は胸を刺すときに、どうして刺したいうことになっているんですか。いわゆる二度突きしたときに、どういう状態で刺したいうことをいうているんですか」

「着ているじばんを左手でちょっとのけて刺したと」

「そんなことをいうていましたか。上にまたがって、めくりあげて、刺したいうことではないんですか。一口でいうと、そういうことをいうていませんか」

「そうです。そういうようにいうておりました」

「じゃなぜ、ボタンがかかっているんですか」

宮脇はたちあがり、証言台におかれた写真をにらみつけ、絶句した。

「これは、えー……」

それ以外は言葉にならなかった。ようやく気をとり直して、ぼやくようにいった。

「ボタンがかかっておっても、下のほうまでかかっておらないでしょう。だから突くときに、はぐりあげたら」

「あんたやってみなさい。あんたはボタンをつけた上着を着ているでしょう、できますか」

「だから、はぐったら刺せます」

「ボタンを見て下さい。左右からはち切れそうに、下に厚着をしているから、ものすごうボタンがいっぱいにはち切れそうになっているのでないんですか。あなたが着ておられるような余裕のあるような状態でないでしょう」

「これは、かなり上のほうに、一つだけボタンがあるので、はぐったら、はぐれんことはないと思います」

「三二葉（一一七丁）の写真を見てください。下にも二つか三つあるんでないんですか。一番上のボタンと、その次のボタンの間があいているでしょう。左右から引っ張っているような状態ではないんですか」

つまり、岡田弁護士は、着ぶくれてハチ切れそうになっているチョッキのボタンが、下らまくりあげてもはずれることも飛ぶこともなく、かといってボタンをはずして衣類をまくりあげて刺殺した様子もない。どうしてボタンがそのままになっているのか、とたずねたのだった。検事たちも証言台に集まってきた。

「これはおかしいぞ」

と思わず叫んだのは、宮脇だった。すかさず、岡田が質問をかぶせた。

「あんたは、これは検討をしなかったのでしょう。いま初めておかしいぞということに気がついたのですか」

宮脇は絶句して棒立ちになったままだった。

「じゃ、よろしい」

と岡田は打ち切り、質問を変えた。谷口の自供が検証写真とまったく矛盾することがあきらかになった一瞬だった。

さらに、谷口の自供では、犯行後、被害者の顔をみて恐ろしくなり、その上に新聞紙をかぶせた、となっている。しかし、現場に闖入《ちんにゅう》した正村定一の話では、「被害者の眼はいまにもとびつきそうな眼だった、それでおそろしくなって逃げてきた」となっている。

警官たちが現場に踏みこんだときには、顔に新聞紙がのせられていた。新聞紙を香川の顔に、誰が、いつかけたのか、それがいまだに謎である。ところが、宮脇はいつの間にか犯人がかぶせた、と信じこんでいた。そのため、谷口の自供も「自分でかぶせた」となっていた。岡田は早期発見者の証言と谷口自供との矛盾をついた。

「新聞紙がかぶせてなかったことも考えられるのではないですか」

岡田がせまると、宮脇は、自信なげに、ちいさな声で、

「はっきり申し上げられません」

と答えた。資料さえよく検討することなく、宮脇が捜査にたずさわっていたことが明らかになった。

現場に残されていた靴跡と谷口の靴のサイズは合っていない。

「そのことをどう考えるのですか」

「ちょっと忘れました」

と宮脇が答えて傍聴席の失笑を買った。「忘れました」では切り抜けられない尋問だったのだ。

「今日はあかんなあ」

と宮脇はボヤきつづけ、体の不調を訴えるようになった。

「それでは被告人」

と裁判長は被告席の谷口の発言をうながした。

待ちかまえていたように、谷口は立ちあがった。

「宮脇さんにおたずね致したいんですが」

柔らかい声で切りだした。

「あなたは、高瀬警部補派出所で本件を取調べ中に、よく財田の捜査本部のほうに行かれましたね。いかがですか」

「行きました」

「その際に、どの道をお通りになったんですか」

「どの道であったか……。高瀬からずうっと勝間を通って、二宮へあがって麻を通って、それから向こう道がどういうようになっておったか、はっきりしないんですけれども、あの線を行ったように思います」

「そうすると、神田から財田のほうに抜ける県道を通られたんですね」

「神田？」

「麻村から神田、そして財田というふうにね」

「そうそうあの線。一応、近いからね」

「それやったらですね、私の生家のすぐ裏の県道を通ったことになるんですけどね」

「待ちまぁせよ。あんたの裏の県道通るのは……」

宮脇は、谷口の尋問がなにをひきだそうとしているのか見当もつかず、当惑しているようだった。

「政宗橋を渡ったんじゃないですか」

「……政宗橋……」

「私の生家のすぐ裏の県道を通らなければね、捜査本部には行きつけないんですけどね、いかがですか」

「あなたの生家というのは、私は今でもはっきり記憶がないんですが、その裏の県道を通らなければ行けけんというふうな……、おかしいなあ……、私が裁判長さんの越智裁判長だったかしらんと一緒にいった時分に、あんたの家の前へいってからずっといったように思いますが、それ以外は谷口さんの家がどこにあったか、どっちむいとるか、どうであったかいうことは、あまりはっきり記憶がないんです」

「捜査本部から帰りに、わたしの自宅に寄り道をしたことがございますね。何回かあったでしょう」

「……いや、それも記憶がないんです」

谷口はかまわずに質問をつづけた。

「その時に、あなたは、明日、谷口のとこのほう通るんだが、なにかことづけないかといってね、その時に私が米をもらってきてくださいといってね、あなたにお願いしたでしょう。そしたらあなたはね、もらってきてやるといってね、私の自宅にいってね、米五升と金をもらって帰ってきたじゃないですか。そして私のいる房の前で、米もらってきたぞと、だから小使いに炊いてもらえといって、私をずいぶん喜ばしたじゃないですか。そのような記憶があるでしょう」

「その記憶がないんですが」

「その時の、私のうれしそうな笑顔が、今、浮かんでくるんじゃないですか」

「……浮かんできませんな。私そんなこと、あんたほう寄って」

「あなたが自転車に積んで持って帰ってくださったじゃありませんか」

「米と銭をもろうてきたようなことは、記憶に出てこないんですが、なんかあんた勘ちがいしとんとちがいますか」

「いえいえ、勘ちがいではありません。記憶がはっきりしております。鮮明ですね」

「……………」

「私がね、空腹を訴えたのは、どうしてだと思いますか」

「それは、官食弁当の量がすけないから、あなたは若いし、血気盛りで元気でありますので、いわゆる官食弁当の量では足らんのかしらん、というふうな感じはもったわけですわ」

「それ以外にあるでしょう」

「それ以外には考えられませんが」

「私はね、減食をさせられたのでね、あなたに空腹を訴えたわけなんですよ」

宮脇はだまってしまった。谷口は質問を変えた。

「それはよろしい。つぎ、申しますよ。被害者の左胸部、いわゆる二度突きの点はですね、三月一日に解剖するとすぐ結果がわかると思うんですが、兇器がなにかとか傷のつき方がわかると思うんですが、それをあなたがまったく知らずに、本件を、私を取り調べたということは考えられないんですがね、いかがですか」

「これは兇器は鋭利な兇器であって、先がとがっておると、片刃であるというふうなことは後から聞いたんで、その現場では聞いておらないわけです。突き傷が主で三〇箇所ぐらいな傷があると、死因は出血多量であり、いわゆる窒息死であるというふうなことで、それもその日聞いたんでなくして、その翌日、二日の日に聞いたわけであります」

「あなたは調書を作成する際に、二度突きの点ですね、お前二度突いただろうということを、あなたは誘導尋問をかけているではないですか」

「もうごじゃごじゃと、そういうふうな自分に有利なように申しますが、私はそんな誘導尋問した覚えは全然ございません」

「そういうことはなかったですよ。事実誘導しましたよ。そして私がなんら自白、自認しないのに、あなたは私が自白したものとして、勝手に虚偽の記載をなしたのではありませんか」

「もう虚偽の記載じゃいうようなことを、それならあんたがそれを読んで、認めて、署名捺印するようなあんたであるかないか、自分で自己反省して下さい。嘘ばかりいうてから。衣類にしてでも」

古高弁護人が立ち上がった。

「裁判長、異議があります。答えもしないで本人を中傷するような、そういうことは制限していただきたい」

谷口の尋問はふたたびつづけられた。

「その後あなたは、藤野署長に電話をしたでしょう。電話したとおっしゃいましたね。二度突きの点ですよ。二度突きの点を藤野署長さんにお聞きしたんじゃないですか」

「本署のほうへ聞き合わしたわけです」

「そして当廷では、あなたは田中警部とあなたとそれから広田巡査部長とこの三名が、二度突きの点は鑑定書が来るまでまったく知らなかったということを、口を揃えておっしゃってるでしょう。どうですか」

「二度突きの点を口を揃えていうとる……それどこで聞いたんですか」

「いや、あなたは当廷で堂々と述べておるじゃないですか。そうでしょう」

「二度突きの点はあんたがいうたから知ったんですわ」

「いや、私はそういうことはいうはずがないですよ」

「いうとるから」

「本件の真犯人でないものが、どうしていえるんですか」

「まあ、ご自分が胸に手を当てて、よう考えることです」

「胸に手を当てても、私はそういうことをいったことはございません」

「…………」

「それから、いよいよ取調べも終了して、その翌日、高瀬警部補派出所より丸亀拘置支所のほうへ移るときに、あなたがその所長室に私を連行しましたね。覚えていますか」

「覚えておりません」

「忘れたんですか」

「はい」

「あなたはそのときに、「明日いよいよ丸亀拘置支所に移るが、君も一九歳だし、まだ若いんだから、調書のごとく法廷で述べなさい。そうすれば私の年までには出られるから」と言ったでしょう。記憶ございませんか」

「ございません」

「そのときに、じゃあ握手しようというて、あなたは私に握手をもとめたじゃありませんか」

「それも覚えがございません」

「そのようなことは鮮明に残ってなければならないはずなんですけどね」

「それはあなたの作り事であって、私はそういうふうなことをした覚えは毛頭ないんですが」

「それで、そのときに菅巡査部長を通じて、当時の百円札あれ確か聖徳太子だったと思うんですけど、百円札を私に一枚くださったんですけどね。あなた記憶あるでしょう」

「ありません。そないに私はあなたに銭をあげるような理由もないし、それほど生活豊かでなかったんです。だからそういうことはあなたのまったくの作り事であります」

「いや、ありました。それは作り事ではけっしてありません」

「いや、渡したことはありません」

「それで私は宮脇主任さんによろしくといって、菅巡査部長にいったことがあるんですけどね、あなたからもらわないものをもらったなんて、私がいえますか。そうでしょう」

裁判長が割ってはいった。

「そこは平行線だから」

谷口は質問を変えた。

「次に、私はあなたが調書を作成しておるときに、この点はちがっておるから消してくれということを、あなたに懇願したことがあるでしょう。いかがですか」

「その点、懇願したということはなし、私の調書の取り方は、あなたがいったことをさあっと書いて、短くメモして、長く取るんでなくして、さっというたやつをさあっと取るという取り方でありますので、あなたのいったことにまちがいがあるというふうな取り方はしとらんのです。従って、読み聞かした場合に、あなたからここがちごうとるぜというふうなことをいわれた覚えはございません」

「あなたは天地神明に誓って正直に答えていただきたいんですけどね」

谷口はさとすようにいった。宮脇は、その言葉を投げ返した。

「それはこちらがいうことです。天地神明に誓って正直に申してください、というのは私があなたに申し上げたいことです」

いささか匙を投げたように、谷口はいった。

「あなた、そういうことをいって救われるんですか」

「ええっ」

宮脇は聞きかえした。まったく予期しない言葉だったのだろう。谷口はもう一度繰り返した。

「そういうことをいって、あなたは救われるんですか」

大阪拘置所で多くの死刑囚を見送り、処刑の恐怖をかいくぐってきた男の声がひびいているようだった。

「念のために、二、三点うかがいます」

古市裁判長は宮脇の尋問をはじめた。

「証人もお疲れでしょうから、簡単にお答えください」

古市裁判長は、足跡が自供のような大股で歩いたものでないことや、谷口の靴と合致しないこと、そして「二度突き」を記載した鑑定書をいつみたか、などをたずねた。裁判長は、「犯人しか知りえない」とする二度突きの事実について、宮脇が知っていたであろう疑問をかなり執拗に追及した。宮脇は肩を落とし背をまるめて、しどろもどろになった。

手記の不自然さについても言及したあと、裁判長は、宮脇にむかって、

「病を押しての証言ご苦労さまでした。どうぞ、ご静養ください」

と声をかけた。

「ありがとうございました」

宮脇は涙声で答えて最敬礼し、証人席からよたよた出口にむ

かいながら、両手で顔をおおった。それはようやく解放されたことのうれし泣きなのか、不様な自分にたいする口惜《くや》し涙なのか、それとも、裁判官の心証をよくしたいためだけなのか、よくわからなかった。

矢野弁護士が立ちあがり、検事席を指呼し、谷口にたいする死刑判決がいまでも有効なのか、有効ならなぜ実行しないのか、有効ならその理由はなにかと激しくせまった。谷口クロ説の論拠が完全に崩壊してなお、なぜ、谷口が拘禁されつづけなければならないのか、それは誰にとっても納得できないことだった。

裁判長はそれを打ち切るようにして、次回は藤野寅市署長を喚問すると言い渡して、閉廷をつげた。

一九八一（昭五六）年九月下旬から、月二回のペースですすめられている再審公判は、検察側が繰りだす証人たちが、犯罪事実と被告人の関係性を立証するというよりも、むしろ捜査のデタラメを立証する場となっていた。

わたしは、三月、四月の公判を傍聴できなかった。三カ月ぶりで法廷にはいってみると、傍聴席の空席が目立つようになっていた。顔ぶれもだいぶ固定しているようだった。

一九八二年五月二五、二六の両日、検察側証人として出廷したのは、事件発生当時、国家地方警察（国警）香川県本部刑事部鑑識課に勤務していた村尾順一（五九歳）である。

彼はその後も一貫して鑑識畑を歩き、退職後のいまもなお、県警鑑識課の嘱託として勤務している。今回の尋問の中心は、谷口繁義が、事件当時はいていたとされる「黒革短靴」の鑑定状況についてである。

事件当時、現場には、四個の血痕足跡が残されていた。このうち、もっとも鮮明に印象されていた一個は、畳表から切りとられて鑑識課に厳重に保管されていた。いうまでもなく、犯人を特定するもっとも重要な証拠だからである。

谷口繁義が犯行を自供したのは八月上旬のことである。逮捕後四カ月たった七月下旬、靴が押収されたのは、谷口をかばおうとした家族が、畑の中に埋めておいたためでもあった。この行為が谷口への疑惑を深めたひとつの要因となったようである。靴と足跡とを照合した結果について、村尾順一は一九七九（昭五四）年一一月、高松高検で、つぎのように供述している。

右警察署（国警三豊地区署）の捜査員ら三、四人が黒革短靴を持ってどやどやっと入って来られました。

誰が来たかははっきりしませんが広田さんがいたようにも思います。

そして血痕足跡の前述の畳の切り端を出してくれというので出しますと、捜査員が、この型の上に靴を乗せようとしましたので、私は直接乗せたらいかんといったので、少し上においてみておりました。この血痕足跡はかかとの部分がなく前の部分だけです。

そんなことではっきりしないが型がだいたい合い、捜査員も

「合うなあ」

「これで調べるときの腹がまえができたなあ」

といっておりました。

今回の検事尋問でも、村尾証人は当然のことながら、これとおなじ証言をした。

一時間ほどして、彼らはまたドヤドヤと帰って行った。このとき、たずさえてきた靴ばかりか、部屋に保管されていた、血痕足跡が遺された畳表まで持ち帰った、というのである。

しかし、不思議なことに、この黒革短靴は、裁判所に証拠物件として提出されることなく姿を消し、いまだ行方不明である。

その後、靴は、岡山大学医学部法医学教室にはこばれ、遠藤中節教授によって鑑定されたのだが、ルミノールやベンチジン反応はすべて陰性（マイナス）となった。遠藤鑑定書（一九五〇年八月二六日付）には、「人血ではなく、血液であるか否かさえも怪しい」と記載されている。だから靴の紛失は、岡山大学から帰ってきたあとのことになる。

靴が発見されて、一団となった刑事たちが鑑識課に駆けこんできたとき、村尾もまたルミノール、ベンチジンによって血痕付着の有無について検査した。一九七一（昭四六）年八月三日、県警鑑識課長あてに提出された「村尾報告書」には、つぎのように記載されている。

「血こんの付着の有無について検査をしましたが、予備検査の段階ですでに陰性であって、血こんの検出をすることができなかったのであります。

検出できなかった理由としては次のことが考えられます。

靴底に付着した血液は、しばらくすると乾燥して血こんになります。この乾燥までの時間は付着血液量とか、その時の気温、湿度に関係して、一定ではないが意外に早く乾燥します。

しかし、靴底に血こんが付着した後、直ぐ畑地（湿地）を一キロメートル位歩行すると畑の状態にもよりますが一般には、物理的に血こんは剝離されほとんどの血こんの消滅が考えられます。

その上に土中に長い間埋められて、腐敗が進行すると血こんは消失してくると思われます」

畳表にくっきりと足跡をしるしたほど靴に染みこんだ血痕が、はたして歩いたり、土中に埋められただけできれいさっぱり消失するとは、素人考えでも不思議なものだが、この「報告書」でなによりも奇妙なのは、「血こん付着の有無」を科学的に鑑定するはずの鑑識課員が、有無の判別だけに禁欲せず、「検出

できなかった」と記述したあと、その理由をるる説明している点である。

「検出できなかった」という事実が、この文脈からは、「付着していたはず。しかし、検出できなかった」ということとして示唆されている。検出できなかった結果から、どうして、付着していたと結論づけられるのか。不思議な才能である。

二日目の反対尋問で、岡部保男弁護士は、この点を鋭く突いた。

「鑑識課は、事件当時、警察捜査の一部門と考えられていたんですか。それとも、まったく独自の立場と考えてましたか」

両鬢《びん》の白さが目立つ、温厚な風貌の村尾証人は、それまでよりはなめらかに、声もやや大きめに答えた。

「外側からみるとおなじようにみえますでしょうが、どちらかといえば鑑識は捜査を抑制することが多いのであります。わたしは、鑑識の中立性を職員にやかましく申してきました。なかで反発があったほどです」

「捜査にひきずられることはありませんでしたか」

「鑑識課は号令をかけられても動かない、ともいえます」

「あなたの報告書では、検出できなかった理由をあげておられますが、血痕が付着されてないからと考えられなかったのですか」

「そう考えることができます」

「それではどうして、もともと付着してなかったと記載されなかったのですか」

「そういう見方もあります。それも筋の通った主張だと思います」

「あなたのは付着していたのが前提ではないですか」

村尾は沈黙していた。

「科学的中立性とは無関係ですよ」

と岡部はダメを押した。村尾証人は弁解しはじめた。

「陰性はすべて血痕がついていなかったとみることは理想としては結構ですが、わたしどもがいえますことは、そう完全なことではない。検査のまずさもあるし、諸般の条件を考えながら大事に検査に入っていく、とご理解いただかなければ……先生とわたしどもとの考え方がスレちがうことになる……」

「それはもういいです」

と岡部は打ち切って、つぎの尋問にはいった。

「鑑識内容については、捜査当局は立ち入らない、とさっきあなたはいいましたね」

「はい」

「本件の靴の場合は、一キロメートル歩行したとか、畑の中にあったとか、どうしてそれを判断できる材料をもってるんですか。一般的な経験を書いたんですか」

「はい」

村尾はそう答えてから、

「わたしはこの中の全体を書いているのではないので」

と口ごもった。靴にともなう状況をあらかじめ知っていたことが証明されれば、それはとりもなおさず、鑑識課が捜査方針に合わせて文書を作成していたことがあきらかになってしまう。それで村尾は自分の責任を回避しはじめたのである。

「どういう事実を報告しろ、ということだったのですか」

「ここに書いてあることを報告したのです」

傍聴席から笑い声がもれた。

「どういう事実を報告することをもとめられていたのですか」

「その理由については、鑑識課長に聞いていただかないと、わたしにはわかりません」

広田弘巡査部長以下、四、五人の捜査員たちが押収したばかりの靴を抱えて鑑識課になだれこみ、そこに保管されていた血痕足跡と照合しながら、

「合うな」

「これで調べるときの腹がまえができたなあ」

といいあいながら、小躍りしていたことは、三年前の彼の供述書に記載されている。今回の公判でも、村尾証人はほぼおなじ内容を証言した。岡部弁護士は、そのときのことについて尋問した。

「あなたは、そのとき、一致すると思ってましたか」

「わたしは横でみてましたので、一致するかどうかまで、詰めた見方はしてませんでした」

「一致するかどうかに関心がありましたか」

「当時は傍観者だったので関心はありませんでした」

しかし、その日の証言では、事件直後、彼も犯行現場に直行し、遺体の解剖の準備を手伝い、解剖所見のメモを作成したことを認めている。発生当初からたちあった事件に「傍観者でいた」というのは、恐るべき職務怠慢というべきではないか。まして、靴と足跡が合致するかどうか、それが実験される、もっともスリリングな瞬間であったはずである。岡部弁護士は追及した。

「この事件が重大事件だったことを知ってましたか」

「はい」

「その場合、靴がキメ手になることもわかってましたか」

「はい」

「現実にピタリと合えば、有力な証拠になるということは誰にでもわかることでしょう」

「はい」

「そのとき、合わなかったとの判断があったのでは……」

「そういうことはありません」

「だったら、もっと積極的でよかったんじゃないですか」

一九五二（昭二七）年一月、谷口繁義は、高松地裁丸亀支部

において死刑を宣告された。しかし、この決定では、「黒革短靴」は証拠品から除外されていた。遠藤中節岡山大教授の「鑑定書」によって、付着していた汚斑は「陰性で血液に由来するものではない」と断定され、証拠能力がまったくなかったからである。

しかし、その靴は、谷口が犯行当時はいていたものである。現場は凄惨な血の海であり、そこに数個の鮮明な血痕足跡をつくりだしたはずの靴から血痕が検出されず、大きさも合致しないとの鑑定書が出ていたならば、靴は谷口の潔白を証明していたはずである。

ところが、この靴は証拠品として提出されず、そればかりか、所有者に還付されることなく、いつの間にか消失してしまっていた。

といって、この重要な物的証拠を、あっさり放擲できるほど、検事側に証拠品が豊富だったわけではない。兇器とされた刺身包丁もついに発見されず、強奪したはずのカネの使途も不明である。死刑判決のキメ手となったのは、「微量であるため充分な検査をすることができなかった」との留保つきで古畑種基が鑑定した、「証二〇号」国防色ズボンの「血痕」だけであった。

「黒革短靴」の発見と消失の転変は、この事件でのもっともドラマチックなエピソードである。

一九七二（昭四七）年九月、「財田川よ、心あれば真実を教えて欲しい」との一行を決定書に書きつけ、再審請求を棄却した高松地裁丸亀支部の越智伝裁判長は、この〝幻の靴〟をめぐっての解釈に苦悶した痕跡を残している。彼はこう書いている。

「……証人宮脇豊の供述する如く、若干寸法が違っていたのであれば、その結果を請求人（谷口＝引用者注）に示し、着用した靴が違うのではないかと追及して、自白訂正をさせるべきではなかったか。そして検察官において血痕足跡に前記短靴が符合しないことが明らかであったのなら、このことは、公判廷で明白にすべきであり、この点につき何ら虚、実の釈明もせず黙秘をしていたものであるとすると、原第一審検察官の態度は甚だ不公正であるといわざるを得ない」

「……この黒革短靴のみ提出しなかったことはまことに不可解である。……しかし、黒革短靴はすでになく、当審証人の証言も甚だ不明確で、今更疑問を解明しようもない」

当時の捜査主任だった宮脇豊警部補は、一九七一（昭和四六）年一〇月、県警に提出した「上申書」のなかで、この靴の行方について、庁舎移転の際に他の物件とまじって処分されたか、あるいは、死刑確定の時点で廃棄処分にしたのではないか、と弁明している。

しかし、問題なのは、処分がいつだったか、ということよりも、むしろ、被告人の無実の証明に結びつく証拠をなにくわぬ顔で闇に葬り去った捜査官の行為である。それはまごうかたない不正である。

一九七六（昭五一）年一〇月一二日の、最高裁による再審開始決定書には、こう書かれている。

「……右の靴に関する関係捜査官の当時の判断は一致するところがなく、右の隠匿のため靴の影がくずれ腐蝕膨張していたために鑑定不能であったと供述する者もあれば、一方靴と現場の血痕足跡とはほぼ符合したが公判が順調に進行していたので証拠物として提出せず警察で保管していたが腐蝕していて、証拠にならないと思い検察庁に送付しなかったと供述する者もおり、また、靴と血痕足跡とは若干寸法を異にしていたので中立人の自白は虚偽であり証拠にしなかったと供述する者もいたのである。

しかし、現場に遺留された明確な血痕足跡と右の靴とが一致すれば、自白の信用性を高めるのみならず有力な有罪の決め手の一つにもなりえたものであったのであるから、いかに腐蝕していたとはいえ、証拠物として提出するのが当然ではなかったかと思われる」

この決定では、谷口を「強盗殺人罪の犯人と断定するのは早計に失するといわざるを得ない」と指摘されている。靴をめぐる疑問が、その理由のひとつとして挙げられている。

谷口有罪説を維持するために検察側証人として出廷させられた捜査関係者たちは、弁護団側の反対尋問のまえでそれぞれ絶句し、あるいは「記憶にございません」を連発してひきさがっていった。まして、デッチ上げ逮捕の証拠ともいえる黒革短靴を武器に、裁判官の心証を逆転させようというのは、どだい無謀といいえた。高松在住の猪崎武典弁護士は、それを「検察官の散華の精神」と評している。

検察庁のメンツを保つためだけの玉砕戦に駆りだされてきた証人たちの後ろ姿は、彼らかたとえ検事たちの〝身内〟であったとしても、さらには身から出た錆とはいえ、いまごろになって粉砕されるのを傍聴席から眺めるのは、どこか痛々しかった。

第五章　反撃

攻守所を変え、攻めるのは被告と弁護団であり、警察と検察は防戦するだけ、緊迫の法廷ドラマがつづいた。

一九八二（昭五七）年六月一六日。公判は一八回目、再審裁判の中盤をむかえた。

午前一〇時の開廷に先だって、高松地裁のまえには、テレビカメラマンや記者たちが待機していた。やがて、一台のタクシーが到着した。小柄で痩身の白川重男が降りたって、カメラマンたちに取りかこまれた。準備のととのっていなかった社もあって、もう一度、歩き直すことが要求された。よくある光景である。

この裁判で証人が撮影されるのは珍しい。白川証人は、当時の捜査官でありながら、弁護人側の依頼を受けて証言台に立つことになった。冤罪裁判では数少ないケースである。そのことが、再審裁判がひとつの転換点を迎えたことをあらわしていた。

カメラの放列にむかって白川証人が歩きだしたとき、その列をさけるようにして乗用車が地裁前に横づけになった。運転台の姪にだきかかえられるようにしてクルマからでてきたのは、矢野伊吉弁護士である。ひとりで歩くのはすでに困難となっていた。

突風のように、カメラマンの一団が彼の脇を駆け抜けていった。杖をにぎりしめて立ちつくした矢野の孤影は、彼が忘れられかけていることをあらたに想い起こさせた。それでも、彼の宿願の再審は順調にすすみ、無罪決定の見通しが強まっている。

「ぼくは億劫になってきたよ」

もつれる口調で矢野はつぶやいた。脳卒中で倒れてからすでに一〇年になる。長男の転勤に従って、丸亀市から高松市内の長男の家に居を移し、離れの部屋に独居している彼の外出は、月に二日の公判のときだけとなっていた。再審開始までの道のりはあまりに遠すぎた。

型どおりの人定質問、証人の宣誓書朗読のあと、まず、猪崎武典弁護士の尋問がはじまった。最初のやりとりのなかで、白川証人の実父は、犯行現場の財田村（当時）の出身であり、この土地に知り合いの多いこと、二歳のときに父親が死亡し、養父の姪が被害者の妻と従妹であることが明らかにされた。

被害者にゆかりの深い捜査官が、被告人に有利になる証言をすることの「真実性」を、猪崎は裁判長に印象づけようとしたのだった。

一九四八（昭二三）年一月、国警三豊地区署に採用された白川重男は、事件当時、犯行現場から一五キロほど離れた上高野派出所に配属されていた。一九五〇年二月二八日、警察電話で事件発生の通報を受け、自転車で砂利道を走った。管轄の上財田の駐在所には、巡査が不在だったのだ。

彼より先に駆けつけていたのは、運送屋のトラックに便乗して急行した合田良市巡査だった。ほかにもウエポン・キャリア（兵員輸送用ジープ）でやってきた本署の刑事たちがいた。

このときは、ようやく縄張りらしきものが張られ、現場検証がはじまりつつあった。

当時の「捜査報告書」には、「午後七時届」と記載されている。これはその記録の杜撰さを示したもので、白川の記憶では、まだ日が落ちるまえだった。自転車の発電ランプを回転させずに到着した記憶がある。二月下旬の午後七時といえば、すでにとっぷりと日が暮れているはずだからである。検事は、

「どうして発電ランプをまわさなかった記憶が残っているのか」

と質問した。

「あの悪路を発電ランプを回転させながら自転車を踏むのは、大変な難儀だからよく覚えています」

白川は自信あり気に答えた。

地元の人とのつながりの深い白川巡査は、周辺の聞きこみと連絡を担当させられた。事件発生から捜査本部の解散まで、さらにそのあと、「解決」までの全期間、この事件の捜査にたずさわったのは、下級捜査官では彼だけだった。

白川巡査の記憶にもっと強く残っているのは、財田川の川浚《ざら》えである。谷口の自供によれば、「兇器の刺身包丁は轟橋から財田川に投げ捨てた」とあるのだが、地元の消防団を総動員した捜索によっても、ついに発見することはできなかった。彼自身も腰まで水につかって探しまわったので記憶に深い。白川はそれを「艱難辛苦」と表現している。

そしてもうひとつは、殺害して強奪した一万三千円の残り八千円の行方についてである。谷口はその百円札八〇枚を、警察に連行される途中、「警官七、八人の同乗した護送車から道に捨てた」と自供していた。供述調書にはこう記載されている。

「財田村中村の小野精米所から約半丁位左寄りの道に差し懸った際、警護員に気付かれぬ様、オーバーの内ポケットから金を抜き出し、斜め左向きになって、ほろの窓よりつばをはくような風をして、ほろと車体の間に指を差し入れ、金を落したのであります」

そのあたりは、白川の受け持ち管内ではなかったが、「軒並みやれ」と命じられたことがいまなお彼の記憶に残っている。白川は道ばたの家ばかりではなく、道から奥にはいった場所もふくめてシラミつぶしに聞き込みをしてまわった。が、「百円札を拾ったとか、拾ったことをきいたというものと、ついに出会うことはなかった」という。

谷口繁義が自宅から連行されたのは四月初旬の午後六時ごろだった。県道を西にむかって走り去った護送車から、おそらく、花吹雪のように舞ったであろう八〇枚の百円札は、村の誰ひとりからも拾われることなく、忽然と消え去った。

谷口が両手錠をかけられて護送される途中、どのようにしてこのような大金を、警官に取り囲まれていて車外に捨てることができたのかは別にしても、捜査官の必死の聞き込みによってもなお、ひとりの拾得者にも出会わず、狭い部落で拾ったとの噂にも遭遇することができなかった。としたなら、自供そのものの信憑性が疑われて当然のはずである。

谷口の自供で、検事の論告において重要視されたのは、「二度突き」の個所である。一九五〇（昭二五）年八月二一日付の供述調書によれば、彼はつぎのように語っている。

「私は香川が後で生き返ると困るので、心臓を突いておこうかと考え、香川の臍の上辺りを股ぎ、チョッキや襦袢を上にまくり上げて胸部を出し、包丁を刃を下向けに右手に持ち、あばらの骨に当ると通らんので、刃の部分を自分から向って斜め左下方を向けて左胸部の、心臓と思われるところを大体五寸位突きさしましたが、血が出ないので包丁を、二、三寸抜き（全部抜かぬ）、更に同じ深さ程度突きこみ、一寸の間、香川の様子を見ましたが、香川は全然動かんので、もう大丈夫香川は死んだ、と思って包丁を引き抜いたのであります」

一瞬にして終った行為と心理を、一九歳の少年がこれほどまでに沈着に観察し、なお詳細に記憶しているとしたなら、驚異的なことである。このなかの「血が出ないので包丁を一、二、三寸抜き、更に同じ深さ程度突きこみ」の供述は、犯人以外に知り得ない事実として自供の任意性の証明とされてきた。

というのも、表面からみただけならひとつでしかない創傷が、内部でふたつに分岐していたのは、解剖によってはじめて明らかになった事実、と警察と検察が主張してきたからである。

鑑定書が作成されたのは八月二五日。ところが谷口は、それ以前から二度突きを繰り返し供述していた。彼の自供は鑑定書と見事なまでに一致した。この一致は、「捜査官たちは二度突きの事実を知らなかった」「鑑定書がきてはじめて知った」ということを前提として成立する。

逆にいえば、もし捜査官がその事実を知っていたならば、自供は捜査官たちの知識にもとづいての誘導とも疑えるからである。

これまで出廷した捜査当局の幹部たちは、すべて二度突きの事実は知らなかった、と証言してきた。だから、弁護人側証人としてあらわれた白川重男が、これについてどう証言するかが、この日の焦点となっていた。

猪崎弁護士は、白川にこうたずねた。

「胸部の傷に関して、知る機会がありましたか、ありませんでしたか」

「ありました」

　と白川は明快に答えた。

「場所はどこでしたか」

「お寺の中で御座《おざ》をするところで聞きました」

「時期はいつごろですか」

「早い時期でした」

　捜査本部は現場から西にむかって三〇〇メートルほどはなれた善教寺に設置されていた。そしてそのあとしばらくして、隣接した正善寺に移されている。白川の記憶がそのどっちの寺でのことだったかは定かでない。

　しかし、といっても、本部が解散となったのは事件発生四カ月後の六月二七日だったから、白川が二度突きのことを聞いたのは、その日までのあいだということになる。

　司法解剖についての、上野博岡山大助教授作成の「鑑定書」の日付は、前述したように、その二カ月後の八月二五日である。白川は「早い時期」と証言したのだから、事件発生からしばらくして、捜査当局は二度突きの事実を知っていたことになる。というのも、被害者香川重雄が解剖されたのは、死体となって発見された翌日の夕方であったし、さきの村尾順一の証言にあるように、解剖所見のメモも彼によって作成されていた。


　その公判の日から一年前の三月、わたしは白川重男を自宅に訪ねた。彼は犬を連れて自宅前の原っぱの方へ歩きだしていた。それまで、藤野署長、田中警部、宮脇警部補など、当時の捜査責任者をなん度かずつ訪ねても、それぞれ面会は拒絶されていた。

　突然、声をかけられた白川は、一瞬、当惑した表情を浮かべ、曖昧に白川本人であることを認めた。それでも、わたしを従えて自宅にひき返し、木戸をくぐり、石を配した庭をつたって応接間にはいった。彼はむしろ率直に語った。

　事件当時、彼は三二歳だった。といっても、敗戦後、職業軍人から警官に転身したため、階級は「ニワトリではない、ヒヨコにすぎなかった」という。

　事件発生の報らせを受けて、彼は一五キロほど離れていた上高野駐在所から、自転車を漕いで現場に駆けつけた。彼に与えられた任務は、ヤミ屋の聞き込みや素行不良者の調査、村民の呼びだしなど、下っ端の仕事だった。

　だからいまでも憶えているのは、どこの後家さんに誰が通っているかなど、取るに足らないものだ、という。たしかに、谷口はブラック・リストには載っていた。しかし、本ボシではなかった。

「結局、絞りきれなかったんだよね」

　彼はそういってから、遠慮がちにつけ加えた。

「もし、谷口が釈放されても、証拠不充分なんだから仕方がない。そう割り切っている」

そのとき、わたしは残念ながらたいしたことを聞きだせずに終った。ところが、この日の法廷で、彼はきわめて重大なことを証言したのだった。

お寺に設置された捜査本部で、幹部たちの座り机のある場所は、捜査員たちによって「御座《おざ》」とよばれていた。ここで毎日、捜査会議がひらかれ、捜査官たちにさまざまな命令や情報が伝達されていた。

ある日、白川はなにかの報告事項があってひとりで御座にはいっていった。彼を認めると、何人かの幹部たちはそれまでの話を中断した。

「おかしいぞ」

といっていたのが、彼にも聞こえた。幹部たちが集まっていた机の上に、ワラ半紙が置かれ、人体の絵が描かれていた。胸のところに入り口がひとつ、その先端がふたつに分かれている略図で、Ｙの字を横にした形だった。猪崎弁護士のすすめに応じて、白川は証言台でその絵を描いてみせた。

「この図面を報告なり連絡のときに、机の上に置いてあるのをみよったわけでしょう。この図面のようなものを」

「私がみたのでございます」

「それとなく捜査幹部の方が、話をしておったのも聞かれたわけでしょう。それで、あなたはこれをみてどういうふうに感じたですか。当時、みたときのことを、まずお聞きしますが」

「おかしいぞいうたとき、これはおかしいと思いました」

「どういう意味でおかしいと思ったんですか」

「先が二つになっていると」

「このあと、図面をみたあとに、胸の傷に関して、あなたの上司のひとがなにか話しているのを聞いたことがありますか」

「上司と限定したら、問題があろうかと思うんですけれども、こういうのは、当時県警本部から、入れ替り立ち替り捜査のために、ひとが来ておりました。そういうえらいひとが胸の傷の突込んだところが、先に二つになっているということをいったのを聞いたことはありますよ。これは現場の近所です」

「現場の近所で、それはあなたに説明してくれたんですか」

「じゃないんですよ。話をしていらっしゃるのを聞いたことがあります」

「捜査幹部のひと、えらいひとですね。えらいひとが二人以上おるのでしょうね。独り言ではないわけですね」

「はい、独り言ではありません」

「どういうことをいっておったんですか」

「突込んで、先で二つになっているんじゃが、これどいいや（これはどうなんだ）ということをいっておりましたね」

谷口が自供してからのちのある日、三豊地区の全署員が本署に集まっていた。定期召集か、臨時召集だった。みんなが勝手に喋りあっていた。そのとき、白川のそばにいた同僚が、こういったのだった。

「おい、事件は棟上《むねあが》った（解決した）ぞ。なんと、取調官が知らんことを谷口がいうとったんだから、こりゃまちがいないわ」

「そりゃ、なんや」

「胸の傷じゃが。お前、ひととこ突込んでおって、中が二つになっておるんじゃが、あれをいうんだから、まちがいないわ」

同僚は感心したようにいったのだった。

「そなこと、おらでも知っとったが、おかしいがな」

白川はすかさずいった。

「お前、それだけとちがうわ。それ一本じゃないわ」

同僚は、さらに言葉を重ねて強弁した。白川は、その日のやりとりを証言してから、自分の意見をつけ加えた。

「そんなことがあったから、このことを覚えておるんです。それがなかったら、こんなこと私は忘れてしまっておるんです」

白川の証言は、捜査陣がまったく知らないとされていた「二度突き」の事実を、彼が漏れ聞いたことによって、すでに幹部たちには周知の事実であったことを明らかにした。それは、谷口の自供が、取調官の誘導に依存していたことを証明した。

弁護団側の尋問は、岡部、古高両弁護士の補足的なものをふくめて一時間半で終了した。ところが、そのあとの検事側の反対尋問は執拗をきわめ、四時間にもおよんだ。

検事側はまず最初、白川証人が被告の兄、谷口勉と同期の入署だったことを証言させた。だから被告人に有利な証言をしている、と印象づけようとしたのである。そのあとは、いわば枝葉末節の記憶の曖昧さを追及した。それは証人の記憶に自信をなくさせるための攪乱戦術のようだった。

しかし、人間にとっての記憶はけっして全的なものではなく、きわめて断片的なものでしかない。本人にとって、印象の強かったことだけが記憶に残るのが普通である。たとえば、前述したように、白川が現場に直行した時間はけっして明確なものではないが、それでも、発電ランプをまわさなかったから、まださほど暗くなっていなかったとの記憶がある。すると、検事は、どうして三二年もまえの、発電ランプをまわした、まわさないなどのつまらないことを覚えているのか、と追及する。

しかし、自転車で現場に駆けつける下級捜査員にしてみれば、砂利道を走るとき、発電ランプをまわすかまわさないかによって、肉体的消耗のはなはだしいちがいがあらわれる。だから、そのときどうしたかの記憶が鮮明なのである。机に座っているだけのエリートである検事と現場で動いているものとの認識の差である。

検事はたたみかけるように追及した。

「捜査本部で〝おかしいぞ〟というのを耳にしたことについて、本件発生から二、三日以内といったことはありませんか。よく思い出してください。確信をもっていったことはありませんか。いわなかったといいきれますか。〝早い時期〟といったではありませんか。その時刻はいつですか。相手は誰ですか」

　白川重男はいいよどんでいた。どうしたことか検事は確信ありげだった。しかし、白川が出廷したのは、第一審以来、この日が最初である。それではどこでいったというのだろうか。わたしは、検事のいわくありげな態度と証人のためらいにわり切れないものを感じていた。検事はその自信の根拠についてはあきらかにしなかった。

　しかし、休憩あとの検事側尋問によって、その謎が氷解した。検事の方から、前年六月六日と一〇月二七日の二回にわたって、白川重男を検察庁に呼びつけ、尋問していたことを明らかにした。それは彼が二度突きを知っていた、と弁護団に証言したのを聞きつけたからであった。

　この日の検事の追及は、一九八一年六月、一〇月の事情聴取時の白川発言とこの日の発言が食いちがうこと、それを援用して、まして三〇年以上も前の記憶などあやふやなものでしかない、と論破しようとしていた。ゴマ塩の目立つ、小づくりの藤田充世検事が追及した。

「事件当時、証人が本件捜査に従事されて、被告人と被害者香川重雄さんとの面識があるや否やという点については、どのように考えておられたんですか」

「これはあると考えておりました」

「どういう根拠からですか」

「なるほど財田上《かみ》は広いんですけれども、ちょっと外から分離せられておるような独立しておるようなところでございますから、当然面識はあったとみておりました」

「そういう点も、私のところでお話し願ったんじゃないでしょうか」

「…………」

「記憶ありませんか」

「はい」

「それから、証人は被告人谷口が手記を書いたということについて、なにか聞いたことがございませんか。本件捜査当時ですよ」

「書いたものを裁判所へ送ったということは聞きました。しかし、これを先般、検事さんのところへ出頭したときに、申し上げたか申し上げんかについてはしかと覚えておりません」

　弁護団席の前列中央にいた北山団長が、すばやく立ちあがって、検事を牽制した。

「今の点は主尋問にないから反対です。時間も相当たっておりますし」

裁判長があいだにはいった。

「主尋問に出ていない事項でございますので、異議が出れば致し方ございませんが」

前列に座っている細面の佐々木茂夫検事がくいさがった。

「いや、いや、証言の信用性に関して聞いているわけです」

隣りあっていた眼鏡をかけた、長身の大口善照検事が立ちあがって発言した。

「検察官に対していろいろ話していることと、今日話してることが矛盾しているところがある。その点を突くために、過去に供述した内容をいろいろ聞いてる、とこういうことなんです」

「手記については主尋問に出ておりませんし、証言してないわけです」

北山団長が切り返した。大口検事はまだねばっていた。

「だから、信用性を弾劾するという意味で聞いてるわけです」

北山は語気を強めていった。

「そんなこといってたら、なんでも聞けるじゃないですか。主尋問の範囲で信用性を確かめられるのならいいです。信用性を弾劾するとおっしゃるけど、意図は別なところにあるわけでしょう」

「どれくらい聞かれるんですか」

と、裁判長。額のあがったゴマ塩の藤田検事が立ちあがった。

「それほどありません。とにかく証人は私のところでお話したことを、もう一つ記憶がないようなんで、また、問題となっております胸の傷についての話をしたように思うというようなこともいわれておるんで、そのへんの信用性の観点から、いま、ポイントとなるところだけ、ずらっと聞いた点を確かめておるわけでございます」

裁判長が、藤田を制した。

「異議が出れば、制限せざるをえないんです」

これまでの法廷では、ほとんど沈黙を守っていた検事たちは、この日はかなり強硬だった。いわば、「身内」から、弁護団側の証人がでたことへの、メンツをかけての攻撃だった。

こんどは佐々木検事が立ちあがった。検事側では、彼がもっとも攻撃的だった。

「弁護人のほうも、従来の反対尋問において、捜査官にたいして主尋問に出ておらない懐中時計のことなんかを、るる聞いておるように思うんですが」

「異議がなかったからいいんじゃないですか。私は異議を申し上げます」

北山がダメを押した。彼はニベもなくハネつけるのが得意である。

裁判長は、異議を認めた。

「それではその程度にしてください」

藤田は質問を変えた。

「当時、被告人谷口を看守した人の話を聞いて、証人がですよ、被告人谷口が進んで紙と鉛筆で手記を書いたというようなことをおっしゃってませんでしたか」

「私聞きましたよ。けれども」

白川はいいよどんでいた。北山がすかさず立ちあがり、声を荒げていった。

「異議があります。もう少しフェアにやってください。撤回をもとめます」

裁判長は、ゆっくりした口調で聞いた。

「手記に関する尋問は……」

藤田が、うやうやしく答えた。

「その一点だけです」

裁判長が、折衷案をだした。

「弁護人ご了解ください。一点だけです」

北山は抗弁した。

「いや、了解できません。裁判所の指揮に従わんようなことはだめですよ」

佐々木は、未練がましく喰い下がったが、諦めかけているようだった。

「我々としては、信用性の弾劾という理由は充分あるわけで、なんの根拠もなしに聞いておるわけじゃないんです。過去こういう話をして……」

北山が、切り口上でさえぎった。

「訴訟の進行について、裁判所の指揮に従うのは、あたりまえじゃないですか」

傍聴席もザワつきだしていた。裁判長は結着をつけた。

「弾劾といえばきりがないんでございまして、まあ、異議が出た以上、裁判所としても制限せざるをえませんから、その程度にしてください」

嶋田弁護士が裁判長にただした。

「先程の尋問は撤回したという趣旨にとってよろしいでしょうか」

「いや制限したわけですからね」

「制限されたあとの尋問です」

「答えが出てないですからね。制限したわけですからね」

被告人席の谷口は、しこりをほぐすかのように、首を右、左にゆっくり動かしていた。


弁護団の一員と接触した直後、白川はそのことを当時の上司に報告していた。おそらく、上司から検察庁へ報告がなされ、検事が彼を呼びつけて弁護団に話した内容を調査したのである。

あるいは、わたしの推測だが、調査という名の恫喝であったかもしれない。その日の検事の執拗さは、警察と検察とのあいだに潜む深淵、といったようなものを垣間みさせた。

警察官たちはたいがいそうなのだが、退職後、自動車教習所や警備会社や交通安全協会など、日ごろ、警察と接触の深い企業や団体に勤務している。それが〝警察一家〟をささえている。

白川証人自身も、一九七五年四月に警部補の地位で退職したあと、県警本部の推薦で高松市役所、交通安全協会、証券会社総務課などに職をえてきた。それでもなおかつ、弁護団側の証言台にたった市民的勇気は、特筆されてよい。

岡部弁護士の尋問に答えて、彼がその日、証言することについて相当の覚悟が必要だったことを認めた。激励の電話もあったが、「忘れたことはいうべきでない」との〝忠告〟の電話もきた、と白川は語った。そのあと、それ以上のこともいわれた、とだけいって、彼は口をつぐんだ。

あとで弁護団から聞いた話によれば、「お前ひとりで生きてるんじゃない」とか「世話になっていたくせして、後足で砂をかける気か」との電話もあったそうである。

閉廷の直前、古市裁判長が、身を乗りだすようにして証人席の白川に声をかけた。

「くどいようですが、胸の傷の状態を話し合っていた捜査官とはだれですかということですがね。二回、そういう機会があったようですね」

「はい」

「一人も覚えておりませんか」

「覚えておりません」

「藤野署長はどうですか」

「署長じゃございません。これははっきりしとります」

「則久次席は」

「……どうですかなあ……、これも、ここで確信をもってはよう申し上げられません」

「三谷警部補は」

「……これ、ちがっておるかもわかりませんよ。わたしの申し上げることは、ちがっておるかもわからんようなことを申し上げると、これ……」

「いや、現在の記憶でおっしゃっていただきゃいいんです。ちがっておってもかまいません」

「現場周辺でお話なさっていらしたのが、一人は、もしかしたらですよ、三谷さんじゃなかろうか、という記憶はございます」

「本堂では、どうですか」

「本堂のぶんについては覚えておりません」

「藤堂は」

「……覚えておりませんなあ……」

「浦野？」

「……覚えておりませんなあ……」

「念のために伺います。宮脇は」

「あの人は、いらっしゃらなかったです。基本的に、もうお寺で座ってはおられなかったですよ」

「これらは、よく知っておる方ばかりでしょう」

白川はだまってうなずき、やや間をおいてつけ加えた。

「はい。県本部の方をのぞきましては、当時の三豊地区の幹部という方は、いまだにわたしとつきあいがございます」

すかさず、裁判長はいった。

「はい、すみました」

それが閉廷の合図だった。

白川重男が、捜査本部で二度突きのことを耳にした、と証言しながらも、そこにいた幹部の名前を特定せず、そのあとのことについても名前を明かさなかったのは、あるいは、証人として出廷するに際しての、ギリギリの決意であったのかもしれない。

次回は、当時の捜査官の久保久太郎、そして、ふたたび三谷清美が証言台に立つことが予定されていた。その日の、検事による長時間の反対尋問は、このふたりを牽制する序幕劇でもあったようだ。

一九八二（昭五七）年八月二四、二五の両日の公判は、いよいよ谷口繁義にたいする弁護団側主尋問である。谷口は、前年九月の再審初公判で無罪を訴える意見書を朗読して以来、一年ぶりで証言台に立った。傍聴席はほぼ満員である。

まず、裁判長席の真下に座っていた矢野伊吉弁護士が立ちあがり、証言台にむかった。

「谷口君は元気ですか」

「はぁ、元気です」

「ことし、なんぼですか」

「五一歳でございます」

谷口は几帳面に答えた。久しぶりに恩師と対面しているような空気が流れていた。

「あなたが、香川殺人事件についての被告人として起訴せられたのを知ってますか」

「はい、知っています」

「いつですか」

矢野はもつれる舌で、全身を集中して言葉を発した。脳卒中の後遺症による矢野の発言は、さいきんはことさら聞きとりにくくなっていたのだが、その日は思ったより明朗な発声だった。それが、谷口尋問にそなえた彼の気力を感じさせた。矢野は起訴の日について言及したのだ。

「昭和二五年の九月過ぎだったと思います。何月何日ということは定かではございませんけれども、九月過ぎじゃなかったかと思うんですけれども」

「その前でなかったか。八月末じゃなかったか」

「末ごろでしたね、はい」

「それで、香川を殺害したというのは事実ですか」

「事実ではございません」

矢野は、声を張りあげた。

「ちがうんですか」

「はい」

「どうして事実ではないということが断言できるのですか」

「それは、身に覚えがないことでございますから、断言できるのでございます」

「香川を殺害していなかったんだということを、どうして、初めから終わりまで主張しなかったんですか」

「はあ」

谷口は、いつものようにかしこまった口調になってつづけた。

「それは、減食をされてゆき、そして、昼夜の別なく取調べを続行されて、寝る時間も充分に与えてくれないし、わたしも懊悩と寝不足で心身共に衰弱するばかりでございました。当時、お願いですから休ましてくださいといっても聞き入れられず、手には手錠を二つかけられて、そして手首から指の部分は見る見るうちに赤くふくれあがって、足にはロープをひざから下へぐるぐると五回ぐらい巻きつけられて、毎日を拷問されたからでございます」

公判初日に彼が朗読した意見書とおなじ表現だった。思考の回路が固定してしまっているのだろうか。そのことが、社会との対話を拒絶され、壁にむかってのモノローグの世界に沈潜させられていた、谷口の三二年におよぶ独房生活を想い起こさせた。

おそらく、あらたまった場にひきだされると、それまでの反芻によって固められた文脈を通って、限定された語彙が口をついて流れてくるのであろう。

「検察官は、証拠としてどんなものを突きつけましたか」

「証拠ですか。ございませんでした」

「突きつけられたものは、ありませんか」

「別になかったように思います」

「検事にたいする自供調書が五通、警察官にたいする自供調書が八通でておりますが、それをみせられたことはありますか」

「ございます」

「どこでですか」

「高瀬警部補派出所の、宮脇さんの家族のいる官舎でございます」

一〇分ほどの質問で、矢野弁護士は疲れはてたようだった。ちょっと椅子に腰かけて休息したあと、再開した。

「それで、その時あなたは、もちろん、これは私が述べたものではないといって否認しましたか」

「述べてないものもございますけれども、述べたものもありました」

「どういう意味……」

「それは、本件以外のことは、わたしが述べた点もありました」

「それで、自白調書というのは、検事が示したのにたいして、どこで作成したのかという点を、尋ねてみたことありますか」

「そういうことは申しませんでしたけれども、高瀬警部補派出所の階上の東北寄りの取調室で、わたしも何回か検察官から取調べを受けまして、それをメモして帰って、そして調書が出来上がったものでございまして、それを見せてもらったこともございます」

「そんなのは、ほんとうの意味の調書でありません。ちゃんとその場で聞いたことを書くのが調書です」

「…………」

「それから、あなたは手記を書いたことがありますか」

「まったくございません」

「それで、あなたは香川を強盗殺人したんだといって起訴されていますがね、したことないと、はっきりいえますね」

「はい、やっておりません」

「僕もあらゆる方面全部調べた結果、そういうふうな谷口が殺害したという証拠は、ここから先も出ておりません」


谷口はうなずいた。

「どうしてそれを強く主張しなかったんですか。強くですね、自分がやっていないということをあくまで主張すべきじゃなかったんですか」

「はあ、それは、いま、先ほどわたしが申し上げたように、高瀬警部補派出所で、強制誘導、拷問をかけられてですね、そして虚偽の自白をしたのでございます。それはまぁ減食をされてゆき、昼夜の別なく取調べを続行されてね、そして懊悩、寝不足で心身共に疲れてね、またその苦しみに耐えかねて、虚偽の自白をするに至ったのでございます」

谷口自身、自分のなかで固まってしまった言葉の取り扱いに苦慮しているようだった。「あなたは、虚偽でも自白したことあるんですか」

「はい。ほんとうの自白はしておりません」

「ほんとうの自白はしていないのはわかりましたが、うその自白はしたんですか」

「はい、それはタンテキにしました」

「端的に自白したというのはどういうことですか」

「たとえば兇器を投げ捨てたとかね、あるいはまた、二度突きの点を二回突いただろうと言わされた点と、それからアリバイの点を追及されて、その晩に弟と一緒に寝ていなかったというような点をね、自供させられました」

弁護団によるこの日の被告人質問の狙いは、自供の任意性と自供調書の信憑性を崩すことだった。矢野弁護士のあとをうけて質問にたった岡部保男弁護士は、事件発生当時までの谷口の犯歴をあきらかにする作業からはじめた。彼が警察から疑われるようになった、それなりの根拠をあきらかにすることが必要だったからである。

前科者として、疑うにたりうる存在だったからこそ、彼は攻めたてられたのだ。当時の捜査資料には、谷口は「地元不良」のひとりとしてリストアップされていた。が、まだ容疑はうすかった。

岡部弁護士の質問によって、刑事がやってきたにしても、谷口自身は普通の聞きこみぐらいにしか考えていなかったこと、犯行動機のひとつとされた「一万八千円」の借金は、実際には、二千円ぐらいのものでしかなかったことが明らかにされた。

そのあと、岡部は、一三通の自供調書に言及し、その存在をいつ知ったのか、と質問した。谷口は、第一審の法廷ではじめて知った。しかし、その内容までは知らなかった、と答えた。

これまでの公判の争点にされてきたひとつに「強奪金の行方」がある。強奪したといわれる「一万三千円余」のうちの残金八千円を、谷口は別件で逮捕されて護送される途中、護送車の隙間から道路に捨てた、と自供していた。

当時、護送にあたった久保久太郎巡査は、一九八一（昭五六）年二月、NHK記者の取材を受けて、「両手錠のままで百円札八〇枚を投棄するのは不可能だ」と語っていたのだが、前回七月の公判では、それをくつがえして、「投棄は可能」といい直した。そのことが警察の幹部と検察側のまきかえしを想像させた。

久保は連行するとき、内ポケットまでは調べなかった、と主張した。被疑者を連行するときの身体検査が、外側から触れるだけのおざなりのものだったとは、とうてい信じがたい。谷口の自供調書にはこうある。

「オーバーの襟の内側の小さなポケットに丸めて差し込んで隠したのであります」

しかし、はたして、オーバーのちいさな内ポケットに八〇枚もの札束がはいりきれるかどうか。その八〇枚を、つば吐く行為をよそおって車外に投棄した、という。

岡部弁護士が追及した。

「それは事実ですか」

「そういう事実はありません」

谷口はきっぱりと否定した。

「オーバーのポケットは、セコンド（懐中時計）用の、襟についている浅いポケットで、逮捕される直前、警察にいったらお金がかかるからと、母が百円札を一枚、そこにいれてくれた、と取調べ中に述べたことはあります」

オーバーの襟の内側に百円札を八〇枚も忍びこます、とは取調官の奇想天外な想像力の産物でしかない。

岡部は質問をつづけた。

「護送車から八千円捨てたことはありますか」

「事実ではございません」

「警察が実験したことになっていますが」

「はい、あります」


派出所前の県道で、護送に使われたトヨペットに乗せられ、八千円を投棄する実演をさせられた。両手錠のまま百円札での八千円をにぎり、身体をねじって捨てようとした。しかし、車体と幌のあいだから投棄しようとしても、ピーンと張られた幌の弾力は強く、札束は下に落ちなかった。三度やって三度ともに失敗に終わり、たちあった刑事たちは顔をみあわせて笑っていた、と谷口は証言した。

「アリバイを説明すると、宮脇警部補はどういいましたか」

「その晩、家にいなかった、というひとがいる、とか、朝、帰ってくるところをみたひとがいる、といわれました」

「そのひとが誰か、ということはいいましたか」

「そういうことはいいませんでした」

宮脇警部補による第二回自供調書で、谷口は、かつて香川重雄宅に忍びこんで一万円を盗んだ事実がある、と自供している。

「そのことをなぜ話すようになったのですか」

と岡部弁護士は質問した。

「真犯人でないかと疑われていましたので、真犯人でない証拠としてはなしたのです」

そう谷口が答えた。そこから、法廷は奇妙な展開をした。

「あなたはこの事件は自分じゃないと。自分よりもっと安井のほうが疑わしいんだという根拠として、その香川のところへ行ったという話をだしたわけでしょう」

「そうです」

「つまり香川のところへ入ったことがあるということの理由で、安井も疑わしいということになるわけですね」

「私が本件を犯していないんですから、ですから真犯人と断定できる安井を取り調べてみてくれということを、私は強く宮脇さんに言いました」


「安井が真犯人だと断定する材料というのは、あなたはその当時なにもないわけでしょう」

岡部は谷口をたしなめた。

「それはねえ」

と谷口は大きな声になった。

「あるんですよ。こうです。私に一万円の件を口止めしているんです」

「安井が？」

「はい」

「調書の上では逆になってますね」

「はい。逆になっているらしいですけど」

「あなたが安井にたいして口止めしたということになっていますね」

「はい。まったく逆になっているんです」

「それは逆なんですか」

「はい、これは西原という飲食店で、私が夜八時頃に酒を飲んでいたんです。そのときに安井が岡辺昇を通じて私を呼びだしに来たわけです。何事かと思って出ていったら、安井が呼んでおるというので、私、安井のところへ行ったんですよ。それは財田上の農協のちょうど正門のところで、私、安井と立ち話したんですけれども、香川さんが殺されたなというので、そうやな、気の毒なことをしたなと私いったんです。そのときに、前の一万円の件は警察に呼ばれても絶対にいうなと、殺されてもいうなということを口止めされているんです。それで、その後、西原の飲食店で焼酎を五合おごってもらっておるわけなんです。そういうことがあるから、この事件は安井が犯したのにまちがいないというように、私は直感したから、宮脇主任にお願いしたわけです」

「しかし、そういうことだけでは、安井が犯人だという根拠にはならないですね、冷静に考えれば。その当時はそう考えたかもしれんけれども」

苦笑いした岡部の表情をみて、谷口もようやく自分を取りもどしたようだった。

「……まあ、そういうふうになるかもわかりませんけどね」

と彼は口調をやわらげた。といって、彼が自説を捨てたわけではないことはあきらかだった。

これまで、一年間つづけられてきた公判で、谷口はけっして感情をむきだしにしなかった。彼を三二年間も獄につなぎ、人生のもっとも貴重な時期を奪いとった捜査官たちが、彼の目と鼻の先の証人席で、白ばっくれたり、うそぶいたりするのをみても、彼は激怒することもなく、むしろ静かな口調で相手をたしなめていたほどである。

そのことがことさら、彼のうえにのしかかった三二年の重さを感じさせていた。出口のないコンクリートの部屋に閉じこめられ、感情を喪失した語彙に縛りつけられている谷口の無念さをまのあたりにするのは、痛々しかった。

その日、ようやく谷口は、弁護士との対話による新しい回路を通じて、自分の言葉で、三二年の想いを発散させる場を獲得できるはずだった。だが思いがけなくも口をついて出てきたのは、獄中で彼が日夜つむぎ続けていた独白そのものだったのである。彼は自分の潔白を証明するために、誰も知ることのない「一万円窃盗事件」を宮脇に自供した。ところが、その自供が「殺人事件」のストーリーを塗り固めるために逆用されたのだった。

谷口繁義と安井は、二階の窓を伝って香川宅に忍びこむと、そのまま床下にひそんで主人が外出する朝を待った。その悠長にして愚直な行動は、兇器をひるがえして飛びかかり、めった突きにした殺人犯の手口とはあまりにもかけはなれたものだった。

ところが、宮脇は、安井を怪しいという谷口の自供をえて、逆に谷口クロ説の心証を固め、殺人の自供調書に流用したのである。

岡部は、一九五〇（昭二五）年六月二六日の自供調書をさし示した。

「こういう内容が書かれているのを承知で署名したんですか」

谷口は老眼鏡をかけて眺め、「ははぁ」と考えこんでから、

「わかりません」

と答えた。

「いろいろまぜあわせて調書にまとめた、ということになりますね」

「そうです」

「黙秘権があるということはいわれませんでしたか」

「そういうことは、一度も聞いておりません」

「中身を読んでもらって署名、指印したことはありますか」

「はいあります。はじめのころの調書が作成されたときは、読み聞かせてもらいました。宮脇さんの字は草書体というのか、達筆すぎて、なにを書いてあるのかわかりませんでした。別の紙に書いて見せてください、とお願いしたことがあります。最後の段階では、メモをとって、あとで作成していた記憶があります」

逮捕当時、谷口は一九歳の少年だった。六年間の小学校はどうやら卒業したものの、そのあとの高等科の二年課程はほとんど登校しなかった。その程度の学力だった当時の彼にとって、いま、わたしたちがやっと判読できる取調官の乱暴な筆蹟を解読するのは困難だった。

それに、調書が重要な証拠になるとの知識があるのは、ごく限られたひとたちだけである。黙秘権の行使はもとより、調書の一字一句を吟味し、自分が主張したのと調書の文言とにちがいがないのを確認して署名するなど、たいがいのひとにはできない、と考えるほうが自然である。

この三二年の獄中で、谷口は文字を覚え、文章を書き、ひとの手紙も読めるようになった。そのような歴史を刻みこんだ法廷での彼の後ろ姿に重ねて、無学なままに社会に出て、力仕事

で生計をたてていた一九歳の少年の姿をいまみなければならない。

谷口はドンブリ飯を半分に減らされ、朝五時半から深夜におよぶまで取り調べられていた。田中警部、宮脇警部補、広田巡査部長、この三人がそろうと、取調べは一段ときびしくなった。

「やったんだろう、といわれましたか」

「はい。やってない、と主張しました」

「それでどうしたんですか」

「お前がやってないことはない、やっとる、やっとると追及してきました」

当時の捜査資料では、留置場での彼の言動として、「ホルマリンのたちこめた部屋で、一杯のんで死んでしまいたい」とか「太く短く生きたい」といったことなどが記録されている。

これについて岡部は質問した。

「死ぬことを考えたことはありません。そういうことはまったくございません」

谷口は言葉の語調を強めた。

「就寝するときにガタガタ手や足を震わせていた、とありますが」

岡部が質問をつづけると、谷口は快活に笑って、

「いまでもあるんです。留置場にいるあいだに、足をふるわせてから寝るのが習慣になってしまいました」

と答えた。疑うものの目で捉えられたちいさな事実を、犯人像を塗りあげるための材料に駆使される、警察官の作為が暴露される。

手錠を二重にかけられ、ロープをまかれた膝で正座させられて尋問された。気がついたときには、水をかけられ、ズブ濡れになって転がっている自分を発見したことも何度かあった。いったん「やりました」と認めると、膨大な調書がつくられて目のまえにあらわれた。そこにはいままで話したすべてが、犯行に結びつけられて書きこまれていた。冷静にみるならば、自供したことよりも、「拷問」に耐えながら、一カ月間も自供しなかったことの方に真実がこめられているはずである。

疲れ切っていた谷口は、調書をろくに読むことがないままに署名し、指印した。

傍聴席にいて理解しえたのは、「拷問」が、徳川時代のような凄惨きわまりないものとしておこなわれたのではなく、二重の手錠と膝のロープが、これからなされるであろう、さらに過酷な仕打ちを想像させ、谷口はそのイメージに屈した、ということであった。

無実のものを密室に閉じこめ、くる日もくる日もおなじことをいわせようとすること自体が拷問といえる。もしも、屈服と自供を譏《そし》るものがいるとしたなら、その体験を自分の身のうえに重ね合わせるように想像して、谷口の恐怖を共有してからに

して欲しい、とわたしは思う。

「自白するいちばんのキッカケはなんですか」

「はあ、それは、取調べがきびしくなって、寝不足で疲れ、お願いですから休ませてくださいといっても聞きいれられず……」

谷口はまたおなじことを繰り返した。

弁護士の質問が取調べの内容に触れると、たちまちにして谷口は対話の世界を逸脱して、モノローグの厚い壁の中にもどっていった。被告人質問は、弁護士の投げかける問いを媒介にして、当時の状況を鮮明に浮かびあがらせてこそ有効なのだが、あまりにも長時間、対話から疎外されていた谷口の世界は、眼にみえるようには法廷で開示されないのである。

岡部弁護士は、多少いらだっているようであった。

「いままで警察の調書をざっとみてきたんですけども、あなた、警察のどの調書になにが書いてあるということ、わかって署名したんでしょうか。あるいは、わからないけど、署名しろといわれてしたんでしょうか」

「まあ、わからずに署名したということになりますね」

「その署名をするのを嫌だといったようなことはないんですか」

「こばんだこともございました」

「こばんだときはどうなりましたか」

「読み聞かせをしてくださったときに、消してくれと、その点がまちがっているから、大事なことですから、そういった、わたしの供述していないことまで書かないでくださいと、その点がちがうから消してくれと、わたしは宮脇主任にはっきりと申しました」

「それはどの段階、早い段階ですか、それともいつごろの段階ですか」

「だいぶたってからと思います。高瀬警部補派出所に移ってから、かなりたってたと思います」

「あなたは当時わかってたわけですね」

「そういうことは、わたしは詳しくわからなかったですね」

「調書に署名するということは、どういうふうなことになるかということはわからなかった」

「わからなかった」

「そうすると、その当時、調書が裁判の証拠になるということは、あなたは、わからなかったんですか」

「いや、全然わからなかったというわけではございません。署名、指印というのは、これはもう実印とおなじですからね」

「決定的な証拠になるというふうには考えたことなかったですか」

「それが証拠になるかどうかというようなところまでは、まあ、しかし、うすうすはわかっておりましたけれども、はっきりしたことはわからなかったですね」
「それに署名すれば有罪になるし、場合によっては死刑になるかもしれないということは、そういうことは当時思いつかなかったですか」
「そうですねえ、まあ、死刑になるというようなことは毛頭考えておりませんでした」

弁護団の周到な準備にもかかわらず、その日の公判は劇的に展開した、といえるものではなかった。ドラマとして躍動するには、主役があまりにもぎこちなさすぎた。しかし、そのぎこちなさに、むしろ、三二年間、彼を閉じこめていた非人間的な行為が浮き彫りにされたようであった。

再審公判は、順調に進んでいた。第一回公判から一年たって、また秋を迎えた。高松の街並にはまだ残暑があった。検事側は弁護団側からだされた元捜査官の白川重男証人にくいさがったていどで、あとはたいして論陣を張ることもなく、沈黙のまま弁護団に押されていた。

一九八二(昭五七)年九月二一日から、谷口繁義にたいする検察側反対尋問がはじまった。検事側は、安井良一と一緒に犯した「一万円事件」について、根掘り葉掘り問いただした。それはなんの成算もない、やけっぱちな抵抗ともいえた。

一〇月一二日の第二五回公判では、検事側の三回目の反対尋問が予定されていた。

開廷と同時に、矢野弁護士がたまりかねたように、唐突に立ちあがって、発言した。

「谷口は死刑囚ですか。それをはじめから疑問にしていうとった。これは谷口の供述調書を検事連中が偽造して、この事件をやっておる。検察官、それから警察官の作成の五回と七回にわたる調書は、みな偽造です。それを立証したいと思います。ほかのことを調べる必要は全然ないのです」

再審をもっとも希《ねが》い、再審開始にもっとも影響を与えた矢野は、弁護団の中で、再審にもっとも批判的になっていた。彼にしてみれば、谷口がいまだ身柄を拘束されていること自体が、警察、検察につづく、裁判所の犯罪にみえていたのであろう。

彼は、さまざまなパンフレットを自費でだしては、彼自身、長年奉職していた裁判所を弾劾するようになっていた。たとえば、一九八〇年一二月九日に作成したパンフレットには、こう書いている。

一、谷口は強盗殺人、死刑囚といわれているが嘘だ。死刑判決はデッチあげで無効である。
一、現実にデッチあげが発覚した。釈放しないで生涯、死刑囚として拘禁するのか。
一、本件は最高裁より高松地裁に送致されたが根拠なく超無効だ。その後の手続は取消を要する。
一、最高裁岸盛一判事は最悪の犯罪人、悪党の大親分だ。その行為を洗い直せ。
一、谷口は拘禁せられる理由なし、釈放せよ。且つ悪党役人を拘禁せよ。

再審公判は、一九七六（昭五一）年一〇月一二日の最高裁決定を受けて、ようやくはじめられたものである。しかし、長年、谷口の無実を主張しつづけていた矢野は、この決定自体に不信を表明していた。

というのは、差戻しが死刑決定の原原審（第一審）の高松地裁丸亀支部へではなく、高松地裁にたいしてなされたこと、その中で異例なことに矢野個人を批判していたこと、さらには、矢野がおこなった数次にわたる違法拘禁救済の訴えを却下しつづけたことなどによっている。

つまり、矢野は、体制側の秩序維持策にたいして、根源的にしてかつ激烈な批判をこの法廷の場で展開しようとしていた。岸盛一最高裁裁判長は、一九七九（昭五四）年七月二五日、病没していたが、矢野は岸批判をゆるめることをしなかった。谷口の無実は、岸がいちばん知っているはずだ、と彼は力説しつづけていた。

彼は不自由な舌を操りながら、弁護人席から叫んだ。

「谷口君、君に話さなかったが、君の供述調書というものは、警察にたいするものが七回、検察官にたいするものが五回ある。ちゃんと法廷に出ている。これぜんぶ偽造だ。偽造だ。これはもうまちがいない。その点を主張しているんだ」

「裁判所の判断は」

と古市裁判長は、それをひきとってゆっくりいった。

「終局判決に示しますから、それまでは意見を申しません」

矢野の意見の表明はそこで途切れた。谷口への検察側尋問がまさにはじまろうとした瞬間、不意に谷口が立ちあがった。

「ちょっと述べたいことがあるんですけれども」

その毅然としたいい方は、独房で考え抜いてきたある決意をうかがわせた。

「私の述べたいことは、弁護人側の質問で答えました。前回の被告人の尋問には記憶があいまいで、はっきりしないものや、あとから教えられたりしたことを、そのときの体験であるかのように述べたところがあるような気がするのでございます。このまま、尋問に答えていると、まちがったことを判断されるおそれがあるので、私は一切お答えしません。以上でございます」

突然の証言拒否だった。

弁護団はつぎつぎに立ちあがって、谷口の証言拒否を支持する論陣を張った。検察官は被告人を有罪とし、死刑判決を維持しようとしている。だから、これにたいして被告人が答えないのは不利に解されてもやむを得ない、という検察側の主張は、自分で自分の潔白を証明しない限り疑わしいという発想といえる。

谷口が有罪ならそれは、客観的証拠によって解明すべきものであって、質問によって三十数年前の虚偽の事実を維持しようとするのは、荒唐無稽である。弁護団はそう主張した。

検察側は突然の事態に対処できず、休廷を申し出た。

「意見はいろいろあろうかと思いますけれども、我々としてはまったく予想もしなかった突発事態でございますので、検察官として、一応、対応策を協議したいと考えておりますので、とりあえず御休廷お願いしたいと思います」

つねに検事追及の急先鋒にたつ岡部弁護士がダメを押した。

「つまりね、被告人が述べないといえば、これで終わりですよ。対応策もなにもないんで、あとはこのあとの進行をどうするかということですよ。被告人が述べないといえば、無理にいわせることはできないんで、はっきりしてるでしょう」

裁判長が、被告人席の谷口に呼びかけた。

「裁判所も予想しない事態で当惑しておりますが、この事件は御承知のとおり、被告人質問は、本法廷で初めていたしておるわけでございます。確定審において、被告人質問がなされておりません。請求審段階においても、詳細な被告人質問はないわけでございます。質問に答える答えないは被告人の自由でございますが、いまも申しましたように、初めておこなう被告人質問でございます。いま一度、再検討する余地はございませんか。被告人、どうですか」

谷口は、ちょっとかしこまっていった。

「さきほど申し上げたとおりでございます」

裁判長はもう一度くり返した。

「裁判所の質問にたいしても、答えないつもりですか」

「それも、さきほど申し上げたとおりでございます」

「裁判所は職責として、被告人質問は最後にしなきゃいけない。みずから、被告人質問をしようと思ってたわけですが、その質問にたいしても答えないつもりですか」

「はい、そのつもりでございます」

谷口は、はじめて強い自己主張をしたのだった。

一九八二年一一月一六日。前回から一カ月たっていた。公判は二六回を数えていた。

着席した裁判長は、まず眼の前に座っている谷口にむかって声をかけた。

「なにか述べることがありますか」

谷口はうやうやしく答えた。

「冒頭に述べさせていただきます。前回の午前中には、裁判所の質問には答えないと申しましたが、裁判所が職責上きくといわれましたので、その後、私もよく考えてみますと、そもそもこの再審は、私が裁判所を信頼して申し立てたのであって、その信頼する裁判所の御質問にたいして、当然答えるべきであると考えるに至りました。

私は仏典をひもといておりますが、『蓮如上人御一代記聞き書き』の中に、「ものを言え、ものを言え、ものを言わぬ者は恐しき」と説かれてありましたので、更にお答えする気になりました。

以上二点のことから、忘れている点や混乱している点も多々ありますが、お答えいたします。ただ検察官の質問にたいしては、私を罪に陥れたひとでありますので、前回申し上げたように、お答えをしたくありません。以上でございます」

こうして、二日間にわたる裁判官質問がおこなわれることになったのだが、次回に予定されていた検察側質問については、谷口はやはり拒否して受けつけなかった。

一九八一（昭五六）年九月三〇日からはじまった財田川再審公判は、三年目にはいった。一九八三（昭五八）年二月一五日で三〇回目である。谷口が出廷して、公の場所で自分の意見を吐露できたのは、一九五六（昭三一）年六月の高松高裁での控訴棄却判決以来のことである。はじめからそうだったとはいえ、被告人席での谷口の態度はさらに落ち着いたものになっていた。

前にも書いたように、彼は裁かれる側にいるというよりは、審議全体を見守る審判者にちかい存在となっていた。彼はけっして取り乱すことなく、激昂することもなく、自分の意見をいうときも、常に落ち着いていた。

元高瀬派出所留置場の看守小野稚士《あきし》にたいする尋問は、予定より延びて午後もつづけられていた。と、突如、短軀で色黒、一見して長いあいだ土木工事に従事してきたことを思わせる初老の男が、廊下側のドアをあけて法廷にはいってきた。安井良一である。午後からは彼の尋問がはじまる予定だったのだ。

古市裁判長は、

「もうすこし待ってください」

と声をかけた。

「どうしても今日中には大阪に帰らんとあかん。はようしてくれんかいな」

安井はいくらか怒っているような口調で、ボヤくようにいった。

五七歳になった安井と五一歳の谷口は、一九五〇（昭二五）年四月、谷口が自宅で逮捕されて以来、実に三三年ぶりに再会した。安井が証人席に座るとき、谷口は懐しそうに安井に視線を投じていたが、安井は意識的に眼をそらしたままだった。

安井良一は、谷口がいまなお「真犯人だ」と信じている男である。彼はこの日のために、大阪府の守口市から、瀬戸内海をわたって高松にやってきたのだった。

いちど入廷しかけた安井が、裁判長にたいしてふてくされたように、「早くしてくれ」といったのは、関係もないのに引っ張りだされた、との不満の表明でもあったが、家族に内緒にしてきたことにもよっていた。

法廷のまん中に、おなじ年恰好の安井と谷口が座っていると、どこか似ているような雰囲気がただよっているのが感じられた。もしも、この事件がなかったなら、ふたりは酒飲み友達として、いまなお往き来していたのかもしれない。

検事側の主尋問は、安井の現在の職業からはじめられた。安井は、「建設会社の役員だ」と答えた。体格のわりにしてはちいさな声だった。弁護団側からもうすこし大きな声で答えて欲しい、との要望がだされたが、彼は内心の抵抗を押え切れないのか、憮然としていた。

「谷口被告を知っていますか」

佐々本公安部長の質問に、彼はちいさくうなずいた。

「うしろをみて確認してください」

安井ははじめてふりかえって谷口をみた。ふたりは、みつめ合い会釈をかわしたようだった。しかし、それも一、二秒のものでしかなかった。安井の背中は谷口の視線を浴びて落ちつかない表情をみせていた。

「守口署に呼ばれたとき、公判で谷口被告が、犯人があなただ、といってることを聞かれたんですね」

検事が問いかけると、安井は急に大きな声をだして答えた。

「はい、はじめて知りました」

あるいは、安井はその胸のわだかまりによって、検事側の証人となって四国に姿をあらわしたのかもしれなかった。

かつて安井と谷口は、共謀して香川重雄宅に忍びこんで一万円を奪ったことがあった。谷口の供述調書には、このときの犯行が、殺人事件の供述として利用されている。だから、検察側、弁護側双方の質問は、強殺事件の約半年前の「一万円窃盗事件」に集中した。

反対尋問になった。岡部弁護士は安井にやわらかく問いかけた。

「あなたは警察や検察庁からいろいろ事情を聞かれたでしょう。やめてくれ、おれは迷惑だ、というようなことを何度かいいましたか」

「いいました」

「それについて、どう答えておりましたか」

「どういうことはないですけれども、ちょと来てもらわなあかんからと」

「わしは行きたくないと」

　岡部は念を押した。安井はうなずいた。

「そうです」

「それにたいしてどういうのですか。行かなければどうだというんですか」

「どうもいいません」

「これで終りだから、今回だけ来てくれというふうなことだったんですか」

「まあ、そういう意味です」

「あなたとしては、それならしようがないやということで」

「いや、ちがいます」

「どういうことですか」

「どうせ行かないかんのやろと思って来たんです」

「法廷で谷口さんが、あなたがこの香川事件の犯人じゃないかと思っているということを述べたということを、検察官から告げられたことがありますね」

「さいきん聞きました」

「それを聞いてどう思いましたか」

「私はちがいますから、なんとも思いません」

「でも、けしからんことをいうなと思いませんでしたか」

「それは思います」

「いまでも、そう思いますか」

「思っておりません」

「どうして」

「私はちがいますから、どういわれてもかまいません」

「ちがえばちがうほど、そういわれればそう思うのでないんですか。友だちでしょう」

　岡部はたたみかけるようにきいた。

「それは人情でしょう」

「あなたとして、不愉快に思っておるわけですね。どうですか」

「私はやってないんですから、どうもありません」

「そういうことをいわれて、あなたは谷口さんにどう思っているんです」

「谷口は、どういうつもりでいうたか知りませんけれども」

「あまり気分のいいことではないですね」

「そうです」

　安井は素直に認めた。


　この日の法廷であきらかになったのは、検察側は、さいきんになっても、一九八一（昭五六）年八月、一九八二（昭五七）年八月と二回にわたって、安井にたいして詳細な事情聴取をおこない、谷口の記憶をつきくずす準備をしていた、ということである。どうしたことか、安井と谷口の一万円窃盗事件についての記憶は、大きくかけはなれているのだった。

家族や会社の人間に内緒できた、と安井は証言した。青年時代に、故郷で一万円を窃盗した事件によって、三十数年たったいまなお、警察や検察に呼びだされる不合理について、彼は当惑し、腹を立てているようだった。

彼が、検察側証人としてやってきたのには、谷口によって名指しで犯人あつかいにされていることへの反感がある。いま従業員五〇人ほどの建築業の専務に収まっているのだが、その受注先は、官公庁だという。あるいは、それが検察にたいする弱味だったかもしれない。

弁護人質問が終ったあと、被告人質問に移った。すでに五時の閉廷時間をすぎていた。谷口は証人席に座っている安井の背中から、横顔をのぞきこむようにして、

「安井さんもお疲れでしょうけど、少し聞いてください」

と声をかけた。

「私とあなたとは旧友でございまして、ずいぶんちかくに住んでおりましたね。あなたのお母さんとも、私も仲が良かったわけですが、私が、一万円の窃盗に行ったのは、行盛利徳さんから、私は聞いたわけですね。それで香川さん宅に行って、夜、忍び込んで、縁の下に隠れておって、あくる日朝、香川さんが仕事に行った後、物色したら金があるということを聞いたわけですよ。よく知っとるな、お前どこから聞いたのやと、こういうたんですよ。そしたら、行盛さんが、安井さんも知っとるから聞いてみいと、こういわれたんですよ。それで、あなたは行盛さんに、こういうことを話したこともあるでしょう」

「ないです」

安井はにべもなく答えた。

「それで、私があなたに、中央座から映画を見ての帰りに、あなたに滝の下の県道のところで話をしたわけなんですが、それで、おれの知っとるところへ行こうということになったんですね。その時間が、ちょうど一時すぎだったと私は思うんですけれども、いかがですか」

「時間的にはっきりわからんです」

「私の記憶では、一一時すぎだったと思うんですよ。その場所から香川さんところへ行くまで三〇分かかるわけですね。そうすると一一時半すぎというぐらいになるんですね。行くコースは、先ほど、あなたがおっしゃった通りです。香川さん宅へ行く途中に、厳島神社というのがありましたね。安井さんともよく遊びに行きましたね。覚えておられるでしょう」

「昔な、あんまりはっきり覚えてないわい」

安井は吐き捨てるようにいった。谷口はめげずに言葉を重ねた。

「祭りとかそういったこともありましたね。あそこでダンスしたりしよったときもあったでしょう。覚えていますか」

「覚えておるけれども、そんなによう行ったことはない」

「何回も行っておりませんけれども、そこは厳島神社だったんですね」

「はい」

「その途中の厳島神社に着いた時に、ちょっと早いから、ここで待って行こうということになったのですが、いかがですか」

「そんなのはないように思うがね」

安井は腕時計をみている。帰りの時間を気にしている、とのポーズである。

厳島神社で時間待ちをした。この事実は、谷口が香川重雄を殺す前の行動として、供述調書に記載されている。しかし、それは一万円窃盗事件のときに安井とふたりでおこなったものだと谷口は安井に証言してもらいたかったのだ。

しかし、安井はその点になると頑強に否定した。谷口にしてみれば、三三年間、独房で反芻してきた事実である。谷口はつづけた。

「あなたはないように思いますか。私はそのように記憶しておるんですが、それで、香川さんがまだ起きているかどうかわからんと、充分、寝静まっておるかどうかわからないので、ここでしばらく待って行こうということで、二、三〇分ぐらい階段に腰掛けたり、あるいは中にはいったりして、いらいらして、あなたと二人があそこで時間待ちをしたんですよ。覚えていますか」

「覚えていません」

安井は腕時計をみた。イライラしている様子である。

「たしかに時間待ちをしたわけですよ。それから、さあ行こうということになったんですね。立ち上がって、それで約一〇メートルぐらい行ったところで、人影がうつったわけですね。覚えていますか」

「覚えていません」

「それで後へ引き返して、木陰に身をひそめて、しばらく待ったわけですよ。それでふたたび出かけて行ったわけですよ。香川さんところへ到着したわけですよ。あなたは先ほど、直接行ったということをおっしゃいましたね。実は、そうじゃないんですよ。三三年前のことですから、あなたも記憶が薄らいでいるんですけれども、しかし、終生忘れられないことではありませんか」

「そんなことは、いつまでも覚える必要はないです」

安井はしきりにコップの水を飲んでいた。彼にしてみれば、そんなのはもはやどうでもいい、というよりも、忘れようとしてきたことだった。谷口はくいさがった。

「あなたはいろいろな仕事にとりまぎれて、そういったことは忘れさってしまったかもわかりませんけれども、私は覚えてお

「くちゃくちゃいうからわからんな」

「私の記憶では、香川という姓ではなくて前田ツ子《ネ》さんですね。香川さんの奥さんはどうですか」

「前田かもわからんな」

「前田ツ子さんの声が、私はしていたと思うんですけれども、あなたはどうですか。記憶ございませんか」

「わからんです。自分はよう声知っとるじゃないか」

「前田ツ子さんの声を、あの人はかん高い声ですから、それであなたに、前田ツ子さんといろいろ話をしとるなということを、いったことがあるでしょう」

「ようわからん」

「覚えていませんか」

「はい」

香川が出ていったあと、ふたりは部屋を物色して、ふとんの下に敷いていた百円札一〇〇枚を発見したのだった。谷口の質問はつづけられた。

「そこで、安井数えてみようかいうたのを覚えておりますか。それで、あんたが、うんとうなずいて、あなたの了解の上で、私が電気のところで数えて二等分したんですよ。記憶ございませんか。あるでしょうね」

「分けたのはまちがいないわな。どこで、分けたかがわからん」

「たしかに四畳間の電気をつってあったその下で私が分けたんるんですが、厳島神社に寄って、時間待ちして、香川さんところへ行った記憶がないですか。それで、香川さん宅へ到着してから、表の玄関口入口のドアを調べてみましたね」

「調べたかもわからんけれども、はっきり覚えておりません」

玄関からはいれなかったふたりは、ミカンの木を伝って二階から侵入し、一階床下のイモを貯蔵する穴にもぐりこんで朝を待った。いきなり刺殺するほどの兇暴性は、もちえていなかったのだ。

「それで、いもつぼの中に、あなたと二人がはいりましたね。その時に、私が先にはいりましたね」

「それははっきりわからんけれども、はいったんです」

「それで朝まですごして、うつらうつら二人がしましたね」

「したかもわからん」

「眠むたかった。それで、しらじらと夜が明けて、香川さんがめしをたいていたのかどうか知らんけれども、煙がむんむんしましたね」

「覚えておりません」

「煙が鼻についたのですけれども、あなたは先ほどだれか話し声がしたということをいうておりましたね」

「それは外かどこかわからんけれども、話し声じゃないかと思ったんです」

「それは女性だと思いましたか、男性だったと思いますか」

ですよ。いま思い出しませんか」

「思い出さんな」

「部屋の中で分けたのでございます。それであなたが、私が物色しているタンスのほうに来られて、あなたタンスのほうへも来られましたね。先ほどおっしゃっておりましたね」

「はっきりそんなの覚えてないわな」

安井は帰りの時間を気にしているようだった。また左腕をあげて時計に眼をやった。

「タンスにも触ったということも、あなたは先ほど順ぐりにお答えしておったでしょう」

「それがどうしたいうんです、わしに。それは事実やったのだから、まちがいないじゃないか」

「それでズボンは」

「自分はわしになにを。その順序というのは、さっきから話しておるんだから、おなじじゃないか」

安井の声は、怒りをふくんでいた。

「おなじですけれども、こういうこともあったなということを」

「あったからあったと、繰り返しをいつも問われているわけだ。わしとしてもなさけないんだよ」

「あなたの気持はわかるんですよ。一万円の件も、あなたが口止め固くしておるのに、私が確約しているにもかかわらず、私が約束を破ったということで」

「それはかまわんのや、罪はおさめて来たんだからかまわないけれども、いつまでもこんな事件に首をつっ込んで、私が聞かれるのは、なさけないのとちがうかというんです」

「あなたのおっしゃる通りですよ。だけれども、私としてもあなたとせっかく法廷で再度お会いしたし」

「三〇年ぶりやな」

「なつかしく思いませんか」

「ええことで会うならええですけれども」

声がすこし和んでいた。

「ええことではないですか。確かにええことですよ」

谷口はさとすように静かな口調でいった。安井はちょっとうしろを振りむいた。彼にしても三三年ぶりの再会に心を動かさないわけではないようだった。

「ええことではない。自分の恥をいまさらこの年になって、さらいだしの話をするということは、なさけないということですよ。だから、谷口君も、私はやったことはやったことでいうておるんだから、それはすこしは勘ちがいということもあるだろうけれども、だいたいおなじじゃないかいうたことは」

「樟脳のよく効いたズボンを一着、あなたはあそこで取りましたね。それからどうですか。先ほどおっしゃった通りですね」

「うん、それはまちがいないんだから、それでええんでないか。

なにを聞きたいのや。おなじことばっかり、私がなんも取らんといいよるのではないんですから、その話はなんもおなじようなことを何度も聞く必要はないんでないんですか」

裁判長が安井をなだめた。弁護士が、ちゃんと答えてほしい、というと、検事が立ちあがって、おなじことばかりで時間の無駄だ、と異議をだした。

「それから、さあ、でようということになりましたね」

「はい」

「でる時に、私も腹へっておりましたよ。ずいぶん腹へっておりました。めし食べてないんですから、あなたも夕食食べてなかったとおっしゃっておりましたでしょう」

「それもはっきりしとらんけれどもね」

「あなたは、香川さん宅の炊事場、茶の間を覚えておりますね」

「うん」

「茶の間のおひつにご飯を入れてあったんですよ。覚えているでしょう」

「うん」

「それで、あなたがあのめし食って帰ろうかということを、あなたは本心ではなかっただろうと思うんですけれども、いったのを覚えておりますか」

「覚えてない。そんなめしを食う余裕があるかな」

安井の声に、かすかに懐しさがにじんでいた。

「だから、その時に、私がめしなんか食べんと、早ようでようといったんですよ。それででるときに、どちらがドアを先にあけたか覚えておりますか」

「でるときは、どっちからでたのか、かま場やから」

「そうそう、かま場の入口のドアをどちらがあけたんですか」

「ドアじゃないぞ、あれは」

「木の戸ですけれども」

「引き戸やぜ、わしとちがうか」

一万円を山分けして脱出したあと、ふたりは土讃線で琴平に出て映画をみた。それからバスに乗って財田村に帰った。

殺人事件が発生したあとのある晩、谷口は飲み屋で酒を飲んでいた。谷口はさらに質問をつづけた。

「西原という飲食店を知っておるでしょう」

「知っておる」

「そこで、私が午後八時すぎに酒を飲んでいたというのを記憶あるでしょう」

「そんなのようけあるからわからん」

「西原の飲食店で、私が夜八時ごろにいる時に、あなたのいとこさんにあたる岡辺さん知っておりますね」

「知っております」

「あなたのお父さんの兄弟の息子さん、その岡辺さんを通じて、私のところへ呼びにきましたんですよ。それで安井が呼んでるぞいうことで、私はなにごとかと思って出て行ったら、あなたが農協の門前で、待っておってくれたのを覚えておりますか」

「そんなのは、ないだろう」

「そんなことがあったでしょう」

「自分とはいつも遊んでおったから、いろいろあるわな」

「その時に、私が安井さんに香川さんが殺されたなといったのを覚えているでしょう」

「それはいうたかもわからんけれどもね」

「それであなたも殺されたな、気の毒なということをいったんですよ。その件で、ちょっと話したいのやが、もうちょっとこっちへ寄って来いいうて、あなたが農協の倉庫の軒下のところまで、ちょっとうす暗いところまで、私を呼んだのを覚えておりますか」

「そんなの覚えてない」

「その時に、前に一万円の件を、もし、警察で調べられた時に、死んでもいうなよと、あなたがおっしゃったので、私はそんなことは絶対いわないぞと、いわんといって確約したんですよ。そういったことを覚えているでしょう」

「覚えてない」

谷口は自分の記憶にふりまわされるかのように、たたみかけていった。

「そういうことがあったんですよ。それで、私があなたと確約して、西原飲食店にもどって、あなたと岡辺さんの二人がはいって来たんですよ。そんなことがあったでしょう。思い出すでしょう」

「そんなことはわからん。あそこで飲んでおったのは、いつも飲んでおったから、ようあるわな」

安井はわずらわしそうに答えた。振り切りたそうに、また腕時計に眼をやった。

「そこで、私はあなたら三人でちょっと飲んで、あなたはようけ飲まなんだ。一口か二口ぐらい飲んで、さあ帰ろういうて、岡辺さんと二人で帰ったんです。そこで別れたんですが、この点でございますが」

「それで」と、安井はたまりかねたように、それまで抑えていた彼のいい分を、吐きすてるようにいった。

「あなたはわしに真犯人だということは、どういうところからいうんです」

「真犯人だという断定というものは、してないんですよ」

「そう法廷でいうたのとちがいますか」

「それはいいました」

「なんで私が真犯人だ。そういういいかげんなことをいうたらあかんぜ」

谷口はちょっとひるんで答えた。

「それは軽率ないい方かもわかりませんよ。あなた、そういうなにがないのにいわれたら、それは」

「腹も立たへんけれど、私は私でなにの罪はおさめて来とるんだから、腹も立たんけれども、そういうこということ自身がおかしいのとちがうんですか。そうやろ、そんなことはいわんとってくれ」

安井の大阪弁は、彼の意識がすでに故郷と切れていることを物語っていた。

谷口にとっては、思いだすことによってしか、自分の無実を証明できない。しかし、いま、社会で普通の生活をしている安井にとっては、それは思いだしたくもないちいさな事実にすぎなかった。

「ありがとうございました。みなさんによろしく」

谷口は安井にむかって礼を述べた。

安井は苦笑していった。

「そんなアホらしいこと、かっこ悪うていえませんわな」

法廷に爆笑が起った。ふたりのあいだを青年時代の感情が交差したようだった。

閉廷は七時すぎになった。異例なことである。裁判長はふたりのやりとりをじいっと聞いていた。

証言がすんで、廊下にでた安井はすこしキョロキョロしていた。それは谷口が出てくるのを待っていたのかもしれなかった。

しかし、手錠をはめられた谷口は、反対の出口から腰縄をうたれ、護送車に積みこまれて拘置所に去った。安井はひとりで大阪にむかった。

この日の弁護人席に、矢野の姿はなかった。彼は、前年の一二月の公判から欠席していた。身体が弱っていたのだ。

エピローグ

「まだ確認できてませんが、矢野さんが亡くなったらしいですよ」

一九八三（昭五八）年三月一八日、午後二時。高松市にある西日本放送の岡部光郎ディレクターの電話が矢野伊吉の死を伝えてきた。

ついに間に合わなかったのだ。まだ七一歳だった。

その日の朝、矢野は市内の病院に担ぎこまれた。急性肺炎だった。

長男の転勤にともない、丸亀市から高松市に引越したときに転倒した矢野は、それまで日課としていた散歩を中止していた。散歩と冷水摩擦が、半身不随になってからの彼の唯一の健康法だったが、それ以来、離れの一室に閉じこもるようになっていた。

それでも、気力によってか、一時ひどかった衰弱からは脱し、妹さんや姪ごさんに付添われ、杖を片手に公判には欠かさず出廷していた。

〈谷口が出所するまで亡くなることはない〉と、わたしは思いこんでいた。再審公判はその二日前、予定していた証人調べのすべてを終了していた。

「ぼくの役割はもうすんだよ」と彼は長男の嫁に語っていた、という。来春の無罪判決は、まちがいない。せめて、それを見とどけていただきたかった。

亡くなる日の一週間前、矢野は谷口からの手紙を受け取った。ふるえる左手で、もどかしげに封を切ったのであろう、封筒の上部から中ほどにかけて、手紙もろとも左側半分がひきちぎれていた。それでも矢野にとって、谷口繁義の明るさに満ちた手紙を読み終えることができたのが、なによりの慰めであったかもしれない。

谷口が矢野にあてた最後の手紙には、こう書かれている。


謹啓　先日はお手紙を下され、ありがたく、嬉しく拝読致しました。

昨年の十二月からずっと先生は不出頭ですので、どうしたのだろうかと、実はご案じ申し上げて居りましたが、お元気なご様子に、何よりと存じて居ります。私は、矢野先生と蓮如上人の仰せを固く守り、自己を開いて、虚心にお答えする事が出来ましたことを、無上に嬉しくありがたく存じて居ります。これで、当局の不法性、不当性が国民に充分ご理解いただけ、私の無実が、更に証明されたと確信致して居ります。

幾年にもわたる長期裁判も、やっと結審に近づき、その光明が私達の手に握られる日が、いよいよ迫って来ました。

私は今、険しい峰を登りつめたような心持ちにみたされて居ります。

真実の力の強さ、それがどんなに希望あるものにするかと言う事を、私は身をもって体験しました。

今の私が、矢野先生に出来る事といったら、ひたすら向上精進の一路をたどり、頑張る事しかないのです。

では今日はこの辺で失礼致します。

お身体に充分御留意下さいまして、お元気で日々お過ごし下さいます様、皆様方に呉々もよろしく〳〵御伝声下さい。

昭和五十八年三月十一日　合掌
谷口繁義
矢野伊吉先生へ

谷口が矢野に手紙を書いていたころ、矢野は自由のきく左手で原稿を書きつづけていた。ふるえる手で稿を起した日付けに、三月九日、とある。

『財田川死刑判決　デッチあげ事件』

コクヨの四百字詰原稿用紙で一三枚ほど書きすすめて、永遠に中断された。それはこれまで書いたパンフレットの記述の繰り返しである。彼は、繰り返し繰り返し、谷口の無実を主張している。彼は谷口が釈放されるまで、無為にしていることを自分に許さなかった。ひたすら、書きつづけたのである。それは一種の写経のようでもあった。


「谷口を救助せよ。

谷口は死刑囚だとしてデッチあげられ、三十有余年、監獄に拘置されているが、殺人罪を犯したことなく、右はデッチあげであり救助しなければならないのは当然である」

矢野伊吉の絶筆である。

そして、元裁判長の、ついに果たすことなく終った、「判決書」の結語でもあった。

谷口繁義は、かつて矢野についてこう書いている。

「矢野先生の主張は神仏の声であり、神仏の怒りであると言っても決して過言ではないと思うのです。この天の声とも言うべき先生の主張に対し、今こそ関係当局者は率直に耳を傾け私等に協力することが当然の責務です」

あとがき

もしも、矢野伊吉が存在しなかったなら、谷口繁義は人眼に触れることなく葬り去られていたことはまちがいない。彼の運命がどうなったか、それを知りえたのは、谷口本人とその家族、そして一部の司法関係者たちにすぎなかったであろう。想像するだけでも恐ろしいことである。おそらく、逮捕した捜査官、起訴した検察官、死刑を宣告した裁判官からでさえ、忘れ去られていた谷口繁義を救いあげたのが、矢野伊吉だった。

谷口が矢野に出会ったのは、一審で死刑の判決を受けてから一七年目、最高裁が上告を棄却して、死刑が確定してから一二年目の春だった。その間、谷口は、日夜、処刑の恐怖におびえながらも生きつづけていた。

再審をもとめて谷口が高松地裁丸亀支部に送った手紙は、打ち捨てられて倉庫の書棚に眠りつづけ、五年もたってから、まるで奇跡のように矢野の眼に触れることができた。

丸亀支部裁判長だった矢野は、谷口の訴えに心を動かした。矢野の前にも、その手紙に心を動かされた裁判長はいた。しかし、最高裁の権威の前で金縛りにあってか、彼はついになんの行動もすることなく日常性に埋没した。

しかし、もしも、そのときの裁判長がわたしであったにして、はたして矢野のように、死刑が確定している見知らぬ犯罪者のために、寝食を忘れ、職をなげうち、あるいは、奇矯な言動として失笑を浴びてなお、救済に奔走したかどうか。

そのことを想像するだけでも身のすくむ想いがする。谷口は矢野に会うべくして会った。それが彼の最後のチャンスだった。財田川事件をつくりだしたのは、捜査官であり、検事であり、不正の前で眼をつむった裁判官たちである。世間からすっかり忘れ去られた、この取るにたらない小事件から、不正と怯懦《きょうだ》とを摘発し、「財田川事件」と命名して闇から浮上させたのは、矢野伊吉の蛮勇ともいえる正義をもとめる精神だった。

彼は、ひとりの人間がひとりの人間を救うために、ときには巨大な権力に立ちむかわざるをえない困難を、その小柄な全身を折ってさし示した。裁判官としての半生を送ってきたにもかかわらず、晩年には激越なまでに裁判所を指弾するに至った彼の軌跡は、裁判史上、特筆に価する。

最高裁を死ぬまで罵倒しつづけた彼は、裁判制度に絶望しながらも、なおかつ裁判の再生をもとめていたのかもしれない。苦学力行によって二六歳にして高等文官試験に合格した矢野は、任官したあと「僻地」をまわっていた。学閥に苦しめられた、いわゆるエリートでなかったことが、谷口の悲運を見捨てさせなかったのであろう。

わたしは、一〇年前の一九七三（昭四八）年四月、高校時代の友人で、立風書房の編集者となっていた白取清三郎の依頼を受けて、丸亀の矢野の自宅を訪ね、彼の遺著『財田川暗黒裁判』の出版に協力することになった。しかし、ありていにいえば、矢野のように全生涯を賭けてこの問題と取り組むことなく生活してきた。矢野の死を迎えたいま、それが恥かしい。

矢野伊吉の存在を大事にする意味においても、この事件に関する本は矢野の一冊で充分だ、とわたしは考えていた。しかし、再審公判廷における矢野と谷口の反撃、そしてそれにたいする警察官や検事たちの対応について、誰かが書き伝える必要がある。まして、矢野が無念のうちに他界したいま、それはことさら必要に思うようになった。谷口繁義もそれを待望している（九八頁の手紙）。

幸いなことに、存命中の矢野から協力を得ていたし、編集者の熱意を受けてわたしが纏ることになった。

多くのひとは、冤罪事件について無関心なまま日を送っている。関心があったにしても、それはたいがい被告にたいしての同情心からといえる。しかし、いまなお、冤罪が発生し、自分の身のまわりで、明日にでも起りうるものとは、なかなか考えたがらない。

たとえ、それは誤認逮捕からはじまったにしても、いったん警察と検察の網の目にからめ取られてしまえば、わたしたちの運命は、死刑確定囚だった谷口繁義や免田栄や斉藤幸夫（松山事件）や赤堀政夫（島田事件）とおなじものになる。

アリバイを証明するものがなく、しかも長期間勾留され、密室での尋問をつづけられてなお、刑事や検事の誘いをどれほど拒否しうるか、それはおそらく体験者にしか理解できないことかもしれない。わたし自身、それに耐えるどれほどの精神力を持ち合わせているか、正直いってさほどの自信はない。

わたしが冤罪に関心をもつのは、それが許されざる不正義であり、人間にたいする最大の侮辱と思うことにも依るが、それと同時に、個人の生活を犠牲にし、素知らぬ顔で成立している国家の構造を解明したいからである。

財田川事件の再審公判を傍聴して、わたしがことさら強く感じるようになったのは、証人として登場しても言を左右にして責任を回避する当時の捜査官や、国家のメンツを守るべく、いまなお無実のものを有罪におとしこもうと、なんの根拠も自信もないままに被告を追及している検事の姿を見つづけ、裁判所もまた、その身柄を解放しようとしない、不条理についてである。これほど国家の冷酷さがあらわれることはない。その行為は、すでに誤認や誤判というよりは、国家権力を背景にした確信犯というべきものである。これまで、無実の罪によって処刑されたものがどのぐらいいたか、考えるだけでも恐ろしいことである。

公判の進行によって、その無実は、ますます明らかになりながらも、釈放もされず、面会はおろか文通さえ制限されている。基本的人権の不当な抑圧である。

やがて、検察庁や裁判所が、免田栄につづいて、谷口の釈放を認めざるをえないのは、いまや時間の問題にすぎないのだが、そのあとの国家賠償請求裁判において、裁判所は徒らに時間を空費し、本人と家族の長年にわたる苦悩を値切ろうとするのは、弘前大学教授夫人殺人事件（原告・那須隆）の例によっても明らかである。

と、するなら、やはりわたしたちは、彼らの犯罪を完膚なきまでに暴露し、被告・谷口とともに彼らを追及し、広汎な世論を形成して正義を実現させるしかない。

わたしはこの本に矢野伊吉の執念をうけつぎ、それをひろめ、谷口釈放の早期実現のためにささやかな任務を果たしたい。それが死刑制度をみなおす運動につながっていくことも念願している。

本書の出版にあたっては、さまざまなひとたちの協力をえた。矢野伊吉とその遺族はもちろん、谷口勉、孝兄弟とその家族、日本弁護士連合会と財田川事件弁護団、高松在住の猪崎武典弁護士、各支援団体のひとびと、そして地元のジャーナリストたちである。

またこの仕事は、「朝日ジャーナル」編集部の千本健一郎、月刊「ＰＬＡＹ　ＢＯＹ」編集部の広谷直路、浪岡勝則、立風書房編集部の白取清三郎などみなさんの尽力によって継続されたものである。平野甲賀の装幀と須田慎太郎の口絵写真によって、この本を飾ることができたのを光栄に思う。ありがとうございました。

なお、題名は、月刊「ＰＬＡＹ　ＢＯＹ」（一九八一年六月号）に発表したものとおなじものにした。獄中で、たまたまその新聞広告を眼にとめた谷口繁義が、「外国映画の題名かと思って居りましたが、よく見るとそうではなく、私の事でした」と実兄に手紙を書き送っていた（九八頁）、その感慨を大事にしたいからである。

なお、本文中では煩雑さを防ぐため、敬称を省略させて頂いた。登場人物の一部は仮名にした。

一九八三年六月一五日　矢野伊吉の墓前に

鎌田慧

　一九八三年六月二六日、午後六時四〇分。高松地方裁判所第一号法廷において、渡辺悟朗地検次席検事は、谷口繁義被告に「死刑」を求刑した。

　渡辺検事の顔は紅潮し、「論告書」をもつ手は、小きざみにふるえていた。谷口被告は両ひざにおいた手を握りしめ、渡辺をハッタと睨みつけた。

　谷口が退廷するとき、傍聴席から、「大丈夫だ」「がんばれ」の声があがった。

　古市清裁判長の判決は、一九八四年春、と予定されている。

判決批判

　一九八四年三月一二日、高松地裁。

　谷口繁義被告は、真新しい紺のスーツ姿で入廷した。生まれてこのかた、はじめて身につけた背広だった。いまだ戦後の混乱期がおさまっていない、一九五〇年四月、一九歳のときから獄中で生活してきた彼にとって、その後の高度成長はまったく無縁のものだった。

　あたかも、入学式での小学一年生のように、彼は気をつけの姿勢で裁判長席の前にたった。「ええ」と軽い咳払いをするようにして、呼吸を整えた古市清裁判長は、一気にいいきった。

「被告人は無罪」

　一瞬のことだった。谷口被告に着席を命じたあと、裁判長はいつものように淡々と、ところどころ急ぎ足で「判決」文を朗読していった。

　判決文の構成は、一九七六年一〇月の最高裁の差戻し決定で打ちだされた疑問点と留意点を、自供に依拠しながら、その真否を判断するという形になっていて、きわめて明快である。

　疑問点は三つに大別され、
　①財布を抜きだしたという胴巻きに血痕が付着していない。
　②自白と符合する血痕足跡がない。

③殺害して強奪したとされる一万三千円の残余金八千円を、逮捕時に護送車から外に捨てるのは不自然。

というものであり、留意点として挙げられていたのは、犯行当時はいていたとされる黒革短靴が、証拠として法廷に提出されていない。唯一の「物的証拠」としての「国防色ズボン」の押収手続きがズサンだった。心臓の〝二度突き〟は自白の秘密性を証明するとは肯定できない、などである。

冤罪事件に共通する特徴は、被告人の供述が目まぐるしく変転することである。これは、いったん「犯行を認めて」しまえば、あとは捜査の進展に合わせて供述を変えさせて細部を補充し、それなりの〝完成〟を目ざしていくためである。当判決は、自供の矛盾点をつくことによって、無実性を明らかにする、とする構造をもっている。

たとえば、犯行現場への侵入経路について、ミカンの木をつたって屋根に登り、二階から忍びこんだ、とする最初の自供が、のちに炊事場入り口の板戸をこじあけてはいったと急変したことについて、裁判長はつぎのように判断している。

「供述が証拠によって認められる客観的事実に符合する場合において、供述以前に取調官がその事実を現に知っている限り、これに符合する供述は取調官の誘導に基づく場合のあることを看過できない」

これまでの再審法廷で、当時の捜査官たちが、奇妙に一致した態度を示したのは、彼ら自身は捜査に不熱心で、「よくわからなかった」という一点においてである。

心臓の創傷が表面ではひとつでありながらも、内部でふたつに岐かれているのは、「二度突き」したためである。そのことは犯人谷口繁義だけが知る秘密である、と彼らは主張してきた。自白に重きをおくためである。

再審法廷に検察側証人として現れた元捜査官たちは、二度突きなどまったく知らなかった、自供によってはじめて知った、と自供による「秘密の暴露」を強調する戦法をとった。だから、そのためには、捜査会議もさほどひんぱんにひらかれず、事件の翌日の司法解剖結果にも自分たちは無関心で、話題にしたこともなかった、とことさら職務の不熱心さを示していた。

これにたいして、当判決は弁護側証人として出廷した、白川重男元捜査官の証言を全面的に採用した。

「外回りの一捜査員にすぎない警察官白川重男でさえ……被告人の自白以前に右創傷の存在を知っていた事実が認められるのである」

今回の判決がこれまでの判決とちがう点は、誤解を恐れずにいえば、人間の心にたいして理解を示そうとしていることであろう。これまでのわたしの裁判官たちへの批判は、法律のこまかな条文にがんじがらめにされたためか、常識的な発想から逸脱し、官僚的な頭の硬さをみせつけてしまうことにあった。

　谷口被告が犯行計画を他人にうちあけていたという風評を採用し、計画的な凶悪犯であるとする状況証拠をつくりだされていたことについて、判決はつぎのように指摘している。

「およそ、犯行の決意、計画のごときは、深く自己の胸中に秘め、これを他に口外しないのが通例である点よりすれば、被告人が、たとえ肉親の弟といえども、これに対し強盗殺人の犯行計画を打ち明けたというがごときは、不可解であり、その言動が異常である点に疑問を禁じえないのである」

　五二(昭二七)年一月の、死刑判決をささえた唯一の〝物的証拠〟は国防色ズボンに付着した「微量血痕」だった。しかし、今回の判決はこの問題のズボンが、谷口兄弟が共用していたものである、とする同兄弟の証言を採り入れて、こう述べている。

「前記血痕が本事件の際に付着したものと断定することはできない」

　つまり、ズボンに「微量血痕」が認められ、それが被害者の血液型と同型のO型であった(古畑鑑定)にしても、「その血痕は事件前から付着していたものだったかもしれない」と判断したのである。

　このように、肉親の主張を認める姿勢を示しているのは、これまでの裁判官にくらべ、すぐれて柔らかな心を示しているようで、最高裁決定を超えている。

　しかし、わたしは判決の前半にみられた緻密さが、後半になって次第にくずれるのを感じた。朗読がすすむにつれて、傍聴席にも、なにか重苦しい雰囲気が流れだしていた。

　最高裁の差戻し・再審決定では、それまでの死刑判決、死刑確定、そして再審棄却決定などが、「著しく正義に反する」と指摘されている。

　とするならば、無実のものに死の恐怖を三十数年間も与えつづけていた〝不正義〟こそが裁かれなければならないはずである。

　たとえば、国防色ズボンは、弟の孝さんがはいていたのを捜査令状もなしに押収していたものである。正式手続きによる家宅捜索によっても目ぼしいものがないとすれば、非合法的であっても押収する牽強付会の横車、そんな警察の体質が冤罪をいまなお生みだしている。それへの批判がなかった。その意味では、この判決には、決定的な勇気が欠けていた、といえる。

　また、たとえば、自供を根底的に批判し、その自供をつくりだした捜査当局の「誘導」をあきらかにしようとするならば、その「物的証拠」として登場した五通にもおよぶ〝手記〟の存在の不可思議さについても解明されなければならない。

　みずからすすんで書きしるしたとされているこの手記は、きわめて重要な文書であるにもかかわらず、犯行時はいていたとされる「黒革短靴」とともに、法廷に提出されずに終わっている。

谷口被告と矢野伊吉弁護士は、これらの手記を捜査当局による「偽造」であると主張してきた。これについて、判決は捜査当局の主張を受け入れて、「任意に作成したもの」「自筆である」と認めている。

もちろん、裁判長は、手記に任意性があるから犯罪の証明力がある、と主張しているわけではない。しかし、「自供」が虚偽であるとするなら、はたしてほぼおなじ内容の「手記」が真実だといえるかどうか。

それまで、自供が捜査当局の「誘導」とそれへの「迎合」(判決文)と指摘していながら、どうして、手記だけが「任意性」をもちうるのだろうか。偽りの枝に真実が実るわけはない。

判決では、谷口被告が訴えつづけてきた拷問の事実もまた否定されている。しかし、それではどうして、「死罪に価する」迎合が、「誘導」によって「任意的」におこなわれたといえるのであろうか。被告が無実なら、彼を有罪にしてきた、警察と検察の犯罪性を追及すべきであって、ここにきてなお被告の主張を退け、捜査当局の主張を容れる理由はない。

そこにはやはり、国家機関としての裁判所と市民との間の深いミゾが横たわっているように思えてならない。

つまりは、裁判官は、ひとりの市民が無実の罪によって捕らえられ、長期にわたって拘留され、ついに身に覚えのないことを自供させられる精神的、肉体的暴力の恐ろしさについて、想像できないのである。というよりも、裁判官とは、警察と検察がおこなった犯罪行為を、徹底的に追及することをためらわざるをえない存在としてあると認めざるをえない。

判決文の最後の個所において、裁判長は谷口被告のアリバイを否定した。これは、一九七二年九月、高松地裁丸亀支部の再審請求棄却の決定を踏襲したものである。

谷口孝さんは、これまで、兄の繁義さんは事件当夜、おなじ蒲団に寝ていた、と証言している。それがふたたび否定されたのだ。

奇跡的な真犯人の出現によって、辛うじて無実の罪を証明しえた弘前大学教授夫人殺人事件の例でも、自宅にいた那須隆さんの家族のアリバイ証言は無視されていた。この判決でもやはり、家族のアリバイ証言は認められなかった。この一点に限ってみても、今回の判決は、これまでの裁判所よりもさほど前進したものとは評価できない。

最高裁の「差戻し決定」において、無罪判決は、いわば既定の事実だった。免田事件につづく無実の死刑囚にたいする判決に期待されていたのは、ひとりの人間の半生を台なしにした、警察、検察、裁判所の、これら権力の暗闇に率直に光をあて、そのことによってこれ以上の冤罪をくいとめることにあった。

ところが、今回もまた、裁判所はその追及をきわめて不徹底なもので終わらせた。司法の率直な自己批判も、谷口被告への謝罪もなく、尻切れとんぼの形で「閉廷」が告げられたのである。

おそらく、とわたしは思った。裁判所を愛し、愛したが故に激烈な裁判批判を展開し、谷口被告への無実の証明に命を賭け、最後の判決を目撃することなく世を去った矢野伊吉元裁判長がもし生きていたなら、口をきわめて指弾したであろう。

谷口被告は釈放された。そのこと自体は、わたし個人としても、長い間、待ち望んでいたことである。しかし、わたしは法廷を出て、虚しい想いにとらわれていた。三十数年前、もっと慎重に審理されていたなら、いまさら釈放されることもなく、今日の騒ぎなどなくてもすんでいたのだった。

もしも、無実の罪におとしいれたものたちを、もっと厳しく裁いていたなら、冤罪の構造が地元のひとたちにもより明らかになって、これから谷口さんも生活しやすくなる。判決はその勇気と思いやりを欠いていた。そして想った。

裁判所は、ついに裁判所を裁くことはできなかったのだ、と。

釈放のあとで

谷口繁義さんが、香川県財田町の実家に帰りついたのは、釈放された翌日の夕方である。

それまで、故矢野伊吉弁護士のお墓参りをすませたあと、町役場などへの挨拶や両親の墓参をしていたからである。

財田町では、地区の集会所に三十数人が集まり、彼を迎え入れる祝賀会がひらかれた。三四年ぶりの再会にもかかわらず、彼はほとんどのひとの名前を憶えていて、その記憶の良さで近所のひとたちを驚嘆させた。そのころの時間が、獄中で固く凝結していたのかもしれない。

実家はいま、すぐ上の兄の勉さんが跡を継いでいる。彼の連れ合いの栞さんとふたりのお嬢さん、それに弟の孝さんの妻などが、彼の好物のバラずしなどの手料理をつくって待っていた。

水たきの鍋料理を囲んで一緒に食事をしたのは、これまで支援運動をつづけてきた善通寺の四国学院の教員たちだった。谷口さんは、酒もタバコもやらずにせっせと料理を食べていた。

一一時ごろ、まだ起きていたそうだった谷口さんを、無理矢理、二階に上げた。釈放された日の夜は、高松市内の日弁連が常用している旅館に宿泊したのだが、ほとんど眠れなかった、といっていたので、休んでもらったのである。

翌朝、起きてきたときは、前日の緊張してこわばっていた表情は消え、きわめて和やかになっていた。このインタビューは、朝食後から昼食までの、三時間以上にわたって行なわれた。独房から解放されてはじめてのものである。まだ、検察側は控訴を断念しておらず、無罪が確定していなかった時期だったが、谷口さんは率直にかつ快活に語った。ときどき大阪弁になるのが、獄中の長さを物語っている。

釈放されて……

——三四年ぶりに釈放されて、いちばんびっくりしたのはなんですか。

「やはり、実社会が変わっていたことです。建物とか、もう街全体が明るくなった。明るかったということね。近代的でね」

——ビルなどのことですか。

「ええ、大阪拘置所におるときでも、高速道路とか、丸いビルとか、グルグルまわっとる高層ビルはみえましたが、全体的にはみえないんです」

——そうすると、町の風景がだんだん変わっていくのはみえていたわけですね。

「ええ、大阪拘置所には、高速道路を一望できるところがあるんです。そこで卓球を二時間ほどやるんですけれども、その間は自由に外をみることができるわけですね。だから、その間にちょっと時計をみながら、何台ぐらい車が行き来するか数えたことがあるんですよ。また、工事が進んでいくにつれて、ビルがだんだんだんだんと高くなっていくのもみたことがあります」

——そうですか。まるっきりちがった世界に帰ってきた浦島太郎という感じじゃあなかったんですね。

「ええ、拘置所内でも新聞、テレビ、みれましたからね。社会の知識はすこしはありましたね」

——法廷で、谷口さんは「財田村」といわれましたが、いまは財田町になってますね。

「なぜわたしがそのように表現するかといえば、財田町といったら、自然に恵まれた財田の村のイメージが壊れてしまうでしょう」

——帰ってこられて荒廃していたというのがみえてしまったんですね。

「財田川も汚れてしまいましたし、財田川の流れも変わってしまいました。それで、石も汚れて艶がなくなってしまった。石そのものが死んでいますよ。川そのものが死んでいますよ。しかし、わたしはそれを表現したくなかったんです。自分が帰るきれいな自然があって、そこに帰るんだ、という希望として、財田村というところがあった。しかし、帰ってみたら、本当に汚れた川だったんですよ。そやけども、自然を取り戻さなければならないしね、どうすればいいかみんなが深刻に考えなければならない、とわたしは思いましたね」

取調べの模様

——こんどの「判決」ですけど、自供に任意性があった、といってましたが、捜査、取調べの違法性の問題がひとつあると思うんです。その辺で、自供に追い込んでいく取調べの方法をすこしお話してほしいんです。

「警察は、本件の犯人は谷口でないということを最初から知っていたんですよね。ところが、わたしが〝強盗傷人〟を自供したでしょう。それで待っていましたといわんばかりに、追及しはじめたんです。そのときはすでに香川さん強殺事件は迷宮入りでございましたからね。そのあせりから、谷口を本件の真犯人に仕立てようという計画を立てたんでしょうね。それで高瀬警部補派出所に連行して、強行班を入れてわたしを拷問して徹底的に攻めれば必ず自供するだろうということを考えていたと、わたしはいまでも感じ取っているんですけどね」

——丸亀拘置支所から派出所に移監されたのは六月二一日。逮捕から八〇日たってからで、それから二カ月後の八月二九日まで、この、「代用監獄」に留置されてましたが、その間、他の被疑者がはいってきたことはありましたか。

「一回もございません」

——もしかしたらその辺で事件があったかもしれないけれども、そんなときはほかの派出所にもっていったんでしょうか。それとも、そこはあまり事件がなくて、いつも空きっ放しで、ひまな派出所だったんでしょうか。

「いや、ひまな派出所ということはございませんわね。だから、わたしをいれとるから、ほかの被疑者などは三豊《みとよ》地区本署のほうに留置しようということで、本署のほうにまわしたはずですよ。谷口を徹底的に追及してやね、追及しても出てこんということは知っとっても、強盗傷人、強盗未遂といった前科があるから……」

——しかし、三谷警部補は、そんなに鋭く追及しなかったんでしょう。

「三谷さんは、わたしにはアリバイは成立するということを、はっきりいっておるんですね」

——取調べのときに？

「三豊地区警察署で強盗傷人を取り調べられた直後にね、本件を取り調べられたんですけどね。そのときにも、谷口が真犯人のような取調べ方ではなかったんですね」

——宮脇豊警部補は、はじめはそんなに厳しく追及しないで、あとになってから厳しくなってきたんですか。

「宮脇警部補は、そのときは、広島の管区警察学校に入学しとったわけです。ところが、休暇のたびごとにわざわざ帰ってきてやね、それも、かならず、昼はこないんですよ。夜か夕方来て、しかもわたしが空腹のときに来て、取り調べる。うどんやすしを持ってきて、食べさせてくれるんですね。ハモニカを吹かせてくださったのは、わたしが虚偽の自白をしてからですね。一段落ついたところで、それを吹かしてくださったんです」

――中村正成検察官の迫り方はどうでしたか。

「まあ、脅迫的な調べ方はありましたね。たとえば、黒短靴はお前がもっとるはずやと、だしてこいと。だしてこんのやったら、兄貴や両親や孝ら家のもんが隠したにちがいないというんです。だから、お前と一緒にほうり込むと脅すんです。「まあ、そういうことはしないでください。かならず黒の短靴は出てきますから、いましばらくお待ちください。家族の者が持ってくると思います」と答えると、「だれが持っとるんだ」というんです。「いやあ、これは警察官をやっている現職中の兄谷口勉が持っとると思いますので、調べてみてください。かならず出てくると思います」

「お前、その靴さえ出てきたらやなあ、お前が真犯人であるかはな、もうすぐわかるんだからだせ」ということだったんです。わたしもやってないからその靴さえだしたら、わたしの疑いは完全に晴れるんだという自信がありましたからね。だから、わたしは兄貴が警察官をクビになっても、辞めさせられても、わたしの疑いが晴れれば、それでもいいと思いました」

問題の〝第四回検面調書〟

――こんどの再審公判でも問題になった、第四検面調書ですが、三月一二日の「判決」でもはっきりされてません。中村検事が谷口さんを追及して、高口義輝事務官がものすごいスピードで書いていったということになっていますが、高口事務官が書いた枚数と時間を計算すると、その時間内にそれだけの枚数がある調書をきちんと書けるかどうか。そんな疑問があっても、第一審の死刑判決で、「証拠」のひとつとして採用されてますね、「第四回検面調書」がつくられたときのことをご存じでしたか。

「第四回検面調書であるということは、その当時はわかっていないですよ。それはわからないですよ。まだ一九歳やからね。西も東もわからないんですから」

――そうでしょうね。そこで、精神的にどんな気持ちだったんですか。取り調べられているあいだの気持ちは……。

「もうそのときは、拷問されて虚偽の自白をした後ですからね。だから、こうもやったやろう、ああもやったやろうといわれたら、もうなにも否定することはないわね。全部すんなり、「ええ、そうです」、「はい、はい」いうとったら、ずーっと調書ができあがっていくんですから。文句なしでね。スムーズにいくでしょう」

——認める自供をしたときは、いちばん最初になんといったんですか。

「そのときは、「やりました」と。「申し上げます」というような調子でね。むこうを納得さして、自分が楽になればいいんですから。そうでしょう。もう楽にしてくれますがね。「自白して楽にせい。たばこも吸え」「はい」。なんぼでも吸わしてくれまんがな。うまいもんは堪能するほど食べさせてもらえますし。もうそれでやね、楽になれるからね。それでもういままでの空腹も回復してやね、またからだのほうもよくなってくるしね。もうそれで押し通せると思ったんですよ」

——やったというと、死刑になるとは思わなかったんですか。

「いや。あのときはまだ勉強してなかったから、法的なことはわからなかったけれども、これは死刑になるんじゃないかというカンはしましたね」

——それでも当面は、腹が減っているほうが重要だ、ということになっちゃうんですか。

「空腹状態のときに虚偽の自白をしかけたら、むこうもごちそうをもってきて、食べさせてくれますからね。もっといわそうと思ってね。いろいろむこうもやりますね。あの手、この手でね。だから、わたしもそれに乗ってだんだんとうその自白をしていったんですけれども、事件の内容がわからんもんやからね。「わかりません、教えてください」と、最終的にはもういうたんですよ。

そうしたら、むこうはもう察してね。それから、手取り、足取り教えるようになったわけです。しかし、むこうはこれで充分とはいえないから、手記を書かないかんということになったわけです。しかし、わたしはその当時、手記が証拠になることはわからないでしょう。毛頭わからないんですよ。

だから、むこうはこれさえあれば鬼に金棒だという感じになってね。やっぱりすこしでもそういった供述調書や手記とか情況証拠が多いほうが完璧になってくるからね」

拷問について

——拷問として、睡眠制限や減食や手錠をかけたり、正座させたり、また蹴ったり、殴ったりの肉体的暴力的な拷問がありますね。それが複合的に重なりながら加えられるんでしょうが、いちばん苦しい拷問というのはなんですか。

「やはり、それは腹が減るのがいちばん苦しいわね。もう餓死するんじゃないかというような不安をおぼえますね。それからまた夜遅くまで、昼夜の別なく、空腹状態にしておいて調べられたら、もう完全に参ってしまうわけです」

——暴力的な拷問はすくなかったんですか。

「殴るということはなかったけれども、ボーンと後ろから突いてみたりするときはあったんですよ。「こらっ、いわんか」いうて、ダーンと机をたたくことはありましたよ。あったけれども、暴力的に肉体にたいしてやるということはなかったんです。田中（晟）警部はとくにそうですよ。宮脇さんもそうだ。宮脇さんのほうがとくにそれは強かった。宮脇さんは公判廷でも矢野先生を相手に、ダーン、ダーンと証言台をたたいとったでしょう。あの調子ですわね」

——傍聴席であれを見て、弟の孝さんが、「昔とおなじことをやってる」といっていました。

「そうでしょう。あのひとはカーッときたら、これ（手刀）をやるんですよ。それで、「お前、逃走したらいかんから、田中さん、ちょっとくくっときましょう」ということで、わたしはくくられて、膝をぐるぐる巻かれて正座させられるんです」

——どういうふうに巻かれたんですか。

「ただ巻かれたんと違うんですよ。こう座っていた膝をぐるぐる巻きにされたわけです。座ったら痛うなるでっしゃろ」

——ああ、8の字にまわすんですか。

「そうです。正座させておいて、ギューッと巻くんですね」

——ロープですか。

「護送用のね。手錠をつけて、腰に結わえつける太いヤツです。だから、痛いですよ。とくに、畳の上に座ったら痛いんですよ。そのときはもう汗水タラタラ垂らしてね」

——暑いですからね。

「もう真夏やからね。わたしの膝の下の畳がビッショリぬれてね」

——それを何分ぐらいやると、参っちゃいますか。

「二、三時間ぐらいで参っちゃいます」

——何回ぐらいやられましたか。

「それをやられたのは、六、七回から一〇回ぐらいまでやられたでしょう。わたしは強情なほうやったからね。どないやられても、真実は通さないかんと思って、わたしは粘っとったけどね。耐えとったけど、耐えられなかったですよ」

——だんだん自分が深みにはまっていってしまって、どんどん落っこっていってしまって、これから先このままはい上がれないんじゃないか、という恐怖心みたいなものはないんですか。

「やっぱりありましたよ。しかし、もう虚偽の自白を半ばすぎまでずっといっとるんやからね、どうにもならんですよ。もう引っ込めるわけにいかんですよ。だから、その時点では、むこうはもう待っていましたやからね。どんどんどんどん教えてくれました」

——やっぱりこのままでは怖い、おれはやっていないんだ、ということをもう一回主張するわけにはいかないんですか。

「できないというわけじゃなかったんですけども、その時点ではわたしは「消してくれ。そこは違うから消してくれ。今日はもういいたくない。いい尽くしてしまった。いいたくない。そんなこと書かんとってくれ。消してくれ。そういうことを書くんやったら、おれはもういわない」ということも何回もあるんですよ。「消してください」ってね。そういったことはちゃんと調書に載っとるんですよ。「消してください」いうて、わたしがいうとる。何回もいうとんのやけどね。ところが、「うん、この箇所は消してやるから」っていいながら、現実には消していないんですね」

〝自白の任意性〟について

――こんどの判決で、自白に任意性がある、ということを裁判長が朗読したのを聞いたときはどう思われましたか。

「裁判長の見方は誤っとるとわたしは思いました。あの時、あっと思いましたけどね、しかし、もう無罪をいい渡されとるから、そこまでわたしもきつく受け取れなかったわけです」

――喜びがいっぱいで、細かいところに違いがあってもいいわけね。

「あっても、もうどうでもええわと。いいやないかと。しかし、喜んどったけどね、また胸がキューッとなったですがな。この裁判長は見極めてないなあ、なんや二束三文だなあと……(笑)。しかし、そんなことでまた逆上して、あの法廷でいえますか。そんなことをいうたら、それこそ醜態ですからね。だから、感謝の念を表さざるをえないですよ、あの場ではね」

――手記に、「私」のことを「和くし」とあるでしょう。どうして、こういうことがあると思いますか。

「警察官がわざと書いて、それで法廷に提出しとるんですね。わたしが何回も何回も平和の和を書いてだすということはありえないですよ」

――その当時、もちろん「私」という字はご存じでしょう。

「ええ、知っとったですよ。「自白」のことが「白白」となっとるでしょう。もう一つ筋を入れなきゃ、中にね。そんなことがありうるわけはないんですよ。それも何回も何回も白白、白白になっているんですからね。そういうふうにわたしがまちがって書いたようにして、いかにもわたしが書いたように、任意に書いたようにしとるわけです」

――半年ぐらいたったあとで、保釈願を書いてますね。その保釈願の文章とか字はちゃんとしてるんですね。

「そうですよ。わたしがなんぼ無学やいうても、やはり六年生まででとるんですから、書けないことはないと思いますけどね。裁判ではわたしは〝無学文盲〟で、という表現をしとるけれども、しかし書けたことは事実です」

──やっぱり世間のイメージとか、警察のイメージとして、あいつは〝無学〟で、〝非識字〟で、凶悪犯だから、たぶんこう書くだろうというのが、ああいう文章や字に表れているんですね。

「そうです。だから、村のひとがいいもしないことを、あいつはこういった、ああいったいうてね。いかにもわたしが真犯人のごとく大きなことを書き立てとるんですけどね。ああいったところをみたら腹立ちましたけれどもね。しかし、宮脇さんはあわれに思いましたよ。再審の法廷から泣きながら帰ったでっしゃろ。ああいったところをみたり、それからまた捜査官が証言台に立って証言しとるところをみたら、本当に取るに足らないね。もうあわれにみえましたね」

──田中さんなんかについてはどう思っていますか。

「ちょっと悪賢いところがあるんですよ。また美辞麗句を並べて、証言台に立って表現しとるでっしゃろ。「谷口が涙を流して」とかいっとったでっしゃろ。そんな事実がありますかいな。わたしやて現実に罪を犯しとるんだったらなんやけど、事実、罪を犯しておらない人間がそんな涙を流して自白したと。そんな事実はあらへんですよ。

「そんなら、あなたが鉛筆と紙とを与えて書かせたといっているんですけども、それはあるんですか、現物はあるんですか。ないじゃないですか。どうしてそれを裁判所に証拠として提出しなかったんですか」とわたし、いうとるんですよ。「ないからそのようにいっとるんでしょう」。そんなことでっしゃろ」

──再審の公判廷で、彼はステテコなどはいたことはないといいましたね。

「暑い盛りやったから、ステテコをはいてね。だれもみとらへん密室状態のところで調べとるんだから、ステテコをはいて、扇子を使いながら取調べしとるんです。やっとるにもかかわらず、ああいった公廷では否定しとるでしょう」

──あれはどういう意味でお聞きになったんですか、記憶の問題ですか。

「いや、いや。もちろん、記憶の問題もあるけれども、警察官があのような服装で取調べをすることはできるんですか。また現実に拷問があったということを強調するために、わたしはあのような表現をしたわけなんです」

「手記」偽造説について

──こんどの判決では、手記も谷口さんの自筆にまちがいないと判断していますね。

「署名はわたしがしたかもわかりませんわ。しかし、手記の中の筆跡はね、字はね、わたしが書いたものではないということは明らかでございます」

——白い紙が一枚あるとすると、いちばん最後に「お前、署名しろ」といわれて、しょうがないから署名して、あとで新しい紙にまた記入してきてくっつけたという感じなのでしょうか。それとも、あらかじめ書いたのをもってきて、「署名しろ」といったんですか。

「そう、そう。五通持ってきて、「署名せよ」と。それで、わたし、署名したような感じもあるんですよ。いま考えてみたら、これはいままでにいわなかったことですけどね」

——しかし、それでもいいんですよ。むこうがつくったヤツに署名させられたというのは、そういう不法なひどいことをしたんだから、主張していいんですよ。

「鎌田さん、ちょっと待ってください。それは宮脇主任だけがおるときに署名させたんじゃないんですよ。わざわざ強行班を連れてきて、田中、広田巡査部長、それから菅巡査部長」

——菅薫ですね。

「それから、ほかの警察官二名ぐらい。五、六人おるでしょう。そこへもってきて、まだ宮脇主任が加わったら、六、七人おるでしょう。そういった面前で、菅部長がまとめてもってきてわたしが署名したような感もあるんですよ」

——じゃあ、捜査陣の複数の連中がその事実を知っていたんですね。

「そうです。そのとおりです。これはもう過ぎ去ったことでございますけれども、わたしはそのような感もするんですよ。しかし、それはわたしの記憶ちがいやったかもわからんけれども、いま考えてみたら、まとめて膨大なものをもってきてそれで署名して、指印を押したことがあるんですがね」

——それで、裁判長がいったことについて、どう思われましたか。手記は本物だと判断されているんですけどね。

「それはわたしが「タン的」なものをだしているでしょう」

——短いヤツでしょう。

「短的なものをね。だから、長文もそのときに書いたんじゃないか。谷口は記憶が薄らいで、書いとるんやけれども、書いてないといってるんじゃないか、と。わたしはまた法廷で、「絶対に私が書いたとはいい切れません。書いてないとはいえません」ということをいうとるでっしゃろ。だから、そういう表現もせざるをえないんじゃないかというふうにもみとります」

——ぼくは署名は、どうみてもやっぱり本人のかな、という気持ちはあったんですよ。

「鎌田さんのおっしゃるとおりで、わたしもそのように……。記憶ははっきりはないけれども、わたしがもしかしたら書いたんじゃないかというような感じもするわけなんですよね。ただ、署名をしたかもわからないというような表現はいましないほうがいいんじゃないですか。構わんですか」

——署名だけさせられたことの方が、問題ですよ。

「法廷でわたしはよく似ていると思ったということをいうとるからね。それでいいですね。よくわかりました」

——結局、裁判所は、「手記は偽造である」ということを認めると、捜査の違法性がはっきりしてしまってまずいから、認めないんでしょう。

「そうですよ。無罪にしても、相手にも花を持たせてしまったわけなんですよ。結果的にはね」

——無罪であることは、最高裁の差戻し決定（一九七六年一〇月）のときで決まっているから、あとは検事のほうに顔を立てているようですね。

「あることはあるとわたしはいうですよ。そういうことはないですよ。明らかに偽造でございます。署名の場合はちがいますよ。これはわからないですよ」

——裁判長は「昼夜の別ない取調べ」とか「手錠やロープによる拷問」などの表現が〝紋切り型〟だから、「意図的な陳述」だ、と判断してますね。

「そういったでっしゃろ。カーッとなりましたけどね。しかし、わたしだって法廷であのぐらいの表現しかできないわけなんですよ。だから、それをあんまり詳しくいえばいうほどこれはうそみたいになってくるからね。そうでしょう。うまいことごまかしよるなというふうにもとられたらいかんからね。表現しようと思ったらできないことはなかったんですけどね」

——いちばん遅い時間ですと、深夜の何時ぐらいまで取調べはあったんでしょうか。

「いちばん遅い時間は一時半ぐらいまでです」

——朝早いとしたら、何時ぐらいからですか。

「朝早いとしたら、もう暗がりやから四時半か五時ぐらいには……「取調べにいくから、おい、用意せえよ」って。目をこすりながら眠たいのにフラフラでやね、出かけていくんですからね」

——留置場から取調室まで歩いて何分ぐらいかかるんですか。

「約二分……」

——深夜一時すぎまでやって、翌朝四時ということはないんでしょう。

「そういったときは、昼ごろからまたはじめます」

死刑判決の瞬間

——話の順序がちょっと変わりますが、一審で死刑の判決を受けた瞬間の気持ちはどうでしたか。

「死刑の判決を受けた瞬間は、これはまだ高裁があると。だから、わたしは必ず無実が証明されると確信を持っておりましたからね。そんな大きな驚きというか、痛手ではなかったんですよ。恐怖心というのはなかった」

——二審にいって、どうですか。

「二審にいったときも、必ず無罪が証明されると、確信をもちつづけておりました」

――最高裁が上告棄却して、死刑が確定したときはどう思いましたか。

「棄却されても、これが最後だといった考えはもたなかった。かならず再審に結びつける。ただ、これはもう弁護士だけにすべてをお任せすることはできない。

おれはおれでひとつ勉強して、闘わなければならないと、それから本腰を入れたんです。こっちが黙っとったのでは、わたしの心底はわかってくれないと。裁判官も人間である以上、真実を見極めるのには、やはり被告人の訴えから判断をすることになるんですから。

だから、述べなくて、なにもいわなくて、おれは無罪だ、無罪だ、無実だと主張したところで、それはなんの効果もないわけでしょう。かえって疑いをもたれて、深みにはいっていくことになります」

――そうすると、最高裁で棄却されてから、はじめて資料を取り寄せて、ご自分で勉強されるようになったんですか。

「『上告趣意書』もみずから書きました。だからあの上告趣意書の意味は大きいんですよ」

――何度も書いて失敗して、また書き直す、という感じですか。

「すらすらっと書けた上告趣意書とちゃうですよ。辞典を引っ張りだしてきたり、いろいろしてね、苦労して書き上げた上告趣意書ですよ。あのころからわたしは勉強しはじめたんですよ」

恩赦請求のこと

――普通は、死刑が確定してから何日以内に恩赦を請求するんですか。

「二週間以内です」

――恩赦のときに、どういう問題があったんでしょうか。

「恩赦のときに、『わたしは恩赦の出願はしません。恩赦の出願をするということは、自分が本件を認めたことになるから、断じてこれは反対します』『いや、お前、これは天皇陛下もみるんだぞ。恩赦出願はな、お前は一等減ぜられることになるんだ。だしてくれ。頼むからだしてくれ』と、手を合わせて、『頼むからだしてくれ』、というんですね。『アホなこというな。おれはださないよ。いったんださんいうたらださん。だれがどういうたってださん』とかぶりを振っとったんやけど、『そんなことというてくれるな。とにかくお前、法務省からもおれはボロクソにいうて怒られるから、顔に免じてひとつだしてくれ』というんですね。

「あなたはなんですか、おれの足を引っ張る気か。これをだしたら、おれは本件を認めたことになる。無実を主張しとる人間が恩赦を出願するなんていうことは、これは考えられない。ありえないこっちゃ。ださん」というたら、「そんなこといわずにだしてくれ。だしてくれ」というて、何回も何回も舎房を訪問するんですね。

それで、わたしは、「あんたは、ほんならおれがいまいうたようなことをちゃんと書いてくれるか。証拠として、残しといてくれたら、それやったらだす。残しといてくれたら、あんたの顔を立てよう」。そしたら、「残すから」というから、ほんでね、恩赦願をだしたわけなんですよ。現実に罪も犯してないのに、死刑が確定してやね、数日になるけども、わたしはあくまでも無実を主張し、その潔白を晴らさなければならんというようなことを書いたんですよ。

わたしはそれでだしてくれると思った。わたしは恩赦よりも再審をせなけりゃならん、再審請求のほうが先なんだということですね。そしたら、「いや、ちがうんだ。恩赦のほうを早よしてもらわないかん」。しかし、わたしは法律的なことはわからないから、再審が先やなければならないと思うと、当時の保安課長に、いったんですよ」

死刑制度について

――死刑囚にはどういう方がおられましたか。

「断頭台に立っていった人が、「今日のような菊日和の日に執行がこないかな」といってました。なぜそういうことをいわなければならないんですか。すこしでも、一日でも二日でも生き長らえるものだったら生き長らえたいというのが本当じゃないですか。そうでしょう」

――つまり、死の恐怖はないのでしょうか。

「もう孤独に耐えてね。そういう人は死刑を恐れてないということですよ。恐怖心というものはないということになるんじゃないかと思います。今日のような菊日和に、青天白日というか、いいお天気の日に、おれを執行してくれないかなあ。こういうことはすばらしいことですよ。わたしらからいえば、これが本当の極刑囚にとっては死にがいやないかと思うんですよ。生きがいがあると同時に、死にがいがなければ人間はダメなんですよ。わたしはそう思いますよ。極刑囚に死にがいがあったなんていうたら、社会の人はうなずけますか」

――うなずけないですね。

「そこなんです。うなずけるんですよ。死にがいがあるからこそ、そういうことをいうんですよ。看守から煙草をすすめられて、肺ガンになるのが嫌だ、と断わったひともいます。まもなく処刑されました。なにもつくりごとをいっとるんやないですから」

――死刑制度についてどう思われますか。

「死刑は明らかに廃止されなければならない、と思います。死刑は最高刑ではないということをわたしは強調したい、叫びたい。最高刑は、死刑にせずに、毎日毎日、暑い日も寒い日も休ませずに働かせることが極刑である、ということをわたしはいいたいわけです。そらあ、終身刑にすればよいとか、自由刑にすればいいとかということをいったひとはおるけれども、死刑は極刑やないと、いっているひとはいますか。それで罪の償いができますか。極悪人を安楽死させてはならないとわたしはいいたいんですよ。それが死刑の廃止につながることでございます。

わたしがいいたいのは極刑なんていったって、だれも恐怖心を感ずるひとはいないんですよ。今日のような菊日和に執行がこないかな、というほどなんです。大阪拘置所で二九人の友を見送ってきました。顔を知らないひとをいれると四〇人くらいになりますが、泣き叫んだり、あとずさりして、死刑は嫌だといったひとはだれ一人いなかったんですよ。

みな従容として死につかしめるために教育をしているんですから、そんなことは絶対にありえない。あってはならない。そんなことをしたら、もう師の値打ちなしや。そうでしょう。死刑囚は刑場を温かいところだ、と教えられているのです」

——無実の場合は、そうはいかないでしょう。

「死刑を確定したあと、「恩赦却下」の知らせがきました。そのとき、お迎えがきた、と思いました。「執行の命令ですか」とききました。「そうではない」といわれまして、「おかしいな」と思いました。却下のあとは、すぐ処刑されるのですが……。これで処刑されたら、死んでも死に切れない、と思いました。それでも、法務大臣がハンを押したら、行かなくてはならないのです。先輩に負けないよう、従容と死につくように、腹がまえができているのです。わたしは若い人たちにいいたいことがあります」

——どういうことでしょうか。

「自分の生命を大事にしてもらいたいのです。いまのひとたちは、あまりにも生命を粗末にしすぎます。死刑囚たちは、一日一日を大事にして生きています」

——それで、これからは、どのように暮らされるんですか。

「まだ決めてません。兄弟とも相談して、静かに、地元のひとたちに信頼されるように暮らしていきます。まあ、わたしの生活態度をみて下さい」

岩波現代文庫版へのあとがき

「谷口繁義さんが亡くなったようですが、どこの病院だったかわかりませんか」

新聞記者から電話がかかってきた。しかし、わたしは、死亡ばかりか、入院していたことさえ知らなかった。知っていたのは、香川県の琴平《ことひら》町で暮らしている、ということだけだった。長兄の勉さんが他界してから、連絡は途絶えていた。

あとでわかったことなのだが、亡くなったのは二〇〇五年七月二六日、入院先の琴平の病院、という。七四歳だった。逮捕されたのが、一九五〇年四月、まだ一九歳のときだった。八四年三月、ようやく冤罪が晴れて釈放された。すでに五三歳になっていた。

ひとつ歳下の女性と一緒に暮らすようになって、よく旅行したりしていたらしい。カラオケが大好きになったのには、彼が釈放されてから、日弁連（日本弁護士連合会）の集会に呼ばれて東京にやってきたとき、立風書房の編集者とふたりで、わたしたちの同級生がやっている新宿のバーへ連れて行ったのが関係していなかったかどうか、わたしはときどき、胸を傷めたりしていた。彼が獄中でも歌うのが好きだったのを知っていたので、カラオケバーなどに案内してしまったのだ。

それから、二一年、谷口さんは社会の表面にでることなく、だれにも知られることなく、ひっそりと亡くなった。新聞記事になったのは、二〇〇六年一月上旬、その死去から半年たっていた。

二四年まえに上梓した原本の「あとがき」に、「多くのひとは、冤罪事件について、無関心なまま日を送っている」と書いた。それはいまでもさほど変わっていない。清く正しく生きていれば、警察などとは無関係に生きていける、と思っているからだ。警察から疑われるひとは、なにか後ろめたいことがあるからだ、というのも、庶民の常識である。ところが、いまでも、冤罪事件は絶えることなく発生している。

冤罪を主張していた、死刑確定囚のやり直し裁判（再審）が決定したのは、この「財田川事件」が最初（一九七六年一〇月）だった。その後、免田事件（熊本県）の免田栄さんが最初の釈放者となり、松山事件（宮城県）、島田事件（静岡県）と再審がはじまった。最高裁で死刑が確定した死刑囚が、無罪の判決をえて死刑台から生還する、という想像に絶する事態がつづいた。八〇年代のことである。

そのあと、やはり死刑確定囚である「名張《なばり》毒ブドウ酒事件」奥西勝さんや「袴田《はかまだ》事件」袴田巖さんなども、再審を請求しているが、いまだ却下されつづけている。これらの事件も発生以

第1巻
2024年9月

〒101-0051　東京都千代田区神田神保町 3-10-601
TEL 03-6272-9330　FAX 03-6272-9921
e-mail book-order@libro-koseisha.co.jp
URL https://www.libro-koseisha.co.jp/

皓星社

鎌田ルポの原点

佐高 信
（評論家、作家）

鎌田の代表作『自動車絶望工場』は次のような理由で、大宅壮一ノンフィクション賞を逸した。しかし、それはむしろ勲章だろう。選考委員の一人扇谷正造はこう書いている。

「珍しい素材で企業の実態について教わることが多かったが、ただ取材の仕方がフェアでない。流れ作業システムについてはEEC（当時）諸国ではすでに、その不採用を決議し、スウェーデンのボルヴォ会社など、新しい個性的な作業システムに切り替えている。絶望の裏に希望がなければ、〝告発〟になり、それでは問題解決にならない」。

トヨタ自動車に実際に臨時の季節工として入り込み、その過酷な実態をルポしたこの作品について、こう批評した扇谷に対し、鎌田は「では、会社の広報部に行ってPR記事を書けというのか」と反発した。

私も企業のことを書くからよくわかるが、取材に対して会社側の方がフェアでないのである。都合の悪いことを書かれまいとさまざまに画策する。最初、現代史出版会から出たこの本の題名が『トヨタ絶望工場』から『自動車絶望工場』に土壇場で変わったことなど、扇谷には絶対わからないだろう。

この作品が『Japan In The Passing Line』（追い越し車線の日本）と題してアメリカで出版されたとき、長い序文を寄せたのがロンドン大学教授で『都市の日本人』等の著作もあるR・ドーアだった。ドーアは、この英訳本の序文を書くために、鎌田が書いたような季節工と長時間の時間外労働が、今どうなっているのか、その数字を教えてくれとトヨタ自動車に手紙を書いた。

するとすぐにトヨタの中間管理職が飛んできて「尊敬すべき大学者であられる先生が、どこの馬の骨ともわからぬひねくれ者があのような口汚い言葉で書きつらねた本に関係されるとは残念です」といったという。ドーアはこの経緯をそのまま序文に書き、トヨタは世界に恥をさらした。

鎌田には多くの著書があり、私は『反骨——鈴木東民の生涯』が最も好きだが、やはり原点は『自動車絶望工場』なのだろう。

鎌田は単なる著作の人ではなく、行動の人である。安倍晋三の国葬反対に反原発にと先頭に立って異議申し立てをしている。

そこに私は最大の敬意と全幅の信頼を寄せている。

青森県出身の鎌田に同郷の葛西善蔵のことを書いた『椎の若葉に光あれ』という作品のあることも忘れてはならない。

決して流暢とは言えない東北弁でボソボソと語る鎌田は、今日もどこかで権力への抗議の声を上げている。私はその人柄と共に、あの口調に惹かれる。

小さな声を拾い続けて

野島美香
（冤罪犠牲者の会 事務局）

鎌田慧さんというと、その広範囲な行動に驚かされる。自分のアンテナに引っかかった興味の先には鎌田さんの姿があることが多いのだ。一貫しているのは、ヒューマニズムであり社会的弱者（にされた）の側の「個」の視点だ。

私が社会運動に目覚めたのはまだほんの12年前で、とっかかりが冤罪・狭山事件だった。1963年に埼玉県狭山市で起きた女子高生誘拐殺人事件は謎が多く、捜査中に関係者が次々と変死を遂げたこともあって、ミステリーとしての側面が強い。亀井トム氏の著作が推理好きの間で話題となっていたが、私が「なんとなく」最初に手にとったのが鎌田慧さんの『狭山事件の真実』（岩波現代文庫）だった。真犯人推理が趣旨の本と違い、冤罪犠牲者である石川一雄さんが主体となっている。被差別部落出身で文字の読み書きができなかった石川さんが「脅迫状」を書いたとされた。部落差別を利用した権力による冤罪だった。鎌田さんの語りの主語は常に不条理に抗っている者たちだ。

狭山事件は一審が死刑判決だった。鎌田さんの本の中では東京拘置所で石川さんと交流のあった多くの死刑囚を紹介している。その中でも「連続射殺魔」と呼ばれた永山則夫さんとは同じ青森出身で直接の交流があったそうだ。石川さんも永山さんも極貧の中で育ち、学校は数えられるほどの日数しか行ってない。二人とも生きることに無我夢中だった中で、ようやく学べる境遇が獄中であったのだ。永山さんは裁判冒頭の人定質問で、出身校について「東拘大（東京拘置所大学）」と答えたという。一方石川さんは心ある刑務官の協力で文字を勉強し、無実を訴え始める。鎌田さんは「学ぶことの勝利」と位置付けている。

永山則夫さんは罪を犯しているのに対し、石川一雄さんは冤罪だ。しかし鎌田さんの視線はもっと外側にある。社会の構造に目を向けることによって、貧困や犯罪を個々の問題と切り離し、その人となりをあぶりだす。そうして浮かび上がる人物像がこの上もなく魅力に満ちている。鎌田慧マジックと呼んでもいいのではないだろうか。

ふるさとに寄り添う心

根深 誠
（作家、登山家）

四十年ほど昔のことになる。何かの用事で弘前市役所に出かけたとき偶然出会った教育長に呼び止められて茶飲み話をした。何かと思ったら「君は慧クンと親しいそうじゃないか」「ハイ、いつも手を引っ張ってもらい、助けられています」

何処で聞きつけたのか、私が鎌田さんと親しく付き合っていることが、弘前高校で教鞭をとった昔の先生方の間では知られていたのかもしれない。佐藤圭一郎という生物学の先生だった。圭一郎先生は概ね、つぎのようなことを私に語った。

軽井沢に出張が決まり、生徒たちに留守中の宿題を出した。何日かして、教員室の机の引き出しを開けると匿名の手紙が入っていた。「軽井沢へ行くなら堀辰雄を読んでほしい」という趣旨である。はて、誰の仕業か。先生は答案用紙の筆跡を片っぱしから調べて犯人を割り出した。そして鎌田さんを呼んで確かめた。鎌田さんは言われるがまま認めた。

「その手紙を失くしたんだよ。残念なことをした」それで、もしこんど慧クンが弘前に来ることがあったら先生に教えてくれないか、というのである。一席設けたい。私は鎌田さんにその旨を伝えたが実現しないまま先生は亡くなられた。

旧城下町弘前の市街地はちいさくて、街の通りで恩師と偶然出会うことがままある。鈴木忠雄という校長先生と出会ったときうれしそうに私にこう話しかけた。「慧クンはいい文章を書いてくれた」漢文の先生で「ちゅう先生」と親しみを込めて呼ばれていた。忠先生は山が好きで共に岩木山に登ったりした。鎌田さんが母校の創立百周年記念誌『鏡ヶ丘百年史』（1983年刊）に寄せた文章の感想を私に述べたのだ。忠先生も鬼籍に入られた。

鎌田さんは高校生活を振り返り、自由闊達の校風があった当時の母校への感謝をこめたやさしい挨拶をおくっている。「丘からの広がり」という小題のエッセイである。「おおらかで、成績で生徒を識別することはなかった」鎌田さんとは一回りほど年齢差のある後輩の私が在学のころも片鱗は残っていた。鎌田さんに劣らず私も劣等生だった。私は在学中、自宅謹慎の罰を受けている。それでも何とか卒業できたのだ。

鎌田さんが弘前を訪れるのは何年にいっぺんかでしかない。それも最近では難しくなっている。電話で「もう行けないかもしれないな」という望郷の念を私はたびたび耳にしている。そのたびに、寄る年波で、そうかもしれないとさびしく思う。

弘前市内の「湯屋小路」と呼ばれる、昔ながらの路地に「稲穂」という居酒屋がある。きわめて良心的な、年老いた女主人の手づくり料理が酒の肴にちょうどいいので気に入り、鎌田さんが弘前に来たときはふたりで杯を交わしている。女主人は鎌田さんの大のファンだ。このたびの『現代の記録』刊行を記念して、私は稲穂に行き、鎌田さんにひとり祝福の挨拶をおくりたい。

鎌田さんが歩みつづけて来たこれまでの膨大な著作の量と内容は瞠目に値する。まさしく「もの書き」を生業とする者の鏡であり、ふるさとの後輩として私が尊敬する所以である。その業績は、ふるさとの財産であり誇りとすべきものである。それでは鎌田さんに乾杯！

来、四〇年以上たっていて、死刑確定囚にとって、あまりにもむごい歳月が流れている。

先進国では例をみない、いちじるしい国家による人権侵害がつづいている。とりわけ袴田巖確定囚は、拘禁性の精神障害がはなはだしく、面会にいった実の姉さえ認識できない病状である。それでも、医療刑務所にさえ、移管していない。獄死をまっている、としか考えられない。

死刑事件ではないが、六〇年代の事件のひとつで、いまだ裁判所が真実の解明を拒否している事件に、部落差別による「狭山事件」がある。

冤罪について、市民は無関心、と書いたが、最近、痴漢冤罪をテーマにした映画『それでもボクはやってない』（周防正行監督）が多くの観客を動員して、警察と検事によるでっち上げの実態が、ひろく理解されるようになった。

二〇〇三年四月に発生した、「志布志《しぶし》選挙違反事件」は、県議選をめぐって、現金による買収があったとして、一三人が逮捕された。家族からのメッセージに見立てた紙を踏ませるという、時代がかった「踏み字」を強要するなど、想像に絶する強引な取り調べによって、六人が自供調書の作成に応じた。が、結局、でっち上げだったことがはっきりして、一二人全員（ひとりは公判中に死亡）が無罪判決をえた。検察側は控訴しなかった。

二〇〇二年に富山県氷見《ひみ》市で発生した強姦事件の容疑者として逮捕され、有罪判決を受けて二年間服役した三九歳の男性が、五年たってから、無実だったことがあきらかになった。これは松江市で逮捕された男が犯行自供して、冤罪があきらかになったものである。本人が無罪を主張していなかったことに、裁判にたいする不信が示されている。

そのほか、佐賀県で三人の女性の遺体が発見され、犯人として死刑を求刑されていた被告が、無罪判決をえた「北方《きたがた》事件」もある。一九六七年の殺人事件で、二〇〇五年に水戸地裁土浦支部が、ようやく再審を決定した「布川《ふかわ》事件」は、ふたりの青年が無期懲役にされていたものだった。

これまでも、松川事件や帝銀事件など、米軍占領下での有名事件をふくめて、冤罪事件は枚挙にいとまがない。それでも、さっぱり減少しないのは、警察官や検察官の強権的な自白強要の体質と無責任な組織になんら変化がなかったからだ。よく問題にされる、警察の金銭の不祥事をめぐる、組織的な隠蔽工作が、その体質をあらわしている。

さらに裁判官もまた、個人の良心と法に従って裁くという、裁判官が独立して存在する制度にはなっていない。ここでも、企業とおなじ、保身と出世の論理が罷り通っている。

保守政治の長期化が、司法の民主化を疎外してきた。司法を市民の手に取りもどすための早急な改革がもとめられている。

二〇〇九年から導入されようとしている「裁判員制度」は、その不満をうまく利用しながら、民主主義社会から生みだされ、それを強固なものとする、「陪審制度」とは似て非なるものになろうとしている。

二〇〇七年七月

鎌田慧

資料 岩波現代文庫解説

佐野 洋

一九八四年の夏、東京千代田区の教育会館で、集会が開かれた。その少し前、再審裁判で無罪判決を得た松山事件の斉藤幸夫さんを迎え、冤罪問題を検討する会で、主催はたしか日本弁護士連合会であった。

その集会には、斉藤さんより一歩先に再審で無罪になった免田事件の免田栄さん、財田川事件の谷口繁義さんも出席、「冤罪はなぜ起こるか」という公開座談会が行なわれた。

私はその日、開会三十分前に会場に入り、すぐに楽屋に足を運んだ。主催者から頼まれ、公開座談会の司会をやることになっていたのだ。

私は、斉藤さんや免田さんには面識があったが、谷口さんとは初対面であった。そこで、主催者が私を谷口さんのところに連れて行くと、彼はいきなり立ち上がって、

「あ、佐野さんですね。いろいろお世話になりましたが、お蔭で自由になりました」

と、大声で言い握手を求めた。

握手をしながら、私はなかば驚き、なかば恐縮していた。主催者の紹介の前に、彼が私に声を掛けて来たことが驚きだったし、「いろいろお世話になった」と言われたことに恐縮したの

である。

私は財田川事件に関しては、雑誌に一度書いただけで、「お世話」と言われるようなことはしていない。

とすると……。谷口さんは、あの雑誌の一文を読んでいたのだろうか……。


長島茂雄氏が、読売巨人軍の監督になった一年目つまり一九七五年の秋、以前から知り合いだった『月刊現代』誌の編集者Mさんが、私の家に相談に来た。

その年、巨人軍は最下位だったが、どうやれば立ち直れるかの特集をしたいので、知恵を貸してくれ、というのである。

そのMさんの用件が済んだあと、私は逆に提案した。『月刊現代』で再審事件のキャンペーンをしないか……。

私が、そういう提案をした背景を説明しよう。

その年の五月に、最高裁はいわゆる「白鳥決定」を出した。その中の「再審開始のためには、確定判決における事実認定につき、合理的な疑いを生ぜしめれば足りるという意味において「疑わしいときは被告人の利益に」という刑事裁判の鉄則が適用される」という判旨は、いまでこそ、再審の壁を突き崩すきっかけになったものという評価を受けているが、決定そのものには、私は失望した。

白鳥事件では、再審請求の段階で、請求人村上国治さんに有利なしかも新しい証拠が幾つも出ていた。その一番大きなものは、弾丸の腐食実験により、唯一の物証と言われた弾丸の信頼性が崩れたことであり、これだけでも、再審開始の決定が出て当然だと私は思っていたのだ。

ところが、最高裁は、

「証拠弾丸に関し第三者の作為ひいては不公正な捜査の介在に対する疑念が生じうることも否定しがたい」

としながらも、特別抗告を棄却したのだった。

証拠について、あれほどの新規性と明白性がありながら、棄却されたのだから、再審の壁は依然として厚い……。

こうなったら……と、私は考えた。世論に訴えるしかない。世論で再審の壁を破るのは、とうてい無理かもしれないが、国民の目がいくつかの再審事件に向けられれば、法務当局も、死刑判決を受け冤罪を訴え続けている人たちの刑の執行に、多少は躊躇するのではないか。また、あるいは、その人たちの名誉もいくらかは回復されるのではないか。

現に村上国治さんについては、彼を殺人者と考える人はほとんどいなくなっているが、それは再審請求運動の全国的な高まりによって、村上さんが冤罪である事実が知れわたったためであろう。

いささか、ドンキホーテ的ではあったが、白鳥決定後、こんなことを考え続けていた私は、Mさんにそれを打診したのであった。

幸い、その企画は同誌の編集会議を通り、翌一九七六年に実現した。

「日本の冤罪」と題する連載企画で、第一回目は第一部総論として、松本清張、青地晨の両氏並びに私による座談会を載せ、第二部はケーススタディと銘打って、私が松山事件の紹介を書いた。そして、以後は青地氏と私が交互にケーススタディを受け持つという形で、六か月間に亘って連載された。

その三回目に、私が取り上げたのが、財田川事件だった。

正直なところ、企画をMさんに話した段階では、私はまだ財田川事件についてほとんど知らなかった。本書にも書かれている矢野伊吉氏の『財田川暗黒裁判』が出版されたのは、その年の秋であった。

それが、キャンペーンに際して日弁連に助言を求め、再審事件のリストアップをしてもらったところ、この財田川事件を是非取り上げるように勧められ、矢野氏の著書を教えられたのだった。

しかし、このキャンペーンは、必ずしも満足の行くものではなかった。雑誌一号ごとに一つの事件、そして一回の枚数は原稿用紙で五十枚ということになっていたから、裁判の問題点のある部分に焦点を置くという方法を取らざるを得なかったのだ。財田川事件に関しては、矢野氏が貸して下さった谷口さんの「自白手記」のコピーを検討し、その信頼性、つまりそれがあるいは偽造されたものではないか、偽造でないにしても、取調官の誘導があったことは間違いない、という点を強調するに止まった。

このように、雑誌に五十枚ほどのものを、しかも十分に言い尽せたとは思えないものを書いたに過ぎなかったから、教育会館で谷口さんから握手を求められたときに、いささか面映い思いをしたのだった。

その面映さと同じような感じを私が持ったのは、本書『死刑台からの生還』を読んだときであった。いや恥ずかしさと言った方が正確かもしれない。

本書が出版されて間もなく、私は書店の店頭で見かけ、早速購入した。

そして、私はこれを読みながら、ある種の恥ずかしさを覚えたのだった。

私もこれまで、冤罪事件について、いくつかの文章を書いている。しかし、そのほとんどは、それぞれの具体的な事件に、読者の関心を向けたい、という目的を持ったものであった。まさにキャンペーンであり、読者を説得することに重点が置かれていた。

このような方法だと、事件のある部分だけが拡大され、全体像がぼやけてしまう。判決文の矛盾や不合理性を衝くことに急で、文章自体も理屈っぽくなる。

これに対し、鎌田慧氏がこの本を書いたのは、谷口さんの無罪の見通しがついた段階からであった。従って、谷口さんを死刑台から連れ戻そうという目的意識は必要ではなく、むしろ「谷口さんの生還の記録」を残そうという意志のもとに、書かれたものであろう。

例えば、一審で死刑の判決が出た直後のところで、鎌田氏は次のように書いている。

――死刑の判決を受けたあと、谷口家では高裁に上訴した。武夫、勉、孝の三兄弟と両親は、深夜になるとひそかに家を抜けだし、村の氏神様である大善坊神社にお百度を踏みにでかけるようになった。あらかじめ数えておいた百粒のマメを、一粒ずつ神殿に供えて帰るのである。

（中略）

息の詰まるような村での生活から逃げるようにして、勉は倉敷のロープ屋に勤めたことがある。その直後、孝も家をでた。神戸の洗濯屋の店員になったのである。財田村をはなれて生活していても、たまたま同僚との世間話がはずんで故郷のことに及ぶと、ふたりとも心の凍る想いがした。財田村の谷口＝死刑囚の家族、と結びつくのではないかとの不安に襲われるのだった――。

このような部分が、私の方法では欠落してしまうのである。

事実、私は谷口さんの家族が、そんな肩身の狭い思いで生活していたことを知らなかった。私がある種の恥ずかしさを覚えたというのは、そのような点である。

と言って、鎌田さんは、人間の記録を書くことに重点を置くあまり、日本の裁判に対する論理的批判をないがしろにしているわけではない。

それは本書の随所に書かれており、氏が裁判記録を精読したことが窺われる。

いや、裁判記録ばかりではなく、氏がいろいろな関係者に直接会って、話を聞いている点にも敬服した。

関係者の中には、事件当時の警察官も含まれるし、被害者の家族もいる。

実は、冤罪事件について書くとき、このような言わば「相手側の人々」に会って話を聞くのは、億劫なことなのだ。会うまでに一苦労するし、たとえ会っても、ありきたりのことしか言ってくれない。それがわかっているから、つい省略したくなる、それを鎌田氏は省略しなかった。この事件についての正確な記録を残そうとした鎌田氏の熱意をそこに見ることができる。

それから、本書の一つの特徴として、谷口さんが家族や弁護人とやりとりした手紙が多数紹介されている事実が上げられる。

こうした手紙が挿入されていることによって、当時の谷口さんやその家族の心理状態が浮き彫りにされ、この記録に厚みを持たせている。

この種の著作で、手紙がこのように数多く紹介されているものは、ほかにないのではないか。著者の鎌田氏が、これだけの私信を見せてもらい、さらに発表の許可を得たということは、事件の主人公である谷口さんや家族が、著者を心から信頼していた一つの証拠と言えるだろう。

しかし、それは当然でもあった。

そもそも鎌田氏は、ある意味で、この再審事件の渦中の人だったのだ。

この事件が、全国的に知れ渡ったのは、矢野弁護人の『財田川暗黒裁判』が出版されたからなのだが、鎌田氏はその出版に協力したらしい。協力の内容については触れられていないが、矢野氏の口述を文章にするということだったろう、と私は推測している。

とすれば、鎌田氏こそ、財田川事件の再審に最も功績のあった文筆家といえよう。

もちろん最大の功労者は、裁判長の職を辞して弁護人になった矢野氏である。鎌田氏も書いている。

「もしも、矢野伊吉が存在しなかったなら、谷口繁義は人眼に触れることなく葬り去られていたことはまちがいない」

それはたしかだと私も思う。その意味では谷口さんはついていた。

そして、ついていたと言えば、松山事件の斉藤さんにも、それが言える。斉藤さんのお母さんは、あくまでも息子の無罪を信じて、駅頭の署名運動を続け、それによって事件を知った松川事件対策本部の人たちが、救援に乗り出し、一大弁護団が組織された結果、再審にこぎつけたのである。免田事件の免田さんにしても、たまたま獄中で思想犯の人から、再審請求のことを聞いたのが、死刑台からの帰還の第一歩であった。

免田さん、谷口さん、斉藤さんと死刑囚の帰還が続いたため、白鳥決定後、再審の門が開かれたような印象を受けるが、これらの人は、今述べたように一種の幸運があったのであり、それなしでは「再審の壁」を崩すことは依然として難しいのではないか。

本著作は、一九八三年立風書房より刊行された。なお同時代ライブラリー版（岩波書店、一九九九年一一月）の刊行に際し、「判決批判」（「財田川事件再審判決に思う」『朝日ジャーナル』一九八四年三月二三日号を改稿）、「釈放のあとで」（「死刑台からの生還」『法学セミナー』一九八四年五月号を改稿）が加えられた。底本には岩波現代文庫版を用いた。

第二部　冤罪の諸相

冤罪をなくすために——裁判の公正は可能か?

つながる反冤罪の輪

昨日、分科会の後に、映画「それでもボクはやってない」(監督:周防正行、二〇〇七年一月公開)が上映されたと伺っていますが、周防監督は、狭山事件の現地調査にも来られています。ですから、すごく冤罪に関心がある監督があらわれています。最近は、それぞれ、孤立して闘ってきたのが、冤罪共通の問題としてやっていこうということになってきました。証拠開示の問題、検察庁は証拠を全部出せということ。それと、取調べの可視化、ビデオに撮ったり録音したりということ。この二つが大きなテーマになっています。

今度、一〇月三一日(二〇〇七年)に日比谷野外音楽堂で、「狭山事件の再審を求める市民集会」が開かれますが、そこには、長期の勾留や、「踏み字」の強制、自白の強要などが行われた鹿児島の志布志事件(二〇〇七年二月、無罪判決)の関係者の方々や、袴田事件の被告のお姉さん、それから痴漢冤罪で頑張っている方にも参加していただきます。

冤罪共通の課題をやっていこう、助け合っていこう、そして今の状況を突破していこうというような集会になるはずです。狭山の運動は四十数年、みなさんの智恵と汗で本当に頑張りぬいてきたわけで、わたしはいつも「決して負けていない」と言うんです。四〇年たっても、これだけの集会を開くことができるし、ましてみなさんの努力で署名が一〇〇万人を突破したわけですから、それだけの広がりをもってきていると思います。ですから、最高裁に向けてずっと盛り上がってきた運動が、最高裁で破棄されたけど、全然衰えていない、高裁に向けてもう一度頑張ろうという気迫がみなぎっています。状況もまた熟してきていますので、さらに力を入れて、みなさんと一緒に頑張っていこうと思っています。

今日の講演は冤罪事件のことがテーマなんですが、世間では今まで冤罪といっても、ほとんど関係ないという感じでしたね。狭山事件は部落解放同盟が必死になって頑張りぬいてきたわけですが、市民の中で一緒に運動する人たちが少なかった。でも、今では、狭山事件に関する住民の会が全国のあちこちで作られて、市民と一緒になった運動になってきています。そういう意味でも広がってきているわけです。

また、痴漢冤罪ということが、今注目されています。サラリーマンたちが、ごく日常的に冤罪に遭う可能性がでてきています。もちろんそれは、痴漢という犯罪が多いということの表れでもあるのですが、痴漢冤罪がでてきて、市民にとって極めて冤罪が身近なものになってきています。

司法の闇

わたしは冤罪事件について何冊か書いていまして、『狭山事件―石川一雄、四十一年目の真実』(草思社)以外にも、一九四九年にわたしの出身地で起こった、弘前大学教授夫人が殺された事件について書いています(『弘前大学教授夫人殺人事件』講談社文庫)。また、一九五〇年に香川県で起こった財田川事件については、再審が始まる前からずっと本を書いて協力をしていました(『死刑台からの生還』岩波現代文庫)。

こういった本を書いたときに、事件当時の捜査員を訪ねて状況を聞いて歩いたのですが、ほとんどの人が「自分は権限がなかったんだ」と盛んに弁解します。「わしらはただ怪しい奴をしょっぴいてくるだけだ」と言う。罪の有無は、「俺たちより頭のいい検事たちが決めることで、それを有罪と決めるのは裁判官だ」という言い方をします。「司法の闇」という言葉がありますが、冤罪は裁判制度の根本的な問題でもあるし、検察庁の問題でもあるし、とりわけ警察のいい加減さがそのまま最高裁までいってしまうということなんですね。

不当な取調べ

冤罪事件に関して司法制度の問題点はいっぱいありますが、簡単なことから少しずつお話しします。一つは、いわゆる代用監獄(代用刑事施設)です。逮捕され勾留される人は、本来は拘置所(刑事施設)に入るべきところを、警察の留置施設で代用するという制度です。狭山事件の石川一雄さんは、無罪になるまで死ねないと、体を鍛えて健康管理をやっています。そういうものすごい一徹さ、頑固さがある男なんですが、その彼も、初めはずっと否認していますが、それでもやっぱり「自供」していますよね。石川さんは、窃盗などで五月二三日(一九六三年)に逮捕されました。六月一七日に保釈になり、川越警察署の中を玄関にむかって歩いていくともう一度別件で逮捕され、川越警察署分室に連れて行かれた。

そこで手錠を机に結びつけて、取調べを受けています。これは、違法行為です。適正な手続きをしていないということなんです。デュープロセス(dueprocess：適正手続き)というんですけれども、つまり適正じゃないことをやっているわけですから、これ一点だけでも無罪なのです。

警察が取調べをするのにもっとも都合のよい代用監獄というところに、ずっといれている。それで、自供するまで釈放しないんですよね。自供させてそのまま拘置所に移す場合もありますが、軽い罪の場合でも自供しないと釈放しない。先ほど少し申し上げた志布志の選挙違反の事件は、逮捕当時、現職の県会議員が自供しないので、一年以上も勾留するという有り得ないことをやっています。

また、取調べの可視化の問題です。ビデオで記録するとか、録音するとか、つまり見られるようにするということです。これも、検察は都合のいいところだけ、つまり、追い込んでいって自供した後に、撮影するためにもう一回自供させて、それを証拠として提出するというようなことをしています。全部をとにかく録画すべきです。

弁護士の問題

それから、起訴前に弁護士を全然つけないという問題があります。お金がない人がほとんどですから、自分では弁護士をつけられず、国選弁護士になります。先日無罪になった富山県の強姦事件の被告にも、国選弁護士がついたんですけれども、いい加減な弁護士で「あんまり逆らわないようにしろ」ということを盛んに言っていたんです。国選弁護士は当番制でまわってくるわけですが、報酬がものすごく安いからなかなか本気でやらないんですね。

もちろん国選でも本気でやる人もいます。志布志の事件では、国選弁護士の二人が頑張ったので、検察の要請で解任されています。弁護士がついていても、捜査側がその弁護士を何とかやっつけてしまうというようなことさえあるんです。

調書万能主義の不合理

次は、日本の裁判は調書万能主義で、自供調書が最優先されることです。検事も、判事もそうですけれども、活字で暮らしている連中ですから、とにかく活字は信用する。書いたものは信用するが、言うことは信用しないという教育を子どもの頃からやっているんですね、ガリ勉ですから。人の話を聞いて学んでいくというよりも、書いているものが中心になるんです。

これは、わたしたち取材する人間も実はそういうところがありまして、いろんなところに行って話を聞きますけれども、やっぱり人の話だと不安だから、つい「何かそれが書かれたものありますか」とか言って、書いたものを優先するんです。資料があると安心するんですね。わたしの仕事は資料にないことを聞くようにはしているんですが、新聞記者なんかもやはり「なにか資料ありますか」と言うと思うんですけれども。

調書というのは、嘘の自供に追い込んでいっても、ちゃんと書いてあれば、それで裁判官は安心してしまうわけです。裁判官は、被告の顔を見るよりも調書を読むというガリ勉タイプですから、人間のことはほとんどわからない。もちろん、被告の顔の表情で有罪か無罪かがわかるわけではありませんが、しかし、その被告が一生懸命訴えていてもその声は届かない。そういう根本的な欠点があります。

欧米の裁判では、調書主義でなく、公判で証人などが証言をしていきます。いちいち調書を取ったりしないで、被告が証言したり、証人が証言したりして、それを陪審員たちが判断していくという、もっともわかりやすい方法なんです。日本の裁判は意識的にわかりにくくしているわけですね。

日本の場合は自供調書が証拠なもんですから、とにかく自供に追い込んでいく。自供しないうちは、絶対釈放しない。冤罪事件のほとんどは、警察が「いつまでも言い張っていると帰れないぞ。何でもいいから、今認めとけばいいんだよ。そしたら、帰すから」とか言って、とにかく調書を取るんですね。「嘘でもいいから調書を書かせろ、後は文句があったら裁判所で主張すればいい」と、これはほとんどの警察の共通した言い方ですね。だから仕方がなく、「認めます、やりました」とか言ってしまう。後は、捜査側が「こうやったんだろう、ああやったんだろう」と言うのに「はいはい」と返事をしていると、そもそも調書は発言の速記録ではなく、捜査側が適当にまとめるものですから、捜査側が「私はこうして何月何日何時どこに行ってこうして」と警察の資料にある通り、もっともらしくいわせたのを書いて、そこに指印を押すように言われます。言ったこととは違っていたりするんですけれど、「まぁ、いいや」と指印を押してしまう。それで調書ができあがっちゃうんですね。

指印を押すともうそれが証拠になってしまうということを、ごく普通の人たちはあまり知らない。それから、よくあるのは、空白の調書で、捜査側が「おまえ、グズグズしていると今晩帰れないぞ」と脅すと、みんなそれぞれ事情があって忙しいから、「じゃあ、後はお願いします」と白紙に名前を書いて捺印してしまう。内容は後から捜査側が適当に作っちゃいます。

証拠というのは、ちゃんとしたものだと庶民は思っているわけですから、そんないい加減なものが証拠になるとは、思わないわけですよ。しかし、裁判所では、とにかく書いて指印を押した調書は証拠だと判断します。そこが一般的な庶民感覚との決定的な違いですよね。

警察の体質

また、冤罪事件には、でっちあげとか証拠の偽造といったことが多くあります。狭山事件でいうと、三回目の家宅捜索で、いままでみつからなかった万年筆が発見されたとか、これはもう完全な偽造、でっち上げですよね。警官が置いたのは明らかです。狭山事件で証拠とされているもののほとんどは偽造だと、わたしは思っているんですけど、その中でも万年筆はその最たるものですね。また、先ほども触れましたが、偽造調書というのはいっぱいあります。たとえば、一二時間も取調べをしているので時間がないはずなのに、一〇枚の調書が同じ日付で三本もあったり、前後関係が調書によって違ったりとか。これは明らかに後から作っているんですね。

どうして警察が平気で偽造するのかということなんですが、彼らは毎日領収書を偽造しているんですよね。捜査に協力した人に捜査報償費というのを警察が払う仕組みがあるんですが、払ったことにして、裏金を作っているんです。電話帳などで名前を調べて、住所を作って、三文判を押して、領収書を偽造しています。これは全国の警察でやっているんですよ。

それを現職警察官として初めて暴露したのが、愛媛県松山署の仙波敏郎巡査部長です。仙波さんは左遷されましたが、敢然と闘ってクビにならないでもう一度同じ現場に復帰しました。これは珍しい例です。新聞社は警察と、ものすごく近くて仲がいいので、このような警察の悪いことはなかなか暴露しないんですよ。新聞というのは警察の記者クラブで情報をもらって記事を書くのが中心ですから、警察と仲が悪くなると、他社に教えているニュースが自分のところに教えてもらえないといった問題が発生するので、仲良くしてなくちゃいけない。

しかし、松山の事件では、もちろん仙波さんが頑張ったんですけれど、愛媛新聞という新聞社も、よく頑張りました。新聞というのは、原則的にいうと権力を監視するというのが役目なんですが、愛媛新聞の担当記者に聞いたら、「民主主義というのは、権力が横暴になったり、悪いことしたりすることを市民がチェックするんですが、チェックといってもなかなかできないから、新聞がそれをやっていくんだ」と言う。

新聞社は権力チェック機関であるということは、新聞の第一条ですね。やはり権力とちゃんと向かい合うというのが、ジャーナリズムの第一条件なんです。そういう意味で、わたしが会った愛媛新聞の記者は「新聞は権力をチェックするといいながら、もっとも身近にある警察をチェックしないのは問題だ」と言っていまして、それで愛媛県警が領収書偽装をしていることをどんどん記事にしました。北海道新聞などもがんばりました。

警察は偽造文書を毎日書いているので、いろんな偽造をするのにも平気になっている、というのがわたしの見解なんです。

領収書偽造と調書の偽造とでは飛躍があるかもしれないですが、メンタリティや考え方ではつながっていると思いますね。

そもそも、なぜそんなに警察が偽造とかをやるのかと言いますと、一つは事件が解決しないと世論から批判されるので、とにかく事件を解決しなければというあせりがあって、捕まえてしまう。狭山事件は典型的な例です。狭山事件の場合は、被差別部落というところを狙ったんです。差別捜査の問題から始まっているのですが、失敗したときの責任を回避して、それを嘘の上塗りで解決していこうとしたわけです。

もう一つは、彼らの正義感の発露として、治安対策、治安は俺たちが守るという意識ですね。だから、ちょっとくらい間違っていてもいいんだという意識でしょうね。つまり、正義を行うのに、若干の犠牲者やミスが出ることは仕方がないというような意識です。ある種、戦争の論理にもつながってくるかもしれない。

彼らの意識を考えた場合、そういうようなことですね。あとは、出世主義。捜査というのは、本当に「闇」で、結局警察も、検事、判事も、みんなヒラメというか、目が上にだけついていて出世だけ考えている。一般の会社と同じで、自分より階級の上の人に逆らうともう出世できないわけですから、結局、上位者の指示に屈してしまう。つまり、自分の出世のために被告を売り渡すというような司法制度なんですね。

先ほど、弘前大学教授夫人殺害事件とか財田川事件で元捜査員の家をずっと回って歩いたというお話をしましたが、だいたい彼らはいい生活をしているんですよね。わたしは被告とか容疑者として逮捕された人を知っているわけですが、一方は何十年も刑務所にずっと入っていて、もう片方は、たとえば自動車教習所とか、警備会社、交通関係の会社とかに勤めています。なかには警備会社の社長になっている人もいました。そういうちゃんとした生活をしていますね。

ものすごくわたしは頭にきます。人を罪に陥れて、自分たちはのうのうと暮らしている。それが許せるのかという憤りを覚えるんですが、とにかく定年後も警察一家の中にいると、生活は安定するわけですからね。だから、昔に関わった事件が間違っていたということは言えないわけです。もう、定年になってしまったからクビになることはなくても、やはり、恩があったり、同じ飯を食っている仲間という意識があったりするので、警察を裏切れないんです。そこを敢えて被告側の証人に立つということは、ものすごく勇気がいると思います。

判事の責任

判事の問題では、袴田事件の第一審の裁判官だった熊本典道さんという人が、「あの事件は無罪だった」ということを告白するようになって、袴田事件の問題というのが、もう一回浮上しました。熊本さんが書いた第一審の判決文を読むと、初めの方には捜査や取調べがいかに違法であったかということをずっと書いているんです。そうだとしたら、適正な手続きではないから、無罪にすべきなんですね。だから、熊本さんは無罪のつもりで書いているんです。しかし裁判には裁判官が三人いるんですが、あとの二人は有罪説だったので、有罪判決になってしまいました。

熊本さんに、どうして裁判長（故人）は無罪にしなかったのか、お聞きすると、マスコミに勝てなかったと言うんですね。マスコミが袴田さん犯人説で、彼は逮捕される前からずっと犯人扱いされている状況でした。マスコミは、今もあまり変わらないですね。犯人説でどんどん書いちゃうんです。

石川さんの場合も、逮捕の前から犯人説で書かれていたし、それから、石川さんの居住地に対して、「犯罪の温床」とかいった差別的な表現がいっぱいありました。そういうことをマスコミは書いてしまう。だから、裁判官もマスコミが全部袴田犯人説だから、それを否定する判決を書けなかったんですね。

袴田さんは本来ならば、無罪で釈放されていたはずなのに、今は精神的にかなりダメージを受けていて、面会にいったお姉さんも判別できないんです。それは、いつからかというと、死刑が確定してからです。地裁、高裁、最高裁と行って、確定死刑囚となり、死刑確定後六ヵ月以内に死刑にすると刑事訴訟法で決まっているわけなんですが、袴田さんは死刑が確定した後、どんどん現実を認めないようになってしまった。現実から遊離して、神様とかそういうことを言うようになったと聞いています。死刑の決定がどんなに恐怖であるかということです。

石川さんの場合は一審が死刑でしたが、二審の寺尾裁判長は無罪にしないで無期懲役にして逃げたわけです。無罪にする勇気がなかったんです。それで石川さんは三〇年以上入っていたわけです。裁判官の罪って本当に大きいと思います。

死刑反対

今、死刑の話をしたので、ついでに死刑の問題について話します。先日、鳩山邦夫法務大臣が、「死刑執行はベルトコンベヤ式とか、乱数表かなんかで、自動的にやったほうがいい」というような発言をして、ものすごく物議をかもしていますが、あれは自分が死刑のハンコをつきたくないということなんですよね。刑事訴訟法では、死刑確定後六ヵ月以内に執行することになっているのですから、六ヵ月で自動的に死刑にしていけば、自分の手を汚さなくて済むわけです。

わたしは、鳩山さんには良心が少しくらいあるのかなと思ったんですが、あるのかもしれませんが、その後の発言によると、日本人はもともと命を尊ぶ思想が強いから、だから、人を殺すというようなことをしたら死刑になって当然だ、というのが、彼の論理なんです。

それでは外国人は日本人よりも命を尊んでいないのかという比較の問題になってきて、むしろ日本は、特攻隊とかアジア人の虐殺とか、命を尊ぶ民族とは簡単には言えないわけです。日本人が命を尊ぶ思想が強いのなら、死刑制度なんてあるはずないですね。彼は日本人論から死刑が必要だと言っていて、死刑はどんどんやったほうがいいという意見なんです。

彼の知識で全く欠落しているのは、免田事件の免田栄さん、財田川事件の谷口繁義さん、島田事件の赤堀政夫さん、松山事件の斎藤幸夫さんといった、無罪になった死刑囚が四人いたという事実です。袴田さんもそうだし、名張毒ブドウ酒事件の奥西勝さんも死刑囚ですね。六ヵ月で自動的に執行されるんだったら、無罪になった四人といま再審請求中の袴田さんと奥西さんも処刑され、彼らはもうこの世にいないわけです。四人は無罪で釈放されているわけです。

もちろん自動的に釈放されたんじゃなくて、それぞれ無罪を証明する長い運動があって、何十年も経ってようやく釈放された。そういうことを彼は全然考えていない。死刑の問題はいろいろ議論があるでしょうけれど、わたしは死刑制度に反対です。それで、この鳩山さんの談話には、ものすごい怒りを感じるのです。

狭山事件

冤罪事件について、少し具体的に見ていきたいと思います。狭山事件については、ここでわたしの方から言うまでもなく、みなさんずっと勉強されているし、何十年も取り組んでいらっしゃるので、よくご存じだと思いますが、捜査の領収書偽造と同じような偽造ということでいくと、万年筆以外にもう一つの根本的な問題があります。それは犯行現場がどこであったのかが、全然わからないということですね。血痕がどこにも落ちていない。

被害者は頭に負傷していますが、その血痕が犯行現場とされた場所にも、犯行現場から芋穴まで運んで逆さ吊りにして隠したとされていますが、そこにもないんです。また、犯行現場とされる場所の近くで作業をしていた人も、悲鳴を聞いていないと言うわけですから、他に犯行現場があったんですね。犯行現場が証拠によって特定できないということは、石川さんが犯人でないことを証明しているわけです。自供した、という犯行現場は、警察が押しつけたものです。一番重大なことです。

それから、わたしが前に書いた本（『狭山事件―石川一雄、四十一年目の真実』）で一番主張したのは、石川さんはその当時字を書けなかったということです。識字運動の経験からいえることですが、石川さんが調書の地図に添えた説明の文字とか、言葉というのは、字を書けない人が書いていることが一目瞭然です。

また、彼は自分の名前の「一雄」というのを、「一夫」という簡単な字で済ましています。

彼は当時、字を書くのは面倒だし、字を書こうなんて金輪際思ってもいない、そういう気持ちはなかったんです。だから、働いていたクッキー工場も長く勤まらなかったんです。一生懸命働いていたけど、伝票を書いたりしないといけないから、良い職場にいたんですけど、辞めてしまっています。当時、彼がほとんど字を書けなかったというのは、資料で明らかなんです。するとと、字を書けない人が脅迫状を書こうとは絶対思わない、というのがわたしの論理です。彼も言っています、いつも字から逃げようとしていた、と。

字を書けない人はコンプレックスが強いものです。日本人の九〇パーセントぐらいは識字者なので、ものすごく恥ずかしいから、字を書けないことがわからないようにして暮らしているわけです。そういう人が字を使って人を脅かそうとか考えることは、絶対ないんですね。

しかし、検事とか判事は一応インテリですから、理解できなかったわけです。だから、第二審の寺尾裁判長も被差別部落の歴史を勉強し、狭山事件に関する著書も何冊か読んだと言っていたけれど、なにも彼は学んでいなかった。現地検証もしていないし、部落の人たちの話も聞いていませんからね。この問題はすごく大きいと思います。検事とか判事たち、人を裁く人たちが、非識字者のことを全く理解できなかったということです。

それに差別的な捜査でした。手紙の字が汚いから、これは程度の低い連中だ、だから被差別部落に犯人がいるというので、毎日二人ずつ入れ替わり立ち替わり行って、どんどんしょっぴいていきました。石川一雄さんを逮捕して、一ヵ月近く勾留して、別の留置場に連れて行って、手錠で縛りつけて尋問して自白させたという。裁判官にも、こういったことを全く理解しようとしなかったという差別的なところがあったんですね。だから、解放同盟の運動として、これだけずっと持続してきたんだと思います。

それに、目撃者がいないということですね。石川さんの調書のなかに、石川さんが被害者宅へ脅迫状を持って行くために、その近所の農家で家を教えてもらったというのがあります。でもこれは、調書の中ではすごく曖昧になっていますし、ものすごくいい加減な表現になっています。それで、その人が目撃者として証言している。たぶん、警察にそそのかされて石川さんを見た、と証言したんでしょうけれど。後からの証言では、よく覚えていないということになっていますから、これもでっち上げだったわけです。

あそこは、現地に行かれた方はご存じでしょうけれども、夜は真っ暗だし、同じ苗字の家ばっかりなんですよね。そして、道路から門があって、門から母屋までがどの家も長いんです。

それを全く知らないよその土地の人が探して、その被害者の家まで探し当てるというのは、大変です。それでは捜査側のストーリーが成立しないから、被害者の家を教えてやったという人を作らなくちゃいけなかったわけですね。

そういう証拠の一つ一つを見ても実に荒唐無稽で、石川さんが犯人でないことははっきりしているわけなんです。

でも、冤罪事件はみんな荒唐無稽で、ストーリーがいい加減です。たいがい、それを作り上げた刑事たちの頭の程度というのは、ストーリーを見れば明らかなんですが、不思議なことに頭が良いはずの検事が、それをそのまま認めているということです。だから、なんでもいいから解決すればいいという感じで、検事がもう全然いい加減なんです。

起訴されると九九パーセント近くが有罪になるという、日本のような国はないですね。とにかく警察がしょっぴいてきて、自白させて、そしてそのままベルトコンベヤ式に有罪にしていくという。こんな国はありえません。

弘前大学教授夫人殺人事件

先ほど少し申しあげた弘前の事件もひどい話です。教授夫人が寝ているときに、ナイフで首を突いて殺したという事件なんですが、那須与一の三十何代の子孫で、津軽の弘前に来て暮らしていた那須隆さんが犯人とされました。事件当時、那須さんは裕福な暮らしはしていなかったんですが、鎧とか兜があったそうで、それで短銃もあったんですね。短銃といっても江戸時代の時代がかったもので、弾もないんですが、家宅捜索して短銃があったというのは、いかにも犯罪性が強いわけですから、まず警察は銃刀法違反でやっています。

新聞は「血も凍る冷酷さ」とか書いています。短銃があったということが、そういうことを描写するのにものすごくうってつけだったんですね。凶器はナイフなので短銃は関係なくても、那須さんの家に短銃があったというとすごく印象が悪くなります。

この事件では、那須さんが持っている海軍払い下げの木綿のシャツに血痕がついていたというのが、証拠になったんです。そのシャツが押収された時には血痕はわからなかったが、後から著明になってきたと、鑑定書に書かれているんです。血痕が時間が経つにつれて明らかになっていくなんてことは、ありえないわけです。警察が後でつけているんですね。

財田川事件

財田川事件というのは、闇米ブローカーが殺されてお金を盗られたという、強盗殺人事件です。ところが、逮捕された谷口繁義さんを調べてもお金を持っていないんですね。

そこでこんなストーリーが作られました。彼は自分の家で逮捕されました。手錠をかけられ、両脇を警官に挟まれた状態で、小型ジープに乗せられて警察まで護送されるときに、警官の隙を見てポケットから一〇〇円札八〇枚を道路に捨てたというんですね。そういう自供になっています。

警察がお札を捜索したけれど、どこにも落ちていなかったし、落ちたのを見た人もいないし、拾った人もいないと、捜査報告書には書いてあるんです。これも荒唐無稽ですが、それをそのまま検事も裁判官も認めているんですね。

それから、「秘密の暴露」といって、犯人以外知りえない事実を供述すると、重要な証拠とされます。この事件の場合は「二度突き」というのが「秘密の暴露」とされました。取調べの時に谷口さんは、被害者の心臓を二度刺した、一度刺して完全には抜かずに二度目を刺したと供述した。そこでその調書を取った捜査員が自供に基づき、解剖報告を見てみると、二股に分かれた傷があった。つまり二度刺したということです。自供があったから「二度突き」の事実がわかったということで、「秘密の暴露」となり、真犯人とされたのです。

しかし、簡単な話なんですが、取調べを担当した捜査員は取調べのときにはすでに解剖結果を知っていたんです。でも、それを知らん顔して、取調べのときは本人に「二度突き」したと言わせて、調書には克明に「二度突き」した状況を書いたんですね。裁判のときにその捜査員は全然知らなかったと証言しています。再審の裁判では、当時の他の捜査員たちは知っていたという証言があって、誰も知らなかったというのではない、とわかりました。

本当に暗い日本社会

このように常識では考えられないことを、捜査ではやってしまうんですね。権力だから、それをそのまま強引に事実にしてしまう。だから、冤罪は権力犯罪です。権力によって、いちばん弱い人を罪人にしてしまうということです。これが日本の司法界なんですね。日本社会はみなさんが考えるよりも本当に暗い社会で、民主主義国家といったって、司法が全く機能していない。あとは、たとえば公害問題といった行政相手の裁判というのは、ほとんど却下されます。

裁判官、裁判所がほとんど機能していない。辛うじて運がいい人は、いい判決にあたるというそんな状態だと思います。

それをどのように、日本の民主化のために変えていくのかというのが大きな課題になっています。だから、冤罪事件に目を向けないでいると、いつまでたっても裁判制度は変わりません。もっとも、冤罪が解決したからといって、裁判制度が簡単に変わるわけではありませんが、しかし、間違っている裁判を正すことは、人権ということを考えれば当然のことなので、それでわたしも頑張ってやっているわけです。

取調べを可視化するとか、弁護士をちゃんとつけるとか、取調べ期間を短くするとか、一歩一歩変えていく必要があります。しかし、司法改革といわれていますが、そういったことはほとんどやろうとしないで、お茶を濁そうという感じになっています。

裁判員制度

また、裁判員制度という問題があります。わたしは基本的には裁判員制度には賛成だったんです。期待があったということです。司法改革は必要だと。なぜ、期待していたかというと、いつまでもお上が裁判するということではいけないからです。判事には、世間のことがわからない。一般常識とか、庶民常識、庶民感覚がほとんどない人たちが多いから、そこに市民的な常識というか、市民がきちんと判断するということを制度化していく必要があると、わたしは考えていました。それで、陪審員制度にたいする期待があったんです。

ところが、日本の司法改革は、陪審員制度にいかないで、裁判員制度に曲がってしまったんですね。

今、このままいったら大変だという意味で反対なんですが、始まってしまったのですから、三年後の改定のために、これからどういう運動をしていくのか、それが課題になっていると思います。

密室の裁判

一つの大きな問題は、素人の一般人が裁判員として裁判に加わるのだから、時間を圧縮して短くするために、公判前整理手続きというのをするんですね。公判前に争点を整理しておくんです。これは今までの裁判は時間がかかりすぎる、という市民の批判を受けてということと、素人の裁判員を何年も拘束できないということです。

ところが公判前にやっていることが、よくわからないんですね。たとえば、最近の大きい事件ですと、秋田で二人の子どもを殺した、とされた事件がありますね。今年の九月に裁判が始まったばかりですが、一〇月一七日でもう四回目です。一〇月末からは、一週間に三回あります。超スピード裁判になっています。逮捕されてから一年三ヵ月くらいで、裁判が始まったんです。弁護人は国選弁護士二人なんですが、弁護士がなにも言わないんですよ。新聞社にもどこにも何の説明もしていない。

これは、最初に容疑者が自供していた時に、警察発表よりも先に自供している内容を、弁護士が記者団に発表してしまったんですね。それは驚くべき失態で、各方面から顰蹙を買ったんです。犯罪の事実がはっきりしないうちに、自供内容を弁護士が先にもらしてはいけないわけで、警察より先に発表するのはとんでもないことです。

マスコミからすごく批判された後は、貝になったみたいになにも言わない。犯行内容を記者に言うのは良いか悪いのかはまた別ですけれども、ただ状況説明とかはきちんとしないといけません。

公判前整理手続きがどこまで進んでいて、どういうことが争点で、どうなっているのかということは、密室の中のことで検事はなにも言わないから、弁護士が世論を相手にどんどん発表して、心証を良くしないといけないんですね。それを一切やらない。どういうところが争点でどういうところをこれからやっていくのか、方向が見えないうちにもう始まっています。

法廷外のところで弁護士と検事が話し合って、そのエッセンスだけを法廷でやるというのは、密室裁判の一種だと思うのです。公判前整理手続きは、裁判員制度がはじまる前に刑事裁判の充実・迅速化を進めるために導入されました。公判前にどんどん進んでいて、公判はその枠内で行われることになります。

市民に開かれた裁判制度に

官僚の出世主義者たちがやる裁判ではなく、もっと市民に開かれた裁判にしなくてはいけないという要求があり、それをうまくかわして、裁判員制度が導入されようとしています。今までの裁判制度にたいする自己批判が、最高裁にも法務省にも全くどこにもない中で、裁判員は裁判官の欠点を見せないようにするイチジクの葉っぱだとわたしは思うんです。イチジクの葉っぱとして、裁判員が裁判官の前に置かれるというような構造になっちゃったんですね。

司法制度改革に関する法務省の文書には、わが国の司法は「司法関係者の公正さ、中立性、廉潔性等によって、基本的には、その役割を適切に果たして国民からの信頼を得てきたものと考える」とあるんです。これが現状認識なんです。

先ほどから、わたしが申し上げている状況、「司法の暗黒」と全くちがう解釈なんです。彼らの論理でいうと、敢えて改革する必要はないんですよね。わたしは、こんな状態では人権を守れない裁判だから改革しろと思うけれど、やっているほうは問題ないと思っているのです。

裁判員制度が二〇〇九年五月二七日までに始まるので、今、賛否両論、いろんな本が出ています。ぜひみなさんも研究しておいてほしいと思います。日弁連の中でも反対派は少数です。つまり、やっぱり司法改革が必要であって、欠陥があってもそれを修正してやっていこうという意見なんでしょうね。

裁判員制度の欠陥が、今後直っていくかどうかということが問題です。裁判員が参加するのは、重い罪の裁判、死刑もふくむ判決ですが、問題なのは、裁判官のみ署名・捺印し、裁判員は署名も捺印もしないことになっていることです。つまり、もし死刑判決が出た場合、誰が死刑判決に協力したのかはわからないということです。

匿名で人を死刑にするわけにはいきません。つまり、裁判員は「刺身のつま」というか、期待もしていないし、責任も取らさない感じで裁判に利用していくということです。

裁判員制度のいろんな問題点に関して、法務省がどれだけ改良していくつもりがあるのかということにかかってきているし、それから、市民がどれだけ人権を守る運動をしていくのかというところにかかってきていると思うんですね。それと、今までどおり、調書を中心にして、膨大な調書や証拠をどんどん公判前に整理しちゃうと、今までの未開示資料と同じような資料が残るということなんです。

裁判員が裁判所に行ったときには、すでに整理が済んでいますから、余分な調書が排除されています。その排除された調書のなかに重要なものがふくまれていたということが、今までの冤罪事件で多くあったのです。このままでは、調書偏重主義なのに、重要調書が排除されてしまうということになっていくでしょうね。

ですから、本来的にいうと陪審員制度にすべきです。陪審員制度なら、市民が参加して、市民が民主主義について考え、地域について考えていく、人間の運命について考えていく、市民だけで決定する。市民が陪審員になることによって学んでいくという、そういう相乗効果が理想論としてはあったのですが、裁判員制度はプロの裁判官が介在していて、国家のやる裁判に市民が利用されるような気配が強まっていると思います。

人権保護法の必要性

問題なのは市民の人権意識です。オウム事件後とりわけそうですけれども、大きい事件があると、死刑にしろという意見がすぐに出ます。テレビでも、光市母子殺害事件の被害者の遺族が、容疑者を死刑にしろと絶叫しているのがしょっちゅう登場して、あれは異常な光景でした。テレビが視聴率を稼ぐために被害者を利用していて、そのために死刑制度がより増幅されるという効果になっているんですね。

自分の子どもを殺された人が、相手を殺せと思う感情を持つのは当たり前ですけれども、殺されたからすぐ殺すという報復の感情を、どういうような形で解決していくのかというのは大変なことだと思います。それになんの手助けをすることを考えずに、まわりが死刑にしろとはやし立てるだけなのです。今は、被告を弁護している弁護士さんたちが、もう非国民みたいな感じで糾弾されていますね。

被害者の人権はどうするんだ、との問いかけがいままですくなかったのは事実です。でも、そのような残酷な犯罪は報復だけで防げるでしょうか。日本人の人権意識をどのように高めていくかという問題になっているのです。一つは、やはり人権保護法といった、人権を保護する法律が日本にないという問題です。解放同盟が中心になって人権保護法を制定する運動になっていったんですが、国がそこにマスコミを規制するとかいろんなことを入れてきて、そのため、マスコミの反対にあって潰れてしまっているということがあります。

しかし、人権意識を高めていくという法律は必要だし、国は人権意識を高めなくちゃいけないはずで、これからの裁判とかいろんな問題を考えると、人権保護法が緊急にますます必要になってきたと思います。

運動を広げていこう！

解放同盟の運動も人権運動であるし、それから、石川さんの冤罪を解決する、再審開始をもとめる運動も人権の重要な運動なんですが、それが、他の冤罪事件とも結びついて、冤罪問題から人権の確立へというような、運動の大きなひろがりになっていくのにはどうしたらいいか、という段階になってきていると思います。

ですから、一〇月三一日（二〇〇七年）の日比谷野外音楽堂での集会も、今度はもっと幅を広げて、他の冤罪の人にも来てもらって、一緒に考えていくというような流れをつくりたいと思っています。狭山事件だけではなく、同時に他の冤罪事件も解決にむけて世論を盛り上げていく、日本の人権意識を高めていく、そういう運動をみなさんとご一緒にやりたいと考えておりますので、一緒に頑張っていきたいと思います。

有罪率九九・九パーセント
――自白はこうして作られる

対談：浜田寿美男さん

法心理学者・浜田寿美男（はまだ・すみお）

一九四七年、香川県生まれ。京都大学大学院文学研究科（心理学）博士課程修了。著書に『新版　自白の研究』（北大路書房）、『自白の心理学』（岩波書店）など。心理学者として、名張毒ブドウ酒事件、甲山事件、袴田事件など数々の冤罪事件にかかわる

「ホシがようやく落ちました」。刑事ドラマは自白で大団円を迎える。しかし現実には、無実の人がウソの自白をする（させられる）冤罪が後を絶たない。なぜ犯人だと認め、やってもいない事件の筋書きを語れるのか。そこには複雑で、誰も逃れられない恐ろしいメカニズムがあった。専門家との対談で明らかにする。

浜田　足利事件では、菅家利和さんはウソの自白をして起訴されて、一審でもほぼ最終段階までその自白を維持していました。彼が無実だと、当時弁護士も信じていなかったんですね。いったん自白してしまうと、弁護士でさえ間違いないと思い込んでしまいやすい。

鎌田　この事件ではDNA鑑定の問題ばかりクローズアップされています。しかし、それ以前に、警察、検察が密室で脅して自白を強制していたことのほうが問題だと思います。

浜田　なぜ無実の人が虚偽の自白をしてしまうのか。多くの人が疑問に思うでしょうが、その大きな要因は、捜査側が「こいつが犯人だ」と確信を持ってしまうことです。「やってないかもしれない」という思考をシャットアウトしているので、冤罪の可能性に気がつかない。とにかく「被疑者を落とさないといけない」という方針で追及し続けるわけです。

鎌田　捜査側は、あらゆるノウハウを駆使して自白を取ろうとします。遺体や母親の写真を見せるのはよくある手ですが、志布志事件（注1）では「踏み字」までありました。また、組織の問題もあると思います。「シロかもしれない」と思っても少数では主張しきれないし、主張する捜査員は捜査から外されてしまう。冤罪事件にかかわった警察官を取材すると、「自分は怪しいヤツを捕まえて調べただけで、有罪にしたのは検事や判

事だ」と考えている。そういう無責任の体系が、背景にあると思います。

浜田　無実の人がウソの自白へ陥るメカニズムは、大きく三つあります。一つは「身代わり自白」。自分の大事な人が嫌疑を受けたときにかばう。それから、「強制迎合型の自白」。無実だとわかっているのに、取調べがどうしようもなくつらくて落ちる。これがいちばん多いと思います。もう一つは、自分の記憶に自信を失って、自分が犯人かもしれないと思い込む「自己同化型の自白」です。

異常な状況下で自白しても当然

――しかし、捜査官が疑っているからこそ、被疑者はウソの自白をしないで真実を話すべきではないでしょうか。最悪の場合は死刑にもなってしまいます。

浜田　体験がないとわかりにくいですが、逮捕などで身柄を拘束されることは、想像以上に大変で、生殺与奪権を握られる。世の中から遮断され、一人で取調室で警官に取り囲まれたとき、人は冷静ではいられません。

鎌田　巨大な国家機関が、一人の生身の人間に向き合い、力まかせに、認めるまで押してくるのです。

浜田　黙秘権の告知も形式的になされるが、ほとんどの人が行使しません。取調室の雰囲気に打ちのめされてしまうと同時に、「身に覚えのない犯行だから、わかってもらえるだろう」と一生懸命説明するのです。でも聞いてもらえないので、無力感に打ちひしがれます。また、暴力がなくても朝から晩まで調べられる。普通の人には、一時間でも罵倒されるのは耐えがたい。十分に拷問なのです。

鎌田　たしかに、いくら言っても聞いてもらえない絶望感があります。さらに富山冤罪事件（注２）の男性のように、国選弁護人や家族も信じてくれないケースもある。こうした中で完全に孤立してしまいます。

浜田　期間の見通しがつきさえすれば、人はその苦痛を我慢できます。しかし、いつまで続くかわからない状況で耐えるのは困難です。最長拘束期間は二三日間と知っている人はいるでしょう。でも、死体遺棄の次は殺人というように別件で再逮捕して、次々と勾留期限を延ばしていかれたら……。最近はこういうケースがすごく多い。

鎌田　志布志事件では、選挙違反だけの容疑で、勾留が三九五日に及んだ人もいました。人質のように、自供するまで釈放しない。

浜田　そうした状況に置かれた人は、ほぼ間違いなくウソの自白をします。取調べの状況そのものが異常で、ウソの自白は、その異常な状況下で精神を正常に保つための判断だと言ったほうがいいんじゃないか。

鎌田　取調べから逃れて「留置場に帰って横になりたい」とさえ思うようです。釈放ではないのにですよ。それから犯罪に対するリアリティーの欠如も、ウソの自白をする理由ではないでしょうか。

浜田　そうですね。「自白したら自分は死刑になる」とまで思う人はまずいない。刑罰に対する現実感も持てないんですよね。

鎌田　浜田さんが供述鑑定をなさった甲山事件（注3）の山田悦子さんは、田舎から出てきた純朴な少女で、自分に自信がないところがあったから、自白にいたったわけです。母親が健忘症だったと指摘されて、犯行の記憶を忘れているのではと思い込まされた。

浜田　取調べには厳しい追及と同時に、温情をかけて捜査員との人間関係を作る部分があります。山田さんも、逮捕当日は深夜まで威嚇的な取調べを受けたのに、だんだん「悦ちゃん」と親しげに呼ばれた。現場検証に行ったときも、捜査員と手錠なしで喫茶店に入る。心理学の世界でいう「ストックホルム症候群」（長期間の拘束が続いて被害者と加害者の間に連帯意識が生まれること）です。捜査官と被疑者がある種の運命共同体になり、そのなかで自白に転じて、場合によっては涙の自白となってしまう。

――もう一つ大きな疑問があります。ウソの自白なのに、供述調書には、犯行経緯が詳細に書かれています。なぜ、やっていない犯行のストーリーまで語れてしまうのでしょう。

浜田　「私がやりました」と認めても、取調べは終わりません。そこから犯行の経緯を追及する第二幕が始まるのです。そのとき被疑者は、犯人になったつもりで、想像して犯行の筋書きを語る以外に選択肢はない。たまたま録音テープが残っていた冤罪事件では、無実の人が取調べ中に「よし犯人になったろ、俺がやったんや」とつぶやいています。

鎌田　富山冤罪事件の男性は、「俺が犯人なんだ」と気合を入れて自分を殺さないと獄中で生きていけなかったと言っています。進化論ではないが、環境に適応させるわけです。それはさておき、筋書きを語る背景には、「おまえ、このあいだ罪を認めたのはウソなのか」などと責められて、これ以上自分を否定されたくないという気持ちもあります。

浜田　犯行を知らないのだから、証拠と合わないことも言ってしまう。だが「違うだろう」「まだそんなこと言っているのか」といった取調官の反応を見ながら、徐々に物証に合う供述ができるようになる。そして、無実の人と捜査官という犯行を知らない者同士で、詳細で迫真性のある調書を作り上げてしまうのです。

鎌田　でも、ウソの供述をしていることは「供述の変遷」としてすごく表れてきます。たとえば、狭山事件（注4）の石川一雄さんの例だと、知らないはずがないことについて、「かばんの中に何が入っていたか考えておきます」「なおよく考えてみたら私の思い違いであったと思います」などという供述調書が残っている。調書の変遷は、冤罪の可能性が高いことを示唆していると思います。

浜田　私はそれを「無知の暴露」と呼んでいます。真犯人しか知り得ない事実の供述を「秘密の暴露」と言いますが、真犯人なら間違えようのない〝事実〟を間違えたとすれば、無実の人が想像で語った証しではないでしょうか。そもそも供述調書は、被疑者が語った中で取調官が事実だと思うことだけを記録しているにすぎません。それでも、自白の内容をたどれば無実とわかるのですから、供述内容をすべて記すべきです。

――そのためには取調べの可視化が不可欠ですが、捜査側は、全面可視化には反対しています。

鎌田　しかし、部分的な可視化では、ウソの自白をした場面だけビデオを回してしまえば、供述調書の録画版でしかない。裁判員制度が始まって証拠にもわかりやすさが求められていますが、裁判員が自白の部分だけを見て真実だと思い込むと、逆に冤罪を助長してしまいかねない。やはり、全面可視化が不可欠です。

浜田　今はイギリスなどでもすべて録画しています。調査側の都合のいいところを選べませんから、正確に自白の内容を知ることができます。

鎌田　冤罪を防ぐため、本来裁判では「疑わしきは罰せず」という大原則があるのに、裁判官はどうなっているのでしょう。

第三者の機関で冤罪事件検証を

浜田　今、裁判の有罪率は、九九・九パーセントという状況です。一生、無罪判決を書かない裁判官もいます。無罪判決を書くには相当勇気がいるんです。同じ官僚である検察を批判しにくい、出世が望めないという現実もある中で、裁判官がどこまで証拠に忠実に判決を下せるか。厳しい気がします。

鎌田　そういった構造は昔から変わっていませんね。警察、検察、裁判官の教育システムも昔のままでしょう。警察なら、年配者と若い刑事がペアになって取調べをして、ノウハウが確実に引き継がれていく。

浜田　二〇〇〇年に出版された警察官向けのテキストにさえ「頑強に否認する被疑者に対し、『もしかすると白ではないか』との疑念をもって取り調べてはならない」と書いてある。

鎌田　警察の裏金問題で話題になった領収書の偽造には、ほとんどの警察官が手を染めているといわれます。領収書には架空の捜査記録も付ける。推測ですが、これが習い性になって、虚偽の自白調書を取っても心が痛まないのではないでしょうか。

浜田　これまで冤罪事件が起きても、公の調査機関を設置して検証していません。捜査に関係した人たちが責任を取ったこともない。

鎌田　医療事故のように、第三者による事故調査委員会のようなものが必要だという意見が出てきましたね。拘束されていた期間は、日割り計算ですぐ補償金が出ますが、国家賠償は出ない。弘前大学教授夫人殺人事件（注5）の那須隆さんの場合、家族の分も含めて国家賠償を請求して、最高裁で負けました。そのうえ、検察庁から裁判費用の請求書が来たそうです。冤罪で長年苦しめられていたのに、あまりにも不合理です。

浜田　国家賠償を認めていくと、冤罪の可能性があれば裁判官もうかつに有罪判決を書けなくなると思うんです。メディアには、結果が出たときだけでなく、無罪主張をしている段階でも取り上げてほしい。ニュースにならないと裁判が動かないんですよ。

鎌田　冤罪は社会にとっての民主化の試金石です。今はみな無関心すぎます。一人の人間の人生が回復できないほど大打撃を受けるのですから。

注1　〇三年の鹿児島県議選で、志布志市の住民一二人が公職選挙法違反罪に問われた。〇七年二月に全員が無罪判決を受けた。取調べ段階での自白の強要などが問題視された。

注2　〇二年、富山県内の柳原浩さんが強姦と強姦未遂事件で逮捕され、懲役三年の実刑判決を受けた。服役後に真犯人が現れ、〇七年一〇月、無罪が確定。

注3　一九七四年、兵庫県の知的障害施設で園児二人が水死体で見つかり、うち男児を殺害したとして、施設に勤めていた保母の山田悦子さんが逮捕された。翌年、不起訴処分となったが、七八年に再逮捕、起訴された。九九年一〇月、無罪が確定。

注4　一九六三年、埼玉県狭山市で女子高生が遺体で発見された。逮捕された石川一雄さんは、一審では自白を維持し六四年に死刑判決を受けたが、二審から否認に転じた。七七年に無期懲役が確定。九四年に仮出所し、現在は三度目の再審請求中。

注5　一九四九年、弘前大学医学部教授夫人が刺殺された。逮捕された那須隆さんは、五三年に懲役一五年の有罪が確定、服役したが、七一年に真犯人が現れた。那須さんは〇八年に死去。

福岡事件――叫びたし寒満月の割れるほど

いまから三五年まえの一九七五年六月一七日。無実を訴えていた西武雄《にしたけお》（当時六〇歳）死刑囚が、福岡刑務所で絞首刑にされた。そのおなじ日、共犯者としてやはり死刑宣告を受けていた石井健治郎《いしいけんじろう》さんは、突然、無期懲役に減刑された。恩赦だった。一方は処刑、他方は恩赦、あまりにも酷《むご》い国家の選別である。ふたりの生死を分かったのはなにか。

西死刑囚は、無実を主張しつづけていた。恩赦は罪を悔いる者に施《ほどこ》される制度である。罪を悔いることなく、国家を相手に無実を主張しつづける者は、けっして赦《ゆる》されない、という見せしめなのだろうか。

石井さんが敗戦直後の一九四七年五月、福岡県博多駅ちかくのヤミ市で、ふたりの商人を射殺したのはたしかなことだった。が、しかし、それには西さんはなんらかかわりあいもなかった。

石井さんは獄中を生き延び、恩赦減刑から一四年後の八九年暮れ、仮釈放された。すでに七三歳だった。「西は無実だ。なにも関係なかった」というのが、〇八年一一月、九一歳で病没した石井さんの遺言だった。

七三歳で出獄したとき、身寄りのない石井さんを出迎え、自宅に迎え入れたのは、熊本県玉名市の古川泰龍《ふるかわたんりゅう》さんだった。このとき六九歳だった。

一六歳のときに父親の意志に従って出家得度、高野山専修学院で学んだのだが、佐賀の寺院を継がなかった。山頭火や宮澤賢治の世界に憧れ、やがて「原始林の聖者」といわれた伝道者・シュバイツァーの遺髪をうけて、「生命山シュバイツァー寺」を創立する。

背筋のぴーんと伸びた、物事をよく見据える、鋭い眼光の持ち主で、歩きつづけている求道者だった。というのも、わたしは四〇年ほど前、ご本人にお会いしていたからだ。

菅笠《すげがさ》、手甲、脚絆《きゃはん》、草鞋《わらじ》履きの法衣、托鉢《たくはつ》姿の古川さんのあとについて電車に乗り、川崎大師へいき、反転して成田山新勝寺にいった。古川さんはふたりの死刑囚の再審を訴える、全国行脚の托鉢をはじめていたのだった。

獄中詠「叫びたし　寒満月の割れるほど」

わたしの記憶がそこで途絶えているのは、結局、企画が通らなかったのだと思う。玉名市に取材にいった記憶もない。たぶん、企画は中断させられ、それっきりになっていたのだ。

二〇〇八年、狭山事件の集会に参加された息子さんの龍樹《りゅうじ》さん（四九歳）とお会いしたとき、「お父さんにお会いしたことがあるんですよ」とわたしは、川崎大師と成田山に同行したことを告白した。二代にわたる再審開始請求運動がつづいているのに、そのあとなにもしなかったことが、急に後ろめたくなっていた。

「父はなにしにいったんでしょうね」

と、当時七歳ほどだった龍樹さんに聞かれたのだが、両寺院ともにわたしは話し合いに立ち会っていないので答えようがない。署名などの協力要請だとは見当がつくのだが。

古川龍樹さんにお会いしてから、わたしは彼が全国で行なっているキャンペーン「叫びたし寒満月の割れるほど」にお付き合いして、集会に参加するようになった。今回の取材は四〇年目の再開、遅すぎた仕切り直しである。

キャンペーンの俳句は、西さんのものである。この一句を読むだけでも、作者の冤罪を信じることができる。ほかにも、

誤判わが怒りを天に雪つぶて

ひばり野に大手を振って出てみたし

われのごとく愚鈍よかなし冬の蠅

などの句がある。

「やっていない」と叫べども叫べども、国は耳を塞いで聞かず、絞首台にあげて処刑した。これ以上の絶望があろうか。

1961年12月21日　午前四時起床

誤判解けず冬満月の獄窓に

今夜はとても寂しい。こうした寂しさになることが時たまある。それはとても寂しいのである。私は小さな机の前に座して、佛《ほとけ》に念じながら自らの宿業に耐えようとしているのであるが、涙のとめどもなく流れて、なんともいいようのない時があるのであるが、今夜もそうである。獄に座して早や14年。はやいなーと思う。寒々とした夜空に満月が浮かんでいる窓辺に立って、吾が無実を念じたのである。無実で死ぬことはない、又死んではならない。そうである。私は一層の精進をして無実を晴らす努力あるのみである。

西さんの手記である。福岡県といえども、師走の獄窓は凍てつくほどに冷たい。窓に嵌《はま》った鉄棒のむこうに冴え冴えと懸かっている満月もまた寒い。午前四時、冷え切った身体だが、こころは澄み切っている。もしも自分がおなじ境遇にあったなら、と想像すると、震えるほどに恐ろしい。

叫びたし　寒満月の割れるほど

処刑は七五年六月一七日。このとき、泰龍師は家族を中心とした托鉢団を率いて東京に滞在、恩赦促進運動の真っ最中だった。国はふたりの死刑囚を、生かすものと殺すものとに選別した。その理由は明らかにされていない。

「冤罪を生きる」と死ぬまで全国行脚

「福岡事件」といわれている事件は、物資不足の敗戦直後、放出された旧陸軍の「軍服」を、中国人商人に売り捌こうとしていた西さんが、ちかくの食堂でまっていたときに発生した。

復員軍人、ブローカー、ヤミ市が時代の言葉で、殺伐としていた混乱期だった。軍に隠匿されていたヤミ物資をめぐって大金が動き、旧軍の拳銃が横流しされ、疑心暗鬼が横行していた。西さんと取引すべく石井さんは、西さんと会う約束をしていた食堂にむかっていた。

それとはまったく別に、軍服の販売のために落ち合っていた西さんの弟分と買い手とが喧嘩となっていた。たまたまその場に遭遇した石井さんを、売り手の応援と勘違いした買い手が、胸のポケットに手を突っ込んだ。それをみて、撃たれると勘違いした石井さんが、戦場を生き抜いた手練の早技で短銃を取り出すや買い手と売り手のふたりを射殺した。過剰防衛だった。

西さんと石井さんとは、その二時間前に会ったばかりで、検事が論告したように、「強盗殺人」の謀議などできるわけはなかった。石井さんの殺人行為は偶発的なもので、西さんは無関係だった。売り手と買い手の関係者である、ほかの五人の被告も、この「強盗殺人事件」のストーリーにあわせて「自供」させられ、一五年から五年の懲役刑になった。

取り調べは旧刑事訴訟法によって、自供が幅を利かせていた。拷問が強行され、裁判も裁判長が被告人を徹底的に追い詰める糾問《きゅうもん》的審理だった。一回会っただけの西さんと石井さんは、誤判によって死刑囚とされたが、石井さんは最後まで、西さんは無実だ、と主張しつつ他界した。

教誨師としてふたりの死刑囚と面会していた泰龍さんは、そのうちに訴えを信じるようになり、自分で独力で調査をはじめた。文字通り寝食を忘れて原稿用紙二〇〇〇枚にもおよぶ『真相究明書』を執筆、謄写《とうしゃ》版で印刷、製本して、再審開始を訴えた。裁判には、「戦勝国中国」が影響していた。

そのころは、死刑が確定すると、執行まで期間が短かったので、恩赦の請求に切り替え、法務大臣に直訴した。

「私の面前で二人の生命が断たれようとしているというとき、それに目を閉じて己の内面に生きてよいものか？　私は岐路に立たされた……『歎異抄寺だより』も廃刊し、求道の集いも廃止して冤罪死刑囚の助命運動に没頭する決意を固めた」（古川泰龍『叫びたし寒満月の割れるほど――冤罪死刑囚と歩む半生』法蔵館、一九九一年）

救援活動に没頭すると、夫妻と妻の母、それに子ども五人の一家八人、その生計は困難になる。それでもふたりの生命にはかえられない、という決意だった。教誨師が出会った死刑囚の冤罪を訴えて托鉢にでる、など前代未聞である。それが求道者の徹底でもあった。

「たったひとりのいのちさえ守れない世の中を、私は信じることができない。無実で死刑にならない世の中を、信じたい。それまで私はわらじをぬがれない」

と書いていた泰龍さんは、二〇〇〇年八月、病没。「冤罪を生きるといいつつ、草鞋の底にゴムを貼りつけて全国を歩いた晩年だった。その歩みをやめた。八〇歳だった。

学生たちの支援で運動がひろがる

シュバイツァー寺は、連続殺人犯として全国指名手配されていた、西口彰《にしぐちあきら》でも知られている。彼は東京で弁護士を殺害し、奪った弁護士バッジをつけて、門を叩いた。再審運動に協力したい、といってきたのは、運動資金があると錯覚してのことだった。

その夜、宿泊することになった客が怪しい、と直感したのは、たまたま指名手配の写真をみていた二女だった。彼女が交番に通報して西口は逮捕され、古川家は難を逃れた。西口がシュバイツァー寺に惹かれ、東京から夜行列車で熊本へやってきたのは、仏縁というものだったかもしれない。

逮捕後、泰龍さんは逮捕された西口本人ばかりか、子どもたちへの援助をつづけていた。が、約七年後の七〇年一二月、西口彰は福岡刑務所で処刑された。彼が自分で最高裁への上告を取り下げたからだった。それにしてもいかにもはやい。西口は泰龍さんに「古川さん、念仏頼みます」との謝辞を遺して逝った。死刑に反対している一家にとっては、いまでも複雑な感情をともなうエピソードである。

泰龍さんが亡くなって、西死刑囚の死後再審請求運動は、休止状態になった。支援者たちは去った。が、長女の龍桃さんと長男の龍樹さん、それに四女のさゆりさんが父親のあとを引き継ぎ、運動はまた盛り上がりはじめている。

龍樹さんは父親のように法衣姿で全国を訴え歩き、米国の公文書館へ三度も通って、戦後混乱期の複雑な日中関係も反映している事件の新証拠を探している。すべて自費である。

八尋光秀《やひろみつひで》弁護士を団長とした弁護団が結成され、二〇〇五年五月、福岡高裁に再審請求書を提出した。「取り調べで拷問を受け、虚偽の自白をした」とする、ほかの被告の証言を新証拠とした。が、今年（〇九年）三月、「無罪を言い渡すべき新規かつ明白な証拠とはいえない」という通り一遍の結論で棄却された。弁護団は最高裁に特別抗告を申し立てた。

古川さん家族のひとたちの自己犠牲的な運動に感動した各地の学生たちが、ボランティアで裁判記録をデジタル化したり、大学で集会をひらいたりしている。

自分たちは支援者ではない、冤罪を許している「当事者だ」という意識から、「福岡事件再審開始を目指す当事者の会」も結成された。ハンセン病の市民運動もそうだが、学生たちが集まって、新しい運動がひろがっているのは、明るい気持ちにさせる。

「福岡事件」は、旧刑訴法が遺されていた時代のもので、警察の道場で逆吊りにしたり、正座した膝の後ろに棒をはさんで足で踏むなどの拷問を加えて、自供をさせた。いまの取り調べにはさすがに拷問はないが、それでも、自供するまでは釈放しない、人質尋問、長期間、長時間、密室の「代用監獄」での取り調べがつづけられている。

代用監獄といわれている、留置場での長期勾留自体が拷問の一種で、国連の拷問禁止委員会から、日本政府が勧告をうけているほどである。

取り調べの可視化と国選弁護人の拡大、その報酬の増額、さらには、全面的な証拠開示、自供偏重の供述調書主義がなくならないかぎり、裁判員制度は、司法改悪冤罪判決のスピード化をもたらす。

無実の死刑囚を処刑してしまった「福岡事件」は、日本の司法の暗黒の象徴である。司法が正義を示すものなら、潔く誤判を認め、早急に解決すべきだ。

父親の泰龍さんのあとを引き継ぎ、寝食をなげうって活動している、龍樹さんは控えめにいった。

「父がいいつづけていた、人間の命は地球より重い、という言葉を、西さんの無実を裁判で証明することによって実現させたい」

三鷹事件——再審請求棄却判決の誤謬

電車暴走事件発生から七〇年。米軍占領下の闇のひとつ、「三鷹《みたか》事件」の死後再審請求に、東京高裁がどう応えるのか。「確定死刑囚」のまま獄死した、無念の竹内景助の長男・竹内健一郎さんは、その決定がだされるのを、毎日、待ち望んでいた。

竹内さんにも弁護団にも「再審開始決定」がだされる期待が強かった。わたしもひそかに九〇％以上の確率、と信じていた。弁護団がだした新証拠は、一人では不可能な犯罪、を証明していたからだ。が、結局、第二次再審請求から九年目、二〇一九年七月末にだされた決定は、「本件再審請求を棄却する」の冷たい一行だった。わたしはその前に、こう書いている。

「三鷹事件のような、歴史の闇に閉ざされた冤罪を解決することこそが、司法が信頼を得るもっとも確かな道であろう」（『サンデー毎日』五月二六日号）

「再審請求裁判では目撃証言はデッチ上げ、列車の暴走は単独犯では無理と証明された。裁判官を信じられる決定を期待している」（『東京新聞』本音のコラム「七〇年前の共謀罪」七月三〇日）

しかし、七月三一日の東京高裁決定は、いままでの判断の誤りを踏襲した、一方的な判断だった。

「真犯人の存在等を指摘する主張を含めて弁護人が提出した証拠を検討しても、それらが確定判決等の事実認定に疑いを抱かせるものとは認められない」。だから「再審事由があるとはいえない」。木で鼻を括《くく》るような決定理由である。

占領軍の謀略か

中央線三鷹駅（東京都三鷹市）構内から街頭に飛び出した無人電車が、駅前交番や民家に激突、六人の死者と十数人の負傷者をだした。これが、一九四九年七月一五日に発生した「三鷹事件」である。

容疑者として九人の共産党員と一人の非党員が逮捕、起訴された（のちに二人偽証罪で起訴）。竹内景助はたった一人の非党員だった。

この事件は、旧国鉄が計画していた一〇万人の人員整理（解雇）と官公庁・地方自治体などの職員一七万人整理の渦中で発生していた。事件の九日まえには、下山定則国鉄総裁が線路上の轢死体で発見され、一カ月後には東北本線で貨物列車転覆の松川事件（死者三人、福島県）が発生している。

三鷹事件発生直後、「不安をあおる共産党　虚偽とテロが戦法　整理は国家再建のため」とする、吉田茂首相の談話が本人の写真つきで『朝日新聞』の一面中央に八段抜きで掲載された（七月一七日）。

中国では毛沢東の軍隊が蔣介石軍を追いつめ、マッカーサーの米占領軍は日本を「反共の防波堤」にしようとしていた。人員整理という名の空前の大量解雇は、レッドパージ（赤狩り）もふくんでいた。

吉田首相の談話は、事件は人員整理に反対する共産党のテロ、ときめつける暴言だった。「三鷹駅で大事件が発生する」との予告があった、とする証言も多い。『読売新聞』は七月一二日、「無人運転台のトリック」として、暴走電車のハンドルに紐が巻きつけられ、無人運転を実行した写真を掲載した。

この写真は「事件の直後にＧＨＱ（連合国軍総司令部）から警視庁経由で各新聞社に特配され、掲載を強要された」と、読売新聞労組の増山太助元書記長が主張している（清水豊『三鷹事件を書き遺す』刊行によせて）。「アメリカ諜報機関が作製」した写真をめぐって、会社側は箝口《かんこう》令を敷き、写真の出所を追究していた読売労組は、このあと「社内組合」につくり替えられた、と増山太助が書いている。事件発生直後、即刻あらわれた米兵が事件現場を取り仕切り、現場検証も米軍がおこなった。

犯行は共産党員か、それともデッチ上げ事件によって共産党を潰したい占領軍の謀略部隊か、と意見がわかれ、対立しているあいだに、日本の反戦、平和運動は分断された。この事件は、下山、松川両事件と並ぶ戦後の未解決の怪事件なのだが、竹内景助ただひとりが、犯人として囲い込まれ、死後も解放されていない。

周囲は無実を理解

「棄却決定を聞かれてどう思われましたか」。埼玉県のある町。長男の健一郎さんのお宅でのインタビュー。ご本人は決定前とくらべても、さほど落ち込んだ表情でなかったのに、ホッとさせられた。

竹内「がっかりというか、悲しいというか、くやしい」

声はくぐもって低く、ときおり咳き込む。肺がん手術のあとなのだ。

竹内「裁判長は何もやってないというからね。証拠調べも何もしない。門前払い、はっきり言えば。国というか、アメリカの情報系がやったんだろうから、さ」

――国鉄三大事件はみな闇の中に消え、三鷹事件の竹内さんだけが、死刑囚にされて獄死した。くやしいですね。

竹内「子どもが五人もいるのに、そんなことを考える親がどこにいますか」

――高見澤昭治弁護士が『無実の死刑囚』を出版したあと、再審請求するように、お宅にやってきました。それで四四年ぶりに死後再審を請求することになったんですね。

竹内「その頃、家内は寝たきりでしゃべれなかった。一回目は玄関先で帰ってもらったんですが、二回目に来られたとき、高見澤さんを、三鷹事件の再審のことで今日来てくれた、と家内に紹介すると、よかったという表情で高見澤さんのこと、じいっと見つめてね、輝いていましたよ、家内の表情がね。自分自身も再審をやってくれる人がようやく現れたんで、感謝しました」

――五人の子どもを抱えて、お母さんは、どんな仕事をされていましたか。

竹内「袋張り。魚屋とか八百屋で使う、魚や野菜を入れる紙袋つくってた、糊付けして。あとはね、いくらだか知らないけど生活保護とか。中学入ってからずっと新聞配達とか、牛乳配達とか、八百屋のリヤカーのあと押しやったり。一日いくと一〇円だった。なにも文句いえねえけど、中学校卒業するまで三年間、ずっと一〇円だった。あとは、映画館の映写技師見習い、大型二種免許とったり、大型特殊免許とったり。大阪とか金沢、岩手、青森とか、北海道、九州とか、長距離輸送」

――犯罪者の子どもだから、と石を投げられたりされませんでしたか。

竹内「お父さんがやる訳ないって、皆わかっていた。だから近所から食べ物の差し入れ、おはぎを作ったから取りにおいでってね。大きなお皿にいくつも載って」

高見澤「普通だったら、国鉄をクビになるでしょ？　そうすると官舎を出なきゃいけないんだけど、死刑判決後でも官舎にいられたわけですよ。ということは、国鉄の人はみんな、竹内さんがそんなことやるはずはないと思っていた」

竹内「お父さんと一緒だったときは畑つくったり、ヤギとウサギ飼ってた、庭もあった、囲いもあったから。ウサギは襟巻き、ヤギはヤギの乳。畑は線路沿いだった」

判決後、弁護団は東京高裁に異議を申し立てた。これから他の部で、証拠の見方がまちがっている、との判断を問う。裁判所が虚心に再審開始を決定しないかぎり、死んでなお魂は拘留されつづける。

妻に「くやしいヨ」

下山事件は、他殺説にたいする反論（自殺説）がだされ、捜査打ち切りで迷宮いり（自殺説を裏づける遺書はない）。松川事件は、一審では死刑判決五人、無期懲役五人をふくめ、被告二〇人が全員有罪だった。が、最高裁の差し戻し審で検事側が隠蔽していた「アリバイ証明」が発見され、被告全員が無罪となった。この国鉄三大事件で、竹内景助だけが三鷹事件の犯人とされ、確定死刑囚となった。

竹内景助は獄中で、脳腫瘍に冒されていた。が、なんの手当も受けることなく、真っ黒い畳の敷かれた、独房のような小部屋に寝かされていた。そばに雑役囚がひとりポツンと座っているだけだった。「くやしいヨ！」と病舎に駆けつけた妻の政に言った。それが最後の言葉だった。四五歳、獄死の最後の様子を政が書いている。

「もうすべてが手おくれでした。その夜、十時四十五分、夫は自己呼吸を止めてしまいました。そして、一月十八日午前八時十分、心臓の鼓動が止まるまで、五日間酸素吸入だけで生きつづけました」（『新評』一九六七年四月号）

「死にきれなかった夫」とするタイトルの妻の原稿は、わたしが同編集部にいて掲載した。まだ四五歳、幼い子どもたちとともに、生き抜きたかったであろう。手記の悲しさは、五二年前のまま凍りついたようにつづいている。まだ八歳の長女を筆頭に、六歳の長男健一郎、四歳の二女、二歳の二男、〇歳の三男、この五人を育てた妻の苦闘は、想像にあまりある。

「風呂に行っているとき、電灯がついたり消えたりしたこと、風呂から帰って事故の話、石井さんが駅の方へ見に行ったということを話したこと、首切り後、消防庁外事課に採用されることが決まっていたこと、など話して下さい。風呂へ行く前は家にいて、『時代松』という本や、新聞を読んでいたのだ。それは検事の最初の調べに書いてある。二四・八・三（日）ムサシノ（武蔵野）署で、田中検事に無罪のことを言っているから、それが正しい」

妻の手記「死にきれなかった夫」に引用されている、夫の手紙である。

自宅で横になって本を読んでいるとチカチカ停電があった。

「本も読めやしない。風呂でもあびてくるかと風呂へ行った」

これは妻の重要なアリバイ証言だった。が、無視された。

「家の苦しい生活を考えると、実に慟哭《どうこく》せずにおられない。わかれわかれでは、何よりも不幸だと思う。苦しさ、辛さを訴える処がないというのは、人間にとって何より不幸だね。家にいれば、どんなに貧しくとも、みんな笑って元気でいられたのに……」

家族思いの心根がよく伝わってくる。クビを切られたといっても、アイスキャンデー売りをはじめていたし、消防庁への再就職の夢もあった（逮捕の二日後、採用通知）。自暴自棄になって犯罪をおかす理由は、まったくなかった。

一九五〇年八月、東京地裁の鈴木忠五裁判長は、「共同謀議、共同正犯」とする検事側の主張は「空中楼閣」だとして、九人の共産党員を無罪にした。しかし、竹内ひとりが、なぜか自供を維持していて、無期懲役とされた。

やっていないと否認しながら、共同謀議に加わっていた、と自供し、いや単独犯だ、やっていない、と竹内の供述は七回も変遷した。共同謀議に加わっていれば死刑にされる、との恐怖心から「単独犯」を主張したり、ひとりで罪を被ろうとする「義俠心」を示したり、警察官に責めたてられ、竹内は混乱していた。取り調べの過酷さに、容疑者が追随、迎合するのは冤罪の常である。弁護人も死刑判決を防ぐために、と言って「自供」を勧めていた。

無実証明する新証拠

二〇一九年七月三一日の東京高裁決定を聞いて、咄嗟に思い浮かんだのは、一九五九年三月、「伊達《だて》判決」をめぐる最高裁の画策だった。東京地裁での、伊達秋雄裁判長の判決が、砂川基地拡張反対運動で逮捕された被告を無罪にしたのは、米軍の日本駐留は憲法九条違反としたからだった。

いまではよく知られるようになった事実だが、この伊達判決をめぐって、田中耕太郎最高裁長官が、マッカーサー駐日大使やレンハート首席公使等となんども密談していた。田中は高裁をとばして最高裁への政府の「跳躍上告」を受け入れ、伊達判決を「年内に一五人の裁判官全員一致で覆す」と約束していた。司法の、尊厳を無視した、露骨な対米従属判決だった。

三鷹事件裁判の異常さは、一審で「空中楼閣」と言いつつ、竹内ひとりを有罪、無期懲役にし、高裁で事実調べもないまま、死刑にしたことである。「三鷹事件のような重要で、しかも事実認定が困難な事件の場合は、一審判決を破棄するのであれば、慎重を期するために当然に原審の東京地方裁判所に差戻し、審理をやり直すべきであった」（高見澤昭治『無実の死刑囚』）。

高見澤弁護士は、高裁が無期から死刑に変更したことについて、「何が何でも竹内に対して一刻も早く死刑を宣告したい、という強い処罰感情が存在したか、ないしはそうしなければならない何らかの事情があったとしか考えられない」とも書いている。

最高裁では、一五人の裁判官のうち八対七で上告棄却、一票差で死刑が確定した。その裁判長が、田中耕太郎だった。田中は松川事件でも有罪意見の超タカ派だった。もしも、高裁、最高裁が死刑ではなく、無期懲役であったなら、とも思う。当時は重大事件でも仮釈放があったから、竹内景助は獄死などすることなく、再審裁判を闘うことができたはずだ。が、日本の裁判官は、戦前とおなじように、体制の秩序優先、庶民ひとりひとりの人命、人権への思いがまったくたりない。

「竹内にたいして死刑を科した東京高裁の判決はまったく不当な判決なので、当然最高裁はこれを取り消して事件を高裁に差し戻すにちがいない、と信じきっていたので、この冷酷無比な最高裁の判決は、自分には大きなショックであった。いままで最高裁にたいして抱いていた信頼の念が、これによって一挙に消えうせてしまったばかりでなく、同時に裁判官の仕事にたいして感じていた魅力も半減してしまった」

裁判不信の感情を明らかにしているのは、ほかならぬ一審裁判長だった鈴木忠五である（『一裁判官の追想』）。そう言うなら、彼自身、竹内景助の七回におよぶ、自供変遷の裏にあった、取り調べの過酷さによって受けた、深い苦渋を読みとってほしかった。

竹内の東京高裁への再審申し立ては、死刑確定から一カ月後の一九五五年七月だった。それから一〇年たった一九六六年七月、再審請求四人目の裁判長となった樋口勝裁判長は、竹内の妻政にも面会して、再審のための予備調査をはじめると伝えた。事件以来、一八年目の朗報だった。

一九六六年一〇月、樋口裁判長は弁護団にたいして、「記録は調べ終わったので、検察側との双方からの意見を聞き、竹内にも直接会って結論をだしたい」と伝えてきた。

ところが検察側は「二カ月猶予がほしい」と手続きを延ばした。このころから、竹内の記憶障害が出はじめ、日増しに症状が悪化していた。拘置所側は「詐病」として、適切な治療を施さなかった。

翌一九六七年一月、竹内景助は脳腫瘍で獄死した。請求人死亡で再審請求は「終了した」。が、その決定文に次のように書かれてあった。「しかし、本件は、実質上、これで終止符が打たれたものではない。今後他の請求権者の同一理由による新たな再審の請求を妨げるものではないことはもちろん、そのような請求があった場合に、死亡した再審請求人竹内景助および同人の弁護人らの作成提出した幾多の書類は、当然、裁判所のする取調べのための資料となることは言うまでもない」。

裁判官の良心の声だった。残念ながら、それから四四年の歳月が空費され、ようやく、死後再審がはじまった。わたしはこの文言を読んで、ここを出発点にすれば、再審開始決定になる、と信じた。が、また棄却だった（二〇一九年七月三一日、東京高裁）。鈴木忠五元裁判長の言葉をかりれば「冷酷無比」な決定である。

竹内は事件当夜、自宅にいた。電車が激突して、チカチカと電灯が消えた時は、本を読んでいた。そのあと官舎の風呂に行った。というアリバイ証言がある。「竹内を見た」との「目撃証言」は、虚言だった。針金で運転台のハンドルを動かし、紐でハンドルを固定したなどのウソの自供への誘導、二両の車両の前照灯がつき、パンタグラフが二つ上がっていたなど、新証拠が出そろっていた。それらをまったく無視した棄却決定だった。

米国と対等な関係にならなければ、占領下の事件は解明されないのか。暗然とする思いである。それでも、歴史の闇を閉ざしたままではすまされない。

菊池事件（藤本事件）――ハンセン病差別と死刑

消えかけた命を今日も引きずってゆく
ああ……
わずかな空地でいい
腹の底から
「馬鹿野郎」と
大きな声が出せるところが欲しい
（「小さなのぞみ」）

書いたのは、死刑囚・藤本松夫さんである。「押し鮨のように」と彼が形容する独房に閉じ込められていて、「消えかけた命を今日も引きずってゆく」と書いている。その日々の繰り返しのなかで、無性に腹を立てていたのであろう。

それはよくある死刑囚の諦観、断念などではない。抑えきれない憤りがこめられているのは、彼が無実の死刑囚だったからだ。

叫びたし寒満月の割れるほど

これは福岡事件の被告・西武雄さんの俳句だが、そこにもおなじような絶望感がこめられているのは、彼もまた冤罪死刑囚だったからだ。

無実の罪で死刑にされるなど、考えられない恐怖だ。しかし、このふたりのほかにも、飯塚事件で処刑された久間《くま》三千年《みちと》さんの例もある。ようやく再審請求がはじまっている。彼は足利事件の菅家利和さんとおなじように、事件当時の不正確なＤＮＡ鑑定によって、死刑を宣告され、執行された被害者である。

人間が人間を裁くことの罪深さを、これらの冤罪死刑事件が明らかにしている。

藤本さんは、熊本県のハンセン病施設「菊池恵楓《けいふう》園」に入所させられていたので、この事件は「菊池事件」と呼ばれている。

それは一九五一年（昭和二六年）八月のことである。熊本県北部の交通不便な山村で、村役場に勤めていたＡさん宅に、いきなりダイナマイトが投げつけられ、Ａさん（当時四九歳）とＡさんの子ども（四歳）が負傷する、という事件が発生した。「藤本さんはハンセン病患者だ」と村役場の職員のAさんが県に報告した、そのことを藤本さんが恨んでいた、という警察官がつくったシナリオによって藤本さんは逮捕された。

しかし、藤本さんは、ダイナマイトを持っていなかったし、そのあつかいかたも知らなかった。このころはまだ、ハンセン病は「業病」と言われ、伝染する恐ろしい病気だとして、強制隔離が政府の方針とされていた。

だから、一家、一族が地域から嫌われるのがあたりまえだった。家族も地域で生きていくために、病気を隠すようになっていた。しかし、実際は、「プロミン」という特効薬がアメリカから輸入され、すでに治る病気になっていたのだ。

政府は、一九〇七（明治四〇年）に、「癩《らい》予防ニ関スル件」を制定して、絶対隔離政策をはじめていた。それは戦後になっても引き継がれ、戦前とおなじように、ハンセン病患者狩りとも言える、「無らい県運動」が行われていた。

藤本さんが犠牲になったのは、この「無らい県運動」という絶滅作戦によってだった。地域ぐるみで、「らい患者」をあぶりだし、絶滅収容所へ送り出した。行政マンの成績競争でもあった。

ハンセン病患者への恐怖と差別をつくりだしたのが、政府の政策だった、という意味では「無らい県運動」の罪は深い。わたしも、ハンセン病市民学会の運動によって、元ハンセン病の人たちにお会いすることができて、政府がどんなことをやったのかをはじめて知らされた。

「患者」は封印列車に乗せられ、故郷や家屋から引き剥がされ、施設に収容された。そのあと、信じがたいことだが、男性は断種、女性は堕胎を強制された。そのような驚くべき人権侵害が平気でなされていた。

わたしたちの無関心が、少数の人たちへの差別と圧政を許していた。それはとても恥ずかしいことだったのだ。

菊池事件は、藤本さんがハンセン病患者だったからこそ、起きた事件だった。Aさん宅にダイナマイトを投げつけた疑いで逮捕された藤本さんは、菊池恵楓園内に設けられた「特別法廷」で裁かれ、懲役一〇年の判決が出された。

これは日本国憲法七六条二項「特別裁判所はこれを設置することはできない」。第八二条一項「裁判の対審及び判決は、公開法廷でこれを行ふ」に違反する行為である。

ハンセン病施設は、憲法の埒外にあった。そこには憲法の光がとどいていなかった。その事実がハンセン病患者が、人間あつかいされていなかったことを、よく物語っている。

収容所内収容所に収容されていた藤本さんは、二重の壁に閉じ込められた絶望から、脱獄を決意し、成功する。どこにかくまわれていたのか、人の情に厚い藤本さんは、それを語ることはなかった。

ところが、脱走中に、ダイナマイト事件の被害者だったAさんが、こんどは全身切り傷だらけの遺体で発見された。この事件の容疑者として、物置き小屋に隠れていた藤本さんが発見され、逃走した背後からピストルで射撃されて負傷、逮捕された。

警官たちに追い詰められていたから、ピストルを使う必要はなかった。しかし、警官たちは、ハンセン病患者を自分の手で取り押さえるのを嫌がったのだ。

この事件の裁判も、施設内の特別法廷で行われた。係官が証拠品を示すとき、菜箸でつまんでいた写真が残されてあるのは、まだハンセン病の伝染力が強い、という差別感をあらわしている。伝染力は弱く、遺伝病ではなかったのだが、一度すり込まれた偏見は根強かった。

一九五三年八月、特別法廷で、藤本さんに死刑の判決が出された。菊池恵楓園の自治会でも、無罪判決をもとめて、裁判の支援をはじめた。が、高裁、最高裁でも死刑判決、それをくつがえすことができなかった。三度目の再審請求中の一九六二年九月一四日、福岡刑務所に移送され、死刑を執行された。

普通は再審請求中には、処刑しない。異例のことである。

死刑執行のあと、救援運動の中心だった玉井乾介《けんすけ》さんは、ひとり残された藤本さんの娘の将来を嘆いて、こう書いている。

藤本君、父も母もいない貧農の娘の一生は大へんだろう。死刑囚の娘の一生はさらに大へんだろう。ハンセン氏病を父にもつ娘の一生はさらにさらに大へんだろう。君のひとり娘M子さんはこの重みを全部背負って社会に生きて行くだろう。藤本君。

涙とともに書いた文章であろう。処刑の日から半世紀たったが、いままた、再審請求の運動がはじまった。

（底本では藤本さんを「F」と仮名にされているが、名誉と人生の回復を求める冤罪再審請求事件なので、実名にしました）

狭山事件——獄中で文字を獲得した不屈の闘い

民衆の表現（二〇〇三年九月一九日）記念講演

書かないではいられない、という気持ち

きょうは「民衆の表現」というタイトルで、文章を書く意味について、お話しできればと思っています。

いま、紹介していただいたように、わたしは、部落解放文学賞の選考委員を四、五年前からつとめさせていただいております。識字部門には、識字運動の中からあらわれてきた作品が応募されてきます。それを毎年一回、土方鐵《ひじかたてつ》さんとふたりで選ぶのを、すごく楽しみにしています。識字の作品を読むと、すこしオーバーかもしれませんが、ほんとに心洗われるような気持ちになります。つまり、文字を書くとか表現することの、一番、原初的というか、必然性が、そこにあるんですね。

ぼくら、プロの物書きの業界には、うまいひととかいっぱいいますけど、なぜそれを書いているのか、よくわからない作品がありますし、いろいろある文学賞への応募作品でも、なぜ、そのひとが、それを書いているのか、よくわからないのが多いのです。

けれども、識字の作品には、書き手の必然性というか、どうしても書きたい、書かないではいられないという気持ちが、よくあらわれていて、人生について考えさせられるのです。

固定化した意識をそぎ落とす

まず、ことし（二〇〇三年）の部落解放文学賞識字部門入選作品のお話をします。

朴斗致《パクトウチ》さんの「はずかしいはなし」は、家の仕事で請求書をだしたら「シャバン〈社判〉が押してない」と突き返された。「シャバンがない」とおつれあいに伝えると、「シャバンは、なくなっておれへん」と言われた、と。朝鮮では、つれあいのお父さんのことを「シャバン」と言うらしいです。こういうエピソードを積みあげて、言葉がよくわからなくて、現実との齟齬がある。

あるいは、コンプレックスがある。それを失敗談として「おかしみ」に転換させる精神は、なかなかいいなぁ、たくましくていいなぁ、と思うのです。

こういう、とぼけた表現、愛情豊かなエピソードは、日常生活の中で無数にあるわけですよね。その前々年に入選したタラセレスタさんの「ネパールの流れ星」という作品も、手アカに汚れていない表現で新鮮でした。

ぼくら小学校、中学校、高校、大学というふうに教育をごく普通に受けてくると、ものの見方が固定化しています。まして日本の場合は、学習指導要領によって、文部省の教育が全国に貫徹しているわけですから、学校教育の弊害というと語弊があるのですが、やはり、パターン化した考え方・言い方が、ずっと繰り返され、受け継がれているのです。

文章講座などで、大学を卒業してジャーナリストになろうとかいうひとの文章を読むと、まずパターン化している。起承転結がはっきりしていて、つじつまが合って、最後に三行ぐらい、それらしいちょっと気がきいた結論がつく、という文章を、みんな書いてくるのです。

それらと、こういう識字学級の中から生まれてきた作品。もちろん識字学級も、教える方がたは、やはり、そういう日本の教育のパターンの中から得た知識を伝えていくわけで、ものすごく苦労されているんでしょうけど。そこは、さきほどの基調報告にもあったように、「お互い、学びあっていく」ということなので、教える側の固定化した発想や表現をそぎ落としていく作業にも、たぶん、なっているんじゃないか、と思います。

「書く楽しみ」と「生きる喜び」

山口春子さんの「つづる楽しみ、生きるよろこび」は、なかなかいいタイトルですね。書く楽しみと生きる喜び、これが識字学級の基本だと思うのです。

「そのころの私は、字という言葉を聞くと、悲しいやら悔しいやら、腹の立つやら情けないやら、言いたいことが山ほどありました。／銀行に行っても字を書かなあかん。役所へ行くときも病院に行くときも、字を書かなあかん、そんなときが一番つらかった。スーパーへ買い物に行っても、いろいろな売り出しの札やビラが張り出されていますが、何を書いてあるやらさっぱり分かりませんでした。／そやから、どこへ行くにも娘と一緒でした」。という状況のときに、近所のひとと夕方、出会って、「どこへ行くの」と聞くと「会館に、字、習いに行くの」といわれた。そういうふうに、ひととの出会いから、だんだん字を覚えていくプロセスが書かれています。

「教室に『こんばんは』といって入ると、皆がいて、笑顔でむかえてくれる。そのときが一番うれしい」。すごく、いいですよね。おたがいに字が書けないということを前提で、つき合っているわけですから、「こんばんは」と声をかけあえる、やわらかなまったく虚飾のない率直な世界だと思います。

狭山事件の「脅迫状」と石川一雄さん

余談ですが、石川一雄さんと話していたら、刑務所の中は「こんばんは」という言葉がないんだと言うので、あらためてびっくりしたんです。「おはよう」は、誰かに会ったときに言うけれど、「こんばんは」の時間になると、もう独房にひとりでいるから、言う相手がいないんだ、と。

実は、きょうは、石川一雄さんのことを、お話ししたいのです。さきほどの基調報告にも、「狭山差別裁判の石川一雄さんは文字を知らないのに、脅迫状を書いたとされました」とありました。わたしは、五、六年かかって石川一雄さんの本（『狭山事件石川一雄四十一年目の真実』草思社近刊）を書き終わったところなんですけど、この脅迫状を、すごく重要な問題だとしています。もちろん、ぼくが言うまでもなく、この「脅迫状」はとても重要なんですけど（笑）。

狭山事件での脅迫状というのは、唯一の証拠品で、これは本当に犯人が書いて、被害者宅のガラス戸の桟《さん》にはさんでおいた本物です。あとの証拠は、ぼくに言わせれば、ぜんぶ嘘、ぜんぶでっち上げの証拠です。

その脅迫状の字が、驚いたことに、石川一雄さんの字と筆跡鑑定で「同じだ」という結論がだされて、石川さんは死刑を宣告され、死刑囚として監獄につながれていたという、とんでもない事件です。

ぼくが、きょう、ここで言いたいのは、字を書けないひとが脅迫状を書こうという気持ちになるかどうか、という、その一点なのです。

これには、識字学級のひとたちは「ありえない」と大きい声でおっしゃると思うんです。

字を書けないひとたちは、銀行とか役所に行くのがたいへんで、右手を包帯で巻くとか、吊るすとかして行くという話を、千葉県松戸の自主夜間中学でも聞きました。やはり、石川一雄さんも、そういうことをしていたと言ってます。

「ケガしたから書いてくれ」と言ったら、すぐ「はい、はい」と書いてくれるけど、「字が書けないから書いてくれ」とは、そのときの相手の反応を予想して言えないでしょうね。

おそらく、九〇パーセント以上のひとが字を書ける世界の中で暮らしていて「字を書けない」って言うことの怖さ、それがばれてしまうことの怖さがあるわけですから、字を書いてもらうには「ケガをした」と言うのが一番楽な方法で、これは、全国的に、非識字の方で経験されているひとが多い、と思うのです。

つまり、字から一生懸命逃げているわけですね。石川さんも、「逃げていた」と言っています。字を書かないように、書かないようにして暮らしてきているし、字というところに近づかないようにしている。それが、結局、疎外されているとか、差別されているってことなんですよね。

注意深く字には近づかないで生活しているひとが、積極的に字を使って何かをしようと考えることは、ありえない。しかし脅迫状とは、明確に自分の意志を伝えて、相手を行動に動かすことです。かなり高度な文章の技術です。

だから、ぼくの結論は、字を書けないひとが脅迫状を書くことは、精神的心理的にありえない、当時の石川さんは、そんな能力も、積極的な気持ちもありえなかった。だから石川さんは無実だ、と。これは、識字学級をやってきたひとにはごく自然に理解していただけると思います。絶対の真理だと思うのです。

字を書けないひとの話を聞くことから

ところが、刑事や検事や裁判官は、それを理解できない。彼らは小学校、中学校、高校と、ごく普通に字を獲得しているから、字を知らないことが、ものすごい恐怖で、そこから逃げたいし、それが他人に知られたら致命的な恥辱である、屈辱である、という心理状態がわからないわけです。

彼らの常識というのは、いくら字を書けない、書くのが嫌だと言ってても、ひらがなで書くぐらいはできるだろう、とか、この脅迫状に書かれているぐらいのことは書くだろう、との意識です。

つまり、非識字者が、社会生活の中で、銀行とか役所に行けないという屈辱、ほんとに暗い気持ちが理解できない。その意識のずれのところに、差別意識がふくまれているのです。

もちろん、逮捕したときには、犯人は被差別部落にいるという差別意識で決めつけていたのですが、それよりも前に、彼らの意識、いわばごく普通の意識というのが、きわめて特権的な意識であったということなのです。

識字学級でやってこられているみなさんは、字を書けないひとの屈辱とかをよく理解できるし、ご本人自身も、長い歴史の中で感じていることでしょうから、検事や裁判官のように「字を書けないといったって、これぐらいは書けるだろう」という傲慢さにはなれないのです。字を読み書きできないひとの心の傷を理解できない。

字をわからないから、脅迫状のような、こんなウソ字を書いているんだ、と思うのですが、実はそれ以下の能力だったのです、石川さんは。

石川さんも、書いています。

「裁判所に真実を追求しようという姿勢があるならば、私のように『まんぞく』に学校にいけず、今も識字学級で学んでおられる方々に聞くなり、証人に呼んで確かめるべきです」（松戸市に夜間中学校をつくる市民の会編『松戸自主夜間中学校の20年』勁草書房）と。

つまり、自分の筆跡が脅迫状に似ているとして裁判官は「死刑」にしたけど、字を書けないひとが脅迫状を書こうとするか、識字学級のひとにきいてみたら、どうだ、と。

教育を受けたひとたちの、教育を受けることは別に特権ではないのですが、しかし、教育を受けていないひとたちがいるんだということを理解しないことが特権意識なんですね。そのことを理解するためには、やはり、字を書けないひとにちかづいて、書けないひとの話を聞いて、自分の特権意識を洗い落としていくしかない。そういうことが、ひとつのテーマです。

刑務所でしか、字を獲得できなかった

石川一雄さんは、識字運動の、典型的な人物です。たぶん、世界的な識字運動の中心的な人物になるだろうと、ぼくは思っているのです。

『松戸自主夜間中学校の20年』という本に、石川さんも書いていますが、ぼくもこの本に、石川さんと永山則夫っていう「連続射殺魔」と言われたひとのことを、書いています。ふたりとも、刑務所で字を獲得したという希有な人材です。ふたりとも、刑務所でしか字を獲得できなかったという悲惨、それをバネにして書くようになったのです。

逮捕されたとき、石川さんは、自分の名まえを、簡単な字画の「石川一夫」と書いています。

一番最初、彼が書いた字として、留置場から家族に宛てた二行だけの手紙があります。「あんちゃんのとりかいてください、おかちんげんきです」。よく判読できないんですが〝逮捕されたときはいてきたズボンは兄の六蔵さんのだから交換してくれ〟〝おかあちゃん、（ぼくは）元気です〟という意味でしょう。このぐらいしか書けなかったのです。

その頃の調書などの裁判資料を見ますと、促音「っ」とか音引き「ー（のばす音）」とか書けていません。調書をつくるときに、いろんな地図を描かせられて、それに彼が説明する文がついています。たとえば〝一〇〇メートルぐらい離れている〟という文章では、「１００」と洋数字を書いてその下に「く」を付けて書いています。それから「メートルに音引きがなくて「１００くメトル」になっている。

とにかくそれまで書く訓練をしたことがなかったひとです。ラブレターをもらっても読めないから、ひとに読んでもらっていました。

クッキー工場に働きに行ったとき、履歴書もひとに書いても

らっている。そこで働いているとき、女性労働者が多いところで、男が少ないから監督的な仕事になった。でも、伝票が書けなかった。前の日の伝票とおなじふうに、真似して書いた。それが小麦粉の数量がちがっていたから、製品がおしゃかになってしまって、クビになっているのです。

本人も、字を書けないために、「土方仕事」、差別用語ですけど、土方仕事とか、「人足仕事」しかできなかったと、ほかのところに書いています。字を知らないために、どんなに一生懸命働いても、働き者でも、工場には勤められなかった。

そのひとが、脅迫状を書いたと言われることの奇想天外さ。不条理というか、まったく違った世界の中に投げ込まれたような感じだったと思います。

字を使い慣れたひとが書いた、狭山事件「脅迫状」

この脅迫状は、万葉仮名を使って書いているので読みにくいのですけど、普通の漢字に書き直してみると、すごい明快な文章なのです。

「もし車出いツた友だちが時かんどおりぶじにか江て気名かツたら／子供わ西武園の池の中に死出いるからそこ江いツてみろ。／」「もし……だったら、……なっている」という仮定法（条件法）は、口では、そう言いまわしを使っていても、文章で使うのはなかなかむずかしい、かなり高度な文法です。

当時ではめずらしい横書きで書かれています。それに字の大きさがそろっている。また、文章が止まるところで、かならず点や丸がついて、改行されています。

みなさんも、文章の行替えのところで、点丸にするのは、なかなかむずかしいでしょ。縦書きでも、ハガキを書いていて、ちゃんと一番下に丸や点がくるようになるというのは、かなりの能力がないと書けないです。けど、この脅迫状は、そこがきちんと押さえられています。

さらに「刑札にはなすな。／気んじょの人にもはなすな／子供死出死まう。／」っていうのは、でっかい字で、強調して書いています。

この脅迫状を書いたのは、字を使い慣れたひとですね。そのことを、警察が発見しなかったのは、脅迫状の文章力の「低さ」から、すぐそばにある被差別部落は能力が低い、っていうんで、「犯人は被差別部落の者だ」という予断があったからです。

身代金の脅迫金額が安かったので、要求が低い、そして、字が万葉仮名の宛字で、万葉仮名を使いこなすのは本当は難しいんですけど、まあパッと見ると変な漢字を使っているので、教養がない、程度が低いと決めつけ、徹底的に被差別部落をあたっていきました。

刑務所で、ちり紙に字を練習

石川さんは、中学校卒業ということになっているのですけど、中学校には一日も行ってない。「小学校三年行って、一番前で突っ伏せして寝てた」って言います。よく「お客さん」という言い方をしてましたけど、教師も注意しなかった。

それで、たまに行っても、寝ていて、途中から帰ったり。帰って農作業や何か、やっていたらしいです。「小学校三年行った」といったって、実際はノートがなく、全然勉強してない。そこには、当時の学校側の問題も、やっぱりあるんですけどね。

石川さんは、筆跡鑑定のために脅迫状を写させられたり、地図の説明をさせられたり、毎回字を書かせられていたから、だんだん字を書けるようになったのです。

しかし、本格的に勉強したのは、拘置所や刑務所の中です。石川さんはよく言いますね、「刑務官が『字を勉強しなさい』って、こっそりちり紙を余分にくれた」と。昔のちり紙は厚くて、いまのテッシュペーパーみたいじゃないから、字が書けたんですね。

配給される量が決まっています。ほかの死刑囚には差し入れがあったけど、彼のところに差し入れがないから、ほかのひとへのちり紙を、その刑務官が集めて持ってきてくれた。そのちり紙に、石川さんは毎日、毎日書いていました。

石川さんに、「どうして刑務所で糖尿病になるんですか。そんなに栄養がいいんですか」なんて聞いたら、彼は、運動しなかったと言います。運動の時間がもったいなかった。運動時間を返上して、指に血が流れるほど字を書く練習をしていたのです。その結果が最高裁に提出するために書いた「上告趣意書」です。

字を獲得することによって、自分の無実を主張しようという目的が明確にある。死刑の判決を、字を書くことによって跳ね返していこうという、強烈な思いが「上告趣意書」です。このぐらい、何のために書くのか、というテーマがはっきりしている仕事はありません。その膨大な記録を読むと、ほんとに感動させられるんです。

石川さんは、一九六三年五月二三日に逮捕されて、七四年に無期懲役の寺尾判決があり、それを最高裁が審議している間に、一生懸命、獄中で書いている。罫紙に、四〇〇字詰めに換算して一四〇枚以上になり、二〇項目以上にわたって、いままでの裁判や検事側の主張を論破しています。

獄中で、消灯時間（九時ぐらいでしょうか）には寝なくちゃいけないので、日中は靴工場や洗濯工場で八時間労働して、その後、二時間か三時間ぐらい残った時間で、毎日毎日、書いていました。

そういうふうに、ほんとに刑務所の中で、一心不乱に字を獲得していった。それは自分の冤罪をはらすための悲痛な想いだったのです。

永山則夫『無知の涙』

もうひとりの永山則夫というひとも、新聞配達をずっとやったりして、「長欠」ではないけれど出席日数はものすごくすくないひとでした。ああいう四人も殺すという事件で、刑務所にはいってから、字を練習して、大学ノートに何度も何度も書いて、それが『無知の涙』という本になりました。

つまり、中卒で、集団就職で、「金の卵」とチヤホヤされて青森から東京に出てきた。彼は渋谷の駅前のフルーツ・パーラーで働いていたのですけど、ほんとにひどい生活で、都会の底辺を転々としていて、ついに四人も射殺する犯罪者になった。その悔しさが『無知の涙』というタイトルです。

それからしばらくして、「木橋」を書いて、これは『新日本文学』の「新日本文学賞」に応募して受賞したのですけど、自分が生まれたまわりのことを、ずーっと描写している小説です。

字を覚えて、それによってもう一回、世界を、世界っていうか、地域とか、生まれたところを認識する、確認していく作業っていうのは、どうしても必要だったんですね。

先ほど申し上げたように、このふたりは、ひとりは冤罪者で、もうひとりは「殺人犯」であったんですけど、刑務所にはいることによって、ようやく字を学ぶ時間と場所を得たのです。悲しいことですが、すばらしいことでもあるのです。

字を書けないひとたちを見る差別的視点

現在の石川一雄さんは、血のにじむような努力によって文字を獲得して、膨大な資料を駆使して、判決批判を書けるようになったひとなのです。

いま、彼がまったく字を一行も書けないひとであったら、「こんな脅迫状なんか、書けるはずはない」ことがはっきりして、冤罪を証明しやすいんですけど。いまの石川さんは、字を覚えて、その脅迫状を書いた人間や検事や判事を、知的に越えるようになったのです。

奇妙なのは、字を書けないという段階にとどまっていると、冤罪を証明できるけれど、そこから成長して、字を書けるようになったら、「ほら、脅迫状ぐらい書けるじゃないか」と、冤罪が証明しにくくなった。そのあとの裁判官が、当時の彼が字を書けなかった悲惨な現実を理解できない、そういう問題をふくんでいるのです。

つまり、石川さんは、刑務官にちり紙をもらって、一生懸命、指から血が流れるほど字を練習して、自分の冤罪を証明しようと、そのために書いていた。ところがそれを読んだ裁判官たちは、彼が昔、字を書けなかったという主張を「あやしい」と否定する。

しかし、字を書けなかったひとも、成長するのです。字を書ける人間の社会から、字を書けないひとたちを見る差別的な視点が、この狭山事件に明確にあらわれているのです。「差別裁判」というのは、差別的観点を変えようというものなのです。それによって、冤罪が証明できるのです。

希望の学校

石川さんは、字を書けるようになったことについては、こう言っています。

「社会にいた頃の私は、読み書きができない負い目もあって、自分を変に、ねじれた人間にしてしまっていたような気がしてならないのです」

つまり、字を獲得することによって、気持ちがどんどん豊かになっていった、まあ、解放されていった。字を読み書きできないという暗い気持ち、まわりを気にするような暗い気持ちから、字を獲得することによって、どんどん、世界がひろがっていった。

これは、高知の識字学級にあらわれたあの有名な、「……夕やけを見てもあまりうつくしいと思わなかったけれど　字を覚えてほんとうにうつくしいと思うようになりました」という、感動的なフレーズに表現されています。やっぱり字を獲得したひとたちひとりひとりの中にある眼の覚めるような感動だと思います。

識字学級で、学んでいる人間的な関係と、そこからどんどんひろがっていく空間。ぼくは、松戸の自主夜間中学校二〇年について書いた文章には、「希望の学校」と題名をつけたのですが、やっぱり、それが人間的な希望っていうことだと思うのです。

字を覚えて、そして

それで、きょうのテーマの「民衆の表現」です。

字を覚えた、ということは大変な努力によるものです。しかし、そこで終わってしまわずに、字を獲得してから、それからどうするのか。もちろん、日常生活での不便を、差別されてきたことを、跳ね返していくってことは、それだけでもとても重要なことです。でも、やっぱり、石川一雄さんのような闘争があると思うんですね、自分の想いを返していく、という。

石川さんは、文字を獲得することによって、自分を「死刑」にしたひとたちを批判していこうとしました。それが二十数項目にわたる、ほんとに一字一字、謄写版の書き文字みたいな感じで、それこそ血がにじむ作業だった「上告趣意書」。それは、権力犯罪といいますか、彼を無実の罪にでっち上げたひとたちを批判していく膨大な作業だったのです。

ぼくは、もの書きですが、何のためにものを書いているのか、ってことが、いつも問われています。それとおなじように、字を獲得したあと、そこから、どこにむかって出発していくか。そういう課題も、識字運動の中にふくまれているのではないかと思うのです。

ピースボートっていう船に乗っている時に、アフリカのジャーナリストが、非識字者があまりにも多いから民主化がむずかしい、と話していました。

つまり、民主化運動は、新聞とか雑誌とかによって、権力に対する批判の意見を伝え、民衆の意識を変えていく作業とともにあるのですが、まわりが圧倒的な非識字者であったとしたら、活字によって意識を変えていくことが、できないわけです。

もちろんラジオとかテレビとかもありますが、それはマスコミです。いまの日本のマスコミの状況を見れば、よくわかります。ラジオ・テレビは、五パーセントとか三パーセントはぼくらの意見を伝えるかもしれないけれど、あと、九十数パーセントは圧倒的に体制側の意見を伝えているだけです。

非識字者が圧倒的多数だと活字によって権力を批判し、民衆に希望を伝えることができない、というのが、そのジャーナリストの嘆きでした。気が遠くなるような識字運動がないと、その国の民主化が達成できない、という、そういう問題もふくんでいると思います。

民衆の感動・エネルギーをどう活字にするか

時間になってしまいましたので、もう一つだけ。

わたしがいままで取材してきたひとたち、あるいは、この解放文学賞に応募されてきた作品を読んで、識字運動の中からあらわれた民衆的な表現に、いままでの活字文化の中で形式的に作られたものじゃないもの、もっとエネルギーのこもったもの、おおらかな笑い、権力を笑いとばす表現が、いっぱいあると思っています。

そういう、活字化される前のいろんな表現を、どういうふうに活字化して、その原初的な感動を伝えていくのか、という課題も、識字運動の中でテーマになってくると思うのです。字を覚えて、一般的なパターン化した表現になってもつまらない。

非活字の口承の感性とか感情とかエネルギーなどを、活字慣れしたほうに、活字化された権力的な文化に固定化されたり、パターン化した表現にとりこまずにどのように発展させるのか。

字を書けないひとびとの記憶力には、すばらしいものがあります。圧倒的な記憶力がある。取材先で、読み書きできないひとたちの記憶力のすばらしさを、なんども感じさせられました。

活字以外の表現に、「聞き書き」というジャンルがあります。最近の日本ではあまり「聞き書き運動」がないのですけど、聞き書きをどういうふうに、いまのうちにつくっておくのか、解放運動のなかで、これも一つの大きなテーマにして、考えていただきたいと思います。まえには実行されていた運動です。

民衆的表現には、まだ未開拓な、いろんな表現、眠っている表現があると思います。識字学級で教えているかたがたも、そのようなものを、どういうふうにしたら掘りだせるのか。その方法に挑戦する運動が、日本のもうひとつの文化をつくりだしていくし、歴史を動かしていくことであると考えています。そういう意識によって、識字学級の中から、いろんな文学作品、まあ、文学といわなくてもいいんですけど、いろんな作品を生みだしていってほしい。

字を学ぶことのプロセスとそのエネルギーをバネにして、もうひとつの豊かな表現をつくりだせるのではないかな、という期待があります。識字運動の、きわめて人間的な、教育という言葉でくくりきれないような、やさしい、共生と協同の人間的な関係の中には、いろんな可能性がふくまれていると思うのです。

最高裁特別抗告棄却の論理

石川一雄さんには脅迫状が書けなかった

石川一雄さんが、女子高校生殺しの疑いをかけられ、自宅で寝込みを襲われて逮捕されたのは、一九六三年五月二三日の早朝だった。警察は、別件逮捕、タライまわし、「代用監獄」（留置場）での長期勾留によって、「自供」を引き出し、一審判決は、死刑だった。逮捕から四三年たった、二〇〇六年の五月二三日、「狭山弁護団」は、東京高裁に第三次再審請求をだす。

二〇〇五年三月一六日に、「『抜き打ち』に怒り」（「東京新聞」）と報道された、最高裁の特別抗告棄却決定にたいする、「狭山弁護団」と「狭山事件再審を求める市民会義」との合同記者会見から一年たったが、この間、弁護団にはなん人かの若い弁護士も加わって増強され、各地の運動にも力がはいり、こんどこそ、「開始決定」を勝ち取ろう、とする意欲がみなぎっている。

この稿は、最高裁棄却決定を批判するものだが、読者に再審請求運動への理解が深まり、支援の運動がさらにひろがり、裁判官が安心して、正義を実施できるための条件をつくるためのものである。

二〇〇五年三月の最高裁第一小法廷（島田仁郎裁判長）での、

突然の棄却決定は、その直前にあった弁護団との面会の約束を破り、わたしたちが集めた、再審開始をもとめる七五万筆におよぶ、全国のひとびとの署名を受け取る手はずを踏みにじって、いきなり通告されたものだった。

第二次再審請求は、一九八六年八月だった。それから、棄却、異議申立棄却、待別抗告棄却と、裁判所は、審理を求める石川さんの訴えをしりぞけ、決定まで一九年も費やしている。冤罪を晴らすための無罪判決につながる、再審開始の請求を、一九年ものあいだ拒否されつづけてきた石川一雄さんの心情を考えれば、心穏やかではない。

その間、専門家による鑑定など、いくつもの新証拠が提出されているのだが、裁判所は一度も現場検証などの事実調べをすることなく、頑なに門戸をとざしている。これは民主的な裁判を自己否定していることでもあり、その姿勢を変えさせるには、再審、やり直し裁判をもとめる大きな世論喚起が必要になっている。

「心理的条件の違い」とは何か

棄却決定書は、まず「筆蹟について」から書きだされている。この殺人事件の大きな待徴は、被害者宅に「脅迫状」が残されたことである。それは「身代金」目当てなのか、それとも、どこかで殺害したあと、誘拐事件を偽装した殺人事件なのか、判然としない。道ばたで出会った初見の女性を、いきなり誘拐して脅迫状を届けるなど、警察の作成したストーリーには、首を傾けざるをえない。被害者がもっていた、とされるほかの証拠物、たとえば、万年筆や時計や鞄などは、中にはいっていたインクの色がちがっていたり、製造番号がちがったり、材質がちがっていたり、とあやふやなところが多く、その真贋は定かではない。

それはともかく、脅迫状は犯人と犯行をつなぐ決定的な証拠だが、書字にあまりにも差異があり、文体もなかなか達意のもので、当時の石川さんには、到底書けるようなものではない。

脅迫状と石川さんの書字のちがいについて、最高裁は、こう判断している。

「これらの文書（勾留中に検察官に見本をあたえられて書かされたもの）と他に人のいないところで自発的に作成されたことの明らかな脅迫状との間の書字条件には心理面等でかなりの相違があり、それに伴い、表現力、文字の正誤、筆勢の渋滞、巧拙につき差異が生じたとしても、何ら不自然とはいえない」

「被疑者段階で作成した文書と脅迫状の間に見られる筆勢、書字の巧拙、漢字の使用率、文章表現の差異は、このような文章作成時における心理的条件等の違いのほか、被疑者段階では参照すべき資料もなく、即座に作成することが求められたことも影響していると考えられる」

つまり、脅迫状とくらべてみて、石川さんが書いたものは、字が下手くそで、筆勢のない金釘流で、漢字の使用率がすくなく、文章は稚拙、まるで別人のもののようだ、と認めているのだが、それは書いた時の心理的条件がちがうからである、といいつくろっている。これでは「ああいえばこういう」牽強付会、口の減らない言い訳というべきもので、心理的条件が、どのていどの差異をもたらすものか、科学的な証明が必要だ。

拙著『狭山事件　石川一雄　四十一年目の真実』（草思社刊）でも、指摘したのだが、石川さんが、逮捕から一ヶ月たって自白したあと、（一ヶ月間否認していた、との事実は大きい）、いくつかの現場をしめす地図に、捜査官の指示にしたがって書き込んだ文字は、判読不能なもので、たとえば、「１００くめとるぐらい（１００メートルぐらい）」との記述には、脅迫状のような筆勢はなく、一字一字に力をこめたゴシック状で、「ぐ」の点は、内側ではなく、外側についた「〻」になっているほどだ。最高裁のいい方を借りるならば、とんでもない「心理」というしかない。それは「心理条件」などではない。「教育条件」のちがいなのだ。

「そもそも、限られた文書の記載のみから、その作成者の書字・表記・表現能力・水準を厳密に確定することはできないと考えられる」

という弁明で逃げている。それは、「限られた文書の記載」で、石川さんを犯人に仕立てた鑑定書とそれを採用した裁判官の責任逃れというものだが、その一方では、「限られた文書の記載」から「社会的体験、生活上の必要と知的興味、関心等から、不十分ながら漢字の読み書きなどを独習し、ある程度の国語的知識を集積していたことがうかがわれる」ときわめて能弁な結論を引き出している。逮捕後、勾留されていた石川さんが獄中で手紙を書いたのは事実だが、それは警察官や看守が書いたものを写していただけだった。

字を書くところは誰も見ていない

棄却決定は、これまで証拠として採用されていなかった、元雇い主の供述調書を引きだしてきて、石川さんが、雇い主が購読していた「報知新聞」の競輪予想欄を見てしるしをつけていた、とか、「読売新聞」）を読んでいたとか、交通法規や自動車構造の本を貸してやった、などとの証言を援用して、「知的関心と文章体験をうかがわせる」という。

しかし、その雇用主も彼以外の雇用主も、「（石川さんが）字を書く所は見ておりません」と否定しているのだ。競輪の予想は、番号によってでもできることで、たとえ選手名は読めなくても不自由はない。新聞を眺めていたという証言だけで、「知的関心と文章体験」を類推するのは過大評価というものだが、それはエリートとしての裁判官の常識の世界の落とし穴であり、文字を読めない世界に住む住民にたいする傲慢さというもので、この世界の隔絶を意識的にか無意識的にか、裁判官は理解しようとしていない。

あるいは、小学校低学年程度の教科書は読めたにしても、それとおなじ程度の文章を書くのには、書き方の反復練習を必要とする。添削してくれる教員か教員役の相手がいないと、なかなか独学では困難なことで、生活苦から登校できず、稼ぎに追われてきた被差別部落出身者の「知的関心と文章体験」は、裁判官のように、めぐまれた環境にいて高等教育を受けたものには、想像できるものではない。だからこそ、ひとを裁く裁判官や検事は、この現実を謙虚にまなぶべきなのだが、「そのぐらいはできるはずだ」で、ひとを罪に落とそうとする。無知の傲慢さである。

脅迫状には、「車出いく」、「は名知たら」（はなしたら）「死出いる」（死んでいる）「気んじょ」（近所）「刑札」（警察）など、奇妙な宛字が目立っているのだが、これについては、裁判官たちはつぎのように解釈している。

「漢字の知識に乏しい者が重要な文書を作成しようとする場合に、文中に漢字を多用しようとする意識が働いて、漢字の意味と無関係に同じ又は近い音のところで平仮名に漢字を当てることもあり得る」

脅迫状は非識字者には書けない

ところが、石川さんが、代用監獄こと留置場から母親にあてた「手紙」は、

「をかちんげんきです
（お母さん、ぼくはげんきです）
ずぼんとりかいてください
（兄貴のズボンをはいてきたので、とりかえてください）」

との二行だけで、判読不明ばかりか、意味不明の文章である。それとくらべると、脅迫状は、極端な漢字の使い方だが、それを書き直してみると、句読点のキチンと打たれた、神経の行き届いた、達意の文章である。運筆は滑らかで、行の終わりで文節も終わっている。漢字の知識にとぼしいものが、四苦八苦しているさまではない。むしろ、「漢字の知識の豊かな者が、文中に漢字の誤りを多用しよう」と偽装したものとみるべきである。

「漢字の知識が乏しい者が漢字を多用する」などといかにもエリートらしい、冷やかないいかたをしているが、それはある程度以上の漢字の知識のことであって、当時の石川さんには、漢字の知識など空っ欠で、「西武園」や「命」など書けるはずもない。

彼が調書に書いた「西武園」は「せぶエん」だった。裁判官よ、キチンと調書を読みなさい。

母親への「手紙」はひらがなだけで、これは口頭ですむメッセージだったのを、ようやく手中にいれた容疑者の歓心を買うため、石川家のメッセンジャーボーイをつとめていた関巡査部長が、石川さんに書かせたものだが、脅迫状とあまりにも似ていない文字だったから、この手紙を押収しなかった、とわたしは推定している。

というのも、もっとも「重要な文書」というべき供述調書でも、彼は自分のアイデンティティともいうべき、「一雄」を「一夫」ですましていたほどだった。「漢字の知識に乏しい者」、あるいは、自分をエリートにみせたい裁判官などは、衒学的に漢字を多用することはあるかもしれない。だが、漢字の持ち合わせがないものは、ひらがなだけで書くしかない。たとえば、学校へいくチャンスがすくなかったものの、曲がりなりにも字をかけるようになってから、カタカナだけ（戦前の小学校は、カタカナから勉強した）で、簡単な手紙を書いたひとは多い。

「仮に、（手紙類の）作成に当たり拘置所職員からその体裁、表記等についてある程度の教示、助言があったとしても、文章まで第三者が中立人に助言して書かせたとは到底認め難いものであり、このことは、参考となる資料さえあれば、中立人に脅迫状程度の文章や字を書き得る能力があることを示すものにほかならない」

「脅迫状程度」と裁判長はいう。が、この脅迫状程度の文章を書くことができない非識字者は、この世に無数にいる。その苦しみを裁判官は想像してみたことさえない。「参考になる資料さえあれば書き得る」という層は、一定の教育を受けたひとたちのことなのだ。

裁判長は、仮に、表記等についての助言はあったにしても、文章まで助言して書かせることはないのだから、参考資料を与えれば、文章を書けるはずだ、と推定しているのだが、その前提は崩れている。というのも、拘留中は、「文章まで」第三者である刑事が助言して書かせていた。当時の石川さんは、残念ながら、仮に参考となる資料を与えたにしても、脅迫状を書けるような「知的関心と文章体験」ではなかったのだ。

「私は字を書けませんし、読めません」

逮捕された二日後、石川さんは、「私は字はよく書けませんし読めませんから、そんなこと（脅迫状を書くこと）はできません」と否認している。明快である。捜査官も検事も歴代の裁判官も、この率直な訴えからはじめればよかったのだ。「この程度の文章」を書けないわけがない。この程度の文章しか書けないのは、よほど程度の低い連中だ、という読みこみが、被差別部落への集中捜索を引き出した。その差別意識が誤認逮捕をつくり、不当起訴をつくり、誤判をつくりだした。程度の低さを演出した犯人の詐術にまんまとひっかかったのは、思いこみだけで、客観的にものをみようとしなかったからだ。

思いこみとは、部落の連中だったら殺人もやりかねない、とする差別意識であり、それをささえたのが、「漢字の知識の貧しい者」と冷笑したエリート意識だった。ところが、石川さんは、「乏しい」どころか、漢字の知識はほとんどなかったのだから、裁判官の想定外だったのだ。

「字を書けない男が、脅迫状を書こうなどと発想するわけがないのは、吃音者が電話で脅迫しようなどと考えたりしない、あるいは、泳げない人間が、ロープを身体につけて海に落ちたボールを拾おうなどと思いもしないのとまったくおなじことで、その深いコンプレックスを理解できないのは、『識字者』の特権意識ともいえる」

とわたしは、『狭山事件　石川一雄　四十一年目の真実』に書いた。「字を書けない男が脅迫状を書いた」という荒唐無稽さが、この事件の冤罪の証明である。だからこそ、裁判所は、彼は参考資料を読んで文章をつくった、と強弁する。それは逆差別（能力のないひとに、あなたは能力がある、といって罪人にする）というもので、本人にとっての迷惑である。それはあるていど、読み書きを学習する余裕があって、字を獲得できたひとにいうべきであって、字を書けないひとは、「参考となる資料」を使って脅迫状などの文章をけっして書こうとは思わないし、書くこともできない。

この裁判で裁かれているのは、一定の教育を受けた階級が、教育を受けることができなかった貧しい階級の苦悩にまったく無関心だった、その人生の傲慢さである。この罪は大きい。石川一雄さんが、「死刑」まで宣告（第一審判決）されたことは、この社会では、無学者は地獄へ堕ちろ、という宣言でもあった。それをささえているのが、貧しさをつくりだし、それを放置し、就学困難者をさらに拡大しつつある、いまの政治である。

第三次再審請求
――警察の「自作自演」劇に乗った裁判官の怠慢

「狭山事件」の弁護団（中山武敏・主任弁護人）は、二〇〇六年五月二三日、東京高裁に第三次再審請求の「申立書」を提出した。事件は、石川一雄さんが逮捕されて、四三年目にはいった。石川さんが逮捕されたのは、一九六三年五月一日、地元の埼玉県狭山市の女子高校生（当時一六歳）が誘拐され、強かんされて殺された事件の容疑者としてだった。彼はまだ二四歳だった。それから、四三年たって六七歳、いまなお、無実を叫びつづけている。

逮捕されたのは、殺人事件の容疑ではなかった。別件だった。警察には証拠ばかりか、自信もなかった。警察は連日責めたてたが、およそ一カ月間、自供を引きだすことはできなかった。彼は毅然と否認していた。

別件逮捕されてから一〇カ月たらず、一〇回だけの審理、初公判からわずか半年あと、「死刑」判決だった。どうしたことか、本人が罪状を認めるようになっていたとはいえ、あたかもさっさと始末する、というような裁判官の勢いだった。もしも、控訴しなかったなら、石川さんはとっくに処刑されてこの世にはいない。

控訴審の東京高裁では、だれもが無罪判決を予想していた。無実を証明する新証拠や証人があらわれていた。ところが一九七四年一〇月、寺尾正二裁判長は、それらを無視して採用せず、それでいて減刑する、という矛盾に充ち満ちた「無期懲役」を宣告した。波風たてない自己保身。安易、かつ怯懦《きょうだ》な判決だった。七六年、最高裁は、その判決を追認するだけだった。

そのあと、石川さんは、東京高裁に二度、裁判のやり直しを請求し、二度とも事実を調べることもなく棄却された。最高裁もまたおなじである。すでに、人生の三分の二を費やした、ひとりの男の無実の訴えに裁判官たちは耳を傾けようとはせず、事実かどうか調べてみることもない。頑《かたく》なな峻絶《しゅんぜつ》があるだけである（一九九四年一二月、仮出獄）。

裁判所の冷たく厚い壁の前にたてば、石川さんならずとも絶望的にさせられる。しかし、それでも、その裁判所に認めさせないかぎり、罪人であることから逃れることはできない。

この事件にたいする、これまでの裁判官の判断は、常識では考えられないものである。「殺人現場」とされる林のすぐそばで、農民が作業をしていた。それでも、被害者の声を聞いていない。死体（五四キロ）を二〇〇メートル抱きかかえて運び、畑の中の「芋穴」に逆さ吊りにした、など、自供は市民の常識からみれば、噴飯ものである。

司法が市民に希望をではなく、絶望しかあたえない装置になっているなら、社会の闇はふかい。それでも、四三年たってなお、裁判所に判断してもらおうとするのは、そこでの無実の証明によってしか、冤罪者は社会的に復権できないからだ。市民には、まだまだ裁判所にたいして、正義と良識の府としての期待が残っている。

「狭山事件」の再審請求は、裁判所が誤判を正し、市民の信頼を取りもどすチャンスでもある。

「長兄を逮捕する」――貧しさを利用した脅し

当時二四歳だった石川一雄さんの不幸のひとつは、アリバイを証明できるのが、家族しかいなかったことだ。この事件の特異性は、犯人が脅迫状を書いて、女子高校生の自宅に自分で届け、深夜、その自宅ちかくに、犯人が身代金を受け取りにあらわれたことである。

石川さんは、その時間、自宅で寝ていた。が、それを主張する家族の証言は信用できない、とされてアリバイは崩された。しかし、家族以外に、だれがそれを証明できるのか。

誘拐事件とはいいながら、幼児ならいざ知らず、女子高校生が、白昼、道端で出会った見知らぬ男のあとを、自転車を押してついていくわけはない。まして、実兄の大工仕事を手伝って生活できていた石川さんが、どこのどんな家の娘かわからないのに、誘拐してカネを要求しようと思うわけがない。

夕方すぎ、すでに暗くなっていた。街灯もない純農村地帯で、地図もなく、それぞれ、通りから母屋にむかうまで、奥深い、大きな前庭が配置されている、似たようなつくりの農家をさがしだして忍びこみ、大胆不敵にも、母屋のガラス戸の桟《さん》に、脅迫状を差しこんで帰るなど、他所《よそ》ものにできるような犯行ではない。まして、被害者の家の周辺には、被害者と同姓の家が多いのだ。

と、若い男が、被害者宅の場所を聞きにきた、という証人があらわれた。その証人は、石川一雄にそっくりな男だった、と証言した。しかし、彼の証言は、公判のなかでしだいに曖昧模糊《もこ》としたものに変わっていく。そもそも、女子高校生を殺したあと、これから脅迫状を届ける相手の家がどこにあるのか、近所の家を聞きまわる、という常識では考えられない殺人者の心理と行動は、捜査の教科書にでも載っているのだろうか。

警察は捜査でえた情報から推理してつくったストーリーにあわせて、容疑者を誘導する。それが「自供調書」となって、決定的な証拠とされる。そこにあらわれている事実関係の齟齬《そご》に取調官たちのアタマの大ざっぱさが反映されているのだが、裁判官たちは、その矛盾を解明する困難よりも、手許にある文書(調書)を引用して判決文を書く安易さに惹かれている。「正義」の怠慢である。

狭山事件の場合、ほかの冤罪事件のストーリーよりも、はるかに荒唐無稽《こうとうむけい》なのは、被告の石川さんの識字能力がいちじるしく劣っていたので、取調官たちが、知能も低い男と判断して、いい加減にあしらっていたからである。たとえば、「やったと認めれば、一〇年でだしてやる、男同士の約束だ」と慫慂《しょうよう》して、自供に引きずりこんだ、長谷部梅吉警視のモチーフが、論功による出世だったにしても、それに応じた石川さんの想いとはなんであったのか。

石川さんは、あまりの貧しさのために、小学校さえろくに通学する機会をもてなかった。だから非識字者だった。その彼が字と文章を書かなければならない、「脅迫状」を書こうとするわけはない。

それではなぜ自供したのか。ようやく貧しい一家に、大工仕事によって収入と陽光をもたらすようになっていた大黒柱の長男六造さんが逮捕され、また元の木阿弥《もくあみ》の貧困に落下する一家の不運を、彼は懼《おそ》れていた。

長谷部梅吉警視が、さかんに兄の六造を逮捕する、と脅していたのは、現場にあった足跡が、六造さんの地下足袋の大きさと一致するからだったが、彼は六造さんにアリバイがあることを教えていなかった。

わたしがこの事件に、被差別部落のかつての悲惨さをつよく感じさせられるのは、石川さんを誤認逮捕した差別的な見込み捜査だけではなく、彼が刑事に吹きこまれたとはいえ、ほかならぬ長兄を犯人と思いこんでしまった錯覚である。稼ぎ手である長兄をかばって（彼にはアリバイがあったが、刑事はそれを知っていて、逮捕するぞ、と脅した）、自分が一〇年間、身代わりに刑務所にはいろうとする決意、その貧しさから脱却したいという夢と悲壮感が悲しい。

長谷部警視は、「一〇年で出してやる」と約束したが、署内では偉そうにしていたとはいえ、たかだか一介の警察官、刑期を決定する権限などあるはずもない。石川さんは、「死刑」判決を受けても法廷で平然としていた。彼のその日の関心が、読売ジャイアンツが、国鉄スワローズとの試合に勝ったかどうかでしかなかったのは、長谷部の嘘に完全に籠絡されていたからである。

密室で追い詰めると、相手は追い詰めるものに迎合するようになる。この倒錯のダイナミクスを、老獪《ろうかい》なベテラン刑事は、よく弁《わきま》えていたはずだ。

警察が置いた「証拠」、鴨居の上の万年筆

石川一雄さんを有罪にしている刑事や検事や裁判官たちの非常識とは、被害者がもっていた万年筆とちがう色のインクがはいった万年筆を証拠として認めていることであり、その万年筆

が石川家勝手口の鴨居《かもい》に載せられてあったことに、なんら疑念をもたないことである。

それも、一度目と二度目の家宅捜索では発見されず、三度目でようやく発見されたことさえ、不思議に思わない鈍感さである。

これについては、拙著『狭山事件　石川一雄、四十一年目の真実』（草思社）でも詳述したが、高さ一七五・九センチ、奥行き八・五センチの鴨居に置かれたピンク色の万年筆が、事件発生後、五七日目にして発見されるなどは、この事件最大のミステリーである。はっきり断言できることだが、石川家に三度目の捜索に出かけた係官が、件《くだん》の万年筆を自分の手で鴨居のうえに置き、長兄の六造さんを呼んで素手で取らせた、自作自演の「捜索（創作）劇」なのだ。

被害者の持ち物が容疑者宅で発見されれば、犯行と容疑者を結びつける極めつけの解決策になる。しかし、この起死回生の演技も、肝心の証拠物が「偽物」であって、発見のドラマが警察の「作為」である、と露見すれば、つまりは石川一雄無実の逆転証明となる。

これまでも、鴨居に万年筆はなかった、という元捜査官の証言はあった。が、裁判所は採用しなかった。第三次再審請求でも、元捜査官の「報告書」が新証拠として提出された。これは県警本部に一五年六カ月勤務し、五〇回以上、捜索・差押えに従事、県警察学校の教官を四年務めた人物が作成したものである。

それには、「異常、不自然な点の発見に努めること、かもい、天井裏、神棚など人の気づかないところ」などを捜索するのが要諦《ようてい》である、と述べられている。

実際に、石川家捜素時の記録写真でも、万年筆の置かれていた、勝手口の鴨居のすぐそばに立っている脚立が映っている。脚立の上にあがって鴨居の上をみた、という証拠である。それでも、二度にわたる家宅捜索によっても、鴨居の上の万年筆は発見されなかった、という。

この強弁は、二度の捜索が、鴨居だけを意識的に無視して実施されていた、との主張でもあって、あまりにも不自然である。二〇〇五年三月、「特別抗告」にたいして、最高裁（島田仁郎裁判長）が棄却した論理は、

「意識的にその場所を捜すのであれば格別、さっと見ただけでは万年筆の存在が分かるような場所とは必ずしもいえず、見落とすこともあり得る」

というものだった。家宅捜索とは、「さっと見る」ものではなく、「意識的にその場所を捜す」ものだから、牽強付会《けんきょうふかい》もひどすぎる。

脅迫状にある「刑札には名知たら小供は死」（警察に話したら子どもは死）などの誤用をとらえて、最高裁は、とんちんかんにも、「漢字の知識の乏しい者が文中に漢字を多用しようとす

る意識などが働いて」と判断している。誤用は無知を装う「意識的」なものであるのはあきらかなのだ。残念ながら、当時の石川さんには、この程度の文章でさえ書く能力はなかった。

異論に耳を傾けず、いままでの決定を踏襲するのは、怠惰、怠慢であり、力で押し切るのを権力的という。おかしいと思ったことをおかしいというのは、裁判官の職業的な倫理であるはずだ。

再審勝利へ決意あらたに

八十三歳の誕生日

鎌田慧　ごぶさたしています。昨年十月の日比谷での集会でお会いして以来ですね。

お二人とも元気そうですね。

石川一雄　明後日、誕生日です。八十三歳になります。

石川早智子　鎌田さんと同じ年になります。

鎌田　わたしと石川さんは同学年ですからね。

一雄　誕生日のプレゼントで今日さっちゃんに電子辞書を買ってもらいました。

鎌田　電子辞書を使っているんですか。

一雄　最初に買ったのは小さかったんですが、今度のは文字が大きくて使いやすいですね。

早智子　文字ボタンも表示も大きいんです。ちょうど新聞に広告が出ていて、今まで使っていた電子辞書は文字が小さくて見えにくいので、誕生日のプレゼントにと思いました。

鎌田　獄中で文字を取り戻したときと同じように、辞書で勉強するのが続いていますね。

早智子　最近、一雄さんは目が悪くなって、字を書くことをあまりしなくなったためかもしれませんが、よく字を間違うので、電子辞書が必要なんです。

一雄　目が悪いから獄中のときのように辞典を見て調べたりできないですからね。

食生活が変わった

早智子　最近、一雄さんが一番変わったのは食生活です。

一雄　この前、大福を食べました。

鎌田　甘いものを食べるんですか。

一雄　獄中で糖尿病になって、仮出獄してからも、甘いものはずっとひかえてました。

早智子　年明けに、わたしが大福餅を一人で食べていたら、一雄さんが自分も食べると言うので驚きました。

わたしは、一雄さんは糖尿病のこともあるけど、もともと甘いものが嫌いだと思っていたんです。

本当は好きだったんだけど、狭山に勝つために健康に注意しなければと我慢していたんですね。意志が強かったんだとあらためて思いました。

鎌田　好きだったんだけど食べなかったんですね。

早智子　その意志の強さにも驚きました。

鎌田　獄中ではそういう意志の強さが必要だったんでしょうね。

早智子　わたしは、ずっと、糖尿病に差し支えない程度なら、おいしいものを食べてほしいと思って、いろいろ作ったり、買ってきたりしたんですけど、これまでは頑として食べなかったんです。

それが二年ぐらい前から少しずつ食べるようになったんですね。大福を食べたということは小さな出来事かもしれないけど、わたしにとってはとても大きな特別なことなんです。一雄さんが大福を食べて「おいしい」と言ったことが、すごくうれしくて、写真をホームページにも載せたんです。

一つでも、一回でも、おいしいとか、楽しいとか感じる時が増えてくれたらいいなぁと思います。

鎌田　本当にうれしそうな顔して食べてますね。

一雄　子どものころは家が貧しかったこともあって食べたくても食べられませんでしたからね。

早智子　最近は肉も魚も少しずつ食べるようになったんですよ。食後の「デザート」も食べたりします。

鎌田　よかったですね。その方が長生きできますよ。健康管理はちゃんとしているわけだから。

非識字者の思いを裁判官にわかってほしい

鎌田　字を書けない人が脅迫状を書いた犯人であるはずないと

いうことが、狭山事件の一番おかしな点だと思います。石川さんは、逮捕された後の調書でも「字が書けません」とはっきり言ってますね。警察も検察も、それを無視して、石川さんが脅迫状を書いたと決めつけて、犯人にしようとした。これが冤罪の最初の原因です。

早智子　この前、一雄さんが言ってましたけど、逮捕されてすぐの取調べでも、警察官が字を教えてくれてたんです。最初から字を教えてもらっていたんですよね。

鎌田　警察官も字が書けないことがわかっていた。

一雄　取調べ録音テープが開示されて、当時のわたしが字が書けなかったことが明らかになりました。

鎌田　字を書くのが大変な人が脅迫状を書いてひとを脅すなどということは考えません。有罪判決を出した裁判官は、字を書けない人の気持ちをまったく理解できない、自分たちの「常識」で字が書けないはずがないと決めつけるから、間違った判決になる。

早智子　識字学級で十八年勉強した長野の女性が言ってましたけど、十八年識字学級で勉強して文字は書けるようになっても、文章を書くのは難しい、手紙はなかなか書けませんとおっしゃってましたね。

鎌田　そういう非識字者の思いをいま担当の裁判官はわかってほしいですね。

獄中で文字を取り戻した喜び

一雄　字を覚えてから、いろいろなことを思い出して、切なくなりましたね。警察でだまされてウソの自白をしたことや、子どものころ差別されたこととか。

鎌田　字を覚えてから、いろいろなことが理解できるようになって、考えるようになりますからね。

一雄　獄中では本当に勉強しましたからね。浦和拘置所では看守に手本を書いてもらったり、教えてもらって、手紙を出すようになりました。

早智子　獄中で手紙をもらうと返事を書いて、それにまた手紙をもらうと、自分の書いたものが届いた、読んでもらえたと、私語禁止の独房の中で叫びたいほどの感動や喜びを覚えたそうです。そうやってどんどん文字を覚えていったというんですね。

鎌田　字を覚えて、手紙でコミュニケーションができるようになったことも運動のひろがりに大きかったんですね。

早智子　わたしのホームページが二十二年目になって、その都度載せていた短歌も整理したいと思って、ずっと見ているところです。一雄さんの歌を見て、わたしは、難しい歌もいいと思いますが、分かりやすい、すぐに意味がわかる歌の方がいいと言ってるんです。

でも、一雄さんは獄中でずっと勉強したことを、歌にしたいんだなぁとも思うんです。一雄さんにとって文字は命でしたから。

鎌田　字を覚えて、いろいろな言葉も知って、命がけで手紙を書き続けたんですね。獄中で。

再審勝利へ決意をあらたに

早智子　検察官の証拠開示を義務にすることや再審請求できる人をひろげることとか、再審の法律を変えないといけないとつくづく思います。

一雄　裁判所が再審開始を出したら検察官が抗告できないようにする法改正が絶対に必要ですね。そうしないと袴田巖さんや大崎事件のように、いつまでも裁判が長くなってしまいます。

早智子　裁判官や検察官はつぎつぎと代われるけど、冤罪を訴える本人は代われないですからね。

鎌田　狭山事件以外の再審事件もそうですし、三鷹事件とか福岡事件、帝銀事件、ハンセン病患者の冤罪の菊池事件なども同じですね。支援者がいなかった冤罪者も多かったでしょう。いまの再審の手続きの法律を変えないといけないと思いますね。

一雄　いまわたしは目が見えにくくて手紙を書けないので、さっちゃんがお礼状を書いてくれてて、ありがたいです。

早智子　昨年から年賀状を出すのをやめています。でも、一雄さんは子どもたちから来た年賀状には返事を書きたいと言って、子ども会から来た年賀状には手紙を書きましたけど、わたしがパソコンで打って、一雄さんが名前だけ自筆で書きました。

鎌田　本当に二人で頑張っていますね。

一雄　早いもので結婚して二十五年になりました。

鎌田　四半世紀も冤罪を晴らすためにいっしょにたたかってきた同志ですね。

早智子　この前振り返って考えたんですけど、狭山事件と石川一雄に出会って、私自身が希望を持てたし、こういうふうに生きたいという生き方をいっしょにできている、と思いました。

鎌田　狭山事件は部落差別があったから冤罪がおきた。さっちゃんの、一雄さんの冤罪を晴らしたいという思い、部落差別をなくしたいという思いがあったからこそ、ここまでやってこれたと思います。

早智子　来年には狭山事件は六十年になります。

鎌田　長い闘いですね。

一雄　わたしはあせってはいません。裁判官に十分精査して納得して再審開始をしてもらいたいと思っています。

早智子　なんとしても再審開始を実現したいと思います。

鎌田　この第三次再審請求では、弁護団も頑張っていて、いろいろな新証拠が出されていますから、ここで頑張らないといけないと思っています。

原発やいろいろなたたかいもそうだけど、新しい人たちに、つながっていくかということがだいじですね。狭山事件の再審を求める市民の会でも、新しい文化人にも入ってもらって、さらに運動を広げたいと思っています。

お二人もいままで以上に健康に注意して元気に頑張ってください。

弁護団の動きにあわせて、わたしたち狭山事件の再審を求める市民の会を中心に、あらたに署名活動などをやっていきたいと思っています。五月には日比谷野音での集会も予定しています。狭山に勝利するまでは、わたしも元気で頑張ります。ともに勝利をつかみとりましょう。

一雄・早智子　鎌田さんも、そして全国の支援者のみなさんとご家族も、感染防止と健康管理に注意して、ご自愛ください。わたしたちも、体調管理に注意して頑張っていますので、ひきつづきご支援をお願いいたします。

袴田事件――ＷＢＣ名誉チャンピオン

無実の死刑囚・袴田巖

「袴田は、捜査機関によりねつ造された疑いのある重要な証拠によって有罪とされ、極めて長期間死刑の恐怖の下で身柄を拘束されてきた。無罪の蓋然《がいぜん》性が相当程度あることが明らかになった現在、これ以上、袴田に対する拘置を続けるのは耐え難いほど正義に反する状況にある」

二〇一四年三月二七日、再審を訴えていた確定死刑囚・袴田巖さんにたいする、静岡地裁（村山浩昭裁判長）の「決定」である。

主文は、「再審を開始する」。行を変えて「死刑及び拘置の執行を停止する」とある。しかし、だれも、決定に謳われた「正義」が、法廷のドアのむこうで待っている、とは想像できなかった。

午後になって、姉の秀子さんは、葛飾区の東京拘置所に面会に行った。月に一回、弟に面会するため、浜松（静岡県）から通い慣れた道だ。最近は「姉などいない」と拒絶されることが多くなっている。それでも、秀子さんは「姉は見捨てていないんだ」ということが伝われば、と無駄足の悲しさを自分で慰めていた。

拘置所に着くと応接室に通された。段ボール箱が一一箱も積まれてあった。職員が「本人をお連れします」といって引っ込んだ。と、まもなく、巖さんがひょこひょこ入って来た。手錠はなかった。「釈放された」と巖さんが言った。同行していた弁護士は、ポカンとしていた。

静岡地方検察庁が、東京拘置所にだした「釈放指揮書」には、「直ちに釈放されたい」とあり、「釈放事由」に「死刑による拘置の執行停止決定」とあったのだ。

一九八〇年代に、免田事件、財田川事件、松山事件、島田事件と、四人の確定死刑囚の再審開始がつづいた。それでも、釈放されたのはその数年後、やり直し裁判で無罪判決が確定されてからだった。

だから、再審開始決定と同時に釈放されるなど、だれも思ってもみなかった。袴田さんの「拘禁反応」が激しくなっていたことも、勘案されたのかもしれない。面会にきた実姉を認識できないほど、精神的ダメージは酷くなっていた。

それにしても、即時釈放とは裁判官の大英断だった。一九六六年の誤認逮捕から、四八年たって、ようやく正義が姿をあらわした。

狭山事件の集会で発言

はじめて袴田巖さんにお会いしたのは（正確にいえばおなじ場所に座ったのは）、釈放されて二カ月たった二〇一四年五月下旬だった。わたしがかかわっている、「冤罪・狭山事件」発生から五一年の、再審をもとめる集会が、東京・日比谷野外音楽堂でひらかれたときである。

集会前、日比谷図書館地下の会議室で、狭山事件の石川一雄さん、足利事件の菅家利和さん、布川事件の桜井昌司さん・杉山卓男さんなど、東京拘置所での「獄友」たちとの記者会見がひらかれた。

秀子さんが付き添ってきた。彼女は狭山事件の集会にいつも参加され、発言していただいている。だから、面会に行っても会えないで帰る、との話は知っていた。

はじめてみた袴田さんは首を前かがみにさせ、まわりに目をやることなく、ひとり超然として、リングを突進していくような構えだった。石川一雄さんから、拘置所の運動場で遇ったとき、コンクリートの壁にむかって激しいシャドー・ボクシングをしていた、と声を落としていうのを聞いていた。

彼はバンタム級チャンピオンを目指していたが、挫折。故郷の浜松市に帰る途中にある、清水市（現・静岡市）の味噌工場で働いていた。そこで一家四人殺しの冤罪に巻き込まれた。

日比谷野外音楽堂の舞台のうえ、およそ三〇〇〇人の集会参加者の前に、袴田さんは秀子さんとならんで立った。袴田さんは物怖じすることもなく、話しつづけた。が、演壇に座っていたわたしには、「松尾芭蕉を学べ」というような文言が、ようやく聞き取れただけだった。

それから五カ月たった一〇月末、また日比谷野外音楽堂で、狭山事件の集会がひらかれた。東京高裁寺尾裁判長による、不当判決から四〇周年目の集会だった。四〇年前、石川一雄さんは一審の死刑判決から、無期懲役に減刑されたのだが、弁護団や支援者はそれまでの審理の進行状態から、無罪判決を確信していた。それを裏切られた抗議集会が、四〇年にわたってつづけられている。

袴田さんの長いモノローグは、相変わらずだった。演壇に並んで立っている秀子さんは、子どもを見つめるような、優しい表情で弟を見守りながら、言うにまかせている。

「この巖の姿を、そのまま見てほしい」というのが彼女の願いである。それは身内の恥ではない。「身体は解放されたけど、こころは獄中のまま」。不当な拘禁によって、このような状態にされてしまった弟を、そのまま認めてください、という姉の愛情の表現なのだ。あるいはリハビリのため、という思いもあるかもしれない。

　袴田さんが逮捕された二年後に、母親のともさんが亡くなり、翌年、父親の庄市さんが亡くなった。姉弟で生き残っているのは、三人姉妹と三男の巖さんだけである。

死刑確定後に変調

袴田さんが、宇宙や神と交信できるようになったのは、一九八〇年一二月、最高裁が死刑を確定してからだ。ちかくの房にいた確定死刑囚が、看守によって外に連れだされ、それっきり、帰ってこなかった。秀子さんにそう言ったあと、しだいにおかしくなった。

　死刑が確定された者は、六カ月以内に法相から執行が命じられる（刑事訴訟法四七五条）。いつ絞首台へ連行されるか判らない。朝、いきなり処刑される。その恐怖はわたしたちの想像に余りある。

　やっていません、と声の限りに叫んでも、かならず殺害される。どこへも逃げることのできない囚われ人である。ムンクの「叫び」のように、救いのない世界だ。とすると、その世界から精神的に解離するか、だれにも負けることのない、現世を超越した、絶対的な権力者になるしかない。

　東京拘置所の運動場で、ときにはコンクリートの壁を殴って、袴田さんは拳から血を滴らせていた、と石川一雄さんが語った。その激烈なシャドー・ボクシングを、わたしは復帰に備えてのトレーニング、と解釈していた。

　が、それは孤絶した自分を取り巻き、自分を殺害しようとする世界との、必死の闘争だった、と理解できたのは、「袴田巖さんを救援する清水・静岡市民の会」の山崎俊樹さんに案内されて、浜松市の袴田さんを訪ね、本人と対話してからだ。処刑とむかい合った四八年にもわたる独房生活から、仮釈放とはいえ、一転して社会生活を送ることになった袴田さんは、まず東京郊外の精神病院に入院した。

　そのあと、懐かしい水道橋・後楽園ホールのリングに立った。支援してきたＷＢＣ（世界ボクシング評議会）から、「名誉チャンピオン」のベルトを授与され、浜松の秀子さん宅に身を落ち着けた。

　「三日間でもいい。出所させ畳の上で死なせたい」との想いで、秀子さんは弟の救援運動に駆けまわってきた。再審請求の途上で、思いがけなくも仮釈放が実現した。ひさしぶりにお会いした秀子さんは、屈託のない笑顔を見せるようになっていた。

「世界で一番正しい者」

マンション三階。部屋の隅に陣取って、袴田さんはテレビ前の、ちいさな椅子に座っていた。テレビからは、延々と皇居の歌会始らしい、和歌の朗詠が流れている。袴田さんは鷹揚に右手で団扇を使いながら、所在なさげに、眺めるともなく眺めている。

東京拘置所で国家に幽閉され、処刑を免れて生き残るには、国家にたいしても絶対不敗の神、大王、大天狗などへの変身しかなかった。

「自分は世界で一番強い者として認められた。世界で一番すぐれたものとして認められた。世界で一番正しい者として認められた」。釈放されたあと、袴田さんは支援者の寺澤暢紘さんに語った、という。「釈放は自分のちからで成し遂げた、と思いこんでいるようです」。寺澤さんの見たてである。

わたしは、拝謁を許された遠国からの使者のように、身を低くしてむかい合った。大王ならぬ袴田さんは、両足を前に突きだして団扇を使いながら、視線を投げてきた。

――ボクシング。いまでも懐かしいですか。

「もう終わったことだ。記憶は、みな消されている。国家の有り金を全部賭けて、三〇〇勝、ＫＯ勝ちだ。日銀が貸し付けているんだ。すべての権力をひっくり返して、取ってしまった。もう世界の神にたいして期待はないんだ。時代は終わってしまった。袴田はボクシングやっても、しょうがないんだ。相手がいないんだ」

明るい口調で、話し好きの軽妙さがある。答えるときはこちらに視線をあわせない。遠くを見ている表情だ。

――テレビは、どんなのを見られますか。

「テレビは好きでない。キリがないからだ」

――どんな夢を見ますか。

「夢は見ない、権力者は。百姓一揆と一緒になってはいけない。国民と一緒ではだめだ。世界が平和であれば困らない。人類が生きるのに不幸であっては、いけないんだ。バイ菌が飛んでくる。はやく、ハワイに逃げなくてはいけない。ハワイに帰れば、生きられるんだ」

ハワイが故郷だと思いこんでいる、とは聞いていた。

――ハワイは暖かいからいいですね。でも、秀子さんは面会で苦労されましたね。

「監獄制度の問題ではない。監獄にはいっていたというのは、嘘なんだ。監獄にははいっていなかった。世界一の男になれるかどうか、という問題なのだ」

――病院で直径一・五センチもある石（結石）がでてきましたね。

「あんなもの嘘なんだ。入院も嘘、あんなでっかいのは嘘なんだ。あんなのあったら死んじゃうよ」

わたしは、集会で発言していた、松尾芭蕉について聞いてみた。

「松尾芭蕉は二代目が問題だ。革命が必要なんだ。国民がひどいことになっている。二代目が世界を運営している。これが一種のカラクリだ。それが今日までできている」

それでも、支援者の集会に参加したりすれば、「未開示証拠」とか、「冤罪」などの言葉を発したりする。あとは薄紙が剝がれるように、記憶が回復するのを待つだけのようだ。

――これからの裁判はどうなりますか。

袴田さんは「うっ」とうなった。

「困ることはない。勝った人間だから。これから、裁判を生きようと思う」

――旅行したいところ、ありますか。

「行きたいところはいっぱいある。大阪、京都。沖縄も行きたい」

――沖縄、暖かいからいいですね。京都はちかいですからね。行ったことありますか。

「忘れちゃってるからね。行ったとしても、覚えていないんだ」

「袴田」とは言うが、自分とか俺とか私などの一人称の主語がない。勝利、権力、革命などの言葉が多い。マイナスの言葉で多いのは、嘘、バイ菌、クソなど。

無駄な抵抗する東京高検

目を見合わせることはない。それでも、出所した直後、集会場で会った時の、空間に漂っている、とりとめのない感じではない。会話も少しずつ成立するようになった。

秀子さんが無実を信じていたのは、事件のあった直後に、事件のことを報告する彼の電話の口調と、休みになって家に帰ってきたとき、近所のひとと家の前で立ち話をしていた様子からだ。四人も殺した、という感じはどこにもなかった。その日の明るい記憶は鮮明に残っている。肉親の直感である。

両親も兄たちも亡くなって、独り暮らしの秀子さんは、一時、酒に溺れていたこともあった。が、ふと気がついた。「これじゃ、巖を助けられない」。それ以来、一滴も飲んでいない。

「皆様と会えなくなって半年、お変わりありませんか。私も元気でおります。私のことで親類縁者にまで心配かけてすみません。こがね味噌の事件には真実関係ありません。

私は白です。私は今落ち着いて裁判をまっております。私は暖かい部屋にはいっていますので、現在なんの不満もありません。弁護人から聞いたと思いますが。

面会ができるようになったので、会いたいと思います。お袋も姉も大変だと思います。○（子どもの名）のことお願いします。体に気をつけて。さようなら」

実家にきた、巖さんの手紙である。このときは誤字だらけで、書くのが精一杯だった。やがてペン習字を練習して、細やかな筆跡になった。が、拘禁性の症状が重くなって、また乱れた字になった。

　出所してから、日記をつけはじめた。「一一月一二日、水曜日、藤原さんと、散歩した。パンを三個買って来た」と真っ当なものから、「一一月二六日、これから東京長型町国会儀事堂に行く。全世界の支円を貫く為め出有る」。「頂点に輝やく世界の喜びと成った」との楽しいフレーズもある。

　入院していた、多摩あおば病院の中島直医師は、こう言う。

「拘禁反応で、死刑囚を拒否して、ご自身の名前まで認めなかった。いまは名前を書いてくれるようになった。これだけ死刑囚として長く拘禁されていたのは日本だけだ。処刑された人におなじ症状の人はいたかもしれない。が、法務省は発表しないので判らない。普通の暮らしを普通にやれば、少しずつ回復するかもしれない。が、緊張すると、またトンチンカンになるかもしれません」

　秀子さんは、「多少はよくなっています。一日もはやく拘禁症が治ること、無罪放免になるのを、毎日願っています」。

　即時抗告中の東京高検は、「なかった」と主張していた「証拠」を、最近になって、「あった」と持ちだした。無駄な抵抗だ。検察官には「人間愛」と「正義感」はないのか。

四〇年にわたる冤罪——警察が無実の死刑囚をつくった

　四一年まえの事件だが、未解決である。犯人にされた袴田巖さん（七一歳）は、高層建築に改築された東京拘置所八階に、いまだ死刑囚として幽閉されたままである。

　静岡地裁での死刑判決は、一九六八年九月だった。それから三九年がたった。最高裁が上告を棄却し、死刑が確定したのが八〇年一一月。それ以来、いつ処刑されるか、毎朝、目覚めたあと、血の凍るような緊張と恐怖に苛まれながら二七年を送ってきた。

　袴田死刑囚はいま、現実を忌避したかのように、精神的にとりとめがなく、面会している肉親でさえ、いったい誰なのかを認識できていない。孤絶した独房にいて、あまりにも過酷な時間を過ごしてきたからだ。

　袴田さんが逮捕されたのは、住み込みで働いていた、清水市（現・静岡市）の味噌会社の専務宅が放火されたことによる。焼け跡から四一歳の専務と三九歳の妻、一七歳の二女、一四歳の長男、その四人が身体に無数の刺創傷を遺した焼死体で発見された。一九歳の長女だけが、幸いなことに、線路のむこう側、祖父の社長宅にいて難を逃れた。

　現場は、静岡市郊外の海水浴場として知られている「袖師《そでし》海岸」である。駿河湾に面した海岸線と平行して、西の清水駅、静岡駅へむかう東海道本線がはしっている。線路をはさんで、手前が味噌工場、そのむこうの北側が惨劇のあった専務の居宅である。

そのころは、線路の位置はいまよりももっと低かったようだが、このふたつに分かれた敷地のあいだを、列車が轟音をあげてとおり抜けていた。その幅三二メートル。四一年たって、さすがに工場は影も形もないが、線路のむこう、全焼した居宅跡には、堅牢そうな土蔵が一棟残されてある。

「ボクサー崩れ」で犯人視

事件があった一九六六年六月三〇日午前二時すぎ、袴田さんは、工場二階の居室で眠っていた。一〇畳の部屋は、同僚との相部屋だったのだが、その夜、相棒は用心のために社長夫妻宅に泊まっていた。夕方、仕事が終わって寝るまでのあいだ、袴田さんはべつの同僚と、テレビで長谷川一夫の「半七捕物帳」を観ていた。

サイレンの騒音で目を覚ました袴田さんは、「店が火事だ」との声で、部屋からとびだした。線路を横切って専務宅へ駆けつけた。が、同僚たちの調書は法廷に提出されず、袴田さんの消火活動にたいする証言はない。アリバイは証明されなかった。

警察はその日が給料日だったことから、内部犯行説に傾いていた。が、月末の集金日でもあったから、日本最大の遠洋漁業の基地として、膨大な船の味噌の需要を賄って羽振りのいい、「こがね味噌」が強盗に狙われたとしても不思議ではなかった。線路付近に、八万四八三〇円と三万六九四〇円、それぞれ小切手がはいった集金袋が二個落ちていた。

この袋を、犯人が逃亡するときに落としたと解釈して、警察は「強盗殺人事件」としたようだ。しかし、専務宅には、一七万二二八四円もはいった信玄袋や一〇〇〇万円以上（現在の一億円以上）にもおよぶ定期預金通帳、架空名義のいくつもの郵便貯金通帳と印鑑などがあった。このほかにも、ネックレスや指輪などの貴金属類が手つかずのまま残されていた。まして、柔道二段の専務をふくめて、一家四人を一挙に、それもひとりで殺害するのは困難である。

袴田さんは、元フェザー級のプロボクサーで、全日本六位にまでのぼり、有望視されていた。が、体調を崩して、事件発生の前の年から、味噌会社で働くようになっていた。その前はバーを経営して失敗、そのうえ離婚調停中で、「ボクサー崩れ」とする偏見が、ほかの住み込み従業員よりも、犯人視されやすい条件を備えていた。

たしかに、食い詰めた拳闘家が、キャバレーの用心棒をしたりする時代があって、ボクサーをなにか凶暴なものとする偏見がつよかった。が、住み込みの労働者たちは、専務宅で食事をしていたし、専務は太っ腹なところがあって、給料以外に小遣いをくれたり、家族待遇だったから、恨みをもつ理由は別段なかった。はたして犯人は強盗が目的だったのか、怨恨だったのか、単独犯なのか複数なのか。四人にたいする攻撃の執拗さから、複数犯による、怨恨が動機とかんがえられないではない。

家宅捜索によって、袴田さんの部屋から白と水色縦縞模様のパジャマが押収された。これをテレビを観ていたときに着ていたのは、同僚も証言している。

当時の新聞記事には、「血染めのシャツを押収」「多量の血こんのついたパジャマ」、そして、「製造係勤務Hの部屋から血ぞめのパジャマ上下を押収」とある。記者は自分の目で確認しなくとも、警察の発表か、あるいは発表がなくても、刑事の耳打ちで、色めき立って記事にする。

その記事の大きさが「袴田犯人説」の雰囲気を醸しだし、ほかならぬ警察官を自縛し、裁判官の心証を形成する。ところが、実際は、パジャマからは、「血こんか、サビか、しょう油のしみのあとか、判断できないが、僅かにそのこん跡が認められた」ていどのものでしかなかった。

犯行着衣の変更

「ごく普通だね。特徴？　ないね。お世辞いうわけではないし、ひとのことをどうのこうのいうわけではない」

袴田さんに「暖流」という名のバーをやらせた、Nさん（八〇歳）の話である。旧清水市でも、酒の販売量が多かったNさんは、キャバレー「太陽」が得意先だった。ビールケースをダットサンに積んで配達にいくと、すすんで手伝ってくれるバーテンダーがいた。それで仲良くなったのが、ひとまわり歳下の袴田さんだった。

「好きな女性がいるんだけど、店をもたないようじゃ、結婚するな、とむこうの親がいうんだ」という袴田さんの話をきいて、売りに出ていた店を引き受け、「いわちゃん」に任せることにした。

新婚の妻がママ、給仕にホステスをふたりほど雇ってバー「暖流」を開店したのだが、ツケを回収できず、一年半ほどで店仕舞い。そのあと、カウンターバー「萬花」をはじめてみたが、これも失敗だった。妻はどこかへ出奔したので、彼は赤ん坊を実家に預け、Nさんの紹介で、「こがね味噌」の住み込みになった。

ひさしぶりに袴田さんに会ったNさんが、「ばかにいい背広を着ているなぁ」と声をかけると、彼は「専務にもらったんだ」とまんざらでもない表情だった。休みの日には、専務のモーターボートを掃除したり、気にいられているようだった。

「バーがうまくいってれば、こんな事件に巻き込まれなかったんだ」

というのは、Nさんに、自分が味噌会社を紹介した、との自責の念があるからだ。カネに無頓着で、自分で財布を握っていなかったから、妻が売上金を浪費してしまった。それで味噌会社に就職して、事件に遭った、というのが、悲劇のストーリーである。

「味噌を容れる桶に、衣類をいれるなんて、考えられないことだ」とNさんは、つよく批判した。

というのは、犯行時にパジャマを着ていたとする袴田さんの自白では、刃渡り一三・六センチの木工細工のくり小刀で、四人の人間を追いかけて四〇カ所以上の傷を負わせたことになっている。あたりを血まみれにしたにしては、肝心のパジャマはきれいすぎて、証拠が犯行の凄惨さを裏切っていた。

それで、警察は、事件から一年二カ月たった六七年八月末、すでに公判がはじまっていたのだが、血痕が付着したズボン、ステテコ、緑色ブリーフ、それとスポーツシャツ、半袖シャツなどの五点の衣類が、麻袋にいれられて、味噌タンクの味噌のなかから発見された、と発表した。証拠を変えることは、異例のことである。

袴田さんが自供したのは、八月一八日の逮捕から二〇日目、冷房のない真夏の暑い盛りに、連日、一二時間以上も責め立てられたあとだった。自供では、味噌タンクなどには、ひとことも触れられていない。犯罪を証明する検事の冒頭陳述でも、犯行着衣はパジャマとされていた。

Nさんは、味噌をつくる労働者が、味噌の中に血まみれの衣類を隠すわけはない、という。労働者のモラルとはそのようなものなのだ。ところが、警察は、袴田さんの生家を家宅捜索して、「血染めのズボンの端切れ」を押収した、と発表して、検事は冒頭陳述を変更する。

野球にたとえていえば、センターがボールを後逸《こういつ》したのに、一塁手がズボンのポケットからべつのボールをとりだして、打者をタッチアウトにしたアンフェアである。おなじ冤罪の狭山事件で、埼玉県警の刑事が、三回目の家宅捜索にいって、証拠の「万年筆」を鴨居に置いたのとおなじ卑劣さだ。

静岡県警で冤罪多発

検事や判事や県警本部長など、司法界のエリート層は転勤して全国をまわる。だから県警独自の体質ではないようにも思える。が、しかし、それでも静岡県警は、「冤罪のデパート」といわれるほどに、警察官による拷問とでっち上げが多かった。

たとえば、四八年一一月に、磐田郡幸浦《さちうら》村で発生した一家四人殺害の「幸浦事件」は、三人の被告に死刑判決が下されたが、最高裁が破棄して四人は無罪。五〇年一月に二俣《ふたまた》町で発生した一家四人惨殺の「二俣事件」は、裁判の途中で、ふたりの現役刑事が、拷問があった事実を暴露したのだが、その一人は偽証罪で逮捕され、「妄想性痴呆症」という名の精神病としてあつかわれた。それで死刑判決は維持されたが、最高裁がやり直し裁判を命じて、ようやく無罪になった。

五〇年五月、二俣事件の半年前に、庵原《いおはら》郡小島村で発生した強盗殺人事件で逮捕された容疑者も、拷問されて自供したのだが、静岡地裁は無期懲役とした。しかし、最高裁は差し戻しを決定して、高裁で無罪が確定した。この三つの冤罪事件は、ともに戦争中に検事総長表彰をうけ、「名刑事」といわれていた「拷問刑事」が中心になってつくりだされた。

五四年三月、島田市で幼稚園児が遺体となって発見された「島田事件」は、賽銭泥棒の容疑で別件逮捕されていた赤堀政夫さんが自供したが、初公判で犯行を否認した。それでも、静岡地裁は死刑判決を下し、無罪判決、釈放となったのは、三五年後の八九年一月だった。島田事件は免田、財田川、松山とならんで、死刑囚が三〇年におよぶ長期勾留のあと、ようやく再審が開始された、四大冤罪事件のひとつとして著名である。

五五年五月、伊豆箱根鉄道、三島田町駅前の丸正《まるしょう》運送店で発生した、女主人殺しの「丸正事件」は、在日コリアンのトラック運転手・李得賢さんと日本人の助手・鈴木一男さんが犯人として逮捕された。李さんは無期懲役、鈴木さんは懲役一五年の刑を宣告された。鈴木さんは満期をつとめ、李さんは二二年後に仮出獄となった。八六年一〇月、東京高裁が再審開始を決定したが、即時抗告中に李さんと鈴木さんが死亡。請求は審理途中で終了した。

そして、このあと、六六年に発生した袴田事件があり、最近では九一年八月、交際中の女性の二男を殺害したとして、懲役七年の刑を受けて服役した河合利彦さんが、東京高裁に再審請求中である。いずれも、静岡県警が、強引な取り調べによって容疑者を自供させ、それを最大の証拠にして有罪にした冤罪事件である。

悔しさと無力感と

まったく身に覚えのないことを、お前がやったんだ、といわれて刑罰を受けるほど、不条理で、屈辱的で、非道な人権抹殺はない。「やっていない」とどんなに叫んでも、刑事、検事、判事が寄ってたかって刑務所に放りこみ、場合によっては死刑台に送りこんで、「一丁上がり」と手をたたいてホコリをはらう。

その悔しさと無力感は、想像するだけでも、息の詰まる思いがする。それでも、たいがいのひとたちは、自分はただしく生きているのだから、警察に疑われることはないと考え、無実の罪人にはまったく無関心である。だから、冤罪に泣く家族は孤立し、疲れ果てている。

袴田秀子さん（七四歳）によれば、三歳下の弟・巖さん（七一歳）の様子がおかしくなったのは、最高裁で死刑が確定した八〇年終わりのころだそうである。二七年もの間、一日刻みの死刑囚の命なら、神経が破壊されても当たり前である。

二〇〇七年一月中旬、最近は「姉さんとは呼んでくれないのですが、姉ではない、とはいわなくなりました」と秀子さんはホッとした表情をみせた。二〇〇六年一一月二〇日、三年八カ月ぶりに巖さんに面会できた。毎月、静岡県の西部にある町から、東京・葛飾区の東京拘置所に面会にいくのだが、せっかく門をくぐっても、自分には姉などいない、と面会を拒否されていた。

二〇〇六年、輪島功一、渡嘉敷勝男、レパード玉熊など、ボクシング元世界王者たちの支援がはじまったのを知ってからか、すこし調子がよくなったようで、二〇〇七年になってから三回も面会に成功した。会話が「トンチンカン」なのは一回だけ、あと二回は会話らしくなって、「いったりきたりできた」と秀子さんはうれしそうにいった。

四年前の三月に面会したときは、「あなたの顔は知らない。知らないひとだ」といわれていた。「なんでここにいるのかわかるか」とたずねると、「神の儀式できまった。一昨年まで袴田巖はいたが、神の国へ帰っただけのこと。死刑執行はできないんだ。死刑は廃止した。監獄は廃止した」などと、ぶつぶついうだけだったのだ。

ところが、先日の面会では、汚れたセーターを着ているので、思わず「汚れているねえ」というと、「これは暖かいから着ているんだ」とまともな答えが返ってきたのだ。「変なことばっかりいうんで、返事に困っていたんですが、いま差し入れしてきたよ、とか、こっちから先にいえばいいんです」と会話の要領がわかったのだ。

拷問で強いた「自供」

浜名湖ちかくの兼業農家に生まれた巖さんは、六人兄姉の末っ子、子どものころは、犬、猫、小鳥などを可愛がっていた。中学校では野球をやっていて、勉強よりはスポーツというタイプ。中学校を卒業してから、浜松市のホンダの部品下請けの工場で働きはじめた。無口で芯が強い性格がボクシングにむいていたのか、めきめき頭角をあらわし、国体選手となり、まもなくプロいりする。

事件のあと三日ほどして、巖さんは子どもを預けている生家に帰ってきた。秀子さんは近所のひととにこやかに立ち話をしている彼を見て、大丈夫だ、とほっとしていた。彼がつとめていた工場の大事件は、そのあたりでも大騒ぎになっていたからだ。本人に聞くと、強盗だかなんだか判らないよ、というのだった。

と、新聞に「H」が容疑者としてあつかわれるようになり、まもなく逮捕された。秀子さんは、「自供」の報道があっても、一審二審死刑、から無罪になって有名な、地元の「二俣事件を知っていたので、どこか高を括っていた。両親は寝たきりとなった。裁判がはじまってから、兄姉三人で面会にいっても、彼が熱心に一方的に喋っているほどだったので、勇気づけられて帰ってきた。

「皆様と会わなくなって半年、お変わりありませんか。私も元気でおります。私のことで親類縁者にまで心配かけてすみません。こがね味噌の事件には真実関係ありません。私は白です。私は今落着いて裁判をまっております。私は暖かい部屋にはいっていますので、現在なんの不満もありません。弁護人から聞いたと思いますが、面会が出来るようになったので、会いたいと思います。お袋も姉も大変だと思いますが、（実子の）一郎（仮名）のことお願いします。体に気をつけて、さよなら」

起訴され、第一回公判をまっていたころ、獄中から母親のともさんにあてた手紙（誤字は筆者が直した）である。「現在なんの不満もありません」というのは、母親に心配をかけたくない心遣いでもあるが、本人自身、裁判がはじまれば無実があきらかになる、と信じ切っていたからであろう。

どうして自供したのか。やってなければ、自供しなければいいじゃないか、とは常識論である。ジャーナリストの山本徹美さんが、「留置人出入簿」によって計算した清水署の取り調べ時間は、一日最高一六時間二〇分、一一時間以上はざらで、それが起訴までの二〇日つづいて、合計二四〇時間九分。一日平均一二時間である（『袴田事件』新風舎、一九九三年）。

これだけでも拷問といえるが、取り調べのやり方は、トイレにも立たせず、「私が大便を我慢できなくなって、その場にうずくまってしまうと、その隙をとらえて、私の指を印肉に突込み、調書らしき書類を私の指に押し付け、他の刑事が私にペンを握らせて書類に導き、ここに名前を書くんだ、と恫喝しながら蹴ったり、腕に逆捻りを食わせたりして署名を奪ったこともあります」（高杉晋吾への手紙、『地獄のゴングが鳴った』三一書房、一九八一年）。

地獄の責苦、という言葉を思い出させる取り調べだが、便器を持ち込んでの取り調べは、新聞記事にもなっている。法廷で袴田被告は、取調官にむかって、「一連の自供調書は、あなたご自身、その頭で推理作成したものではないですか」と食いさがっている。

ほかの冤罪事件ともほぼ共通しているのは、自供が著しく変遷していることと、突然、大量の自供が書かれた調書がでてくることなどだが、刑事はたいがい、「警察はお前の言い分をきくところではない。文句があったら裁判所に行っていえ」といって、勝手に調書を書き進める。

獄中からの手紙

六八年、静岡地裁での判決文を書いた、熊本典道《くまもとのりみち》元裁判官が、二〇〇七年になって「無実を信じていた」と明らかにした（本書三〇〇ページからインタビュー掲載）。彼が袴田被告の無実を信じたのは、なぜ、まる二〇日間、何回もしつっこく調べなければならなかったか、それは物証がなかったからだ、との推論による。つまり、「物証」は袴田さんに無関係なものだったのだ。

「お母さん！　僕の憎い奴は僕を清浄でない状態にして犯人につくりあげようとした奴です。神さま。——僕は犯人ではありません。僕は毎日叫んでいます。此処、静岡の風に乗って世間の人々の耳に届くことをただひたすらに祈って僕は叫ぶ。お母さん、人生は七転び八起きとか申します。最後に笑う人が勝ちとか申します。又、皆さんと笑って話す時が絶対きます」

第三回公判が終わった六七年一月の手紙である。彼の手紙は切実悲痛で、そのすべてを紹介したいほどだ。「私は裁判所には無罪が判って頂けると信じています」と書いて、ファイターらしく、「我、敗《ま》けることなし」と書き添えたりしている。刑事や検事の批判ばかりではなく、水不足のニュースをきけば農家の困難を心配し、クルマの事故のニュースをきけば、「一郎は大丈夫かな、お母さんよろしくお願いします」と書く。

獄中で感じられる季節の変化を書いているこまやかさは、やさしい人柄をあらわしている。秀子さんによれば、獄中でペン字を習いだしたとのことで、字はしだいにきれいに、誤字もなくなり、語彙もゆたかになっていく。本の差しいれの要求もふえていた。非識字者だった狭山事件の石川一雄さんもそうだが、獄中での学習の成果には目を見張るばかりだ。味噌タンクから血染めの衣類五点が「発見」され、証拠として法廷にもちだされると、彼はますます楽観するようになる。

「検事より血染めの着衣は被告の持っていた物ではないかと問われた。僕のに少し似ていた。しかし、着衣は世の中に似た物は沢山有る。あの血染めの着衣が絶対に僕の物ではないと言う証拠は、ネームがない事です。僕の着衣はクリーニング屋に出すので、ハカマタと入っています。血染めの着衣にはネームが入っていない。型も大きい。僕の物とは異なっている。事件後一年二カ月過ぎた今日、しかも再鑑定の申請をしたらこうゆう物が出た。これは真犯人が動きだした証拠です。これでますます有利になった」（母親あて、六七年九月）

事件当時から、味噌タンクにはいっていたものではなく、最近になってから、「真犯人」がいれたものだ、と彼は考えていた。当時の味噌タンクのなかの量を知っているものには、そこに五点もの衣類をまとめて隠して、一年半も発見されないなどとは考えられないからだ。

では、だれがいれたのか。それができるのは、真犯人か警察官だけである。

六八年、一審死刑判決のあと、くりかえしくりかえし、いろんな想念を書いているのだが、便箋に七、八枚、改行なし、溢《あふ》れるようなモノローグの記述となる。刑事に責めたてられ「自己の生命を守った」という自白の日のことを、こう書いている。

「すでに死にかかっている（被害者の）愛犬の手足を荒縄で縛り、三つ叉に組んだ丸太の横棒に逆さに宙吊りにして、その周りで刑事達が仰々しく湯をわかしたり、包丁を研いだりしていたのである。そういう光景が最近、特に小生の脳裏から離れないのでございます」（すぐ上の兄へ、七二年三月）

虐殺のイメージである。血染めのズボンが発見されたとき、自分に穿かせてみれば、穿けないので、だれがみても「小生は真犯人になり得ない」と書いている。

「刑事達がしたことは、小生にたいする殺人行為以外の何物でもない」

「物証は嘘をいわないものである。神は私の本件における主張のその潔白と真実私が犯人でないことを百も承知ではないか。私がこのように思う夜の次の行為は、きまって一つ、それは頭から布団をかぶるのである。もう、そこは悲しみの涙を忍ぶ必要はない」

「私も冤罪ながら死刑囚、全身にしみわたってくる悲しみにたえつつ生きなければならない。そして死刑執行という未知のものに対する果てしない恐怖が、わたしの心をたとえようもなく冷たくする時がある。そして全身が冬の木枯におそわれたように、身をふるわせるのである。自分の五感さえ信じられないほど恐ろしい瞬間があるのだ」（すぐ上の兄へ、七三年一一月）

そしてしだいに手紙は間遠になり、まったく来なくなった。それどころか、面会にいっても会わない。バイ菌とか宇宙とか神とかと口走り、じぶんの世界に閉じこもってしまったのだ。

静岡市に住む小川秀世弁護士も、秀子さんとなんどか面会にいったことがある。いままでの裁判で、巖さんの書いた手紙があまり活用されなかった、との思いが彼にもある。

いまの袴田さんの病状は、死刑にたいする恐怖から引きおこされているのだから、無罪判決か恩赦がなされ、生活空間が変われば、改善される。弁護団は、「恩赦出願理由補充書」を提出した。日本も批准している「市民的及び政治的権利に関する国際規約」第六条四項の、「死刑を言い渡されたいかなる者も、特赦又は減刑を求める権利を有する」による恩赦を請求しているのである。

秀子さんは、医療刑務所への移監をせめてもと望んでいる。そこに置いてくれさえすれば、突然「処刑した」との通知がくることはないからだ。

「無罪だと確信している」
袴田事件の元裁判官、熊本典道さんインタビュー

袴田事件の静岡地裁判決書には、異例なことに、「付言」がある。「本件捜査のあり方は、『実体真実の発見』という見地からは むろん、『適正手続の保障』という見地からも、厳しく批判され、反省されなければならない。本件のごとき事態が二度とくり返されないことを希念する余り敢えてここに付言する」

捜索令状に記載されていて、捜索されたものの、なにも発見されなかった味噌タンクのなかから、なぜか、一年二カ月もたってから、ズボンなど五点の衣類がはいった麻袋が発見された。それまでの自供を撤回させて、犯行着衣を衣替えさせる、というやりかたは、あまりにも横暴なやりくちとして、前段で批判されている。

判決本文はもっと厳しく、警察官の調書二八通、検察官の調書一七通のうち、四四通が「任意にされたものではない疑いのある自白」として職権排除され、憲法三一条が定めている「適正手続の保障」がなされていない憲法違反、と断定されている。にもかかわらず、検事調書の一通だけが、「適正手続き」と認められ、死刑宣告をささえるために使われた。これまた異例である。

判決のあと、石見勝四《いしみかつし》裁判長（当時）は、

「捜査方法は法の精神にもとり、憲法三八条違反の疑いもあり、無法者同士の争いとして大いに批判され反省されるべきである」

と言い添えた。警察官ばかりか検察官まで、「無法者」にされたのだから、これも前代未聞である。

それから四〇年がたって、三人の裁判官のうちのひとり、判決文を書いた熊本典道《くまもとのりみち》さん（六九歳）が、「無罪判決にするはずだった」と告白した。これも例のないことで、死刑の判決文に埋められていた良心が、いまになってようやくはじけたかのようである。

地裁裁判官が、あたかも「奴隷の言葉」によって書いた「死刑判決」は、高裁や最高裁をそのまま通り抜けた。袴田巖さんは、日夜執行を待つだけの、死刑確定囚として幽閉されている。この不条理のドラマは、なぜ成立したのか、二〇〇七年三月下旬、聞いた。

――袴田事件とのかかわりは？……。

「袴田事件と直接かかわったのは、六六年一二月二日の第二回公判からです。その少し前に福島地裁から静岡地裁へ転勤したんです。そのとき私は、石見（勝四）裁判長に、まったく静岡はほじめてだし、この事件ももちろんはじめて。もう一回最初

の罪状認否からやってくれと言って」

——そのときも袴田さんは否認したでしょうけれど、どんな表情で、それをみて、どう思われたんですか。

「よく覚えています。低すぎはしないけれども低い声で、『私はやっておりません』。ムキになったでもなく、それだけなんです。そうしたら石見さんが、もっと聞きたそうな表情で。その日が終わって、地裁の法廷の後ろに三人用のイスがあるんですよ。そこに座って『石見さん、これはわれわれ三人が裁かれているような気がしますけれどね』と言ったら、『うん、そうだな』って。本当に印象的で覚えています」

——その日も認否だけで閉廷したわけですね。第一回とおなじように。

「はい。書記官に聞いたら、前とまったく同じ、あんな調子ですよって。法廷が終わって、裁判官室にもどったら、第一回の法廷に入っていた吉川裁判官が私を訪ねてきて、熊本さん、あの事件、難しいよと言った。

自民党の代議士で、島田事件などの弁護士をやった鈴木信雄先生が突然私を訪ねてこられて、『熊本さんってあなたですか。東京にいたとき、えらい活躍したそうだね』。

『いや、検事にいじめられましたよ』『静岡はね、二俣《ふたまた》事件をはじめとしていろんな事件があってね』『聞いています』『昼から予定ないですか』『ありません』『じゃあ飯を食いに行こう』。鈴木先生が町の中心にある中島屋に連れていってくれて、夕方に、一回役所に帰らなきゃいけないというころまでビール等を飲みながら、静岡の刑事事件の歴史、刑事弁護の歴史を話してくれた。『あんたを見込んでだけど、三年は静岡にいるんだろうからがんばってくださいよ。静岡はいろいろなインチキな警察官が相当多いからな』といわれて」

——石見さんは何歳ぐらい上の裁判官だったんですか。

「息子さんが私とおなじぐらいだった。東京でもそうでした。私が判決を書いたときが二九歳だから、その一年半前で二七、八歳ぐらいか」

——むこうは五〇すぎぐらいですね。

「大体みんなそう。東京の裁判長も娘さんの歳が私といっしょで、見合いしろと言われたこともある。高井吉夫裁判官は三四、五歳ぐらいでしょうかね」

——第二回の公判がはじまったとき、石見裁判長にはすこし慎重にしようという思いがあったわけですね。

「私が主任で行ったから、おそらくある種の安心感を持ったんじゃないかと思うんです」

——裁判はどうはじまったんですか。

「特徴的なのは、石見さんは証人尋問を、一言一句メモするんです。私は証人尋問の間は一切メモをとらない。話をじっと聞いて、顔をじっと見て。見ていると表情がわかる。当事者から異議とかいったときに、誘導尋問かどうか、すぐ判断できる。それで石見さんは私に任せておいて」

――なるほど。そうすると石見さんはかなり慎重な人だったんですね。

「そう、そう。古き良き時代の戦後の自由な裁判官。官僚臭もないし、きばった片意地張ったような人でもないし、来た事件を淡々とやるタイプ」

報道が裁判長をミスリードした?

――第一審の判決文は、はじめのほうに、袴田さんにたいする取り調べが、「適正手続の保障を定めた憲法三一条にも違反する取調である」という無罪判決のトーンで始まっていますよね。

「もちろんそうですよ」

――そのあと、とって付けたように有罪主張になっていくんですよね。どうして急に逆転しちゃったんですか。

「本当は逆転じゃないです。私は合議の前に無罪の判決を書いていました。三六〇枚ぐらい。そのときは有罪は高井、無罪が石見、熊本。二対一でこっちが勝ちだと思った。それで合議を始めました。そのうちに、高井の一は変わらない。石見さんの一がどっちに転ぶか。信憑性のある検事の自白調書が一つ残っていると言いますが、あれも実はだめです。そうすると自白調書ゼロ。そうすると何が残るかというと、何も残らないんです。自白には任意性と信用性がなければならない。

　丸二〇日間、なんで何回もしつこく調べなきゃいけないんだろうか? ということは、物証がなかったからだろう、と私はそう推論した」

――判決文にも「連日執拗に」と書いていますよね。

「そうです。二〇日間いっぱい調べる、しかも起訴後の調書でしょう。どう考えてもおかしい。他に決定的な証拠がない。もうそのときに結論は決まっていました。有罪にはできないという」

――石見裁判長はどうして変わったんですか。

「二つあると思います。一つは新聞等が連日、連夜、『極悪非道』と決めつける。むちゃくちゃですよね」

――「血ぞめのシャツを発見」などとデタラメですね。

「あれを夕刊、朝刊で見てご覧なさい。それからテレビ、ラジオ。裁判官が朝昼晩まじめに見るでしょう。影響がないといえば嘘です、絶対」

――でも、そういう俗情というか、世情というか、世論と違ったところにいるのが裁判官じゃないですか。

「いや、人間だからそうはいきませんよ」

――高井さんの心証は、なぜクロがチラチラしていたんですか。

「確かに忙しいのは忙しいんですよ。主任にならないと『イチ抜けた』という、これが実態。今でもそうだと思う」

——主任と裁判長ががんばればいいんだけど、裁判長自身もあまりにも善良で、がんばりきれなかった。

「一つは新聞記事。もう一つは、自白があることに対する特異な雰囲気、妙な威圧感、そういうものは今の裁判官でもありますよ」

——いったん自白があがると安心するわけですね。

「そう。正確に言うとよりどころ。屁理屈の理由づけになります」

——一通だけを任意性と信用性があると判断したのは、とにかく一つの調書を認めないと、有罪だという論拠が成立しないから、それを使った？

「それはそうですよ。同じ日のポリ（警察）の調べはおかしくて、検事の調べになってからはおかしくないなんて、そんなバカなことはないです。だからそれはおっしゃるとおり」

——裁判長は結局、世論の力に負けて、じゃあ、これ、有罪にしようというふうに言ったんですか。

「いやいや、ちがう。そういわれると、それは本当に、裁判にたいする誤解だと思う。あれは私がいちおう形の上でもっともらしく有罪判決をとりつくろった文章でしてね」

——それはよく表れています。

「でも鎌田さん、それらしきキチンとした理路整然とした判決。だけど誰かわかってくれないかな。要するに、二兎を追う者は、一兎をも得ずで」

自らの死に場所を探したこともある

——その矛盾を高裁は理解できなかった。

「控訴審の裁判長になった横川敏雄といえば、岸盛一とならぶ刑事裁判のエースですよ。それで私は気づいてくれると信じて、安心してました」

——高裁判決は、原審判決の作成について、法令違反があると弁護人は主張するが、「記録を精査しても（中略）所論のような事実があつたことを認めるに足りる証拠はない」と書いています。だから熊本さんが、バレーボールの球みたいにあげておいたんだけど、高裁はそれを打たなかったんですね。法令違反はないというふうに言い切ってしまうしか、原審を支持できない。

「それも屁理屈。そうなっているのか。まだ見せてもらっていないので」

——一審の判決文は、無罪の論理構造の上に有罪、「死刑」の主文がはいっている。鉄筋の土台の上に、急ごしらえのバラックを建てた。「無罪」と書いて置くだけで、ご自分のつくった建築物はちゃんと機能したじゃないですか。

「私がなぜそうしなかったかって？　だけど、私はしたくないんですね。有罪にできないんだ」

――でも主文は死刑、と書いてあって有罪と書いてあるわけですから。

「二審、最高裁、私の書き方でみんな引っかかったんですよ」

――有罪判決はまだそのまま維持されているわけです。高裁や最高裁は疑問をもちながらでも、事実はいまだそのままになっているのですからね。

「だから今回オープンにしたんです」

――告白されたことを前提に聞きますが、なぜあのとき（無罪判決を）出せなかったのでしょうか。やはり法曹界というか、裁判所自体の体質の問題なんですか。

「それは私自身の問題ですね」

――三人の裁判官がいるわけですから、本人だけがかぶるわけにいかないじゃないですか。

「だけどかぶるしかないですよ。数学的に言うと私は三分の一の責任だが、それを私は四〇年間背負ってきたんです。まだ背負った責を離したわけではありませんよ。今回の告白は、心理的、精神的な解放のきっかけだと思います。私の責任は絶対一生消えないと思う。けれど、その重さと袴田君の背負っている重さと比べれば質的にちがうし、私が今後どれほど彼になにをできるかということ、それでも一〇〇分の一にも足りない。

北欧三カ国に実は三回行きまして、最初の二回はノルウェーのソグネフィヨルド、三〇〇〇メートルぐらい深い切り込んだ海の、あのへんで死に場所を探した。あそこで冷凍人間になったら一生誰にも姿かたちをみられない、と思ったこともあります。

私がハンコを押さなきゃ物事ははじまらなかった。じゃあ押さなかったらどうなった。結論が変わるかといったら変わらないですよ。もっとすんなりといったかもしれません。死刑執行されていたかもしれません。まあ、いろいろなことを考えて、私自身、ぶち切れそうになったのはなん度もあるけど」

――死刑判決のとき、袴田被告を裁判官席で見ておられて、その記憶は。

「忘れません、一生。『被告人、立って』。彼は、判決の主文いいわたしの直前まで、無罪と信じていた、とあとでききました。袴田君の肩がガクッと落ちて……その瞬間から、私は石見さんがなにを読んだか覚えていない」

インタビューを終えて

熊本元裁判官が、四〇年近くにわたる苦悶から脱却し、勇気をふるって袴田判決の真実を語ったとき、会見場にいた記者から、「評議の秘密」を暴露するのは、裁判所法に違反している、との批判がだされた、という。実際、その批判は記事にされている。が、これは逆立ちした論理といえる。

元裁判官は、自分が決定できなかった冤罪を解決したいがために、敢《あ》えて「生き恥を曝した」のである。この重大な「心の吐露」としての「内部告発」を、規則を盾にする、小癪な批判で喰いとめられるものかどうか。まして、ひとりの生命がかかっているのである。記者はいったいだれのために記事を書いているのか。記者は先輩たちが警察の尻馬に乗って煽り、冤罪をつくりだしたことにたいして、自責の念がないのか。いまにいたっても、まだ警察や検察の援護射撃をするのか。それが職業の本懐なのか。

東京地裁に勤務中、熊本さんが勾留請求を却下した率は、三割におよんだ、という。最近、裁判官は検察官の家宅捜索令状や勾留請求をほぼ一〇〇％認めている。裁判官の独立は、もはや神話化している。

熊本さんは、ときには声を詰まらせ、涙を浮かべながら語った。彼はこの一審判決から七カ月たって退官し、弁護士に転業した。

三人の裁判官のうち、ひとりでも反対すれば、死刑にすべきではない、と熊本さんはいま主張している。それは遅すぎた告白といえるかもしれない。しかし、裁判官の人間的な弱さが冤罪をつくりだしたのなら、勇気ある告白が事件を解決にむかわせている。裁判官が、ただ良心のみに従って「判決文」を書ける日は、いつになるのだろうか。

布川事件——自白のメカニズム

対談：桜井昌司さん

一九六七年八月、茨城県北相馬郡利根町布川で発生した殺人事件。一人暮らしの大工のTさんが被害者だった。犯人は二人づれという推測で、前科者、素行不良者、被害者から借金をしていた者などを、別件で逮捕しては追及していた。

事件から四〇日たって、桜井昌司さん（当時二〇歳）はズボンの窃盗容疑で逮捕され、五日間否認していたが、長時間の取調べによって、杉山卓男さん（当時二一歳）と二人で殺害した、と虚偽の自白をしてしまった。杉山さんは二日後に虚偽の自供、ふたりは裁判では無実を訴えたが、一審、二審とも無期懲役、最高裁上告も棄却された。その五年後に再審請求したが、棄却、逮捕後二九年たってからようやく仮釈放された。

二〇〇五年、水戸地裁は再審開始を決定したが、検察側が即時抗告、二〇〇八年七月、東京高裁は棄却、それでも検事側はさらに、最高裁に特別抗告していて、再審は始まっていない。最高裁で審理中だが、これから再審が始まるのは、まちがいない。布川事件再審請求人の桜井昌司さんに冤罪の真相、メカニズムについて聞く。

別件逮捕から自白へ

鎌田　布川事件はいまいいところまで来ていて、あと一歩ですね。布川事件の教訓を読者に伝えて、狭山も頑張ろうと思いますので、よろしくお願いします。

冤罪事件はいくつか取材したのですが、共犯の事件は経験がないんです。共犯とされて、片方ずつ責められるから、お互いに不信感とかがあって、冤罪になっていく。それをもう一回、二人で力を合わせてやっていくのが、一つのドラマではないかと考えているのですが。

桜井　そもそもわれわれ二人は、あまり仲良くなかったんです。

鎌田　杉山さんとはどういうお知り合いだったんですか。

桜井　茨城県の利根町という町の出身中学校がちがう、高校の同級生です。中学時代までは全然交流がなくて、高校に入ったときに、たまたま同級生になった二人です。自分は半年で高校を辞めてしまったので、本当に言葉も交わさなかったですね。自分は中退して、仕事をやったり辞めたりしている間に、杉山が不良として名乗り出てきたんです。一応、タイプの違う不良同士という感じでしたね。
鎌田　同級生だけど仲良くないから、共犯ということはありえないわけですよね。
桜井　ありえないですね。でも警察がおまえと杉山だと言うし、私は杉山と誰かがやったと思わされました。
鎌田　警察は二人が同級生で関係があるから共犯はありえるということですね。
桜井　そう思ったんじゃないでしょうか。
鎌田　高校を中退して、どういう仕事をされていたんですか。
桜井　いろいろ。当時は仕事が嫌いで長くて半年くらいですね。最初はビルのガラス拭きをやって、そのあと東京のガラスの会社など転々として、ビル清掃会社が最後です。
鎌田　将来はどういう夢だったんですか。
桜井　まったく何もなかった。
鎌田　いまだとなかなか仕事がないけど、そのころはいっぱいあったんでしょうか。
桜井　引く手あまたでありました。働く気さえあればどこでもやれた。
鎌田　石川一雄さんの時代よりも、少し景気がよくなってきたころでしょうね。仕事はいっぱいあった。最初の友人のズボンとベルトを窃盗したというのは、本当にあったことですか。
桜井　本当です。あれは一〇月三日ころ、杉山にビール瓶で殴られて、ズボンに血がついてしまって、それをはき替えて、返さなかったという事件です。
鎌田　はき替えたというのは、ちょっと貸してくれという感じですか。
桜井　そうです。ちょっと貸してくれと持っていって、あとで返さなかった。質屋に入れてしまったんです。
鎌田　その容疑で捕まったから、それはしょうがないという感じでしたか。
桜井　もちろんです。そのほかにビル清掃でコソドロをしたこともあったので、それもふくめて一〇件ぐらい言われました。
鎌田　それも石川一雄さんとよく似ているんですけどね。それで本件の自供はどういうかたちでさせられたんですか。
桜井　最初は自分だけ疑われたと思いました。ところが途中から、杉山とおまえだと言われたんです。杉山が道路に立っていたね、と。道路を通った人が、道路に立っている杉山を見た。おまえは勝手口で話したのを見られているんだ、と言われたんです。そのときは杉山が誰かと行ったんだと確信を持ちました。ですから自分から……、私は杉山と仲が悪かったんですと。
鎌田　事件自体のことは知っているわけですよね。
桜井　もちろんうちの町ですから、大騒ぎになっているのを知っていました。刑事が家に来ました。そのとき自分は嘘のアリバイを言ったんです。それがまずかった。おふくろがいたので、おふくろには働いていると言っていたので、そのとおり言ってしまったんです。

鎌田　それも石川さんに似ていますね。

桜井　それを調べ、怪しいということになったんです。裏付けを取ったら、アリバイはないと。

鎌田　杉山とおまえだろうと言われて、はじめは否認するわけですよね。

桜井　おれは違うと言いましたけど、二人を見た人がいると警察が言うわけです。

最後は嘘発見器です。嘘発見器で出たと言われて、じゃあいいやという気持ちになった。

鎌田　あとから撤回すればいいや、という感じですか。

桜井　撤回というか、そのうちわかるだろうと。人殺しなんて、言ったからって犯人になるとは思わないですから。どうせそのうちわかると思って言ったんです。ましてや最初は杉山がやっていると思っていましたしね。

鎌田　もう一人はそのうち見つかるだろうという感じですよね。嘘発見器は緊張しましたか。

桜井　緊張はしないですよ。むしろ、うれしかった。これでわかってくれるだろうと思いましたから。最初に予備実験をやるんですよね。ＡＢＣというトランプみたいなのを隠して、いまから三回質問をするから、見たものを全部ノーと言いなさいと。その結果を見せられて、「あなたは反応がいいですよ」と言われました。

鎌田　反応は表れていたんですか。

桜井　呼吸と心電図と皮膚の発汗です。反応が表れたのを見せられたので、これは信頼して話せば大丈夫だと思いました。

鎌田　嘘発見器にちゃんと表れている、と嘘発見器の技師が言うので、無実がわかると思ったわけですね。

桜井　その人は、終わったときに、「よくわかりました。あとは取調官に理解していただきなさい」と言ったので、これでもう大丈夫と思いました。

鎌田　ところが取調官が突っ込んできた?

桜井　こういう畳の部屋で調べられたんです。看守の寝る部屋で。三畳間ぐらいかな。

「おれじゃないってわかったでしょう」と言ったら、「いや、だめだ」と。「おれにはおまえと同じ年の息子がいる。だからおまえが犯人じゃなければいいと思っていたけど、もう嘘発見器に出ちゃったからだめだ」と言われたんです。

そう言われたら、もうしょうがない、どうでもいいという気になった。おれは言いたくないけど、言わせるおまえが悪いんだという気になっちゃって、「わかった、認めますよ」と言った。

鎌田　やりかたがうまいんですね。

桜井　うまいですね。いいところをとる。ずっと下を向いていました。おれじゃないってわかったんじゃないかな。「いや桜井、気の毒だった」と言いましたよ。

鎌田　結局、杉山さんとどっちが先に自供させられたんですか。

桜井　こっちです。

鎌田　自分が先に自供して、向こうも自供したというのを聞いてどういう気持ちですか。

桜井　こっちは向こうが犯人だと思っていますから。調書を作っているときに、取調官が呼び出されて帰ってきたら、「桜井、いつまでとぼけているんだ」って怒鳴られたんです。「おまえが首を絞めたって杉山は言っているんだぞ」と言われて、びっくりしました。杉山が犯人だと思っていましたから。えっと思ったけど、アリバイを言えない以上、ちがうとは言えないんです。

きつと杉山は、自分が言えない義理の人かなんかがいて、おれが言われたまま認めたのと同じように、言わされているのかと思ってね、「はい、わかりました。首を絞めました」と認めちゃったんです。

鎌田　本当のアリバイは覚えていたわけでしょう。

桜井　覚えています。

鎌田　それは主張したんですか。

桜井　逮捕されたときに、最初に言いましたよ。「たしか兄貴のアパートにいました」と。そうしたら警察から「調べたけど、おまえの兄貴は来ていないと言ってる」と言われて——そしたら信じるじゃないですか。

鎌田　兄さんのアパートで杉山さんと会ったわけでしょう。

桜井　もちろんです。でも、そのときは記憶がそこまではっきりなかったんです。ですから兄貴が来ていないと言ってるというので、自分がまちがっていると思ってしまったんです。四十何日たっていましたからね。

握りつぶされたアリバイ

桜井　アリバイを思い出したのは、一〇月二六日に検察庁へ調べに行って、帰ってきたら警察官が、「おまえが泊まっているところは兄貴のところじゃないか」って言い始めたんです。一〇月のいつだったかに、柏のホテルに一人で泊まったことがあって、その話を警察は八月二八日というふうにでっち上げたんです。裏付け捜査で八月二八日に泊まったとわかった、「けんちゃん寿司」というマッチを置いてきただろう言うんです。

お寿司屋さんで飲んでから、そのホテルへ行ったんですね。それをずっと八月二八日と言っていたら、一〇月二六日の調べになったときに、「兄貴のところに泊まったんじゃないか」と言うわけです。そしたら、本当のことだから思い出すじゃないですか。

あの日はいつものように競輪に行って、負けて、自転車を買って、一銭もお金を払っていないのに質屋に入れてしまった。当時二万五〇〇〇円くらいで、家の前の自転車屋さんで月賦で買ったので、家に帰れないじゃないですか。それで兄貴のアパートへ行った。そういうことを思い出した。そのとき警察官はかわいそうにと思いました。

鎌田　どうしてですか。

桜井　だっておれはアリバイを思い出して、この人は真っ青になるなと思ってね。でもいっぺんやったと言うと、なかなかやっていないと言えないんです。

一〇月二七日の調べが終わって、警察官に言ったんです。「おれ、アリバイを思い出したんです。実は兄貴のアパートに行って、バーへ飲みに行った」と言ったら、すぐに飛んできました。本当に青い顔をしてね。

それで「アリバイを思い出したんです。聞いてください」「おまえがいままで言ったことは……」「関係ないから聞いてくれ」「じゃあ、それが嘘だったら認めるか」と言うので、「とにかく調べてくれ」と。その日一〇時ごろ調べは終わったのですが、翌朝九時ごろに「昨日の話は嘘だろう」と言うんです。

警察はもう信用しないと思いました。だから「わかりました。あれは嘘です」とすぐに撤回してしまいました。握りつぶされたんです。

警察への逆送

鎌田　アリバイを思い出したけど、また嘘の自白に戻った。警察は否認の調書を作らなかったんですね。

桜井　それで、杉山は一一月六日、自分は一一月八日に土浦の拘置所に移されて、一〇日ころに検察の取調べで否認したんです。有元さんという検事がわれわれの話を信用してくれたんです。否認の調書を作ってくれた。そしたら、検察官と警察官の合同会議をやって、もう一度調べるということで警察に逆送した。警察のほうが強かったんですね。

われわれが自白を撤回したのは、二人が拘置所の中で話をしたからだというふうにでっち上げられた。だから拘置所だと危ないから、われわれを移せということです。警察に戻せということになってしまって、一二月一日に、それぞれ土浦警察署と取手警察署に戻されました。杉山が土浦署で、自分は取手署で、と分けられた。

そのままずっといて公判を迎えたわけです。何回も拘置所に移せと文句を言いました。何回か言って、自分のほうが先に移りました。杉山は一年半くらいいました。

鎌田　そこでふたたび嘘の自白を言わされてしまったわけですね。

嘘の自白が作られる過程

鎌田　自供のことですが、初めはパンツで絞めたというのを認めたんですか。
桜井　手で首を絞めたというわけです。警察が「おまえが手で絞めたって杉山が言っているぞ」と言うのを「はい」と認めただけで、自分で言ったんじゃないんです。
鎌田　そうすると初めの供述調書は……。
桜井　杉山が一人でやったと。わからないから、最初は、自分は家の中に入らなかったと言いました。でも「二人でやったんだろう。わかっているんだ」と警察に言われたんです。嫌になっちゃうなと思ってね。
　でも大体わかりましたから。八畳間で殺されたとか、押入れの前で殺されたとか、布団をかぶされていたとか、猿ぐつわをされていたとか、ワイシャツでグルグル巻きにされていたとか、ガラス戸が倒れていたとか、町の噂でいろいろ聞いていたんです。
鎌田　新聞記事じゃなくて噂で。
桜井　町で噂が飛んでいましたから。
鎌田　事件の情報はこまかく市民には伝わっているんですね。
桜井　伝わっていました。二人組がいて、Nさんの食堂に行って、被害者の家を訪ねた二人組がいると聞いていました。印西のパチンコ屋さんにいた二人が犯人だとか、いろいろな噂が流れていました。
鎌田　六七年ごろは、テレビは……。
桜井　ないですね。もともとテレビで情報なんか見ないですし。
鎌田　じゃあ一応情報は知っているから。
桜井　その話を自分がやったようにしようと思って、「八畳間へ入っていきました」と言いました。「おまえ何か探しただろう。ロッカーがあった。ロッカーはどこにあった」と言われるんです。道路際には窓があるんですよね。北側にも窓があるんです。
　そうすると押入れは東か南しかない。南は出入り口だとわかっているから、こっち側しかない。そんなのは考えればわかる。ロッカーはこっち側の壁際かな、とわかるじゃないですか。図面を見ながら誘導するから、いくらでも答えられます。
鎌田　誘導に乗る気持ちというのは、いまさら否認してもしょうがないというのですか、どういう気持ちなんですか。
桜井　アリバイが言えないから、認めざるをえないじゃないですか。やっていないと言っても、「じゃあアリバイを言え」「わかりません」「それが犯人の証拠だ」と責められるんですから、その責められる苦しさから逃れたくて、やったと言っちゃったわけですから。
鎌田　責められるのは嫌ですからね。
桜井　アリバイを思い出せなければ何も言えないというので。

鎌田　たとえば自白すればカツ丼を食わせてくれるとか（笑）、いろいろな恩恵をちらつかせるということもありますが。
桜井　それも確かにあったかもしれない。お腹が空いたりとかね。でもそれよりも、本当に目の前でどんどん責められる苦しさというのがありましたね。疑われるというのは、人間は本当に苦しいんです。自分の真実を信じてもらえないで、「おまえが犯人だ。証拠がある」と言われると、本当に苦しい。
鎌田　それで、どういうふうにしたらいいと思うわけですか。
桜井　とにかく目の前の苦しさから逃れたいという気持ちになっちゃう。自分の場合、杉山がやっているだろうとか、いずれわかるだろうという気持ちになるじゃないですか。でも実際にはやっていないので、葛藤はあるんですけどね。
鎌田　いったんスイッチが入っちゃうと、そっちのほうに行っちゃうっていうことですよね。
桜井　もうどうしょうもない。何か言わざるをえない。
鎌田　それによってどんどん死刑のほうに行くとか、そういう判断はないですか。
桜井　そんなこと思うわけないじゃないですか。やっていないんですから。いつかわかるというのがありましたね。

思い出したアリバイ

鎌田　それで、事件の日に兄さんのアパートに泊まったというアリバイを思い出すわけですね。
桜井　あの日は取手競輪へ行って、レースが終わったあと東京へ行ったんです。7時半ごろかな、高田馬場の「養老乃瀧」という居酒屋へ行って、一人で飲んで、ハイボールがなかったんです。
鎌田　ハイボールがないというのは？
桜井　その店でいつもハイボールを飲むのですが、「ありません」と言われた。それで日本酒とビールを飲んだような気がします。あとトマトを食べたんです。鶏のももも食べた。それに血がついていたから、「何だこれは。ちょっと切ってくれ」と文句を言ったんです。そのお姉ちゃんがけっこう美人だったとかね。いろいろと思い出した。
鎌田　全部覚えているじゃないですか。かなり記憶力はよかったんだ。
桜井　記憶力だけはすごくよかった。それから兄貴のところへ行ったわけです。
　九時ごろかな、西武新宿線の高田馬場駅のホームへ行ったら、けっこう人がいっぱいいたんです。だから二、三台乗り過ごして乗った記憶があります。それで野方まで行って、アパートまで行って着替えて、一〇〇〇円ちょっとお金を持っていたので、兄貴のバーに行ってちょっと飲もうと思って行って、風呂の道具を腹巻に入れて、兄貴のところにあった雪駄を履いて行った。

　それでバーで飲んで、ママさんから「お兄さんに辞めないように言って」と言われたこととか、お店には三人くらいお客がいて、ジュンちゃんという女の人とダンスしたのも覚えています。一時間くらい飲んで一一時ごろ帰ったら、杉山が台所から パンツ姿で出てきました。どこへ行ってたのか聞いたら、新井薬師で映画を観てきたと言っていました。

　そのうち腹が減ったからアパートの隣のお姉さんの部屋から、何か取ってきちゃえっていうから、じゃあ行っちゃおうかと思って、こっちは酔っ払っているから、ズボンを脱いでパンツ一丁になって、テラスからテラスへ渡った。そんなことも思い出しました。そして夜一二時ころ寝た。

鎌田　ちゃんと覚えていたわけですよね。結局、それがその事件の日だったかどうかが思い出せなかっただけですね。

公判で無実を叫ぶ

鎌田　第一回公判で無実を叫ぶわけですが、法廷で杉山さんに会ったときはどんな感情があるんですか。
桜井　杉山もおれと同じように嘘を言わされたなと思いましたね。
鎌田　自分のことは気の毒とか思わなかったんですか。
桜井　そうは思わなかったですね。自分自身のいい加減さがありましたから。こうなったのは自分の運命といいますかね。あのときたまたま事件の日に、お金を払っていないのに、自転車を質屋に入れたでしょう。あれも自分で招いたと、いまでも思っています。
　家に帰れなくなっちゃったんです。あの日に質屋に入れないでがまんをすれば、家に帰れたんです。
鎌田　そうしたら、お母さんがちゃんと証言するわけだから。
桜井　友達もいっぱいいるから、列車で帰れば会えますよ。いつも同じ列車で帰っていましたから。もし八月二八日に乗って帰っていれば、Kちゃんとか、同級生のIとか、必ず一緒に乗るんです。だからわかるんです。
鎌田　運が悪いなと思ったわけですね。
桜井　運は自分で招いたんです。
鎌田　それで初公判で否認して、杉山さんもやってないと言うわけですから、これで無罪に行くだろうと思うでしょうね。
桜井　思いますよ。だってろくな証拠が出てこないですから。目撃証人だって、我孫子駅で会ったとか、布佐駅で会ったとか、栄橋で会ったとか、それは会いましたよ。我孫子駅で会ったというのは日にちが違うんですよ。八月三一日のことです。
鎌田　二人にとっては日常の生活圏ですからね。駅で見たという人がいたってあたりまえですよね。証拠は何もないのでしょう。

桜井　証拠はないですよ。何にも出てこない。現場に指紋がありましたが、われわれのと合いません。そんなのあたりまえです。行ってないんですから。

それで、公判になって、事件現場の前で二人を見たという、Wという人の証言が出てきたんです。事件現場の前に立っている杉山と桜井を見た、と。八月二八日に、被害者の家の前を五〇ccのバイクで三〇キロぐらいのスピードで走っていたら、ライトの中に顔が入った、といったわけです。道端の二メートル手前でライトの中に顔なんか入らない。そんなのは科学的事実じゃないですか。

鎌田　それは全然知らない人ですか。

桜井　知っています。同じ町のクリーニング屋なんです。その人が、帰りに百何十メートル手前から暗闇の中で被害者宅の前に二人が立っているのが見えたとか、法廷でありえないことを言ったんです。当時は、裁判官を信じていましたので、これは嘘だとわかるなと。そうすると何も証拠がないから、これは無罪になった、と思いました。

鎌田　公判で二人で力を合わせてという感じでもなかったんですか。

桜井　われわれは事件のあった夜、兄貴のアパートに二人でいたんです。だから話す必要なんか何もない。あのときわれわれ二人は、おたがい犯人じゃないということを知っているんです。信じる、とかじゃない。知ってるんです。

鎌田　杉山さんも知っているわけですよね。

桜井　そうですよ。本当はわかっていた。だから無実を疑ったことはない。おたがい知っている人がいるという強みです。

もしかしたらあいつがやったんじゃないかって、普通はちょっと疑うかもしれない。でも、おれは疑いようがないんです。兄貴の家に二人でいたから。

鎌田　おたがいに、アリバイがちゃんとわかっていたわけですよね。でも、もしかしたら杉山さんがアリバイを忘れていたかもしれないとは思いませんでしたか。

桜井　そんなことはない。たぶん彼は言ったんだけど、おれが自白しているでしょう。彼は逮捕されたのが一〇月一六日で、おれの自白調書を見せられていますからね。彼は最初、桜井兄弟がやったと疑ったらしい。認めていると、どんどん調書ができちゃうわけです。

鎌田　自白調書の作成は、ちゃんと読み聞かせをして、確認して、指印を押すわけですか。

桜井　もちろんそうです。

鎌田　面倒くさいから、まあいいやという感じじゃなかったですか。

桜井　「どうやったんだ」と一応聞きますから、「わからない」と。「じゃあ思い出してくれ」と言って、一問一答です。思い出すまで何度も聞く。思い出すというのはおかしいな。こっちが想像するまで何度も聞くんです。警察にすれば、思い出すということなんでしょうね。図面を見ながら、そこに何があったかと聞く。食い違った場合、どっちが正しいんだと聞くわけですね。「おまえな、金を二回目に借りに行く経過が違うんだよ。杉山が裏道でおまえは表、どっちが正しいんだ」「いいですよ、合わせても」といった感じでね。「いや、本当はどっちが正しいんだ。向こうは若い人が調べていて、おれはメンツがないんだよ」と言われましたよ。話を合わせるところは強引に追及されましたね。取ったお金も、杉山が一〇万円取ったとか、おれが六万円取ったとか、千円札だったとか何べんも追及されて。

鎌田　奪った金額も、自白ではめちゃくちゃ変遷していますね。

再審への長い闘い

鎌田　何も証拠もなくて、それでも一審で有罪になったわけですが、無期懲役という判決が出たときに、どんな気持ちでしたか。

桜井　驚いたというか、腹が立ったというか。こんなんで裁判って有罪になっちゃうのか、と。何だよ、この裁判はと。藤岡学裁判長が妙に興奮して早口になったのだけ覚えています。第一の事実から始まったんです。第一の事実は窃盗罪とか暴行罪で、第三の事実からだんだんと早口になって、最後に無期懲役と言った。何だこれは、有罪なのかと。

鎌田　最初に主文を読まなかったんですか。

桜井　自信がなかったんでしょうね。あるわけないでしょうね。証拠は何もないですから。

鎌田　証拠が何もなくて有罪になったんですから、すごい冤罪事件ですよね。狭山のような証拠の湮滅やデッチ上げ証拠もないんですね。

桜井　二人だったから有罪になったんじゃないかと思います。もしかしたら一人では起訴できなかった。一人だったらもっと証拠のでっち上げをやっていますよ。

鎌田　そうでしょうね。共犯の自白があるから、それでいいと思った。

桜井　おたがいの自白があって、どんどん言葉がつながってしまって、修正できなくなってしまった。まして捜査官のライバル関係があった。だから食い違いがあっても放置したり、強引に合わせたり、いろいろあって、しっちゃかめっちゃかですね。

鎌田　自白の変遷もいっぱいありますね。

桜井　今度の特別抗告の検察官の主張だと、あとで、ひっくり返る自白を正しいと言っているんです。その後、検察官に否定された自白を持ち出してね。そんなことを特別抗告申立てで書いているから、おかしいですよね。

鎌田　無期懲役の判決があったときのことですが、今度は高裁で頑張ろうと思うものですか。

桜井　無実の人間は常に希望を持ちますよね。次にわかる、いつかはわかると希望を持っている。負けたら高裁、高裁がだめだったら最高裁があると。

鎌田　でもその間は長いですね。

桜井　長いですね。仮出獄して再審開始が出るまで一一年（検事が特別抗告中）――。

鎌田　その間、やけのやんぱちとか、そういうのはないんですか。人間的に成長するのでしょうね。

桜井　成長したかどうか、自分では意識はないですが、自分が変わったなというのは、千葉刑務所にいたときに感じました。一九八八年から、中でテレビを見られるようになって、最初は月に一週間とか五日とか、チャンネルの持ち回りでした。そのときにほかの人が笑っているのを見ても楽しかった。当時、「風雲たけし城」とか、みんなゲラゲラ笑っていた。それを見ていても楽しい気持ちになりました。もしかするとちょっと人間が変わったのかもしれないと、あのとき感じましたね。

鎌田　人間的に影響を受けるような人はいましたか。

桜井　それは救援会の人たちと出会ったおかげです。われわれもいい生活をしていたわけじゃないですからね。人をだましたり、盗みをしたり、人を殴ればカネになる、なんていうやつを応援する人がいると思わなかった。

鎌田　国民救援会は、最初はどういうきっかけで連絡がついたんですか。

桜井　松本善明法律事務所の柴田五郎弁護士が来てくれて、高裁になって救援会に訴えたんです。

鎌田　高裁になってからですか。

桜井　一審のときは何もそんなのはなかった。

鎌田　一審のときの弁護士は？

桜井　自分の場合、国選です。国選でも勝てるという思いがあった。

鎌田　国選弁護士は頑張らなかったんですか。

桜井　頑張らないどころじゃないです。最初に面会に来たときに、「君、ぼくを私選にしないか」と言ったんです、「カネがないですよ」「どうすればいい」「家に行ってください」「じゃあまた来るよ」と言ったけど来なかった。

鎌田　それっきり？

桜井　公判になったら来ましたよ。一度もおれの話を聞かないで辞めてしまいました。第六回公判が終わったときに、日記に書いています。「今日も○○先生はおれの話を聞かなかった。『国選は責任がないから』って帰った。頭にきた」と書いてあります。

鎌田　氷見事件の柳原さんの場合と似ていますね。高裁で無期になったときは、つぎは最高裁と思うんですか。

桜井　まだ最高裁があると。高裁ではWの目撃証言も崩れましたからね。だから何も証拠がないわけでしょう。これは勝ったと思っていましたね。でも負けてしまって、これが最高裁か、と思いました。

最高裁になって小田中聰樹先生とか庭山英雄先生とか、清水誠先生とかね。法学者の研究会というのもできましたしね。もう勝ちだと思いました。でもだめで……。

鎌田　それでもまだ希望を持っているわけですよね。

桜井　あのときはさすがに絶望しました。でも三日くらいたったときには、もうしょうがないと諦めがつきました。それで「再審をやります」とすぐ面会で言いました。ただ無期ですから、反省しないと出てこられない、と言われていたので、人生は終わったなと思いました。

鎌田　反省したくないからということですか。

桜井　再審をやると、反省していないからということで出られないだろう、と思っていました。ただ、石川一雄さんが先に行っているからね。石川さんが出るころにはおれも出るだろうと思っていました。石川さんがいるから気楽にやろう、という気持ちもあった。石川さんに感謝しているのはそれなんです。石川さんは一年前に千葉刑務所に行っていますから。石川さんが出られなければ、おれが出られるわけがないじゃないですか。

鎌田　運動場で会ったりしたんですか。

桜井　会いますよ。運動会のときにも会いましたね。東京拘置所のときはおたがいに面識がなかったですけど。

鎌田　「ムショ仲間」ですね。

桜井　同じ釜の飯を食ってる。学友じゃなくて獄友ね（笑）。

鎌田　そういう同志愛がやはりあるわけですね。

桜井　だから自分の場合はすごく落ち着いて受刑生活ができました。一度もちゃんと働いたことがなかったので、一度でもいいから一生懸命仕事をしてみようと思った。靴工場へ行ったら、靴を一生懸命縫うとかね。

鎌田　かなり高い靴を作っていたんですか。

桜井　二年目に法務大臣賞をもらいました。

鎌田　一雄さんは裁断するほうでしたね。

桜井　自分は縫製のほうへ行きました。

鎌田　気持ちは落ち着いて受刑生活をしていても、よく考えてみるとバカらしいという気持ちになりませんでしたか。

桜井　バカらしいという気持ちになるといっても、しょうがないじゃないですか。しょうがないことを考えてもしょうがない。それだったら目の前の自分がやれることに全力を尽くそうと。自分が一生懸命生きた、という一日を過ごしたい。当時はそういう思いのほうが強かった。けっこう職員とけんかをしたりしましたよ。ただ、懲罰をくらっちゃうので、「ちょっと質問していいですか」とか、「これはおかしいんじゃないですか」とか、そんな言い方でね。

鎌田　かなり人間ができてきたんですね。
桜井　全然できてないです。いまだってだめですよ。危ないおじさんだから（笑）。石川一雄さんのほうが超まじめですよ。自分は酒も飲むし、基本的に何をやってもかまわない、と思っています。社会人ですからね。前科はありますけど、一応務めてきたし、無期懲役は関係ない事件だしね。でも一人の人間だから、普通の人間と同じようにして何が悪い。人に迷惑をかけなければいい。巻き込まれたら火の粉を払えばいいだけだ、と自分は思っている。
鎌田　それは無実の罪で受刑生活を送ってきたという、自信みたいなものがあるわけですか。
桜井　受刑生活をしてきて自分にはこだわるものがないんです。お金も地位も名誉も何もこだわらない。欲しいものは何もない。
　五〇歳で出てきた時点で、自分の中で社会的なものは、何も欲しいと思わなかった。そういう意味では三〇年近く獄中にいたことは、自分の中で何のマイナスにもなっていないと確信できます。
鎌田　やっぱり精神が鍛えられたんでしょう。
桜井　精神的には鍛えられましたね。
鎌田　獄中ではいつも自分と対話しているんですか。
桜井　もし死刑になったら自分の人生は何だったのかとか、命って何だろうとか、それは考えましたね。
鎌田　やはり日記を書いていたのが影響しているんでしょうね。
桜井　書くのはすごく好きでした。
鎌田　拘置所で書いていた日記は残っているんですか。
桜井　拘置所で書いた三年間分の日記は、自分が仮釈放で出てきたら、自宅の行李の中に入っていた。どこかで見たことがある字だと思って見たら、それはおれの字だった。そこには暗号で書いてあって、その暗号が解けなくなっちゃったんです。
鎌田　暗号というのはどういうものですか。
桜井　アルファベットと数字の組み合わせです。
鎌田　自分で考えたの？
桜井　でしょうね。警察に見られるからと思って暗号にしたわけです。当時は必死に書いたけど、出てきたときには忘れていました。おれには解けなくなっちゃっていました。それを弁護士さんが暗号の得意な家族と、一週間かかって解いてくれたんです。
鎌田　解読の法則があるからね。
桜井　ＡＢＣＤと５４３２１とか、１２３４５とか、そういう組み合わせの暗号の型が３パターンありました。びっくりしました。
鎌田　その日記を奥さんが再審請求の新証拠で出すべきだと提案されたとか……。
桜井　そうですね。読んでこれは無実の証拠だと。書いている中に、一切犯人らしきことが何もないということですね。警察や検察を怒ってみたり、被害者におばけで出てきて真犯人を言ってくれと言ったりとかで、犯人らしきことが一切何もない。
それを裁判の証拠にすべきだと最初に言ったんです。そのうち弁護士も読みだして、これはすごい、出そうとなった。

改竄された自白テープ

鎌田　自白の録音テープの偽造についてですが、本人が聞いたら、すぐに編集したというのはわかるわけですか。

桜井　記憶と違っていましたから。杉山は自分が首を絞めたと言っている。自分は杉山がやったと言っている。そんな食い違った自白なのに、テープに録るわけないじゃないですか。一〇月一九日ころに、自分は一括して言わされたという記憶があります。ところが出てきたテープは、「今日は一〇月一七日、何時何分。いまからあんたの自白を録音しますので話してください」と始まるんです。一七日？　えっ？

鎌田　自分の記憶と違うと。

桜井　殴ってもカネを取るというのは、そのあとで言わされたと記憶していて、つぎはぎしているというのをすごく感じました。絶対に違うと。それで、テープを家に持っていって時間を計ったんです。食い違っている。絶対改竄されているからと、弁護士にも聞いてもらって、音響の専門家に調べてもらったら、これはカットしていると言われました。
だからいま警察、検察がやっている部分町視化、一部の録音・録画は本当に怖いと思います。でも、部分可視化でごまかそうとしている警察や検察に、われわれが自分の体験を言ったら彼らは何も言えなくなりますよね。そういう意味でも布川事件は、社会的にもだいじな時期に来ているなと思います。それを自分たちが担えるというのは、ある意味では本当にありがたいと思っています。

冤罪の責任を問う

鎌田　近く再審が始まって、無罪になると思いますけど、それでも納得できないでしょう。

桜井　自分はよく言うんですけど、お医者さんは間違った診察したら逮捕されるんですよ。こんなふうに証拠を隠したり、でっち上げをして、なぜ誰も責められないのか、と言い続けています。おかしくありませんかと。責任を取らせる。無責任だからいけない。裁判官もそうです。間違った人たちが間違ったまま、なぜ警察官や検察官でいられるんですか、と言い続けます。どこまでも。

鎌田　ぜひ頑張ってください。

桜井　やりますよ。でも、仮出獄で出てきたときには、この事件は難しいねと言っていた。最高裁が「物証はなくてもいい、二人の自白だけで証拠になる。有罪だ」と言ったのですから、これを引っくり返すのは難しい、とあのときは思いましたよ。

鎌田　一九七八年に、狭山と同じ最高裁第二小法廷が出した上告棄却決定ですね。

桜井　吉田豊裁判長ですね。長々と有罪判決が書いてあるんです。これを引っくり返すのは至難だという。「指紋がないからといって犯人ではないとは言えない」なんてね。

鎌田　狭山も同じですね。マニュアルがあるのかと思うぐらい。みんなそれを見て。

桜井　Wの目撃証言なんか、「終始見たという一点は変わらなかった」と言って認めています。

鎌田　バイクに乗って走行中にチラッと見たってね。

桜井　最初の捜査報告書では見たって言っていないんです。われわれが公判で否認したあと突然、見たと言いだした。その後、証拠開示された証言で、Oさんという人が、事件現場で本当に犯人を見ていることがわかったんです。

Oさんは「私は見ました。あの人は杉山さんじゃありません」と証言していたんですね。

鎌田　初期の目撃証言とか、そういうものが証拠開示で出てきたでしょう。布川が第二次再審で勝てたのはそこが大きいですね。

桜井　最初、検察官が自分から自白テープを出してきた。改竄されたテープを、ね。あれは捜査官がないと言ってたんですから。テープは一本しかありませんと言っていたのが出てきた。

鎌田　毛髪鑑定だってないって言っていたでしょう。

桜井　最初はないと言っていた。嘘発見器のチャートを出せと言ったら、洪水で流れちゃったって言った。だから、もうメロメロですよね。

証拠開示の必要性

鎌田　桜井さんは集会などで、よく証拠開示のことを訴えられますね。

桜井　証拠を隠すということが許せない。裁判員制度になっても、証拠は全部出さなくていい、というままなわけでしょう。それは絶対におかしい。

公判前整理手続きでも、検察官が主張して、弁護団が主張して、そのあと、それ以外はだめだというのはおかしいと思いますね。まず検察官が主張して、全部証拠を出して、それをもとに弁護団が二ヵ月、三ヵ月検討して、それで弁護団の立証を締め切るべきだ、と思うんです。こんなのは間違っている。

われわれのように、冤罪を訴えて、第一回公判で否認するなんて想定していませんね。石川さんのように途中で否認すると、それは最初から言っていないからだめというのですか。ふつうは言い分を聞きましょう、と言うのが当然じゃないですか。

鎌田　わたしは秋田の畠山鈴香のことをずっと取材しているけど、あの裁判では精神鑑定の時間が足りなかったと思っています。二審でも精神鑑定をきちんとやると彼女の病状のことが出たんですけど、それをあまりやらないうちに、裁判が進んでいっているんです。

精神鑑定というのは最近になっても、まだ裁判官も検察も弁護士も、さっぱり知識がなくて、理解がないから、これから大きいテーマになると思います。が、なかなかそこまで行かないですね。

桜井　そういうことも含めて訴え続けていきたいですね。証拠を出さなくていい、調べなくていいなんていうのが、そもそもおかしいでしょう。公権力が、税金で使ったものを見せられないというのは、おかしいと思いますね。

鎌田　千葉刑務所では石川さんがあなたの前を行っていて、今度、再審では布川事件が先に行って、そのあと狭山事件が行けばいいわけで、これは仲間の友情、連帯でね。

桜井　自分の場合、冤罪の仲間って本当にわかりますので、みんなに勝ってほしいという気持ちです。とにかく勝ってほしい。すべての仲間に勝ってほしいという意識しかないですね。自分だけ勝ってもおもしろくない。冤罪はみんな同じなんです。

鎌田　みんな証拠を隠しているしね。

桜井　そう、証拠を隠して、でっち上げてね。

鎌田　裁判官はわけのわからない言い方をするしね。有罪判決はどれも似ていますね。そうかもしれない、とかね。

桜井　裁判官は事実を乗り超えてしまいますからね。

鎌田　本当に超えちゃいますね。チョーですね。自分たちで作るんだから。

桜井　裁判員裁判で素人というか、普通の人が裁判に入ってくるというので、変わらざるをえないと思いますね。

鎌田　そもそも取調べ時間が長すぎるとか、代用監獄に入れたり戻したりしているとか、そこからしてもう無罪ですよ。本来だったら。取調べの手続きの不法性について、最高裁がどういう決定を書くかですね。

桜井　証拠隠しには触れざるをえないと思っているんですけどね。

鎌田　布川では、裁判所の三者協議でも証拠開示が勧告されて、いろいろと出てきていますね。

桜井　でもまだまだ出さないものもありますよ。自分の言うとおりだったことがわかるようなものは一切出さないですね。そういうのもこれから要求してやります。

法律は現実の社会を統治するための手段であって、目的ではないんですからね。だから開示しないのはおかしい、とどんどん言わないとだめなんです。どういう経過でこういう冤罪が起きたのかが問題なんだといえば、誰だってわかるでしょう。それでいいと済ませてきた、いままでの司法制度が間違っているんです。ずっと闘ってきて、本当に変えられるという確信もあるし、これからもやっていくつもりです。

裁判員制度が始まる中で、人に訴える言葉をもっとたくさん得られると思っているので。

苦しみの中から生まれる喜び

鎌田　いままでの人生は、どんな人生だったと思いますか。

桜井　自分の場合は恵まれていたと思いますね。二〇歳で逮捕されたこともそうです。あれがもし三〇、四〇歳だったら、もう七〇、八〇ですから、出てきた時点でこんな生活はできないですよ。たまたま一九六七年だったから、二九年で出られたけど、いまは無期で仮出獄で出てくるのは、三〇年以上ですからね。そうすると大変ですよね。

自分たちの場合、すべてがいい方向になったし、杉山と一緒なのもよかった。二人がたまたま一緒にいたときに、犯人にされたというのもすごいじゃないですか。あれがほかの人で、違うところにいたら、おたがいにどこかで疑います。

鎌田　事件発生のとき、二人は同じく兄さんのアパートにいたわけですからね。それで救われたと思うわけですね。

桜井　そうです。いま裁判員制度が始まろうとしているときに、こういうふうに、二人でいてもでっち上げられてしまうということを考えてほしいですね。

一人の事件はどうなのか。われわれは二人だから、二人の自白の矛盾が生まれたからよかったけど、一人だとそういう矛盾は生まれない。だから、自白以外に証拠がない場合は、絶対に有罪にしてはだめだということですよ。

鎌田　お連れ合いとはいつ、どういうきっかけで出会ったんですか。

桜井　彼女は救援会の昔からの会員で、一九九八年の旗開きに来ていて、そこで出会って恋に落ちた（笑）。それは彼女のブログに書いてあります。自分はそんなふうに思わなかったですよ。

鎌田　自分は、恋に落ちていないんですか（笑）。

桜井　落ちていないですよ（笑）。五〇歳で出てきたわけだから、結婚できるとは思っていなかったですし、ましてや自分は昔、盗みをしたし、いまはカネもない、地位もない、あんなボロ家ですしね。石川さんの家がうらやましいくらいですから。あと半年したら床が抜け落ちてだめだ、というくらいのところに住んでいますから。

そういう家に住んで、誰も来ると思わないじゃないですか。

結婚することも考えていなかった。

鎌田　でもよかったですよね。

桜井　あんなすてきな女性はいないですね。

鎌田　冤罪で、不当な罰なわけだから、それに反発する気持ちはどうしてもありますよね。

桜井　不当な罰の苦しみもあるけど、やってしまったことの苦しみも……。盗みをしたし、いろいろな悪さもした。そういうのは六〇歳を過ぎて、あの人はまじめだとか言われても消えない。

これは笑って言ったりしますけど、自分で言っていてもあまりいい気持ちじゃないし、いい思いじゃない。それは痛みであって、無実を語るときの、すがすがしい苦しみとは違う。自分の中では、刑務所だって別に自分には不幸ではなかった。不運だとは思っていたけどね。アンラッキーとアンハッピーは違うと思ってる。

苦しみというのは、それに出合ったことによって、それを乗り越える何かがあったり、そこから生まれるものが、人間は一番大事なものだということであって、苦しみの中で生まれるものがある、という感覚はありますね。そこから生まれる喜びというのは、人生の苦しみを味わっている人に、絶対いいことがあると言える。必ずあるから頑張りなさいと言える。いい体験をしたと思います。

鎌田　獄中でいろいろなことを考えてこられたんですね。

桜井　考えましたね。命って何だろうとか、この世って何だろうとか、ずいぶん考えました。

鎌田　どうもありがとうございました。

（桜井さんは、水戸市の病院に入院中、二〇二四年八月死去。七六歳。同時に冤罪逮捕、起訴された杉山卓男さんは、十五年に死去。）

足利事件──理不尽な訊問の構図

対談：菅家利和さん

足利事件冤罪被害者・菅谷利和（すがや・としかず）
一九四六年、栃木県生まれ。地元の足利市にある幼稚園の送迎バスの運転手などを勤めた後の一九九一年、幼女殺人事件の犯人として「強制連行」され、取調室という密室で嘘の自白を強いられ、逮捕。公判で無実を訴え続けるが、二〇〇〇年に無期懲役が確定し、収監される。二〇〇九年六月四日、DNA再鑑定の結果、無罪が明らかになる。

弁護士・佐藤博史（さとう・ひろし）
一九四八年、島根県生まれ。東京大学法学部卒業。二審より足利事件の弁護にあたり、菅家さんの無実を論証し、DNAの再鑑定にもちこんだ。主著『刑事弁護の技術と倫理──刑事弁護の心・技・体』（有斐閣）ほか。

二〇〇九年六月、足利事件で無実を叫び続けていた菅家利和さんの無実がDNA再鑑定で判明し、菅家さんが一七年半ぶりに釈放されるという衝撃的な出来事があった。一九九〇年、栃木県足利市で起きた幼女殺人事件。恐怖の強制連行、虚偽自白の強要、低精度のDNA鑑定を唯一の証拠にして、無期懲役にされた冤罪被害者である菅谷利和さんと菅家さんの無実を主張し続け、現在も足利事件の真実を明らかにするために警察、検察と闘い続けている佐藤博史弁護士に冤罪の真相を聞いた（「狭山再審実現・冤罪なくせ市民集会＝2009・9・15」日比谷野外音楽堂の檀上で）、

いきなり連行され、強硬な取調べが続く

鎌田　きょうはお忙しいところ、どうもありがとうございます。菅家利和さんは六月に出所されたばかりですけれども、ほんとに長い間ご苦労さまでした。その釈放に向けて頑張ってこられた弁護士の佐藤さんです。では、今からお二人のお話をお伺いしまして、冤罪についての認識をさらに新たにしたい、と思っています。

菅家さんですけど、逮捕されまして、それでその日のうちに

自供されたということなんですけど、これはどんな状況だったんでしょうか。

菅家　平成三（一九九一）年の一二月一日の朝です。いきなり警察の人が来まして、戸をどんどんと叩く音がいたしまして、わたしはドアの外に出ていったわけです。そうしますと、警察の人が「菅家はいるか」といわれまして、わたしがそうですと。そうしますと、いきなり警察の人が入ってきて、わたしを奥のほうへどんどん追いやって、それで刑事さんがわたしにそこに座れというんですよ。それで、わたしは座りました。

そうしますと、「おまえは子どもを殺したろう」というんです。ええっと思いました。びっくりしましたよ。そうしますと、もう一人の刑事が子どもの写真をわたしに見せまして、子どもに謝れというんです。でも、わたしはやっていませんから、全然謝る気持ちはありません。そうしましたら、時間がたつにつれて、わたしは手を合わせました。子どもの冥福を祈るために。そうしまして、その後、わたしがきょうは保育園の結婚式に行くんでと話しましたら、一人の刑事が「そんなことどうでもいいから」といわれました。ひどい刑事だなと思いましたよ。そのときは、わたしは何があったか全然わかりません。

鎌田　それから、警察に連行されまして、何時ごろまで取調べが続行したんですか。

菅家　そうですね。警察へ連れていかれたのが午前八時ですね。八時ごろです。それで、少し待ってろといわれましたから待っていました。そうしまして、その後、出ていった刑事が入ってきまして、今から取調べを始めるからといわれて、また同じように聞くわけですよ。やはりおまえは子どもを殺したなと。それが一日じゅうずっと続くわけですよ。延々と。同じことですよ。

鎌田　それで、結局、どんなきっかけで認めてしまったんですか。

菅家　そうですね。午後一〇時ごろですけども、証拠があるんだと。そういうふうにいわれましたけども、わたしは証拠といわれましてもやっていませんから、全然わかりませんよ。「早くしゃべって楽になれ」と刑事がいうわけです。でも、わたしは全然わかりませんよ。犯人じゃないですから。早くしゃべって楽になれ、といわれて、その後にわたしの頭の髪の毛を引っ張ったり、わたしのすねですけども、足でけとばしましたよ。本当に驚いてしまいましたね。

鎌田　どういう状況なのかということはいわなかったんですか。

菅家　いいません。

鎌田　佐藤さん、警察がかなり強硬に「証拠がある」と勢いよく攻めてきたのは、DNA鑑定でやったという自信があったから、かなり強硬な取調べで追い詰めていったんでしょうか。

佐藤　それはそのとおりだと思います。菅家さんの場合には、DNA鑑定以外にめぼしい証拠はありませんでした。DNA鑑定で一致した、というふうに警察官が信じていたんで、今のような態度をとったと。

鎌田　その日で、無理やり落としてしまうというのはかなり強引な取調べで、最近あまり例がないんじゃないかと思いますけど。

佐藤　それはそうですね。最初、逮捕状もとっていませんので、それにもかかわらずそのまま上がり込んできて、無理やり連れていくということは、ＤＮＡ鑑定のせいだと。

鎌田　やっぱりそういうひどい状況だと思います。それで公判まででいいますと、自供を重視していましたが、第六回公判から、菅家さんは否認に変わりますけど、これはどんなきっかけで否認するようになったんでしょうか。

菅家　やっぱり六回公判までは傍聴席に刑事がいると思いまして、びくびくしていました。それで、六回までは「やりました」といっていました。しかし、わたしは、六回まではやりましたと話しましたけども、その後、傍聴席にどうも刑事がいないような感じがしました。それで、わたしはやっていませんと裁判官に話したんです。

鎌田　これは、自供をさせた刑事がそれだけ強い権力を持っていて、トラウマ状態になっているということなんでしょうか。刑事が見ているとと？　やっていないということを主張できなかったということですよね。

菅家　そのとおりです。

否認後、再び自白し、さらに否認に転じる

鎌田　そうやって被告を完全に支配してしまう警察のやり方というのは、一つは密室の中であったわけですし、それから取調べの可視化になっていないわけで、これは一審の裁判ですから、佐藤先生、石川さんも再審までは、自白を維持しています。どうお考えでしょうか。

佐藤　足利事件と狭山事件は共通する点がありまして、それは無実の人が裁判官の前でも自白をしたという点です。今、菅家さんは第六回で「わたしはやっていない」ということをいったというところからしかいいませんでしたけども、問題はその後、弁護人から説得をされまして、わたしはやりましたという上申書を書いて、第七回から結審するまでは、また、もう一回自白するんですね。

それから、最後になって、わたしはやっていないということを訴えたので、そういう意味では一審の裁判所で自白しているということが冤罪の原因だと。これは裁判で共通しています。

鎌田　今年六月に出所しまして、まだ三ヵ月しかたっていませんけど、今、どんな気持ちでしょうか。

菅家　六月四日、いきなりですよね。釈放されました。しかし、わたしはまだその時点では全然見当外？　といいますか、本当

に今でも不思議な思いでいます。普通なら、裁判が終わってから、無罪判決が出てから、釈放されるわけなんですけれども、いきなりですよ、六月四日に。

鎌田　これは極めて珍しいケースで、無罪判決が出ていないのに、いきなり出ろというふうになったわけですね。

菅家　はい。

鎌田　すごく驚いたんでしょうか。

菅家　そうですね。

鎌田　これはどういうことなんでしょうか。

佐藤　今度は狭山事件との違いですけれども、足利事件の場合には、犯人の精液というのが残っていたわけですね。それで、DNA鑑定をすることによって、犯人のDNA型と菅家さんのDNA型が違うということがわかったわけです。ですから、狭山の場合にもこういう資料が残っていたとすれば、明らかに犯人じゃないということがDNA鑑定で証明できるということになります。ただ、残念ながら証拠開示が不十分だったり、古い事件なので、そういう決定的証拠は見つからないかもしれないけれども、可能性はまだ残されていると。

鎌田　証拠開示がいかに大事かということなんですけど、今度、最初に警察側が隠していた取調べのテープが発見された、と。これは極めて珍しいことですね。

佐藤　実は、きょうの新聞に載っていますけれども、菅家さんの取調べのテープが存在しているということが、八月一一日にわかりました。きょうの新聞は、検察官のほうで隠すことができないということで、基本的には開示するということを始めたんです。

　このテープというのは、菅家さんが逮捕された事件ではない、二つの別の誘拐殺人事件で自白をしているということなんです。そうすると、もし三件目もやっていたとすると、今では死刑になるのは間違いないですけど、要するに無実の人が非常に簡単に自白をしてしまうということが、誰の耳にもわかるテープだったんです。ですから、このテープの存在を、無実の人が容易に自白してしまうということを、ぜひ注目していただきたいんです。これは、間違いなく狭山にも光を見いだす例じゃないかとわたしは思います。

鎌田　ありがとうございます。こういった点はいくつか共通している、そういう点を訴える必要があります。菅家さん、最近、石川一雄さんにお会いしたり、いろいろな冤罪の人たちにお会いしているそうですけど、お会いしてどんなお気持ちでしょうか。

菅家　それぞれにわたしと同じような立場ですから、これからわたしも狭山事件も一緒に頑張っていきたいと思います。

鎌田　ありがとうございます。では、最後にこれから裁判に臨むについて一言、二言。

佐藤　一〇月二一日から再審が始まるんですけれども、検察は簡単に無罪判決を下そうというふうに走っているんですが、わたしたちはそれを許さないで、DNA鑑定がどうして間違ったのかということと、なぜこういう自白が出たかということを調べようということで闘っていますので、どうぞご支援ください。

鎌田　どうもありがとうございました。皆さん、大きな拍手で激励ください。

冤罪の解決と可視化の要求へ

鎌田　きょうの集会はもう時間になって、これで終わりかかっております。きょうもまたいろいろなこういった事件に苦しんでいた人たちと、闘っている人たちと一緒にスクラムを組んで集会を成功させることができました。

一つ一つ全く違う事件ですけど、警察、検事、裁判官、あるいはマスコミというふうな権力によってでっち上げられた裁判は共通しています。狭山再審請求運動は四六年間、こういう不当性を訴え、最高裁にむけて百万筆の署名を集めました。全国の運動の一つの牽引車になっています。ですから、狭山再審の運動はほかの兄弟たちの運命を切り開く運動にもつながっているし、ほかの兄弟たちも狭山再審運動を支持しています。おなじ運命を切り開く大きな連帯の輪をつくっています。

いま、政権交代も始まりまして、時代が変わってきました。裁判員制度も始まって、裁判のことにも関心が深まってきました。そして、きょう来ていただいた足利事件とか志布志事件とか氷見事件とか、そういう方々にも無罪判決が出ています。袴田事件とか、あるいは名張毒ブドウ酒事件、布川事件などまだまだ苦しんでいる事件があります。

とにかく一挙に解決していこう、八〇年代に免田事件とか財田川事件とか松山事件とか島田事件とか、死刑の裁判も一気に解決しました。そういうような形で多くの輪をつくって、一気に今ある冤罪を解決していく、そして可視化を要求していく、証拠開示を要求していく、司法を変えていく、そういうふうな運動に盛り上げていきたいと思います。

これからデモ行進になりますけど、皆さん、どうか元気で頑張ってください。これからわたしたちは国会に向かって、与党三党の国会議員の方々に要請していきます。これからも地元に帰られて一生懸命頑張ってください。よろしくお願いいたします。ありがとうございました（拍手）。

〈追記〉

「警察には自分がやったと話しても、裁判官なら「それが本当のことではない」とちゃんとわかってくれると思っていたからです」。

一七年も獄中で過ごすと思わなかった、と菅家さんはいう。『尋問の罠』（菅家利和、佐藤博史共著、角川ｏｎｅテーマ21）。裁判官にたいする期待が冤罪を生み出すというのは、悲しい話である。柳原さんとおなじように、一審の弁護士も信じてくれなかった。

警察と検察に残されていたテープが、発見された。「仕事が終わってから」と虚偽の自白をした菅家さんに捜査員は、「昼なら明るかんべ。夜だと暗くなるだろう」と誘導し、管家さんは、「じゃあ、夜です」と供述を変えた模様が、テープに残されていた。このようにして、調書はつくられた。

担当検事の取調べでも、「やっていません」と否認したのに、検事は「昨日の否認はおかしい。（菅家さんが）犯人であることは証拠上も間違いない」と追及して、自白に転じた、という（「朝日新聞」一〇月七日）。

警察や検事が、取調べの可視化にたいして否定的なのは、このような誘導が白日の下にさらされるからだ。部分的ならいい、という見解だが、それは都合のいい部分だけを発表するのだから、ことさら冤罪をつくりだす。

冤罪をなくそうという決意が、取り調べる側に徹底的に不足しているのは、人間の人権にたいする考えがたりないからだ。

氷見事件——冤罪の恐怖

対談：柳原浩さん

富山事件冤罪被害者・柳原浩（やなぎはら・ひろし）
一九六七年富山県生まれ。氷見《ひみ》市でタクシー運転手をしていた二〇〇二年に、突然、警察に連行され取調べを受ける。当時三四歳。自白を強要され、有罪判決を受けて福井刑務所に服役。仮出獄後に真犯人が判明し、二〇〇七年に警察が無実だったと発表。

富山氷見事件の真相

二〇〇七年一月二〇日、衝撃的なニュースが全国で流れた。二〇〇二年に富山県氷見市で起きた強姦事件と強姦未遂事件で逮捕、起訴された男性が無実であった、と富山県警が発表。二〇〇六年に別の容疑で鳥取県警に逮捕された男性が真犯人だったことがわかった、というのだ。警察、検察のでっちあげによって、富山地裁高岡支部で懲役三年の誤った有罪判決を受け、服役させられた柳原浩さんは、二〇〇七年一〇月、富山地裁高岡支部の再審で無罪判決を受けた。冤罪の真相と責任を明らかにしたいと、いま国家賠償請求訴訟を準備している。

密室の取調べと自白強要の実態を冤罪被害者・柳原浩さんに聞く。

任意同行という名の身柄拘束

鎌田　戦後、死刑囚が再審無罪になった事件は、免田事件、財田川事件、松山事件、島田事件ですね、それは八〇年代にみんな無罪になりました。その一つの財田川事件については、わたしは再審開始前から取材して本を書いていて、一九八四年に再審で無罪になりました。弘前大学教授夫人殺人事件という本も書きました。那須隆さんが、一九七七年に再審で無罪になって、その後、警察、検察、裁判所の責任を問うて、国賠（国家賠償）裁判を起こしたけれども認められませんでした。日本には冤罪事件がたくさんあって、狭山事件もふくめていくつか取材しています。

きょうは柳原さんの冤罪について伺います。一番最初は、四月八日にいきなりお宅に警官が来たということから始まるわけですか。

柳原　いや、家ではなく、勤め先のタクシーの車庫です。刑事が五、六人来ました。

鎌田　六人も来たんですか。でも、それは逮捕状を持ってきたわけじゃないでしょう。

柳原　逮捕状は持ってきていませんね。「任意同行」という説明もなく、ただつかまえられて、そのまま車に乗せられて……。

鎌田　どういう車に乗せられたんですか。

柳原　シルバーのワンボックスタイプでしたね。

鎌田　柳原さんは当時、富山の氷見市でタクシーの運転手をされてたんですよね。車庫で洗車か何かしていたときですか。

柳原　いえ、今から仕事に行こうというときです。

鎌田　何時くらいですか。

柳原　午前九時です。

鎌田　じゃ、出勤して、何だかんだ準備して……。

柳原　午前九時に、出勤というよりもタクシー会社の事務所と車庫が離れているものですから、そこで自分の車から担当しているタクシーに乗りかえて事務所に行くんです。そこでタイムカードを押して、そのまま駅に行って待機に入ります。

鎌田　駅のタクシー乗り場で待機しているんですか。

柳原　そうです。そのタクシー運行前のチェック段階のときに警察が来ているんです。

鎌田　車庫に。

柳原　はい。

鎌田　それで、ワンボックスカーに乗せられて。それはどういう理由で乗ってくれと。

柳原　理由は知りません。聞いていないので。

鎌田　ただちょっと来てくれというの？

柳原　いや、来てくれではなく、ちょっと聞きたいことがあるから来いという感じで、つかまれて。

鎌田　そのときは抵抗しなかったんですか。つまり、理由も何もなくていきなり連行するというのは不法ですよね。それで、抗議はしなかったんですか。

柳原　ただ来いという感じでつかまれて、警察車両に乗せられますので、それで、車が走り出してから、「何なのですか」と聞いたんです。そしたら、「後で教えるから、そこで黙って座っていろ」といわれるので、それ以上何も聞かなかったです。

被疑事実も告げられず取調べ

鎌田　それで、着いてからどうしたんですか。

柳原　警察に着いてからは、ほとんどわけのわからない取調べが始まっちゃいました。

鎌田　どういうことを聞いたんですか。

柳原　まず最初には、おまえはなぜここに連れてこられたかわかるかといわれるんです。自分はわからないです。

鎌田　事件そのものも知らないわけですからね。その強姦事件は新聞記事で載っていたんですか。

柳原　いや、全然知らないです。

鎌田　そうでしょうね。記事になっていないでしょう。新聞も読んでいないし、事件があったことも知らない。知らない事件で連行されていったんだけれども、それで、何で来ているかといっても、わからないというと、どういうふうにいうんですか、警察は。

柳原　「あの日、何をしていたか」というので、「何の日ですか」というと、「おまえのやった日のことがわからないのか」と、怒鳴ってきました。

鎌田　それは取調室で二人、つまり一対一でやるんですか。

柳原　いえ、警察官が二人いて、こっちが一人ですから、三人。

鎌田　調書を書く警察官とですね。その日は何時間ぐらい調べられたんですか。

柳原　午前九時半ごろから一一時までです。

鎌田　午前中の？

柳原　いえいえ、夜の。

鎌田　夜の一一時まで。押し問答しているわけですか。

柳原　いや、わけわからないので……、とにかくどこにいたとか、やったんじゃないのかとか、そればかりいってくるんです。何かよくわからないけれども、ここで「はい」とかそういうのをいってしまったらもうだめだなという感じがあったので、「何もやっていない」とそのときはちゃんといいました。

鎌田　すると、事件の内容について全然向こうのほうからはいってくれないわけですね。

柳原　全然いってくれないです。

鎌田　それで、一一時に終わってそのまま、じゃ帰れといって帰すわけですか。

柳原　そうです。

鎌田　昼飯と夕飯はどうしたんですか。

柳原　昼はパンと牛乳を持ってきましたけれども、わけわからない取調べを受けているので、何も食べたくないですね。

鎌田　夜の食事はどうしたんですか。

柳原　夜は何もないです。

鎌田　じゃ、もうくたくたじゃないですか。

柳原　帰されたときは、ほとんど、くたくたというよりか、休みたいという思いしかなかったです。

鎌田　それで、気持ちはどんな気持ちなんですか。そのときは何を考えているんですか。

柳原　考えようがないので、近くにお嫁に行っている姉のところに電話を入れたんです。
鎌田　それは警察につかまってやられてきたとか、そういう話をしたんですか。
柳原　そうですね。その前に、取調べの最中に、一度トイレに行かせてくれといって、トイレの中に入って、そこで金沢に住んでいる兄の嫁さん、その人と電話で話して。
鎌田　そうですか。携帯で？
柳原　はい。
鎌田　じゃ、携帯は取り上げていなかったわけですね。
柳原　その時点ではまだ取り上げられなかったんですけれども、二〇分近く話していると、早く出てこいと怒鳴ってくるんですね。それで、電話していることがばれて、後からはほとんど携帯は取り上げられていました。
鎌田　そのときには弁護士を呼んでもらうとか、そういう知識はなかったんでしょうか。
柳原　一度、弁護士を呼んでくれといったんです。でも、知っている弁護士がいるかといわれるので、そのときは弁護士なんて知っている人はいないものですから。
鎌田　普通はそうですよね。
柳原　いないといったんです。そうしたら、呼ぶ必要はないと。
鎌田　取調べしている刑事の名前は何というんですか。
柳原　長能善揚《よしあげ》。
鎌田　取調べ刑事は二人でしょう。長能ともう一人。
柳原　マツシタ……タツヤか、カズヤみたいな……。
鎌田　その日は取調べが終わってどうしたんですか。
柳原　帰されて、近くにいる姉のところに電話を入れまして、姉が今から行くからちょっと待っていなさいといわれるので、自宅で待っていたんですよ。そこで、警察は事件のことを聞いてもいわなかったので、姉の口から事件の内容を聞いたんです。
鎌田　姉さんは警察から聞いたんでしょうか。自分の弟がどういう容疑になっているかというのは、その事件の内容が何でわかったんでしょうか。
柳原　僕を引っ張るときに姉にいったんじゃないですか。姉はもう知っていましたから。
鎌田　夜の一二時ぐらいに帰って、次の日は何時ぐらいに起きたんですか。
柳原　次の日は六時ぐらいには起きているんですけれども、ほとんど眠っていないんですよね。
鎌田　それは悔しいからですか、不思議だからですか。
柳原　悔しいというよりも、わけがわからないですよね。
鎌田　不思議な気持ち？
柳原　不思議な気持ちですね。何で警察に……。

二回目の苛酷な取調べ

鎌田　このあと四月一四日に警察が来ていますね。それまで五日間ほど時間がありますけれども、そのときは仕事していたんですか。

柳原　仕事に行っています。

鎌田　そのときは、もうこれで終わったなという感じなんですか。

柳原　また警察が来るのではないかなと思っていたんです。でも、来なかったもので、疑いがもう晴れたから来ないのかなという思いで仕事に行ってたんです。

鎌田　仕事をしているときに、忘れられるものですか。

柳原　いや、仕事をしているときも、同僚から、おまえは何かやったのかといわれるんです。ほとんどタクシーの中からも下りないようにやっていましたね。タクシーの中にこもっているような感じでしたね。

鎌田　それで、客がいれば拾うわけでしょう。

柳原　駅にいますので、お客さんは。順番に出るんです。自分の番になったら駅で待っていて、電車が来ますよね。そうすると、タクシーにお客さんが乗る態勢でいまして、ドアを開いて待つんです。お客さんが乗ってくれれば発車しなきゃいけないので。

鎌田　機械的な感じでやっているわけですよね。

柳原　そうです。

鎌田　やっぱり同僚は何となく疑っているんですか。

柳原　うん、何となく疑っているような感じは受けましたね。

鎌田　一四日も朝八時に来たんですか。

柳原　来ましたね。おはようと。

鎌田　当時住んでいたのはアパートですか。

柳原　いや、自宅です。

鎌田　自宅に一人で住んでいた？

柳原　そうですね。そのころは、おやじは病気で入院していて、家にいるのは僕だけでした。

鎌田　すると八時にピンポーンと……。

柳原　田舎の家なので、そのまま玄関を開けて、おはようといってくるんです。

鎌田　すると、六時半ぐらいに起きて、八時までぼうっと待っていたわけですか。

柳原　待っているというよりも、仕事が三交代の体制なので、出勤時間があるんです。たしかあのときは午後の出勤だったと思うんですけれども、午前中は何もすることがないんです。

鎌田　じゃ、午後の出勤に行けるかもしれないと思っていたわけでしょう。もし迎えに来なければ。

柳原　もし来なければ、そのまま仕事に行こうかと思っていました。

鎌田　そのときは何人で来たんですか。
柳原　そのときは二人です。
鎌田　そのときは普通の警察車両？　黒塗りの乗用車？
柳原　いや、同じワンボックスです。
鎌田　それで、車中では何か話をしたんですか。
柳原　別に話をすることもないので、何もやっていないので、取調べを受けてもやっていないといえば、いずれはわかってくれるのではないかと思っていました。自分が連れ出されようとしているときに自宅の電話が鳴ったんですね。電話に出たら、自分が勤めているタクシー会社の、無線で指示する人からの電話だったんです。きょう仕事に来られるのかといわれるので、いや、警察が来ているから行けないかもしれないと。
鎌田　勤め先に何回も警察に連れていかれるというので、やっぱり心配するでしょう。
柳原　そういう心配もありますけれども、自分がどういうふうになるのかなという感じの不安もありますし。仕事よりか、自分の身がどうなるのか、わけわからないですからね。
鎌田　そういう場合は、どこかに助けてもらう方法というのは、なにか思いつかないものですか。
柳原　いや、もう助けも何もないですね。最初に弁護士を呼んでくれといっても呼んでくれないんですからね。
鎌田　そうですね。普通の庶民はね。それで、警察に行って、このときは何時間ぐらい取調べをやるんですか。
柳原　九時ぐらいから夜一〇時まで、ぶっ続けですね。
鎌田　お昼はどうしたんですか。
柳原　昼は前のときと同じ、パンと牛乳です。でも、食べたくないので食べていません。
鎌田　夜、メシはどうするんですか。
柳原　夜は何もないです。一日ほとんど食べていないです。
鎌田　でも、ひょろひょろでしょう。
柳原　体力はほとんどもたないですね。
鎌田　それで、叩いたりなんかするんですか。
柳原　それは余りしないですね。
鎌田　でっかい声を出すんですか。
柳原　かなり大きな声を出したりとかはしてくる。
鎌田　どういうふうにいうんですか。
柳原　「ウソをつくな」とか「やったのじゃないか」といってくるんですけれども、そういうことは自分はやっていないと――。夜までその繰り返しですね。

警察によるアリバイ握りつぶし

鎌田　向こうのほうからはこういう事件だということは説明しないわけですか。

柳原　二回目の取調べのときに、初めて警察の口から女の子に乱暴しようとして、おまえ逃げたことがあるんじゃないのかといわれるので、自分はそんなことは一切していないと――。
鎌田　その時点では、何月何日何時の事件で、おまえはどうしていたかとか、あるいは向こうで何かアリバイを調べている、そういう形跡は何もなかったんですか。
柳原　最初は何日の事件とか、そういう説明はないです。あと、自分はそういうことはやっていないといったら、やっていないという証拠があるのかとか、夜勤明けの日のアリバイがあるのかとかいわれるので、自分の思いの中では、その日だったら、給料日で、給料がちょっと足りないような感じもあったので、社長のところに電話を入れているはずですとかいっていると、おまえ二時半ごろ何していたとかいってくるんですね。
鎌田　たしか二件目の未遂事件の日が三月一三日で、時間が三時ころとなっていますね。
柳原　警察のほうからは詳しい犯行の日にちを聞かされていないんですよ。
鎌田　ふつうはそんな何日の何時にどこにいたとか、細かいことは覚えていませんしね。警察の追及のしかたですね。ところで、犯行時間帯の電話の通話記録が実際に残っていたというのは？
柳原　それは、三月一三日の二件目の強姦未遂事件の起きた日に、僕が自宅の固定電話から、氷見にいる姉と金沢の兄嫁に電話しているんです。その時間帯が真犯人の犯行時間帯とがっちり合っているんです。
鎌田　同じ時間帯に柳原さんは家からお姉さんのところへ電話をしていた。そのＮＴＴの記録を警察は入手しているんですね。
柳原　かなり前から入手していたんです。
鎌田　日にちは特定されていますから、すぐに柳原さんの固定電話の記録をＮＴＴから取り寄せているわけですね。だから、その時点で本当は柳原さんにアリバイがあることをわかっていなければいけないわけだ。そのあたりの警察のアリバイ隠しは問題にしなければいけませんね。一四日の取調べ後は、どういう感じで自宅に帰したんですか。
柳原　ずっと僕が否認し続けるので、きょうはこれで終わるから、送ってやるからという感じで。
鎌田　自宅まで？
柳原　はい。
鎌田　それで、疲れてそのまま寝ちゃった感じですか？
柳原　自宅に戻ったとき、もうこんなつらい取調べを受けるのは嫌だと思ったんです。それで、除草剤を飲んで死のうと思ったんです。
鎌田　そうなっちゃうんですね。それで、それはどういう結果になったんですか。

柳原　最初、水で除草剤を薄めて飲もうとしたんですけれども、飲めないんです。
鎌田　臭くて？
柳原　ええ。どうしても死にたいと思っていたんですね。除草剤、同じぐらいを注いで、あとは牛乳で混ぜたり、牛乳だったら飲めるだろうという感じでしたね。牛乳のにおいしか出てこないものですから、そのまま飲んじゃったんです。
鎌田　飲んだんですか。それで？
柳原　そのまま寝て……。
鎌田　寝ちゃったんですか。
柳原　はい。このまま飲んで寝れば死ねるなと思っていたんですけれども、死ねなかったんです。
鎌田　どういうふうになったんですか。
柳原　朝起きると気持ちが悪いんですよね。
鎌田　死ねなかったわけですね。目が覚めたんですね。
柳原　はい。気持ち悪くて、トイレに駆け込んで、少し吐いたら楽になったんです。

三回目の取調べ――亡き母の写真を突きつけられて

鎌田　その翌日の一五日に取り調べられて逮捕されていますね。また八時に来たわけですか。
柳原　同じ八時ぐらいに来て、取調室に連れていかれて、一番最初にいわれたのは、「あんなところをうろちょろしとるな」ということですね。
鎌田　あんなところって、どういうところを。
柳原　僕も何のことかわからないので、自分はどこをうろちょろしていたというんですかと聞くんですね。
鎌田　そうすると、どういうんですか。
柳原　おまえ、被害者の女性の、あんなところをうろちょろしとるなというんです。
鎌田　でも、被害者の家って知らなかったわけですよね。
柳原　知らないんですよ。
鎌田　そうですね。すると、結局、どこかわからないから不安になりますよね。
柳原　そうですね。
鎌田　車で走っていて、そこが被害者の家だといわれたら、不安だから混乱しますね。
柳原　タクシーですので、お客さんがどこへ行ってくださいといったら行くしかないです。
鎌田　それはそうですね。
柳原　あの道は行きたくないから行けませんなんか、いえないですからね。恐らく、その女性の家の前をタクシーで通ったと思ったんですね。あとで知ったんですが、大通りから左に入ったら、すぐ被害者のお宅なんです。

鎌田　じゃ、けっこう走るコースの中に入っているんですか。

柳原　よく乗るお客さんのお宅が、その家の前を通っていかないと行けないところにあったんです。

鎌田　そうか。じゃ、一週間ぐらいずっと張り込んでいたんだ。

柳原　恐らく後をつけているか何かしていたんでしょう。

鎌田　その気配はやっぱり全然わからなかったものですか。

柳原　全然わからないですね。もしかしてまた警察が来るのではないかという不安はありましたけれども、三日たっても四日たっても来ないものですから、ほとんど安心はしていたと思います。

鎌田　容疑は晴れたと思っていますからね。三回目の取調べで、お母さんの写真を突きつけられたというのは。

柳原　取調室が暑かったんです。暑くてたまらないので、その状況でさっきのようなやりとりをしているうちに、頭の中がぼうっと白くなっていくんです。で、耐えられなくなって、倒れてしまったんです。

鎌田　それは、前に二回取り調べられて、精神的に限界にきていたこともありますね。

柳原　取調室がなぜか真夏のように暑かったんです。それで倒れて、どれだけ倒れていたのか自分はわからないですけれども……。

自分が母親の写真を常に持っているのを刑事にはいっていないんで、自分が倒れているときに、恐らく上着とかそういうところを調べて写真を見つけたんじゃないかと思います。気がついて取調室のパイプ椅子に座らされたときに、おまえ、母親の写真持っているんだろうというわけです。

知っているんです。何もいっていないんですけれども、持っているんだろうといってくるものですから、持っていますというしかないですよね。じゃ、その写真を出せと。写真を出して、その写真をこういうふうに持って、突きつけて、おまえはやっていないということをその写真に向かっていえるのかと。

鎌田　大きな声でいうんですね。

柳原　あとは、おまえの姉さんも、間違いないからどうにでもしてくれといっているとか、そういうのを何度も繰り返し、いわれるんですよ。繰り返しいわれると、もう家族にも見捨てられた、何をいっても通用しない、と思ってしまい、その思いから、「はい」と一言いってしまったら、もう一分もたたないうちに逮捕状を持ってきて、「何月何日何時何分、逮捕する」という形になっちゃったんです。

鎌田　「はい」といったというのは、向こうのほうがやったんだろうというふうに念を押してきたわけですね。

柳原　ええ。それで「はい」といったら、そのまま逮捕されて、手錠をかけられて留置場に連れていかれました。

鎌田　それで、留置場に入って、じゃ、次の日から……。
柳原　しばらく留置場に入れられて、手荷物とかそういうのを全部チェックされて、ベルトも全部外され、そのうちに警察官がまた留置場に来て、今から取調べをすると。
鎌田　またやるんですか。
柳原　はい。
鎌田　次の日じゃなくて。
柳原　そうですね。取調べをするといって、また取調室に行くんですよね。

「はい」か「うん」しか言うな

鎌田　四月一六日には、検察官にたいして弁解録取《べんかいろくしゅ》（警察に逮捕された人が四八時間以内にいったん検察庁に連行され、検察官の取調べを受けて、簡単な供述調書を作成されることをいう）で「やってない」といっていますね。
柳原　はい。担当の松井副検事から、「自供したことは間違いないですか」と聞かれましたので、いや、やってませんと答えたんです。
鎌田　そのあと、裁判官の勾留《こうりゅう》質問でも「やってない」といっていますね。
柳原　ええ。僕がやっていませんというと、中牟田裁判官は、本当にやってないのなら、認めないようにしなさいといいました。それで、そのあと、氷見警察署の取調室に戻ったら、長能が突然、机をパンと叩いて、バカ野郎と怒鳴ってくるんです。右手で握り拳をつくって、殴るぞというような姿勢をするもんですから、怖くなって。長能が、俺のいうとおり書けといって、「今後ひっくりかえすことはしません」という上申書を書かされたんです。
鎌田　それに指印させられた。
柳原　それで、長能が、今からは、俺のいうことには、「はい」か「うん」しかいうなと僕にいうわけです。

再逮捕で地獄に突き落とされたようだった

鎌田　五月五日に一回釈放されますね。
柳原　はい。釈放されているんですが、警察署の敷地からは出ていないんです。
鎌田　そうですか。石川さんと同じだ。たらい回しですね。警察署内で？
柳原　五月二日ころから取調べがなくなって、五月五日に突然、「証拠不十分で一度釈放する」というわけです。荷物を持って氷見署の建物玄関から表には出たんですが、警察署の敷地からは出ていないです。

鎌田　石川さんは、留置場から玄関までの廊下を歩いていていて再逮捕ですね。
柳原　歩道がありますよね。敷地のぎりぎりのところまで行ったら、一歩も足は出ていないのに、そのまま逆戻りですからね。
鎌田　走ってきてつかまえたんですか。
柳原　表で待っていた警察官につかまれて、取調室に連れ戻されました。
鎌田　何だと思ったでしょうね。
柳原　わかりませんが、この辺まで来たら連れ戻してやろうという考えがあったんじゃないですか。戻されたら、今度は強姦既遂《きすい》事件のほうの取調べが始まりました。
鎌田　それまでは既遂のほうの取調べはなかったんですか。
柳原　ないです。
鎌田　未遂だけで来たわけですね。初めから二つ用意しておいて、一件目で逮捕して自白させて、つぎに本件というか、そっちの自白もさせようというやり方ですね。釈放されたときには、これで済んだとやっぱり思いましたか。
柳原　そうですね。自分の荷物も持って表まで出ていますから。
鎌田　そうでしょうね。そのときのショックというかダメージはかなり大きいでしょうね。
柳原　敷地から出ないうちに取調室に戻されてから、もう地獄に突き落とされた気分でした。
鎌田　そうでしょうね。かなり打撃が大きいということは、警察もわかってのことでしょう。
柳原　そんな気分のところに、長能の取調べが始まったんですけど、長能は握り拳を震わせながら、殴るぞというような姿勢で、今度は強姦既遂事件もおまえがやったんだなといってくるわけです。こういうことをやったんだろうと聞いてくるわけですが、怖いというのが頭に残っているものですから、何をいってももう駄目だという感じもあったので、「はい」といったら、そのまま強姦既遂事件の容疑で逮捕されたんです。
鎌田　そういうやり方にたいして、言い返したり、どうするつもりかとか聞けないものですか。
柳原　いや、聞けないですね。聞くタイミングを与えてくれないです。
鎌田　一方的にくるから。
柳原　そうですね。何が何でも自分を犯罪者にしたがっているなという、それはわかりますので。
鎌田　その日に調書を作るわけでしょう。
柳原　調書は、自分は何もいっていないんですけれども、既に書いているんですよ。
鎌田　それに指印したんですか。
柳原　「はい」といって認めさせられると、調書を出してきて、内容をいうわけです。間違いないかというわけですね。いや、これ違うとかいったら何かされるんじゃないかという感じもあったので、名前を書いて指印を押してしまったんですね。裁判もほとんどはその自白調書でやっていますから。

作られた自白

鎌田　それで、細かい調書がどんどんどん作られていくわけですね。靴のこともそうですね。

柳原　はい。最初、取調べで、おまえが履いていた靴はどこにあるといわれました。「中央に星形のマークの入っている靴はどこにあるんだ」といわれました。

鎌田　それは現場に残っていた靴の跡だったわけですね。星形のマークの入った靴が残っていたわけですね。

柳原　ええ。そういわれても、自分はそんな靴を持っていなかったものですから、そんな靴は持っていませんと。

鎌田　コンバースという運動靴ですね。

柳原　結局、長能に脅されて、怖くなって「持っている」といわされてしまったんです。そしたら、「その靴はどこにある」と聞いてきますよね。そういわれても、持っていませんから、最初はでたらめに、「家の蔵の中です」といったんです。

　それで、翌日の取調べでおまえがいった場所に靴がなかったというもんですから、持ってませんからというと、長能が大声で怒鳴って「捨てたんか」というんです。怖くなって「はい」というと、今度は案内しろというわけです。持っていないし捨ててもいないもんですから困ったんですが、案内しないと何されるかわからないと思って、自宅近くまで案内して、道の脇の崖に捨てたといいました。警察は探しに行きましたが見つかりませんよね。そしたら、「燃やしたのか」といってくるんです。あとの取調べが怖くて「はい」といって、結局、自宅の庭で靴を燃やしたということにされちゃったんです。

鎌田　石川さんなんかもそうだけど、そうやって、警察の誘導で、ウソの自白を積み重ねていくわけですね。

冤罪の構造を撃つ

デタラメな証拠と強要された自白調書

鎌田　現場に残された靴の跡が無理やり結びつけられて、自白させられたということですが、現場の靴跡は二八センチだったわけですよね。柳原さんは足はいくつなんですか。

柳原　二四・五センチ履いてます。

鎌田　調べれば大きさが違うことはすぐにわかったはずです。裁判官だって証拠を見ればおかしいとわかると思いますね。

柳原　ほとんど自白だけで裁判やってますから。

鎌田　この事件は強姦事件だからＤＮＡ鑑定とか血液型とかは調べられなかったの？

柳原　最初の取調べのときに調べるからと、髪の毛と口の中のものを取られたことがあります。それは接見に来た弁護士にもいったんですが。

鎌田　裁判には全然出てこなかった。

柳原　真犯人と僕は血液型が違うらしいんです。

鎌田　食い違ったので証拠を隠したんですね。どんなふうに自白調書は作られていくんですか。被害者の家だって知らないわけでしょう。

柳原　長能刑事は僕に被害者の家に案内しろといって車に乗せられたんですが、わからないので適当に案内していたら、ここじゃないといって被害者の家まで連れて行くんですね。それで、家のほうを指せというので、指したんです。その家しか指さす家がないんですよ。

鎌田　取調官はどんな感じなんですか。

柳原　下手に何か変なことをいうと、叱られるんじゃないか、何か押さえつけられるんじゃないかという怖さもあったんです。

鎌田　やっぱり最初に数日間徹底的にやられたのが、かなり利いているわけでしょう。

柳原　あれはちょっときつかったです。

鎌田　利いたんですよね。いきなり決めつけられて、容疑者というか、向こうからいえば犯人になっちゃうわけだから、その中で何かいわなければならなくなっていくわけですね。

柳原　警察の取調室では、やっぱり、これまでの生活とがらっと変わっちゃいますからね。

鎌田　現場の図面とかも書かされたんですか。

柳原　被害者の家を見に行ったあと取調室に戻って、あらかじめ鉛筆で書いた見取図をボールペンでなぞって書かされました。

鎌田　しかし、よくわからないのは、何で全然関係のない人をそんなひどい目にあわせて、あいつらは平気なんだろうね。思い込んでいるという感じですか？

柳原　それはわかりません。本人に聞かないと。

鎌田　とにかくそのまま突っ込むわけですか。

柳原　そうですね。

鎌田　冤罪はみんなそうですね。ちょっとまずいなという形で後戻りしない。だから冤罪になっちゃうわけだけれども、その辺の彼らの心理がよくわからないんですよね。そういうことを警察官に根掘り葉掘り聞いたりするんですけれどもね……。

柳原　自分もこういうようになって、再審裁判でもそれを知りたかったもので追及したんですね。なんで僕をこういう目にあわせたのかと。警察官を証人として出してくれと。でも、裁判所にすべて却下されましたから、全然まだわからないです。

鎌田　それで、無実がわかって、県警の代表者が謝ったけれども、取り調べた本人たちはそれっきりもう会わないんですよね。

柳原　どこにいるかもわからないです。

鎌田　それっきりになっちゃいますね。何の反省もない。だから、闇の集団ですね。かれらは組織に守られているんですよ。僕も、冤罪事件を調べるとき、二〇年とか三〇年たってから、元捜査官の家を探して歩きましたよ。それでけっこう元警察官に取材しているんですけれども、そうすると、みんな、俺たちはただつかまえてくるだけだというんですよ。それで、検事とか判事は頭がいいんだから、あいつらが決めたんだから、俺たちに責任はないと。大体そういうパターンでいうんですね。俺たちはつかまえるだけ、罪にした責任は向こうだと、そういう言い訳ですね。

認めるよう勧めた弁護士

鎌田　弁護士はいつからついたんですか。

柳原　一度、当番弁護士が警察に接見に来たんですが、僕が拘置所に行くまではその後、弁護士とは一度も会っていないです。

鎌田　拘置所に行くまで？

柳原　はい。最初、当番弁護士として留置場のほうに面会に来たんですよ。そのとき弁護士に対して、自分は何もやっていないといっているんです。自分は何もやっていないといったら、その弁護士は「わかりました、調査します」といって出ていったんです。調査するといって出ていったからには、また来てくれるという気持ちがあるんですよね。でも、拘置所に移されるまで一度も来なかったんです。

鎌田　そのときにはやはり弁護士に対する不信感が出るわけですか。

柳原　当番弁護士として来た時点では不信感はないんですよ。拘置所に移されて、今度は国選弁護士としてはじめて拘置所に来て、一番最初にいわれたのが、被害者のところにお金を払ったら執行猶予がつきますよと。その言葉から何かおかしくなったんです。

鎌田　同じ弁護士だったんですね。

柳原　はい。

鎌田　これはひどいですよね。もちろん、人にもよるんでしょうけど、その弁護士は最初から信用していないような感じで見ているんですか。どんな感じでしたか。

柳原　まあ普通に入ってきて、普通に出ていっただけなんですけど、拘置所の面会のときも、最初に調査した結果をいってくれるのではないかという期待も、ある程度しますよね。でも、最初にいわれたのは、被害者のところにお金を払えば執行猶予がつきますよ、払いますかということだったんです。

自分はやっていないわけですから、払ってくださいとはいってないんです。いってないにもかかわらず、その弁護士が兄弟たちに何かいったんでしょうね。結局、兄たちが被害者に合計二五〇万円を払ったんです。

鎌田　被害弁償金を払っちゃったんですか。

柳原　はい。

鎌田　あなたには全然尋ねていないわけですよね。持っていくよとか、持っていったよとか。

柳原　はい。聞いたのは、初公判が始まるときに弁護士が自分のところに寄ってきて、被害者のところにお金払ったからといってきたときです。

鎌田　それで、弁護士が払ったといったときにどんな気持ちがしましたか。

柳原　いや、自分はそんなもの払ってくれといっていないじゃないかと――。その時点でもう駄目だというふうに感じましたね。

鎌田　これで示談が成立した、減刑にするという方法だというんですか。

柳原　もうお金も払ったから、大体いい方向に行くから、裁判官から何をいわれても認める方向で行きなさいと。決して裁判官に対して否認などしないほうがいいですよという感じなんです。とにかく認める方向で行きなさいと。

鎌田　弁護士とは何回ぐらい面会したんですか。

柳原　留置場に一回、拘置所に一回、あと、もう一回ぐらい。よく覚えていないですが、多分二、三回くらいしか来ていないですよ。

弁護士からは認める方向で行きなさいと。否認などしないようにしなさいといわれているものですから、裁判官から聞かれても、間違いないとか、そういう言葉しか僕はいえないんですよね。

鎌田　結局、法廷でも、そのとおりに間違いないです、といったわけですね。

柳原　弁護士の顔をちらっと見ると、言えという感じですし、そこで否認したら、何もやっていないのになぜ被害者にお金を払ったんですかと裁判官に聞かれるのではないか思うと、間違いありませんというしかないんですよ。
　自分は何も払ってくれとはいってないんだ、勝手に誰かが払ったんですとか、いえないんですよね。

鎌田　どのくらい絶望が深かったのですか。認めるしかないというのはどういうことなのでしょうか。

柳原　何もやっていないのに、どんどん認める方向で裁判が進められていくので、どういうふうになるのかという感じもありますし、あとは刑務所に入るのかという思いもありましたね。

鎌田　刑務所には、どのくらい入らなくちゃいけないというふうに思ったんですか。

柳原　それは想像つかないです。三回目の公判で求刑が四年。四回目の公判で判決が三年でした。未決（期間の刑期への算入）が一三〇日ありました。
　裁判が終わると、この判決に不服があれば何日か以内に控訴しなさいという裁判官の説明があったんですが、拘置所の職員に手錠をかけられて、拘置所に戻ろうかというときに、弁護士が自分のところに寄ってきて、控訴しても無駄だから、おとなしく刑務所へ行ってきてくださいと――。

鎌田　ひどいですね。刑務所で務めてくださいということですね。完全犯罪だ。

柳原　そうです。控訴しても無駄だから、そのまま刑務所に行ってくれと。そういう言葉を弁護士からいわれるものですから、拘置所に戻って拘置所の職員から控訴するかといわれても、いや、控訴しませんといったら、そのまま刑務所に送られちゃったんですよ。

自分を殺して服役した

鎌田　刑務所に送られたときには、どういう感じでしたか。

柳原　送られる寸前に、「自分自身も悪いことをしたから刑務所へ行かなければいけない」と思い込ませて、自分自身を殺して行くんです。

鎌田　俺は悪いことをしたんだというふうに一生懸命言い聞かせるんですか。

柳原　ええ。心の中で叫ぶんです。悪いことをしたから刑務所に行くんだと。

鎌田　そうしないと気持ちの収拾がつかないから。

柳原　そうです。自分はやっていないという気持ちで刑務所に行ったら務まらないですから、自分自身を殺して入っていくしかないんですよ。

鎌田　自分を殺さないと生きていけないわけですか。

柳原　刑務所というところはつらいところだという認識はありますから、やっていないから行きたくないという気持ちで行くと、恐らくそこで耐えることはできないという思いだったです。
鎌田　そう考えざるをえなかったわけですね。
柳原　はい。
鎌田　しかし、やっていないのに認めるというのは自分にとっては一番つらいことだけれども、それが一番自分にとってはいいことだと思わせられるということでしょう。そういう立場に追い込んだ国家権力が許せないですね。
柳原　あとは、まじめにやっていればすぐに出してくれるのではないかと考えるようにしましたね。
鎌田　仮釈放は何日ぐらいまけてもらったんですか。未決期間も入っていますよね。
柳原　未決が一三〇日ですね。三年の判決ですから……。
鎌田　二年六ヵ月ぐらい。
柳原　刑務所に実際に入っていたのは二年と一ヵ月です。
鎌田　二年一ヵ月で仮釈放ですね。でも二〇〇五年一月に仮釈放ですから、逮捕の日からすると身柄拘束は二年九ヵ月。
柳原　中ではとにかくまじめにするしかないという思いでしたね。
鎌田　根がまじめな人だから、まじめにできるんでしょう。
柳原　そのかわり、刑務官からは苛《いじ》められていましたけれどもね。
鎌田　そうですか。まじめにやっていると、苛められるんですか。
柳原　全然息の合わない受刑者と一緒の部屋にして、わざとけんかさせるんです。けんか両成敗ということで、懲罰房《ちょうばつぼう》です。
鎌田　懲罰かかったんですか。
柳原　かかりました。
鎌田　普通の生活だったら口ききたくないやつと口はきかなくていいし、会いたくなければ会わなければいいし、避けることはできますよね。それが刑務所の部屋ではできないわけですからね。懲罰は一回だけですか。
柳原　一回ですね。懲罰にかかると、どうしてけんかしたのかとか刑務官の取調べが始まるんです。警察と一緒の取調べが始まるんです。それで懲罰がおりたら正座ですね。丸一日。あと普段は、ごみの袋をきれいに折って箱詰めをする仕事があるんです。それをずっとやらせられていました。
鎌田　懲役の刑務作業ですね。
柳原　はい。

仮釈放されてから

鎌田　刑期が迫ってくると、早期釈放に対する期待が強くなってくるものですか。

柳原　釈放がいつ来るかわからないですから、とにかくまじめにやるしかない、そういう考えですね。
鎌田　それで、釈放は少し早まったわけですけれども、それは通知が来て？
柳原　仮釈放という形になる一ヵ月ぐらい前に、身元を引き受ける人を準備するんです。
鎌田　それはお兄さんがなったんですか。
柳原　兄のところに身元を引き受けしてくださいという手紙を書いて出したんですけれども、引き受けることはできないという返事だったんです。仕方ないものですから、福井県にある更生保護施設のほうに再度身元を引き受けてくださいという手紙を出すんです。それで引き受けますよという返事が来て初めて、釈放前の何かそういう部屋があるんですよ。そこに入るんですね。そこで一週間かそこら入れられて、刑務所構内の、工場ではなく廊下とかそういうところの窓ふきとか掃除とかをしながら仮釈放を待つんです。
　仮釈放の日は、迎えに来てくれた車に乗って、保護観察所へ行って、保護観察官の話を聞いて、それから更生施設のほうに行きます。部屋を決められて、説明を受けて……。その日から自由はありますけれども、半分、刑務所と一緒のやり方なんですよ。
鎌田　門限とか？
柳原　門限は九時です。
鎌田　タクシーの仕事には戻れたんですか。
柳原　いや、戻らないです。更生保護施設は、一度入ると、刑期が終わるまでずっとそこにいないといけないんです。
鎌田　そのときにリストカットしたんですか。
柳原　そうです。コンビニに買い物に行ったんですが、そのときは普通に買い物をして施設に戻ろうかと思っていたんです。でも、店でまわりの人たちが何か話しているでしょう。
　そしたら、自分のことをいっているのではないかとか、そういうことを思ってしまうんです。それで、自分はもう生きていてもしようがないから、死ぬしかないなという感じで、カッターナイフとたばこ一箱買って、施設に戻って、部屋でたばこを一本か二本吸って、その後でリストカットを……。
鎌田　出血したとき、どうしたんですか。表でやっているんですか。
柳原　部屋の中です。
鎌田　自分の部屋の中で。それで、そのときは発見されたんですか。
柳原　発見じゃなくて、亡くなったおやじの声が聞こえたんです。おまえ、今死んだらだめだという声が聞こえるんです。その時点でわれに戻って、これだけで終わったんですが、その声がなかったら、大体ここの動脈を切って終わりだったと思います。

鎌田　死んだら、犯人のまま……。

柳原　汚名を着せられたんです。汚名が残ったまま……。

鎌田　後から真犯人が現れても、死んじゃっていたらどうしようもなかった……。刑期が終わってからどうしたんですか。

柳原　刑期が終わると、その施設からは出されるんです。いることはできないので。

鎌田　自分の家には帰れるわけでしょう。

柳原　そうですね。家に帰って、自分が乗っていた車がないものですから、しばらく自宅の中にこもっていました。

国賠裁判の闘いで真相を究明したい

鎌田　真犯人が判明したということはどうして知ったんですか。通知が来たんですか。

柳原　通知ではないですよ。最初に知ったのはテレビ放送で見たんです。

鎌田　強姦罪の犯人がつかまったとか。

柳原　真犯人が見つかり、刑期を務めた氷見市の男性が、無罪だったことがわかったというのが字幕で流れたんです。

鎌田　弁護士もいないから通知するところもなかった。

柳原　ええ。

鎌田　記者発表して、新聞にも載ったわけですよね。それで、そのとき、どう思いましたか。

柳原　そのときは、今さら何いっているんだという感じでした。そのあと、高岡警察署の刑事が自分のところに来て、ちょっと来てくれという感じで、富山中央警察署に引っ張っていかれる形で。

鎌田　また来たわけね。恐怖だったでしょう？

柳原　はい。中央警察署に連れていかれるんです。会議室に通されて待っていると、自分は偉いんだという感じで、胸張ったような人が四、五人入ってくるんです。それで、このたびはどうも済みませんでしたと頭を軽く下げて、謝ったような、謝ってもらっていないような、そういう謝りしかなかったです。

鎌田　柳原さんは何かいったんですか。

柳原　いや、別に何もないです。その後は、検察官が、裁判に必要な調書をとるからと。それで、「警察や検察を恨んでいません」という調書をとられたんです。

鎌田　ひどいですね。訴えられないように先回りしたんですね。

柳原　そういう調書を不当にとられたということは、再審裁判でいっています。

鎌田　そんな調書は無効ですよね。でも、結局、初めから最後まで向こうのペースにやられたということですね。その真犯人とは会ったんですか。

柳原　真犯人が拘置所に移されて、だいぶたって面会に行きました。
鎌田　どんな気持ちがしましたか。
柳原　この野郎という思いはありましたね。でも、刑務官が見ていますから、じっと我慢なんですよね。真犯人の男も自分のほうは見ないんです。自分のほうを見ないで謝るんです。
鎌田　本当は謝っていないんだ。異常な体験をして、ひどい目にあったわけだけれども、全部含めて今どんな気持ちですか。
柳原　真犯人はわかったかもしれませんが、いまだに、冤罪の真相のほうはまだ闇の中ですからね。
鎌田　そうですね。兄弟とは、もう今は普通になったんですか。
柳原　連絡はあまりとっていないですね。
鎌田　近所の手前とか、つき合いの手前、余り親しくできなかったという事情もあるでしょうね。
柳原　そうですね。兄たちも警察とかそういうところからだまされていたわけですから。
鎌田　そうですね。財田川事件で、谷口繁義さんという犯人にされた人が刑務所に入っているとき、僕はこれは冤罪だと思ったから、お兄さんのところに行きました。まだ再審の裁判も何も全然動いていないときですよ。お兄さんのところに行ったら、畑仕事をしていて、それで、こんにちは、こういう者だといったら、じゃちょっとといって、手を休めて縁側に座って話を聞いてくれたんです。そうしたら、「鎌田さん、もう勘弁してくれ」といいましたよ。裁判やってももうしようがないんだと。せっかく忘れられてきているのに、またこれから騒がれると娘も嫁に行けないから勘弁してくれといわれましたよ。
柳原　僕を取り調べた警察官の父親は、去年だったか今年だったか、亡くなっているらしいです。その取調べをした警官は自分のおやじの葬儀に出ているんですね。しかし、僕は拘置所に入れられたまま、おやじの死に目にも会えなかったし、葬儀にも出られなかった……。
鎌田　お父さんが亡くなったことはいつ知らされたんですか。
柳原　僕が拘置所に移されて初めて、面会に来た兄の口からおやじが死んだという話を聞いたんです。
鎌田　やっぱりそれも影響したでしょうね。
柳原　その時点でもう、がくっときていますからね。裁判の間、否認するとかそういうのを思いもしませんし、弁護士からも認める方向で行きなさいといわれるものですから。
鎌田　まだまだ、自分の気持ちのなかで、くやしい思いやいろいろな思いは残っているわけですね。
柳原　そうです。
鎌田　近所の人たちは少しはよくなったんですか。
柳原　大変な思いをしてきたなとか、そういうことをいってくれる人もいますけれども。

鎌田　名前を出して表に出る、顔を出すようになったのは、どういう理由からですか。
柳原　やはり顔とか伏せていると、伝わるものも伝わらなくなっちゃいます。
鎌田　そうですね。
柳原　自分は無罪という――再審公判の求刑のときに検事の口から無罪という言葉を聞いてから、記者会見のときに初めてテレビで名乗ったんです。
鎌田　これから国家賠償請求の裁判を準備されているんですね。
柳原　はい。なぜ、ぼくのところに警察が来たのか、わからないんです。それが知りたいんですよ。なぜ、こんな目にあわなければならなかったのか……。
鎌田　ぜひ国賠裁判の闘いをがんばってください。わたしたちも応援しますし、狭山の闘いとも連帯して一緒にやりましょう。

資料　富山氷見冤罪事件とは

二〇〇二年に富山県氷見市で起きた強姦事件と強姦未遂事件で逮捕、起訴された柳原浩さんは富山地裁高岡支部（中牟田博章裁判長）で懲役三年の有罪判決をうけ、服役しました。ところが、柳原さんは無実だったのです。満期釈放後の二〇〇六年になって、別の容疑により鳥取県警に逮捕された男性がこの事件の真犯人だったことが分かり、富山地検は異例の再審を請求しました。〇七年四月に検察・弁護側双方が無罪判決を求める再審裁判が開始され、一〇月に富山地裁高岡支部（藤田敏裁判長）は改めて無罪判決を出しました。

逮捕から五年半ぶりに無罪判決を手にした柳原さんですが、「納得いかない、本当の意味で冤罪が晴れたとは思っていない」と怒りを隠さない様子が報じられました。再審裁判では犯行現場の足跡や自宅からの通話記録などから柳原さんの犯行でないことが認定され、前の有罪判決が取り消されました。しかし、これら無罪を示す証拠がありながら冤罪が作り出されたカラクリは隠されたままです。警察や検察のしたことは何も明らかにされていません。その解明のために柳原さんや弁護団は、当時の氷見警察署の取調官や起訴した検察官の証人尋問を求めました。彼らは否認していた柳原さんを強引に自白させました。でも裁判長はその取調べを拒否したのです。

柳原さんはいま、この冤罪の成り立ちやその責任を明らかにし、被った損害の賠償を求める国賠裁判の準備を進めています。そこには冤罪被害からの名誉回復のみならず、同じような冤罪の再発を防ごうという強い意志があります。さらに、この冤罪をただすべきだった裁判所や弁護士の果たした役割がどのようなものであったかも、明らかにしなければなりません。

あとがき

鎌田慧

叫びたし寒満月の割れるほど

これほどの絶望を詰めこんだ俳句を知らない。作者は敗戦後まもない、一九四七年五月、福岡市内で発生した、ヤミの軍服販売をめぐるトラブルで、二人を拳銃と日本刀を使った七人で殺害した事件の主犯とされた西武雄さん（事件当時三十二歳）である。現場にいなかった西さんが死刑判決だった。獄中二十八年。一九七五年六月になって、無実の罪を背負ったまま処刑された。

誤判わが怒りを天に雪つぶて

どうしようもない怒りと悲しみが込められている。実際の主犯は自供していた石井健治郎さん（三十歳）だった。日本軍が「満洲」国境で日ソ軍事衝突したノモンハン事件での生き残り兵だった。彼は恩赦によって死刑から無期懲役に減刑された（その後、仮釈放）。そのおなじ日、事件には無関係と主張し続けていた西さんが、絞首台に送られた。

見せしめというべきか。否認し続けていた西さんへの取り調べは苛烈を極め、逆さ吊りで頭を水に沈められるなど、激しい拷問が加えられ、ほかの容疑者はその拷問を見せつけられた、という。ふたりの被害者のうち、ひとりは戦勝国・中国華僑の重鎮だった。それで敗戦国の警察が、国の威信をかけて強引な取調べだった、と伝えられている。釈放された石井さんは、西さんの冤罪を証明して、再審運動を続けていた。

「俺は生きながら仏鬼となって自らを見守りたいと思う。誰も信ずる必要はない。私は私を信じたいし、それだけが安らぎである」（獄中十四年目の手記）

西さんの「鬼になりたい」というほどの絶望の深さは、安息などとは無縁のはずだ。福岡の刑務所で、教誨師として西さんと石井さんの二人に出会っていた古川泰龍さんが、救援運動を続けていた。熊本県玉名市にあるシュバイツァー寺院から、東京へ托鉢にきたとき、わたしはお会いしている。その後、父親の遺志を継いで再審請求運動を続けていた、長男の龍樹さんと姉妹にも玉名市の寺院に伺っている。

福岡県には、もう一人、冤罪で処刑された、「飯塚事件」の久間三千年さんがいる。一九九二年二月、飯塚市で発生した小学一年の女児二人の殺害事件の疑いで逮捕され、無実を主張し続けたが、二〇〇六年、最高裁で死刑が確定、二〇〇八年、七十歳の時に処刑された。血液鑑定が有力な証拠とされた。

が、しかし、同時代の九〇年に発生した「足利事件」の菅家利和さん（現在七十七歳）も、おなじ血液鑑定（ＤＮＡ型）の結果、宇都宮地裁で無期懲役、二〇〇〇年に最高裁で確定したが、二〇一九年三月の再審で、鑑定に誤りがあった、として宇都宮地裁で無罪判決。三人の裁判官が起立して、謝罪した。

おなじ血液鑑定を証拠として、処刑された久間さんの妻が、死後の再審請求をしていたが、二〇二四年六月、二度目にわたる請求も福岡地裁は棄却した。死刑執行後の再審請求としては、福岡事件の西武雄さん、飯塚事件の久間三千年さんのほかに、熊本県のハンセン病施設、菊池恵風園での藤本松夫さんの「菊池事件」がある。

はじまりは誤認逮捕だったかもしれない。としても、そのあと、警察は警察側のストーリーに合わせた自供を迫り、そのストーリーに合わせて、証拠品の捏造、血痕の付着などを実施してきた。当時の科学的鑑定の質の低さが、真実を証明しなかった（袴田事件の着衣、狭山事件の万年筆のインクなど）例がある。

しかし、無実なのに処刑に怯える日々の恐怖は、想像にあまりある。それまでの裁判官への不審、犯行を告げる証人たちへの人間不信、その前の警察、検事への憎悪、裁判官への幻滅感など、想像するだけでも身震いさせられる。実際に行った犯行だとしても死刑制度は残酷だが、身に覚えのない罪を押し付けられる恐怖と屈辱は、獄窓の空にむかって全身で叫びたい想いであろう。

証拠を捏造し、虚偽の調書を作成して、裁判所から死刑判決を引き出した警察官や検察官が、殺人罪にならないのが不思議である。被告人の無実の訴えを、木で鼻を括ったように棄却し続けるのは、裁判官の共犯行為と言えないのだろうか。

冤罪でありながら、最高裁で確定死刑囚とされ、雪冤できない無念のまま世を去った人は少なくない。一九六一年三月、三重県名張市の公民館でひらかれた地元の人たちの懇親会で、ぶどう酒を飲んで五人が死亡した「名張毒ぶどう酒事件」の冤罪者・奥西勝さんは、二〇一五年十月、旧八王子医療刑務所で死亡した。八十九歳だった。

二〇〇五年の第七次再審請求審で、名古屋高裁が再審開始と死刑執行停止を決定したのだが、検事側が異議申し立て、取り消されてしまった。検事側の面子を前面に立てた攻防だが、奥西さん死亡の後、妹の岡美代子さんが、第十次再審請求。二〇二四年一月、最高裁第三小法廷は、五対一で再審を認めなかった。

多数意見に反対した宇賀克也裁判官は、弁護団側が主張する奥西さん以外の人物が毒物を混入した、とする新証拠、科学鑑定の信用性を認め、「確定判決の有罪認定に合理的な疑いがある」として、再審開始を主張した。

そしてさらに、「『疑わしい時は被告人の利益に』という刑事裁判の鉄則に反する」とも指摘している。この鉄則を認めなかった多数意見は、人権尊重の憲法違反とも言える。

過ちては改むるに憚ること勿れ

それが人権を守る砦としての裁判所の鉄則であり得ないのか。

名張毒ぶどう酒事件判決のほぼ三ヶ月後、二〇二四年四月。最高裁は七十五年前の一九四九年七月、中央線三鷹駅で無人電車が暴走、駅構内にいた六人が死亡、二十人ほどが重軽傷を負った「三鷹事件」の冤罪死刑囚・竹内景助（六七年、四十五歳で獄中死）の再審開始を認めない、と決定した。

父親の死亡後、長男の健一郎さんが再審請求していたのだが、東京高裁は認めなかった。それで、最高裁に特別抗告していたのだった。

この事件では、被告にされた竹内景助さんが、自供と否認とを繰り返していたのが、特徴である。それについて、再審請求の弁護人・高見澤昭治さんは、次のように書いている。

「竹内さんは、逮捕後、厳しい取り調べにも関わらず、無実を主張し続けたが、二十日目に単独犯行を〝自白〟した。その理由は、本人が書き残した書面によると、同時に逮捕された共産党員の二人が、途中で「竹内と一緒に電車の運転席で操作して電車を暴走させた」と〝自白〟したことを検事から知らされ、全然身に覚えのないことだったが、当局の主たる狙いは共産党の弾圧にあると考え、共産党を救いたいという〝義侠心〟とともに、共産党と共同正犯だということだと自分も死刑を免れないという恐れから、あえて単独犯行を選択したという」（「再審通信」日本弁護士連合会人権擁護委員会発行、二〇一九年十月号）

いまの時代では考えられない心理状態である。戦後まもない、米軍が日本を支配していた時代だった。憲法が施行され、労働運動が復活し、争議や大集会が頻発していた、といっても、占領軍のマッカーサー司令官が「日本は共産主義進出阻止の防壁」と言い切った時代だった。

国の行政機関での大量解雇が予定され、国鉄ではストライキを中心とした人員整理反対闘争が準備されていた。電車の暴走は、運動の中心だった共産党による犯罪として、九人の党員と非党員の竹内さんを逮捕した。朝鮮戦争が始まる一年前。国鉄総裁・下山定則が礫死体で発見されたのは、その九日前だった。

下山事件には、自殺説、他殺説の両方があった。が、三鷹事件の一ヶ月後、こんどは東北本線の松川（現在・福島県松川市）で、列車転覆事件が発生、機関車内の三人が死亡した。警察はストライキを準備していた国鉄労組と争議を抱えていた東芝松川工場労組の幹部が、合同で会議をしていたのを「謀議」として、二十人を逮捕した。

事故発生の翌日、増田甲子七内閣官房長官は、「（三鷹事件などと）思想底流においては同じものである」との談話を発表した。ほぼ一ヶ月の間に、国鉄をめぐって、鉄道を舞台に三つの謀略的な事件が発生していた。その繋がりを「思想」関係で括ったのだが、そこに権力側の「思想」が暗示されていた。

　この混乱の時代に、生真面目な竹内青年がひとり、孤立して厳しい取調べを受けていた。精神的に混乱するのは当然と言える。「裁判所は単独犯行」として、ほかの九人は無罪放免となった。五人の子どもを抱えた、子煩悩な若ものだけが犯人にされたのだった。

「竹内さんは起訴後さらに検察官の執拗な求めに抗し切れず、第一回公判前に「共同犯行」を認め、一審では改めて単独犯行、さらに否認、また単独犯行と供述を変遷させ、死刑を下された以降は一貫して否認と、合計七回にもわたって供述を変遷させている」（高見澤昭治・前出論文）

　竹内さんは、上告棄却後、再審を請求したが、十年間放置されたまま、一九六七年、「悔しいよ」という言葉を最後に、脳腫瘍のため獄死。四十五歳だった。文字通り「七転八倒」の苦しみだった。

　三鷹事件は、竹内さんの単独犯行として、死刑が確定した。しかし、先頭車両だけでなく、二両目のパンタグラフも上がっていた。さらに最後尾車両の前照灯が点灯させられ、手動ブレーキも緩和させられていた。単独では無理な犯行と推定される。しかし、二〇一九年七月一日、東京高裁は再審請求を棄却、二〇二四年四月、最高裁は長男の特別抗告を認めなかった。

　一九六八年に、わたしは竹内さんの妻が夫の無実を訴えた手記を、編集者として月刊「新評」に掲載した。さらにいまから三年ほど前、高見澤弁護士とともに長男を自宅に伺っている。その頃すでに長男の健一郎さんは病弱で、咳こんでいた。

　あまりにも非情な最高裁決定と言えば、九十二歳の原口アヤ子さんの三度目の再審請求の棄却である。これまでの地裁、高裁の再審開始決定を取り消した決定だった。アヤ子さんは、一九七九年十月、遺体で発見された義弟を、元夫や義弟、義妹などと殺害した、との疑いで逮捕され、懲役十年の刑を受け、最高裁で確定。十年間の獄中生活後、刑期満了で出所した。

　九五年に第一次再審請求を行い、二〇〇二年の再審決定となった。その後も地裁、高裁で再審決定されたのだが、検察側が頑迷にもメンツのために抗告し続け、二〇一九年にも最高裁が再審を取り消している。

　この時、すでに九十二歳だった。昨年六月、四度目の再審請求にたいしても、福岡高裁が棄却。この六月で九十七歳になった。脳梗塞を患い、いまは言葉を発することができないまま、養護施設にいて、無罪判決を待っている。

　開かずの扉を見せつけた、この最高裁の決定にたいして、元裁判官の木谷明さんは、

「無実の人を救済するために裁判所があるのではないか。大変

がっかりしている」(「東京新聞」二〇一九年六月二十七日)との批判コメントをだした。この日の同紙には、「裁判を受ける権利侵害」との見出しで、指宿信成城大学教授のコメントも掲載されている。

「最高裁が事実調べもしないまま、書面審査によって鑑定の信用性を審査したのは疑問だ。鹿児島地裁も福岡高裁支部も事実調べを経て再審開始を素早く認めたのに対し、最高裁は一年近く事件を放置した上で不意打ちとも言える決定をした。憲法が保障する「公平で適正な裁判を受ける権利」の侵害ではないか。司法への信頼を大きく損ね、再審請求のハードルをむやみに高めたとしか言いようがない」

検察側は「再審請求のハードは高い」との見せしめのように、下級審の判決に抗告し続け、証拠開示も渋っている。「疑わしきは罰せず」とする司法の基本的な精神を放擲して、再審の門戸を狭め、やたらと権威を示す検察にたいして、規制の強化が必要とされている。

冤罪は明治期の大逆事件や戦時中の横浜事件などのような、フレームアップ(政治的でっち上げ事件)によってもよく知られている。戦後の政治運動の昂揚期では、一九四九年の七月から八月にかけて連続して発生した、下山、三鷹、松川の三事件は、労働運動潰しを狙った権力側の組織的な犯罪だった、と推測できる。が、この巻で取り上げたのは、強盗殺人事件など、一般刑事事件の冤罪である。

四国の香川県で発生した、財田川事件が死刑再審決定の第一号だった。北海道で、警察官が殺害された「白鳥事件」で、最高裁判所は再審請求を棄却したとはいえ、「再審制度においても「疑わしきは被告人の利益に」という刑事裁判の鉄則が適用される」との判断を示した。これまでの再審裁判では、証拠を完全に覆すに足る証言や証拠が求められていて、「開かずの扉」とされていた再審制度だったが、「ある程度の合理的疑いが存在する場合」でも、再審が認められるようになった。そして、免田事件、財田川事件、松山事件、島田事件の死刑判決四事件の再審開始が確定、「狭き門戸」が開かれて無罪判決、釈放が続き司法への信頼がひろがった。

しかし、警察、検察、裁判所が、この深甚なる教訓に学んだ気配は感じられないまま、時代は過ぎてきた。

二〇二四年九月二十六日。袴田巖・確定死刑囚に無罪判決。静岡地裁での袴田巖再審裁判判決は、無罪判決となろう。ひさびさの確定死刑囚への冤罪解決の朗報である。八十年代はじめ、四人連続して死刑囚が解放された。しかし、その後、固く閉ざされたままだった。

一九四八年十二月、熊本県人吉市で発生した強盗殺人事件で、免田栄さん（二十三歳）が逮捕され、第一審で死刑宣告を受け、最高裁で死刑が確定した。獄中生活三十四年六ヶ月、八十三年七月十五日、ようやく再審（やり直し裁判）での無罪判決をえて、釈放された。確定死刑囚が執行されずに生き永らえ、ようやく迎えた歴史的な判決だった。

　翌八四年三月、高松地裁は確定死刑囚・谷口繁義さん（五十四歳）の再審無罪を決定、即日釈放した。三十四年前、香川県財田町で発生した強盗殺人事件の容疑者として逮捕され、最高裁で死刑判決確定していた。逮捕時は十九歳だったが、少年法が適用されなかった。大阪拘置所で獄中生活三十五年。高松地裁丸亀支部の矢野伊吉裁判長が、二人の陪席裁判官に反対され、再審開始決定を出せなかった。その無念の思いを込めて『財田川暗黒裁判』（立風書房）を出版、再審開始運動に貢献した。

　一九八四年七月、仙台地裁は、一九五五年十月、宮城県志田郡松山町で発生した、一家四人殺害、放火（松山事件）での確定死刑囚だった斎藤幸夫さん（逮捕時二十四歳）に、無罪判決、釈放した。獄中二十九年だった。

　一九八九年一月、静岡地裁は、一九五四年三月、島田市で発生した幼女誘拐・殺害事件（島田事件）の確定死刑囚・赤堀政夫さん（逮捕時二十五歳）の再審裁判で、無罪判決。三四年八ヶ月ぶりに釈放した。

　松山事件の斎藤幸夫さんは、獄中二十九年だったが、免田さん、谷口さん、赤堀さんの三人は、それぞれ三十四年もの拘留だった。無実の罪で、死刑執行に怯えながらの三十数年、それがいかに残酷な体験か、想像に余りある。

　袴田巖さんは四十七年七ヶ月間の拘留だった。二〇一四年三月、静岡地裁が再審開始を決定、「これ以上、拘置を続けるのは耐え難いほど正義に反する」として、村山浩昭裁判長は、即時釈放させた。それでも検事側は特別抗告、再審開始に抵抗した。ようやく十年後、二〇二四年九月二十六日。二度目の開始決定を受けて、判決が出される。袴田巖さん、八十八歳。

　長い長い戦いだった。それが日本の検察と裁判所の人権無視の歴史を物語っている。その後にやはり冤罪で三十一年半、拘置され、仮釈放されたもののいまなお、名誉回復していない狭山事件が続いている。八十五歳の石川一雄さんは、再審開始と無罪判決をまち続けている。日本の裁判の夜明けはまだまだ。

　袴田判決の直前に出版された『袴田巖と世界一の姉』（粟野仁雄著）は、いつ死刑を執行されるかわからないはずの「死刑囚」が、浜松の市街地を自在に闊歩している光景から書き起こされている。この異常な状況こそ袴田事件の異常性を示している。無実が常識の姿で、死刑が異様な服装なのだ。それが日常の風景と溶けあっている。誤判はまだ正されていない。が、冤罪は周知の事実。それを市民社会が受け入れ、違和感はない。司法の正義は霞んでいる。

この書籍を手がかりに、元プロ・ボクサーだった袴田さんの悲劇を考えたい。袴田さんは、ボクシング界で、「リングの上で相手を追い込んでも、とどめを刺せない」優しい性格とされていた。そんな彼に人など殺せるわけがない。それも四人もだ、としてボクシング界では、冤罪が信じられていた。

袴田さんが冤罪に落とし込まれた原因のひとつが、「ボクサー崩れ」が差別の対象だったからだ。戦後、ボクサーは不良かヤクザの代名詞で、「ボクサー崩れ」には、キャバレーの用心棒が多かった。冤罪は差別意識に培養される。被差別部落、在日朝鮮・韓国人、非行少年、前科者。それらがひそかにリストアップされている社会。権力者の視点が日常生活を支配している。

二〇二〇年三月に発生した「大川原化工機事件」のように、警視庁公安部が会社幹部三人を、中国へ兵器になりうる噴霧乾燥機を輸出した、として逮捕、十一ヶ月も勾留した事件がある。公判直前に公訴は取り消された。損害賠償請求の法廷で、公安部外事課の警部補は、「捏造」だった、と証言した。理由は「業績稼ぎ」だった。逮捕、勾留された会社幹部のひとりは、勾留中に癌を発病、病死している。

冤罪の恐ろしさは、捜査の途中に証拠が捏造され、裁判所がそれをチェックできないことにある。はじまりは誤認逮捕だったかもしれない。が、捜査陣は自己都合の推定に合わせて、証拠をデッチあげる。それはほとんどの冤罪事件に共通する現象である。

袴田事件では、袴田さん逮捕時に「犯行時の着衣」はパジャマとされていた。ところがそのあと、工場の味噌樽から「発見」された「五点の衣類」に変更される。もっとも重要な証拠があとで変更されるなど、捜査の杜撰さを示す証拠であり、捏造の疑いが強い。が、それへの批判は強く主張されていなかった。

捏造の極めつけは、味噌樽から出現したズボンの切れ端が、袴田さんの実家の箪笥の中から発見されたことだった。この一致が科学的に証明された。捏造の証拠が、犯罪を立証した。当時の弁護団は、「味噌漬けズボン」と「とも布」とは一致しないことに、もっとも重要な冤罪の論拠においていた。「ズボン」も「とも布」も、「捏造なんて主張するのは品がわるい。大人の考えることじゃない」としていたのだ。

ところが、味噌樽の味噌の中に突込まれたズボンの切れ端は、家宅捜査の時に、警察官が実家の箪笥の中に紛れ込ませるなど、捜査当局の品の悪さを弁護団は想像できなかった。出世のためなら、犯罪行為でさえ実施する。それが組織の論理だった。なぜか。権力機関にとっては、権力の維持が最大の関心事で、倫理性はないからだ。

袴田巖さんは、最高裁で死刑が確定され、死が迫ってきた頃から、こころの変調をきたすようになる。それ以前、最高裁裁判官に送った「上告趣意書」に、こう書いている。

「裁判官は権力者の行った不正に弱い。裁判官は本来事件の真相を正しく究明する義務がある。然し、高裁は当然の義務を怠っている。……このような高裁・横川裁判長のデッチ上げは許されない。最高裁で当然破棄して正義を守るべきだ。それとも権力の不正を弾劾する国民の広範な批判だけが正義を守る最後の保障なのか」。

再審裁判闘争に同伴した粟野さんの記録は、弟を守り続けた気丈夫な女性・ひで子さんとの共闘の記録でもある。それと同時に、袴田事件のもう一人の犠牲者、静岡地裁で、死刑の判決書を書かされた、熊本典道主任裁判官の記録も収録されている。わたしも「週刊金曜日」の取材でお会いした。（二五九ページ）

その後、袴田巖さんとひで子さんは、福岡の病院に入院していた熊本さんと「再会」した。その写真をみたことがある。裁くものと裁かれるものの逆転の瞬間だった。熊本さんは、「イワオーッ」と声をあげて泣いたという。

いかにも俊才の風貌を残していた熊本氏は、二〇年十一月、八十三歳で他界した。悲劇的な人生だった。

被害者の姉・ひで子さんは九十一歳。まだまだお元気だ。無罪判決を勝ち取った後は、巖さんとゆったりした人生後半を楽しんで欲しい。

「袴田事件」の被害者は、いうまでもなく、巖さんとその家族である。それともう一人、熊本典道陪席裁判官。と言っても、合議で冤罪の袴田さんに「死刑」の判決をだしたのだから、むしろ加害者というべきであろう。マスコミが伝える世論の熱狂に負けて、無罪を信じながらも、死刑を主張した裁判長を説得できなかった。晩年はその呵責の念に苛まれながら生きた。彼はあたかも自分を裁くように、転落の人生をたどり、落魄のうちに世を去った。

それとは対象的に、香川県高松地裁丸亀支部の支部長判事だった矢野伊吉さんの晩年は、己の身を捨て、法の正義に賭けたものだった。着任したばかりの支部長室に、死蔵されてあった、再審を求める死刑囚からの一通の手紙を読んで、心を打たれた。彼は大阪拘置所に出かけ、本人に会って尋問し、残されていた記録を読みこんで、判決の「不合理」を発見した。そして、ふたりの陪席裁判官と協議し、再審請求を受理することにした。しかし、ふたりはそれまでの合議をひるがえして反対を唱え、再審開始決定にもちこめなかった。結局、定年前に退職し、この事件専任の無給弁護士になる。

矢野さんは、裁判批判をタイプ印刷のパンフレットにして、ひとりで配って歩いていた。「財田川事件の真相」「財田川事件始末記」などだが、それをたまたま手にした編集者の白取清三郎さんが、書籍にまとめる決意をして、高校同期のわたしに応援を頼んできた。一九七三年のことだった。

政治事件でのフレームアップ以外にも、無実の死刑囚がいるとは、その当時信じられなかった。まちがった仕事はしたくない、との保身があった。しかし、タイプ印刷されたパンフレットには、熱意と説得力がみなぎっていた。それで高松に出かけて矢野さんとお会し、谷口繁義の兄の勉さんともお会いした。冤罪者勉さんは、そのあとすぐ、獄中の弟に手紙を送った。冤罪者家族の絶望感が滲んでいる。

兄・勉から繁義への手紙

今般、東京の出版会社、本をつくるところの鎌田慧という方が私のところに来て、現在までの事件のあらましを本にして出すとの事でしたが、私は貴君の胸の中はよく知って居りますので、反対するのはどうかと思いますが、本を出版したからといって、再審も出来ない。したがって日本全国の人に、知らない人にまで知らせて、其の上、私達、子を持つ親として、子供兄弟がかわいそうだから止めてほしいのです。

本に出されると親類まで相手にしてくれなくなり、又、私も現在の某社（原文実名）も止めなければならない事にもなるし、子供親類等にも関係して、結婚、就職等までに関係します。

現在の段階では証拠力がうすく、いずれ時機が来て、貴殿と会う時も来る事と信じます。

貴殿で見れば、全国の人に現在までのいきさつを知ってもらい度いとの事はあるでしょうが、よくよく考えて下さい。今すぐにそんな本を出版せなくても、いずれ私の方から本を出版して下さいという時が来ますので、今しばらくかんがえて下さいね。

くわしく書き度いが、文面では思った通り書く事が出来ません。いずれ面談にて話します。でもね、高松に勤務して居りますので、仲々其の時期もないのです。下記に例えて記入すれば、

1、再審の壁が厚くて、今、本を出してもほんの貴君の気なぐさめであること。（矢野先生は過日軽い中風で一寸ものいい方がわかりにくくなっている。参考までに）
2、本に出せば、親類に迷惑し、相手にしてくれなくなる。
3、子供も将来に関する。
4、私も又、新しい職を見つけなければならない。現在、某社（原文実名）四国支社係長。

ここに引用するのは忍びがたい想いだが、勉さんを批判するためではない。地域社会において、冤罪者を抱えている家族が

どれだけの差別を受けているのかの、ひとつの例証として引用した。たいがいの家族は四散する。勉さんはむしろ率直だった。

繁義から兄・勉への手紙

東京の出版社から、鎌田慧という方が来られたそうですね。これについて、兄上が強く反対意見を述べるのも無理からぬ事ですが、この人は私の無実を信じて救いの手を差し伸べて下さったのだと信じます。このような正義感にあふれたよき協力者をつきはなす事は、私には出来ません。本を世に出す事によって、私の無実が一層証明される事になり、今まで知らなかった人にも、知っている人にも、読んで貰えば、尚更、疑心もなくなり協力者が現われると存じます。

彼は、ほぼおなじ文面の手紙を、矢野にも書き送っている。

扨《さ》て、去る四月十九日、兄から来た手紙をよみますと、東京の出版社から鎌田慧という方が実家に来て、現在までの事件のあらましを本にして出すと申され、色々と対談したそうですが、これについて兄は、子供、兄弟がかわいそうだから止めてほしいと、反対意見を述べるのも無理からぬ事ですが、本を世に出す事によって私の無実が一層証明される事になり、今まで知らなかった人にも、知っている人にも読んで貰えば、尚更疑心もなくなり、きっと支援して下さる事と存じます。

今は正しいものが必ず勝つ時代です。

「今は正しいものが必ず勝つ時代です」。

それが谷口繁義の獄中を生き抜いた信念だった。

そして、『財田川暗黒裁判』（立風書房、一九七五年十月）が出版された。元裁判官が裁判を「暗黒」と批判したのは、けだし前代未聞だったであろう。やがて、再審を決定した最高裁が、判決文で特別に行数をとって、矢野への直接的な批判を書いている（九二ページ）。裁判官の法廷外での裁判批判を、「職業倫理」の名において弾劾したのだ。しかし、矢野さんの捨て身の批判によって、死刑囚冤罪四人の再審が、はじめて決定された。歴史的な決定だった。

その後の取材もふくめて、わたしは月刊誌「プレイボーイ」（一九八一年六月号）に、「死刑台からの生還」を発表した。それがこの本の基版になったのだが、独房でその新聞広告を読んだ谷口さんは、「私は又、外国の映画の題名かと思って居るましたが、よく見るとそうではなくて、私の事でした」（兄・勉への手紙）とよろこびの声をあげていたのだった。

人間が人間を殺《あや》めるのは、人間として最大の罪悪である。人間にたいして最大の権力をもっている司法が、人間にたいして死を要求し、宣告し、執行するのは越権行為というべきだ。まして、その執行の根拠が、誤認ばかりか捏造によっているとしたなら、それはれっきとした殺人行為だ。警察、検事、裁判官は絶対的権力を持つがゆえに、己の過ちを認めたがらない。上司への忖度や出世への危惧、世論への恐怖によって自己の判断を枉げ、あるいは真実を先送りする。そのため、捉えられた犠牲者は獄死し、死刑執行され、あるいは三十年以上の長きにわたって獄舎に拘置され、人生を空しくさせられている。

その暴虐を防ぐ道は、「疑わしきは罰せず」「疑わしきは被告人の利益に」。あるいは、「100人の犯人を逃すとも、ひとりの冤罪者をつくるな」。人間尊重の精神だ。それと、正当な判決にたいする、組織の面子だけ、悪あがきの検事抗告の禁止である。右手に秤《はかり》、左手に剣を持つ、ギリシャ神話「正義の女性」テミスの像が示す、公正と正義とそれを実行する勇気、その司法の精神の復権。裁判批判は民主主義の基礎工事である。

初出及び底本一覧

冤罪者の思いに寄りそう司法に変えよう――冤罪事件のルポをとおして考える
初出「狭山差別裁判」五〇四号　二〇二〇年五月

死刑台からの生還
初出『死刑台からの生還　無実！財田川事件の三十三年』立風書房、一九八三年八月
底本『死刑台からの生還』岩波現代文庫、二〇〇七年八月

冤罪をなくすために――裁判の公正は可能か？
初出「ひょうご部落解放」二〇〇七年冬号
底本『反冤罪』創森社、二〇〇九年十一月

有罪率九九・九パーセント――自白はこうして作られる　対談：浜田寿美男さん
初出「週刊朝日」二〇〇九年六月二六日号
底本『反冤罪』創森社、二〇〇九年十一月

福岡事件――叫びたし寒満月の割れるほど
初出「金曜日」一七巻二二号　二〇〇九年六月十二日
底本『日本の解放区を旅する』七つ森書館、二〇一〇年十一月

三鷹事件―再審請求棄却判決の誤謬
初出「週刊金曜日」二七巻三六号　二〇一九年九月二十七日
底本『叛逆老人は死なず』岩波書店、二〇一九年十二月

菊池事件（藤本事件）――ハンセン病差別と死刑
　初出「真宗」二〇一三年九月号
　底本『反国家のちから』七つ森書館、二〇一五年二月

狭山事件――獄中で文字を獲得した不屈の闘い
　民衆の表現
　初出「部落解放」五三四号　二〇〇四年五月増刊号
狭山事件　最高裁特別抗告棄却の論理
　初出「現代の理論」二〇〇六年春号
　底本『やさしさの共和国』花伝社、二〇〇六年九月
狭山事件、第三次再審請求
　初出「週刊金曜日」一四巻二二号　二〇〇六年六月九日
　底本『絶望社会　痛憤の現場を歩くⅡ』金曜日、二〇〇七年九月
再審勝利への決意あらたに
　初出『狭山差別裁判』五二四号　二〇二二年一月

袴田事件――WBC名誉チャンピオン
　無実の死刑囚・袴田巖
　初出「週刊金曜日」二三巻六号　二〇一五年二月十三日
　底本『叛逆老人は死なず』岩波書店、二〇一九年十二月
四〇年にわたる冤罪　警察が無実の死刑囚をつくった
　初出「週刊金曜日」一五巻一四号　二〇〇七年四月十三日
　底本『絶望社会　痛憤の現場を歩くⅡ』金曜日、二〇〇七年九月
「無罪だと確信している」袴田事件の元裁判官、熊本典道さんインタビュー
　初出「週刊金曜日」一五巻一五号　二〇〇七年四月二十日
　底本『絶望社会　痛憤の現場を歩くⅡ』金曜日、二〇〇七年九月

布川事件――自白のメカニズム　対談：桜井昌司さん
初出「狭山差別裁判」四一一・四一二号　二〇〇九年六月・七月
底本『反冤罪』創森社、二〇〇九年十一月

足利事件――理不尽な訊問の構図　対談：菅家利和さん
初出「狭山再審実現・冤罪なくせ市民集会」二〇〇九年九月
底本『反冤罪』創森社、二〇〇九年十一月

氷見事件――冤罪の恐怖　対談：柳原 浩さん
初出「狭山差別裁判」四〇六号　二〇〇七年十月
底本『反冤罪』創森社、二〇〇九年十一月

・本書は、右の単行本・雑誌を底本としました。
・単行本に収録された著作については、最新のものを使用しました。
・明らかな誤記については修正し、振り仮名は新たに振りました。
・第二部について、掲載時のタイトルを変えたり、加筆訂正している場合があります。

鎌田慧セレクション —現代の記録—
各巻概要

1　冤罪を追う
ISBN978-4-7744-0841-5

冤罪という権力犯罪の追及、雪冤運動との同伴は鎌田の代名詞となった。財田川事件の『死刑台からの生還』、狭山事件、袴田事件、三鷹事件、福岡事件、菊池事件などの論考を再編集して収録。

2　真犯人出現と内部告発
ISBN978-4-7744-0842-2

真犯人が出現してもなお冤罪者を追い詰める警察とマスコミの退廃。内部告発の手紙によって公害隠しが明らかになった対馬・イタイイタイ病をめぐる地を這うような取材活動。『弘前大学教授夫人殺人事件』『隠された公害』の二編を収める。

3　日本の原発地帯
ISBN978-4-7744-0843-9

チェルノブイリ、福島原発事故のはるか以前、1971年から鎌田は反原発だった。へき地や過疎地帯に交付金と引き換えに押し付けられる原発。鎌田の矛先はその危険性だけではなく差別的な原発推進政策に及ぶ。『日本の原発地帯』『原発列島をゆく』 を収録。

4　さようなら原発運動
ISBN978-4-7744-0844-6

内橋克人、大江健三郎、落合恵子、坂本龍一、澤地久枝、瀬戸内寂聴、辻井喬、鶴見俊輔に呼びかけ、脱原発の大衆運動を一挙に拡大した「さようなら原発運動」の記録と現地ルポ。

5　自動車工場の闇
ISBN978-4-7744-0845-3

世界数か国で翻訳出版されたトヨタ自動車の夢も希望も奪い去る、非人間的労働環境を暴いた鎌田ルポルタージュの原点。『自動車絶望工場』ほか。

6　鉄鋼工場の闇
ISBN978-4-7744-0846-0

真っ赤な溶鉱炉の火に魅せられた男たちの夢と挫折。日本の高度成長を支えた基幹産業の闇に迫る。『死に絶えた風景』『ガリバーの足跡』を収める。

7　炭鉱の闇
ISBN978-4-7744-0847-7

落盤事故、炭塵爆発事故、合理化による大量首切り。反対闘争への官憲の弾圧、資本に雇われれたやくざの襲撃。必死に生きる労働者と家族の生きざまを伝える鎌田ルポの神髄。『去るも地獄残るも地獄』ほか。

8　教育工場といじめ
ISBN978-4-7744-0848-4

１９６９年、日本の教育は民主化教育から大転換した。管理教育の実態とその歪みから生じた「いじめ」を追う。『教育工場の子どもたち』 ほか。

9　追い詰められた家族
ISBN978-4-7744-0849-1

社会のひずみは擬制の共同体「家族」を破壊して子どもを追い詰める。永山則夫とはだれか?『家族が自殺に追い込まれるとき』『橋の上の殺意』 ほか。

10 成田闘争と国鉄民営化
ISBN978-4-7744-0850-7

日本史上最長、最大の農民闘争となった三里塚闘争の渦中からからの報告。国有鉄道、この日本最大のインフラを財界に売り渡した、利権と裏切りが渦巻く『国鉄処分—JRの内幕』は、現在の北海道、四国の交通の惨状を予告した。

11 沖縄とわが旅路
ISBN978-4-7744-0851-4

島の住民の四分の一が殺され、いまもっとも戦争に近い島『沖縄—抵抗と希望の島』。及び著者の自伝的文章を再編集して収録。

12 拾遺
ISBN978-4-7744-0852-1

人物論／文庫解説／エッセーなど単行本未収録作品を精選し収録する。

行動するルポライター

鎌田 慧

1938年青森県生まれ。弘前高等学校卒業後に上京、零細工場、カメラ工場の見習工などをへて、1960年に早稲田大学第一文学部露文科に入学。卒業後、鉄鋼新聞社記者、月刊誌「新評」編集部をへてフリーに。1970年に初の単著『隠された公害：ドキュメント イタイイタイ病を追って』（三一新書）を刊行。以後、冤罪、原発、公害、労働、沖縄、教育など、戦後日本の闇にその根を持つ社会問題全般を取材し執筆、それらの運動に深く関わってきた。東日本大震災後の2011年6月には、大江健三郎、坂本龍一、澤地久枝らとさようなら原発運動を呼びかけ、2012年7月、東京・代々木公園で17万人の集会、800万筆の署名を集めた。2024年現在も、狭山事件の冤罪被害者・石川一雄さんの再審・無罪を求める活動などを精力的に行っている。

主な著書

『自動車絶望工場：ある季節工の日記』（1973年、現代史資料センター出版会、のちに講談社文庫）
『日本の原発地帯』（1982年、潮出版社　のちに青志社より増補版）
『死刑台からの生還』（1983年、立風書房　のちに岩波現代文庫）
『教育工場の子どもたち』（1984年、岩波書店）
『反骨 鈴木東民の生涯』（1989、講談社　新田次郎文学賞受賞）
『六ヶ所村の記録』（1991年、岩波書店　毎日出版文化賞受賞）

鎌田慧《かまたさとし》セレクション―現代《げんだい》の記録《きろく》―1
冤罪《えんざい》を追《お》う

二〇二四年九月二十六日　初版第一刷発行

著　者　鎌田慧
発行所　株式会社 皓星社
発行者　晴山生菜
〒一〇一-〇〇五一
東京都千代田区神田神保町三-一〇　宝栄ビル六階
電　話　〇三-六二七二-九三三〇
FAX　〇三-六二七二-九九二一
ウェブサイト　URL http://www.libro-koseisha.co.jp/
メール　book-order@libro-koseisha.co.jp

印刷・製本　精文堂印刷株式会社

ISBN978-4-7744-0841-5

に入れられると『殺せッ!ブルジョア×××!さあ早くやつてくれ
なりちらした。彼れの目はつりあがり、骨ばかりになつ
だらけだつた。『くそいまいましい奴だ!』と刑事たち
たかつて彼れを、××××××××××、両手を×××
××、×××××××××、水を××××たり、しまひには××××××
のやう×××××××××。そして××××××××××××××
×××。小山はたちまち××××。水をぶつかけられて、やつと
きかへすと だ白状しろッ!』と刑事たちが左右か
KKOU
スパイは
□□に
□□□に
防諜戦士
はすむ話で
洩らすな●●
JR渋谷駅
558371
945310
451080
019219
0928
3581